中国政法大学民事诉讼法学系列教材

丛书主编：宋朝武

公证与律师制度

NOTARY AND LAWYER LAW

第五版

刘金华　俞兆平　著

厦门大学出版社
XIAMEN UNIVERSITY PRESS

国家一级出版社
全国百佳图书出版单位

图书在版编目（CIP）数据

公证与律师制度 / 刘金华，俞兆平著. -- 5 版.
厦门 ：厦门大学出版社，2024. 11. --（中国政法大学民
事诉讼法学系列教材 / 宋朝武主编）. -- ISBN 978-7
-5615-9504-6

Ⅰ. D926
中国国家版本馆 CIP 数据核字第 2024KP6845 号

责任编辑　施高翔　甘世恒
美术编辑　张雨秋
技术编辑　许克华

出版发行　厦门大学出版社
社　　址　厦门市软件园二期望海路 39 号
邮政编码　361008
总　　机　0592-2181111　0592-2181406(传真)
营销中心　0592-2184458　0592-2181365
网　　址　http://www.xmupress.com
邮　　箱　xmup@xmupress.com
印　　刷　厦门市竞成印刷有限公司

开本　787 mm×1 092 mm　1/16
印张　21.5
插页　2
字数　496 千字
版次　2007 年 5 月第 1 版　2024 年 11 月第 5 版
印次　2024 年 11 月第 1 次印刷
定价　55.00 元

本书如有印装质量问题请直接寄承印厂调换

厦门大学出版社
微信二维码

厦门大学出版社
微博二维码

丛书总序

21世纪是知识经济的时代,是信息爆炸的时代,这也为21世纪中国高等法学教育提供了机遇。党的十六大提出我们要培养数以亿计的高素质劳动者、数以千万计的专门人才和一大批拔尖创新人才。将军是伟大的,士兵也是可爱和必需的;没有大众支撑的天才和精英,又岂能对社会有所作为? 高等法学教育也应通过阶梯结构的法学人才培养贡献于国家人才战略。高等法学教育的性质是通识教育还是职业教育的争论陷入二元对立的误区。这二者不是互相对立、不可调和的,而是互相支持、彼此吸收的关系。唯其建构通识为基础,职业为目的的法学教育,才能培养出健全、有用的法律人才。

经过改革开放以来的快速发展,目前我国已有超过550家法学院(系),每年培养出超过5万名法学本科专业毕业生。可以说,我国培养法律人才数量之巨、速度之快堪称世界之最。我们看到,法律职业已经变成人口过于膨胀的职业领域。法律人才供给与市场需求之间的矛盾、数量与质量之间的矛盾是我们目前面临的严峻挑战。要应对挑战,就得转变教育理念,从素质教育出发培养法律人才。更为根本的是提高法律人才质量、优化法律人才知识结构。

"面向市场,春暖花开。"要提高法律人才质量、优化法律人才知识结构,必须面向市场经济的发展,必须面向市场经济对法律职业的期待与需求。作为法学教师,我们所能做的就是在教学方法、教学手段、课程建设和专业设置上作出我们的贡献。我们努力着,我们也期待着,我们所培养出来的学生,既具有较扎实的理论功底、人文素养,又具有未来从事多种法律职业应当具备的知识结构和把法律问题放到复杂的社会环境和交织的观点冲突中去思辨的能力。他们应当能运用所学法律知识解决实际问题,以适应建设社会主义法治国家的需要、适应市场经济的需要。

这些年,法学教学改革的步子很大。在教学方法上,正在由传统课堂讲授向案例教学、法律诊所式教学等灵活多样的教学方法上发展。在教学手段上,多媒体教学正在发挥越来越重要的作用。相比而言,课程建设和专业设置上的工作更为根本。

覆盖面广、结构合理是我们在课程建设和专业设置上的基本考虑。所谓覆盖面广,就是所设专业课能够覆盖到目前各法律职业的需求;所谓结构合理,就是专业课设置上遵循由抽象到具体、由本土到域外的认知规律,遵循相邻学科相互支撑规律。这一基本思路在我们这一套教材构成上有充分体现。

民事诉讼法学是研究民事诉讼法的产生、发展及其实施规律的一门重要的法学学科,是教育部法学本科教育十四门核心主干课程之一,是法学专业本科生的一门必修课程。

本课程的教学目的是,让学生掌握民事诉讼法的基本理论、基本知识和基本诉讼技能,正确理解民事诉讼各种程序的规定,熟悉各种民事诉讼规范,提高运用所学民事诉讼法学知识解决、处理民事纠纷的能力。另外,民事诉讼法学是一门范围广泛、体系完整、内容丰富、综合性高、实务性强的法律学科。除民事诉讼法学外,本课程还辅之以《民事诉讼实务》、《民事证据法》、《外国民事诉讼法》以及《仲裁制度》和《民事执行法》等选修课程。民事诉讼法学作为法学高等教育的一个重要组成部分,是一门应用性很强的学科,其内容不仅丰富、涉及面广,而且规定明确、具体,具有相应的科学性和系统性。为了深入推进民事诉讼法的教学改革,提高本科教学质量,中国政法大学民事诉讼法研究所组织长期从事民事诉讼法学一线教学的骨干教师,精心编写了《民事诉讼法学》《民事证据法学》《外国民事诉讼法》《民事诉讼法案例教程》《仲裁法学》《调解法学》《强制执行法学》《公证与律师制度》八门本科生法学教材。

本套教材绝非重复劳作,一方面,它是对教学内容的系统更新。近年来,民事诉讼法学作为一门学科,理论研究的势头强劲。本套教材捕捉学科发展的前沿问题,力图反映最新理论研究动态。本套教材以我国现行民事诉讼法和仲裁法等法律、法规、条例及有关司法解释为基础,力图完整、准确地阐明民事诉讼法学的基本概念和基本原理,并本着理论与实践相结合的原则,注意吸收国内外民事诉讼法学教育、科研的最新成果,注意运用比较生动的案例来阐释民事诉讼法学的理论与制度,力求有所创新。近年来,民事诉讼领域的司法解释出台的速度很快,而且大都是自 20 世纪 80 年代以来的民事审判方式改革的"结晶",对这些司法解释的准确阐释是新的研究对象和新的教学内容。本套教材吸纳《最高人民法院关于人民法院民事调解工作若干问题的规定》《最高人民法院关于民事诉讼证据的若干规定》《最高人民法院关于适用简易程序审理民事案件的若干规定》等最新司法解释,力图准确、系统、全面地传达最新的信息。另一方面,这套教材是中国政法大学民事诉讼法研究所老师们教学实践的总结、教学心得的升华。中国政法大学民事诉讼法研究所现职教师 18 人,开设了"民事诉讼法学""民事证据法学""民事执行法""民事诉讼实务""仲裁制度""外国民事诉讼法"等课程。这个堪称国内最大的民事诉讼法学教学、科研群体每学年要承担近 2000 名本科生的教学任务。这个群体具有较高的职称结构与学历层次,也具有高度的责任心与奉献精神,多年来兢兢业业,苦心琢磨教学规律,深受学生的肯定与好评。

本系列丛书比较完整地体现了"大"民事诉讼法学的教学体系与课程结构,就其特色而言:

《民事诉讼法学》是本系列教材的核心与基础,由绪论、总论、民事诉讼通常审理程序、民事诉讼特殊审理程序、民事执行程序、涉港澳台民事诉讼程序与区际民事司法协助、涉外民事诉讼程序七篇构成。该书以简洁明快、通俗易懂的语言阐释了我国民事诉讼的理论和制度。该书内容体现了民事诉讼法规范最新的变化与发展,反映了当前民事诉讼法学理论研究的前沿动态,具有前沿性、启发性。

《民事诉讼法案例教程》在案件素材所构建的特定话语系统中,辅之以焦点问题,以期给读者更大的分析与思考的空间,并通过精当的法理精析,旨在使读者能够正确理解民事诉讼法理、立法背景以及民事诉讼程序的基本运行规律。基于以案促教、以案说法、以案释理的要旨,本书所选案例,时效性强、涵盖面广,且兼顾典型性、针对性、适用性和生动性。

《外国民事诉讼法》有四大特点:第一,本书以不同法系典型国家的民事诉讼法为主线,选取了英、美、法、德、日、俄的民事诉讼制度,学生可以以此为基础了解同一法系中其他国家民事诉讼的共同特点;第二,突出了各国民事诉讼制度的改革,使学生了解世界民事诉讼制度改革的趋势,并与我国的民事诉讼制度改革相联系;第三,选取了最新的各国民事诉讼的资料;第四,在全国范围内,外国民事诉讼法的本科教材少而又少,本教材是一次有益的尝试。

《民事证据法学》秉持学以致用的原则,凝聚了我国证据法学研究的最新理论成果,系统阐释了《最高人民法院关于民事诉讼证据的若干规定》所带来的民事证据规范的发展与更新。本书体现了实用性和理论性的结合,凸显了民事诉讼证明实践中的流程和关键环节。

《仲裁法学》以仲裁制度为主线,系统阐释了仲裁制度的基础理论、仲裁程序、仲裁的执行与监督、国际商事仲裁。既反映了我国仲裁立法的基本内容,又兼顾了仲裁理论界的最新研究成果;既涉及对仲裁理论制度的阐释,又涉及对仲裁实践中具体问题的分析,有利于高等法学专业的教学与学生学习。

《调解法学》系统阐述了调解学(包括诉讼调解和非诉讼调解)的原理、特点、规则、应用等方面的内容,对我国现行诉讼调解和非诉讼调解进行了比较全面的梳理和总结,对与调解学相关的概念、制度进行了区分和比较,对与调解相关的纠纷解决制度作了介绍,并对它们之间的关联关系进行了阐述和分析,将调解放置于传统的纠纷解决方式和现代ADR(替代性纠纷解决方式)体系中观察,具有时代意义。

《强制执行法学》以我国现有的强制执行法律规范为基础,吸收强制执行理论研究的最新成果,详尽阐述了强制执行法的理论、原则、程序与方法,同时借鉴国外和其他地区的立法经验,对我国强制执行法的完善提出了立法建议。该书法理阐释深刻,对现行法律规范的分析全面,理论与应用并重,现实与前瞻结合,是一本专著性教材。

《公证与律师制度》一书主要具有三个特点:一是内容新。本书以全国人大常委会最新颁布的《公证法》和最新修订的《律师法》为依据,结合司法部新发布的行政规章,对法律规定的最新内容作了详细具体的介绍。二是内容全。本书对公证、律师制度的各个方面都作了简明扼要的介绍,有利于读者全面、准确地掌握相关法律知识。三是注重理论联系实际。公证、律师制度均分为制度和实务两个部分,既具有理论性,又具有较强的实用性,便于读者理解和运用。

本套教材的出版得到厦门大学出版社的大力支持和帮助,在此表示衷心的感谢。

尽管我们编写这套民事诉讼法学教材时经过长期酝酿和反复推敲,但由于我们水平有限,缺点、错误在所难免,请同行、读者批评指正。

宋朝武

2010 年 12 月

第五版前言

公证与律师制度是中国特色社会主义法律体系中不可或缺的重要法律制度,在预防和解决纠纷,避免和减少诉讼,规范职业行为,维护公民合法权益,实现社会公平正义,促进社会和谐稳定等方面发挥着十分重要的作用。

《公证与律师制度》教材,系根据法学教学和法律实践的迫切需要而编写。该教材主要有三个特点:一是内容全面。本书对公证制度、律师制度的各方面内容作了全面系统、简明扼要的介绍,有利于读者全面了解和掌握相关的法律规定和制度规范;二是更新及时。本书以《公证法》和《律师法》为基本遵循,并且随着相关法律制度的不断完善,及时根据最新制定、修改的相关法律、法规和规章的规定,加以更新和修改,确保本书的内容准确反映最新的法律制度规范和实践经验;三是注重理论联系实际。本书对公证制度和律师制度的介绍,都分为制度和实务两方面内容,不仅适宜法学院校作为教材使用,亦对公证与律师的法律实践具有良好指导作用。

基于上述特点,本书出版后受到社会各界法律人士的欢迎,已先后四次修订再版第五版的更新、修订。目前,《民法典》已全面施行,《公证法》《律师法》及三大程序法等相关法律也不断修改完善,为保证本书内容的新颖性和权威性,作者根据相关各方面法律制度规范的最新修改,对教材内容进行了第五版的更新、修订,特别是,在相关章节增加了以习近平新时代中国特色社会主义思想为指导、贯彻落实党的二十大精神的内容,以更好地实现教育所担负的立德树人、为国育人的使命。期望本书能够有效地服务和满足法学教学的需要,并且对法律职业工作者的法律实践有所裨益。

编 者

2024 年 8 月

目　录

上编　公证制度

下编　律师制度

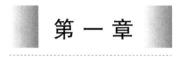

上　编　公证制度

第一章　公证制度概述

第一节　公证制度的概念、特征和作用

一、公证制度的概念和特征

公证（notary）一词来源于拉丁语 nota。"nota"是指古罗马"书记"们用来迅速抄录文书的一种符号。后来，"公证"一词被用来表达为国家或为社会公认的证明活动。[①] 在我国，公证是指公证机关根据自然人、法人和其他组织的申请，依照法定程序对民事法律行为、有法律意义的事实和文书的真实性、合法性予以证明的活动。对此，《中华人民共和国公证法》（以下简称《公证法》）第 2 条作了明确的规定。公证制度是进行公证证明活动的一项法律制度，是公证机构和公证人员办理公证事项必须遵循的行为规范。

公证是相对于私证而言的，是一项非诉讼法律制度。与其他的法律制度相比，公证制度主要具有以下几方面的法律特征：

1. 公证是一种特殊的证明活动

国家设置公证制度的目的，主要是为了预防纠纷和减少诉讼。经过公证证明的法律行为、具有法律意义的事实和文书，在司法实践中具有较强的证明力，制约和规范着公证当事人的行为，因此，国家法律规定，只有依法设置的公证机构才有权行使公证职权、履行公证职能。只有具有法定执业资格的公证员才能代表公证机构进行公证证明活动，出具公证文书。除此之外，未经法律许可，任何机关、团体和个人都不得办理公证事务，进行公证活动。

2. 公证活动的进行主要是根据当事人的申请

申请公证是当事人的权利，公证的启动开始于自然人、法人或者其他组织的申请，公证机构不能主动为当事人办理公证。对于某些权益事项，当事人认为有必要办理公证，可以提出公证申请；当事人认为没有必要办理公证的，可以不提出申请。但是，对于法律、法规规定必须经过公证的事项，当事人应当依照规定到公证机构办理公证。申请办理公证

---

① 卓萍主编：《公证法学概论》，法律出版社 1998 年版，第 5 页。

是自然人、法人或者其他组织的权利,但是,并不是只要提出申请办理公证,公证机关就一定受理,就一定予以出证,只有经过审查核实,符合法律规定出证条件的,公证机关才能予以出证。

3. 公证活动必须依法进行

公证是保证实体法实施的程序性法律制度,我国《公证法》和《公证程序规则》都规定,公证机关开展公证活动,应当依照法定程序进行。公证机关对当事人提出的公证申请,依照法定程序对公证事项进行审查,只有符合法定出证条件的,公证机关才予以出证。公证机关违反法定程序进行的证明活动,不具有公证的效力。公证机构及其公证员依照法定程序办理公证,是确定公证证明力的保障。

4. 公证的证明对象是法律行为、有法律意义的事实和文书

法律行为,是指自然人、法人或者其他组织设立、变更、终止法律上的权利义务关系的行为,例如委托、赠予等。具有法律意义的事实,是指虽然不直接引起权利义务关系的设立、变更、终止,但对当事人的生活、生产、学习等具有特定法律意义的事实,例如出生、死亡等。具有法律意义的文书,是指在法律上有特定意义或作用的各种文书、证书、文字资料的总称,例如公司章程、专利证书等。

5. 公证的目的是对证明对象的真实性和合法性予以证明

"以事实为根据,以法律为准绳"是社会主义法制的基本原则,也是公证活动必须遵循的基本行为准则。公证机关依法办理公证事务,对行为、事实、文书合法的公证法律事务予以出证,反之则不予出证。所谓真实,是指公证证明的对象必须是客观存在的事实,并且该事实的内容与证明的内容是一致的。所谓合法,是指待证事项的内容、成立方式等都符合国家法律、法规的规定。

二、公证制度的作用

公证制度的作用是公证任务的具体体现。习近平总书记在党的二十大报告中指出,法治社会是构筑法治国家的基础,应当加快建设法治社会,弘扬社会主义法治精神,传承中华优秀传统法律文化,引导全体人民做社会主义法治的忠实崇尚者、自觉遵守者、坚定捍卫者。应当建设覆盖城乡的现代公共法律服务体系,深入开展法治宣传教育,增强全民法治观念。推进多层次多领域依法治理,提升社会治理法治化水平。公证制度是预防性的司法证明制度,是保障实体法正确实施的程序性法律制度,是国家司法制度的重要组成部分。根据我国《公证法》第1条的规定,公证制度主要具有以下几个方面的作用:

1. 规范公证活动

即对公证活动参加人的主体资格、行为等进行规范,具体包括对公证机构、公证员、当事人、公证事项的利害关系人等主体资格及其在公证活动中的权利、义务等进行规范。公证机构开展公证活动应当具有规范性。所谓规范性主要体现在以下几个方面:一是规范公证服务秩序,主要是解决公证行业存在的不正当竞争问题。二是规范办证程序,重点是解决个别公证机构和公证员违法办证问题。三是规范公证机构运行机制,主要是解决个别公证机构和公证员片面追求经济利益的问题。四是规范公证管理行为,主要是解决公

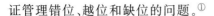

证管理错位、越位和缺位的问题。①

2. 保障公证机构和公证人员依法履行职责

公证机构是最先参与社会民事、经济活动,为自然人、法人和其他组织提供法律服务和法律保护的司法部门。公证机构通过公证活动,帮助、指导自然人、法人或者其他组织依法设立、变更法律行为,平衡当事人之间的关系,消除纠纷隐患和不真实、不合法的因素,制止违法行为,防微杜渐,促进法律义务的正确履行。为了充分发挥公证制度的作用,应当保障公证机构和公证员在公证活动中独立行使职权,依据事实和法律独立办理公证业务,为公证机构及其公证员开展公证活动创造一个良好的环境。

3. 预防纠纷

公证是一种非诉讼活动,公证的宗旨是预防纠纷,减少诉讼。公证活动多数发生在纠纷发生以前,公证机构根据自然人、法人或者其他组织的申请,对申请公证的法律行为、法律事实、具有法律意义的文书,经过审查,确认为真实、合法的,依法出具公证书,赋予其公证效力。对不真实、不合法的公证事项,不予公证。从而使当事人的法律行为一开始就处于公证制度的监督和保护之下,以排除隐患,预防、杜绝违法行为的发生,以降低交易风险和交易成本。即使经过公证以后,当事人之间产生纠纷,公证也具有证据效力,可以帮助人民法院及时、公正审理案件,解决纠纷。

4. 保障自然人、法人和其他组织的合法权益

经过公证的法律行为、具有法律意义的事实和文书的效力性比较强,即具有法定证据效力、强制执行效力和法律行为生效的效力。上述法律效力,能够为各方当事人提供法律安全的保障。为了保证上述效力的实现,一方面要求公证机构及其公证人员严格依照公证程序办证,将当事人的意思表示以公证书的形式确定下来;另一方面要求公证人员在申请人向公证机构提出公证申请时,告知申请人在公证过程中享有的权利和应当履行的义务,向申请人说明办理公证事项的后果、应当承担的法律责任,以及面临的风险,使当事人明确申请办理公证的目的和意义。公证机构严格依法办理的公证,为当事人各方提供了诚信的保障,能够有效地维护当事人的合法权益。

第二节　公证的性质和业务范围

一、公证的性质

公证的性质,是由立法规定的,主要是由公证机构的性质反映出来的。所谓性质,是指一事物区别于他事物的根本属性。我国公证法立法过程中,学者们对公证的性质问题展开了较为激烈的讨论,形成了不同学说。不少学者认为,公证立法应当对公证性质作出明确的规定,其中比较有代表性的主要是以下两种观点:

————————————————

① 吴凤友主编:《中华人民共和国公证法释义》,中国法制出版社 2005 年版,第3～4页。

一种观点认为,公证的性质应当属于中介组织。主要理由是:公证机构是统一行使公证职权,并由国家依法设立的机构。早在 1988 年 5 月第一次全国公证工作会议上,司法部就明确指出,公证处是通过公证活动,为国家、公民和法人提供有偿服务并有一定收入的组织,公证处是司法行政机关领导下办理公证事务的专门机构,不是司法行政机关的一个职能部门。1994 年 10 月司法部召开了第三次全国公证工作会议,会议肯定了公证机构作为市场中介组织的性质,而且强调要进一步发挥这种中介组织的功能。会议指出了公证体制的改革方向,即公证机构成为自主开展业务、独立承担法律责任、实行民主管理、按照市场规律和自律机制运行的事业法人性质的法律服务机构,作为国家证明机构行使国家公证权。这些都毫无疑义地表明,公证机构是为社会提供法律服务的证明机构。[①]中共中央《关于建设社会主义市场经济体制若干问题的决定》明确指出,公证机构是具有证明、服务、沟通、监督职能作用的市场中介组织,具有向社会提供法律服务的功能。[②]

另一种观点认为,公证的性质应当是事业法人组织。主要理由是:公证机构是国家依法设立的专门证明机构,公证不同于私证,公证职能是一种国家权利,受益的对象是公证当事人。公证的证明权不是由国家直接行使,而是通过国家法律授权或确认的形式,将这种证明职能让渡给公证机构行使,从这个意义上说,国家并没有参与到公证事项所涉及的法律关系之中,公证机构独立履行法律赋予的公证证明职能,没有其他行政管理权,不是国家的行政机关。在公证制度改革过程中,2000 年 8 月经国务院批准的《关于深化公证改革的方案》明确指出:改制的公证处应当成为执行国家公证职能、自主开展业务、独立承担责任、按市场规律和自律机制运行的公益性、非营利的事业法人。因此,公证机构应当成为独立的事业法人组织。[③]

鉴于目前对于公证的性质还有不同看法,公证改革尚处于发展过程中,公证的性质如何还有待实践的发展和检验,因此,我国《公证法》没有为公证定性,而是概括性地规定:公证机构是依法设立的不以营利为目的,依法独立行使公证职能、承担民事责任的证明机构。

二、公证的业务范围

公证的业务范围又称公证机构的业务范围,是指公证机构根据法律规定和职责权限所能够办理的公证事务和其他法律事务。我国《公证法》第 11 条和第 12 条对公证机构办理公证事务的业务范围作了明确规定。这些规定主要有两个特点:一是确立了法定公证事项,体现了自愿公证与法定公证相结合的原则;二是将保全证据规定为公证机构的公证事项。根据公证法的规定,公证业务可以概括为以下几类:

一是法律行为公证。这是公证机构的一项主要业务,《公证法》规定的法律行为公证

---

① 陈光中主编:《公证与律师制度》,北京大学出版社 2000 年版,第 11 页。
② 肖胜喜主编:《律师与公证制度及实务》,中国政法大学出版社 1999 年版,第 270 页。
③ 全国高等教育自学考试指导委员会组编:《公证与律师制度》,中国人民大学出版社 2004 年版,第 1～2 页。

事项主要包括合同、委托、继承、声明、赠予、遗嘱、财产分割、招标投标、拍卖等。

二是有法律意义的事实的公证。这也是公证机构的一项重要业务，主要包括两个方面的具体内容：(1)证明法律事件。法律事件是指不以人的意志为转移的，能够引起法律关系设立、变更、终止的客观事实。公证机构证明的法律事件主要有出生、生存、死亡等。(2)证明其他在法律上有一定影响的事实。有些事实虽然不直接引起法律关系的设立、变更和终止，但是对当事人的生活、生产和学习等具有特定的法律意义，这些事实也是公证机构证明的对象，具体包括：婚姻状况、亲属关系、收养关系、公司章程、身份、经历、学历、学位、职称、职务、有无违法犯罪记录等。

三是具有法律意义文书的公证。在法律上具有特定意义或作用的各种文件、证书、文字材料，统称为具有法律意义的文书。这类业务主要包括：证明文书上的签名、印鉴属实，证明文书的签署日期，证明文书的副本、影印本与原本相符等。

四是保全证据公证。保全证据公证是指公证机构根据当事人的申请，对与申请权益相关、日后可能灭失或者以后难以取得的证据，依法进行事先收存和固定，以保持证据的真实性和证明力的活动。公证机关保全证据，可以有效地防止证据灭失，为人民法院解决纠纷提供可靠的依据。

五是法定公证。《公证法》第11条第2款规定：法律、行政法规规定应当公证的事项，有关自然人、法人或者其他组织应当向公证机构申请办理公证。关于法定公证事项的规定，体现了国家通过公证对特殊领域采用法律手段进行适当干预的特点。

六是办理提存。提存是指债务已到清偿期限，因债权人的原因或者法定原因，致使债务人无法履行给付债之标的的义务时，债务人将标的物提交给法定的提存机构，即公证机构。

七是与公证相关的法律事务。根据《公证法》的规定，公证机构还可以办理以下法律事务：(1)法律、行政法规规定由公证机构登记的事务；(2)保管遗嘱、遗产或者其他与公证事项有关的财产、物品、文书；(3)代写与公证事项有关的法律文书；(4)提供公证法律咨询。

此外，需要注意的是，考虑到我国公证法对公证机构办理的公证事项采取了概括性规定，不可能穷尽所有公证事项，因此，《公证法》第11条第11项规定了一个兜底条款，即自然人、法人或者其他组织自愿申请办理的公证事项，也属于公证机构的业务范围。2017年"以房养老骗局"涉公证案件发生后，为严肃公证执业纪律，规范公证执业行为，加强公证工作管理，确保公证质量，司法部印发了《关于公证执业"五不准"的通知》，通知提出了进一步具体规范公证执业的五项措施，具体内容如下：(1)不准为未查核真实身份的公证申请人办理公证。公证机构、公证员应严格审查公证申请人的身份，未经证件视读、单独谈话、交叉印证、身份证识别仪核验等程序，不得办理公证。申请人使用临时身份证，公证员未到公安部门核实的，不得受理公证申请。(2)不准办理非金融机构融资合同公证。在有关管理办法出台之前，公证机构不得办理自然人、法人、其他组织之间及其相互之间的融资合同公证及赋予强制执行效力公证。(3)不准办理涉及不动产处分的全项委托公证。公证机构、公证员办理涉及不动产处分的委托公证时，不得办理一次性授权全部重要事项

的委托公证,不得在公证书中设定委托不可撤销、受托人代为收取售房款等内容。(4)不准办理具有担保性质的委托公证。公证机构、公证员在办理涉及不动产处分的委托公证时,应当严格审查申请人的真实意思表示,审查其与受托人是否具有亲属关系,不得办理名为委托实为担保,或者可能存在担保性质的委托公证。(5)不准未经实质审查出具公证书。公证机构、公证员应当尽到更高标准的审查注意义务,不得片面依赖书面证据材料而忽视沟通交流,不得只重程序合规而轻实体内容审查。

第三节　公证的基本原则

公证的基本原则,是指公证机构办理公证时必须遵循的基本准则。公证的基本原则是公证活动的前提、基础和依据,体现了公证活动的性质、任务、职能和活动规律。公证机关和公证人员办理公证事务应当遵循公证的基本原则。根据我国《公证法》的规定,公证机构办理公证事务时主要应当遵循以下基本原则:

一、遵守法律原则

遵守法律原则,是指公证机构证明的法律行为、具有法律意义的事实和文书的形式、内容和取得方式,都应当符合国家的法律、法规、规章的规定,不违反国家政策和公共利益。

遵守法律原则可以从两个方面理解:一方面,公证机构办理公证事项应当遵守法律规定。具体来说,主要包含以下几层含义:(1)公证机构办证应当遵守公证法和与其配套的行政法规、规章中有关公证制度的规范;(2)应当遵守与公证事项相关的实体法的规定;(3)遵守与公证事项相关的程序法的规定。另一方面,公证机构办理的公证事项不仅形式应当合法,而且内容也应当合法。公证机构必须严格依照法律规定办理各项公证事务,对当事人申请公证的动机、目的和产生的法律后果进行审查,审查当事人申请办证的动机、目的和结果是否合法,当事人的意思表示与所制定文件的含义是否一致。只有公证事项的形式和内容都符合法律规定,公证机构才予以出证;反之,公证机构应当拒绝公证。

此外,还需要注意,公证机构办理的公证事项除应当符合法律规定外,还应当符合我国的人情事理和公序良俗,凡是伤天害理或者有损公共道德准则的事项,公证机构都不应当予以办理公证。

二、客观原则

公证是法律信用体系的重要组成部分,公信力是公证的固有原则。公证机构和公证员在办理公证过程中,不仅要坚持遵守法律原则,而且应当坚持客观原则。所谓客观原则,是指公证机构和公证员在办理公证过程中,应当忠于客观事实,不凭借猜测、主观臆断办证。客观原则要求公证机构和公证员在办理公证过程中做到以下几点:(1)公证机构应当审查当事人申请办理公证是否属于本人真实的意思表示。一方以欺诈、胁迫手段或者乘人之危迫使对方所作的意思表示,是违反客观原则的,公证机构应当不予公证。(2)审查当事人申请公证的事项是否真实可靠。申请公证的当事人,必须向公证机构如实陈述案件事实,并提供相应的证据,以证明案件事实的真实性。故意隐瞒事实真相,歪曲、捏造事实的,应当负法律责任。(3)公证机构的公证员必须深入实际、调查研究,客观全面地收集证据、审查核实证据,而不能"坐堂办证"。审查核实公证事项的真实性、合法性,不仅是公证员的职权,也是公证员职务上的法定义务。公证员应当深入、细致地审查当事人提供的材料、文件和相关的证据,查明当事人申请办理的公证事项、依法办证,这是公证机构和公证员的法定职责。

三、公正原则

公正办证是公证制度追求的价值目标。公正办证原则要求公证机构和公证员在办理公证业务过程中诚实守信,兼顾双方当事人的利益,依法办证,为当事人提供优质的法律服务。公证机构和公证员遵循公正原则办理公证应当注意以下几点:(1)《公证法》规定的公正原则与司法公正存在一定的区别。司法公正要求司法机关在法律规定的范围内,依据事实和法律,自由地行使裁量权,作出公正合理的裁决;而公证机构和公证员在办理公证业务过程中,应当尊重公证当事人的意愿,引导当事人各方达成协议,无权将自己的意志强加给当事人。(2)公证机构代表国家的法律和信义,公证员在办理公证业务过程中应当兼顾双方当事人的利益。公证机构和公证员不是一方当事人的代理人,不能单纯地为一方当事人的利益提供法律服务,而应当公平地兼顾双方当事人的利益,从保护弱者的法律角度出发,通过履行咨询义务和行使提示的权利,使公证当事人明确在申请办理公证业务中享有的权利和应当履行的义务,了解办理公证过程中可能存在的风险,平衡各方当事人的利益,引导当事人达成公正、合法的协议,以保证公证事项的真实性、合法性和公正性。(3)公证活动是否公正,与当事人的实体权益密切相关。如果公证"流于形式",便是对法律尊严的亵渎、对国家信用的滥用。《公证法》确立公正原则就是为了使公证更公正,使公证行业成为对社会、对群众负责的行业。要达到这一目的,公正原则是公证的保障和生命。

四、依法独立办证和承担责任原则

我国《公证法》规定,公证机构是依法设立,不以经营为目的,依法独立行使公证职能、承担民事责任的证明机构。公证机构依据事实和法律,独立办理公证事务,不受其他单位、个人的非法干涉。依法独立办证和承担责任原则包含以下几层含义:(1)公证机构是国家专门设立的证明机构,独立行使国家公证权;(2)公证机构依据事实和法律办理公证事务,不受其他单位、个人的非法干涉;(3)公证机构应当保证办证的质量,依法办证,维护当事人的合法权益,维护国家法律的正确实施;(4)公证机构出具公证证明有错误,应当对外承担法律责任。

五、自愿公证与法定公证相结合的原则

根据我国《公证法》的规定,公证机构办理公证事项,应当依据当事人的申请,在任何情况下,都不能强迫自然人、法人和其他组织申请办理公证事务。但是,国家法律在规定自愿公证的同时,又规定了法定公证事项,《公证法》第11条第2款规定:法律、行政法规规定应当公证的事项,有关自然人、法人或者其他组织应当向公证机构申请办理公证。自愿公证与法定公证并不矛盾,虽然当事人申请办证是处分自己的民事权利,任何机关、组织和个人无权干涉,但是也不能排斥国家从规范自然人、法人和其他组织的行为,调整民事、经济法律关系的角度出发,规定某些重要的法律行为必须通过公证的形式加以解决。

自愿公证与法定公证相结合的原则包含以下几层含义:(1)在公证过程中,哪些事项由当事人自愿申请办理公证,哪些事项必须由公证机构办理公证,都应当依据法律作出的明确规定,公证机构、当事人都不能随意确定;(2)凡是法律没有明确规定必须公证的事项,申请办理公证与否,都应当根据当事人的意愿,任何单位和个人都不得强迫;(3)对于法律明确规定必须办理公证的事项,必须经过公证才能产生相应的法律效力。

六、公证员亲自办证原则

根据我国《公证法》的规定,只有公证员才能独立办理公证事务,出具公证书,并在公证书上署名。公证员亲自办理公证原则包含以下几层含义:(1)公证员应当亲自与申请办理公证的当事人谈话,询问并听取当事人申请办理公证的具体内容和真实意图;(2)公证员应当亲自审查当事人申请办理的公证事项,亲自进行调查研究,掌握第一手材料;(3)公证员根据了解的情况和掌握的材料,应当亲自判断当事人申请办理的公证事项的真实性和合法性;(4)公证员应当独立出具公证文书,并在公证文书上署名。法律规定公证员亲自办证原则,主要是为了保证公证的质量。

七、回避原则

公证活动中的回避,是指公证人员不能办理与本人、配偶和他们的近亲属有利害关系的公证事项。法律规定公证人员回避的目的,主要是为了防止办证人员对公证事务先入为主,徇私舞弊、枉法公证。根据我国《公证法》和《公证员执业管理办法》的规定,涉及公证员回避的情形主要有以下几种:(1)公证人员应当回避办理本人及其近亲属的公证事项;(2)公证人员应当回避办理与本人有利害关系的公证事项;(3)公证人员应当回避办理本人与当事人有其他关系的公证事项。

公证人员回避主要采取两种方式:一种是公证人员主动回避,即办理公证的公证人员遇有法律规定应当回避的情形时,自行主动退出公证事项的办理;另一种是当事人申请回避,即当事人发现办理公证的人员具有法律规定的回避情形,申请办理公证的公证人员退出公证事项办理。在公证活动中,申请符合法定情形的公证人员回避,是当事人依法享有的权利,这项权利贯穿公证活动的始终。当事人提出回避申请,既可以采用书面形式,也可以采用口头形式,无论采用什么样的形式提出回避申请,都应当说明事实和理由。对公证员是否回避的问题,由公证处主任作出决定;公证处主任是否回避的问题,由同级司法行政机关决定。

八、保密原则

保密,是指公证处的全体公证人员以及接触公证事务的人,对在公证活动中接触到的国家秘密、当事人的商业秘密和个人隐私,负有保守秘密的义务。公证员保密的内容十分广泛,具体包括:(1)公证员在办理公证过程中,除必须到场的人以外,其他任何人不得参与办理公证事项;(2)公证人员除对本人办理的公证事项保守秘密外,对本公证处其他公证人员办理的公证事项,同样负有保守秘密的职责;(3)公证人员不仅应当对已经办理的公证事项保守秘密,对与公证事项有关的乃至当事人拒绝和撤销办理的公证事项的内容,也应当保守秘密;(4)公证人员不仅应当对当事人申请办理的公证事项的内容保守秘密,而且对当事人申请办理公证的动机、作用、后果及其实现的方式方法,也应当保守秘密;(5)公证机构办理公证事项出具的公证书,只能发给当事人及其代理人,未经当事人申请,公证员不得将公证书发给其他人员;(6)对于办理公证的有关档案材料,要设专职人员保管,未经法定程序批准的,不得查阅和复制,严防外传、泄密。[①]

九、使用本国和本民族语言文字办证的原则

我国《公证法》第 32 条第 2 款规定,公证书应当使用全国通用的文字,在民族自治区,根据当事人的要求,可以制作当地通用的民族文字文本。公证机构是国家的司法证明机构,公证书是国家的司法文书,司法文书使用什么文字,涉及国家主权和民族尊严,因此,公证书与其他的司法文书一样,必须使用中文制作。对需要使用外文的,公证机构可以根据当事人的要求,另行制作外文译本。除涉外公证外,在少数民族聚居或者多民族共同居住的地区,根据当事人的要求,公证书可以使用当地通用的民族文字制作。公证书在使用文字上的变通和例外,体现了民族精神和便民政策。

此外,需要注意的是,新修改的《公证程序规则》,增加了便民原则的法律规定。所谓便民原则,是指在法律允许的范围内,公证机构应当从方便群众、便利当事人出发,深入实际、深入基层,及时准确地办理好公证实务。习近平总书记在党的二十大报告中指出,应当坚持以人民为中心的发展思想,维护人民根本利益,增进民生福祉,不断实现发展为了人民、发展依靠人民、发展成果由人民共享,让现代化建设成果更多更公平惠及全体人民。据此,公证应当运用现代科技信息手段,做好远程办证,进一步优化办证流程,缩短办证时限,规范好公证公益法律服务,为当事人提供便利、优质的法律服务。

---

① 陈光中、李春霖主编:《公证与律师制度》,北京大学出版社 2006 年版,第 35 页。

第四节　公证制度与其他相关法律制度的关系

一、公证制度与民商法的关系

公证制度作为规范自然人、法人和其他组织的民事、经济行为的法律制度,主要目的是为了保障实体法的正确实施。公证制度与民商法既有联系,也存在区别。

公证制度与民商法之间的联系主要体现在以下两个方面:(1)民商法是公证机构办理公证业务的基础和依据;公证机构根据自然人、法人或者其他组织的申请,为当事人办理公证业务,除了应当遵守程序法律规范,还应当遵循实体法律规范,因为公证制度如果离开民事主体的活动,将失去存在的基础和价值。民事主体的活动是客观存在的,涉及社会生活的各个领域、各个方面,这些活动是否符合办证要求,需要依据民商法的规定作出判断。公证机构和公证人员必须依据民商法的实体法律规范办理公证事项。(2)公证制度是民商法正确实施的保障。国家法律确立公证制度,主要是为了将自然人、法人和其他组织的民事活动纳入法制轨道,以保证民事、经济活动的正常运行。要达到这个目的,至少需要做好两方面工作:一是加强法制宣传,提高民事主体的法律意识,使各方民事主体养成依法行使权利、履行义务的自觉性;二是加强公证制度的具体运用,借助公证手段引导、帮助民事主体依法办事,将民事主体的民事、经济活动纳入法制轨道。公证制度的确立,不仅有利于保障民商法的正确实施,而且也是完善社会管理体制,健全社会主义法制的需要。

公证制度与民商法之间的区别主要体现在以下几个方面:(1)法律的性质不同;公证机构受理申请人的公证申请,并依法出具公证证明,行使的是国家的公共职权,因此公证法属于公法范畴;民商法则属于典型的私法范畴。(2)法律的类别不同;公证法主要规定公证机构的组成和行为规则,属于程序法,并且是国家的专门性法律规范;民商法主要规定民事主体的实体权利和义务,属于实体法,是国家的基本法律规范。(3)调整的对象不同;公证制度的调整对象是公证机构、公证人员和申请办理公证的当事人在证明活动中所产生的各种法律关系;民商法调整的对象是平等主体之间的财产关系和人身关系。(4)解决的问题不同。公证制度主要解决公证机构和公证人员在公证活动中程序、制度和原则的问题;民商法解决的是平等主体之间的权利义务关系问题。

二、公证制度与民事诉讼法的关系

公证法与民事诉讼法同属于程序法的法律规范,因此,受公证法调整的公证制度与民事诉讼法之间的关系是既有联系又有区别。

公证制度与民事诉讼法之间的联系主要体现在以下几个方面:(1)两种法律制度遵循的原则存在共同之处,例如,遵守法律原则、客观原则、公正原则等。(2)公证制度属于司法证明制度,具有预防纠纷,减少诉讼的预防性功能,健全的公证制度的确立,可以提高公证的公信力,起到预防纠纷减少诉讼的作用,从而减轻人民法院负担。(3)即使经过公证证明当事人之间仍然产生了纠纷,由于在诉讼中依据法律规定,经过公证证明的法律行为、具有法律意义的事实和文书可以作为证据使用,而且具有较强的证明力,因此,公证证明对于法院查明事实、分清是非,正确地运用法律解决案件具有重要意义。(4)根据我国《民事诉讼法》和《公证法》的规定,符合法定条件,经过公证证明的债权文书,如果义务人不履行义务,权利人可以直接向人民法院申请强制执行。因此,可以说,有些公证文书能够在民事诉讼中得以实现。

公证制度与民事诉讼法之间的区别主要体现在以下几个方面:(1)性质不同。公证制度属于非诉讼性质,主要是证明法律行为、具有法律意义的事实和文书的真实性和合法性,具有预防纠纷减少诉讼的功能;民事诉讼制度属于诉讼性质,是人民法院依法进行的审判活动,即人民法院受理、审理和裁决案件的活动,具有解决纠纷的功能。(2)当事人不同。公证制度确立的目的主要是为了预防纠纷,减少诉讼,因此,公证机关和公证员进行公证的事项应当是没有纠纷没有争议的法律行为、具有法律意义的事实和文书,在公证活动中,通常只有申请人,没有被申请人;民事诉讼主要是为了解决纠纷,因此,诉讼到法院的当事人通常是权利受到侵犯或者与他人发生争议,当事人之间处于对立状态。(3)法律依据不同。公证制度受《公证法》的调整;民事诉讼活动受《民事诉讼法》的调整。(4)产生的法律后果不同。公证制度主要是证明法律行为、具有法律意义的事实和文书的真实性和合法性;民事诉讼活动的结果是人民法院通过行使审判权确认当事人之间的权利义务关系,依法作出判决或者达成调解协议。(5)救济方式不同。对于公证机关出具的公证书,如果公证的当事人或者与公证事项有关的利害关系人认为有错误,可以要求公证机关复查更改,也可以向人民法院提起诉讼;对于人民法院作出的裁决,由于我国实行两审终审制,当事人可以提出上诉,要求二审法院依法撤销原判决或者依法改判。

三、公证制度与其他法律制度的关系

(一)公证证明与一般证明的关系

公证证明与一般证明的关系是既有联系,又有区别。两者之间的联系主要体现在,在民事诉讼中,两者都可以作为证据使用。两者之间的区别主要体现在以下几个方面:(1)两者的性质不同。公证证明属于公文书性质;一般证明是由自然人、法人依法出具的,属于私文书性质。(2)两者的证明力不同。依据法律规定,除有相反的证据推翻公证证明的除外,人民法院应当确定公证证明的效力;一般证明则需要经过人民法院的审查核实才能作为证据使用。(3)两者的使用范围不同。公证证明作为一种特殊的证明文书,不仅在国内使用,而且为国际上其他国家普遍承认和接受;一般证明不具有公证文书的证明效力,不具有普遍的适用性。

(二)公证与认证的关系

认证,是指外交、领事机构在经过公证的文书上,证明公证机关或认证机关(制作国的外交部门)的最后一个签名或印章属实的活动。公证与认证既有联系,又有区别。

两者之间的联系主要体现在以下两个方面:(1)公证是认证的前提和基础,没有公证,

就不会有认证。(2)认证的目的是使公证文书在域外发生法律效力,如果没有认证,公证文书在域外就不会发生法律效力。

两者之间的区别主要体现在以下两个方面:(1)办证机构不同。根据法律规定,办理公证的机构是公证处;进行认证的机构是外交、领事机构。(2)证明的内容不同。公证机构主要是证明法律行为、具有法律意义的事实和文书的真实性和合法性;认证是为了证明公证机构或认证机关(制作国外交部门)的最后一个签名或印章属实。

(三)公证与鉴证的关系

鉴证,是指国家工商行政管理机关为了维护签订经济合同当事人的合法权益,对已经签订的经济合同进行全面的审查和核实,证明其真实性、合法性和可行性,并借以促进经济合同履行的活动。① 公证与鉴证是国家设立的两种不同的证明制度,两者之间既有共同之处,也存在区别。

两者之间的共同之处主要是,公证和鉴证都对经济合同的真实性、合法性进行证明,对预防经济合同纠纷发生,保障经济合同的履行具有重要意义。

两者之间的区别主要体现在以下几个方面:(1)证明主体不同。公证证明的证明主体是法定的公证机构;鉴证的主体是国家工商行政管理机关。(2)业务范围不同。公证的业务范围比较广泛,包括法律行为(包括经济合同)、具有法律意义的事实和文书;鉴证的范围比较狭窄,仅限于经济合同。(3)目的不同。公证证明只是证明法律行为、具有法律意义的事实和文书的真实性和合法性;鉴证除了证明经济合同的真实性和合法性以外,还具有促进经济合同履行的功能。需要注意的是,公证与鉴证并不冲突,当事人既可以选择公证,也可以选择鉴证,还可以选择先鉴证然后再公证。

(四)公证与签证的关系

签证,是指一国国内或者驻国外的主管机关,在本国人或者外国人出入国境(包括过境)时,在其所持的证件上(护照、过境通知书、边境公务通知证等)办理签注、盖印等手续,表示准其出入境或者过境的一种活动。② 公证与签证本来没有直接关系,但是,作为国际惯例,根据国家主权原则,对于本国人或者外国人的证件不符合本国法律规定的条件的,主管机关有权拒绝签证,不准其出入境或者过境。如果办理签证的条件是必须办理公证,那么,公证就成为签证的前提和基础。没有公证,就不能办理签证。

① 陈树安、申云丽、黄艺编著:《中国公证实务》,中国发展出版社 1998 年版,第 13 页。
② 陈光中、李春霖主编:《公证与律师制度》,北京大学出版社 2006 年版,第 4 页。

第二章　公证制度的产生与发展

第一节　外国公证制度的产生与发展

公证制度与其他法律制度一样,是随着人类社会的发展,私有制的出现,逐渐演变过来的。不同时期和不同社会制度的国家有不同的公证制度。从历史发展来看,外国公证制度的发展历史主要经历了古罗马奴隶制时期、欧洲封建制时期和资本主义时期,其中以法国、德国、意大利等资本主义国家的公证制度较为发达。本文主要介绍几个世界上比较有代表性国家公证制度的发展演变及法律规定情况,供参考借鉴。

一、大陆法系公证制度

大陆法系国家公证制度又称拉丁公证制度,起源于古罗马,已有两千多年的历史,主要实行于欧洲(不含北欧、英国)、拉丁美洲、非洲(不含前英国殖民地)、东亚和东南亚、加拿大的魁北克、美国的路易丝安娜等地,以意大利、德国、法国和西班牙的公证制度最具代表性。

1. 意大利公证制度

意大利是公证制度的发源地。1913 年颁布,并经 1919 年至 1983 年多次进行修改的意大利《公证法》第 1 条明确规定,公证人是为接受和保管当事人提交的契约、遗嘱等文书,赋予这些文书公证效力,以及颁发证明文书和文件的副本(抄本、节本)而设立的公务员。国家对公证人实行严格的资格考试制度,公证人的职务印章上带有国徽和公证人的名字,公证书的页头注有“意大利共和国”,意大利的公证书代表国家。但公证人不领取国家工资,而是按自由职业者的方式个人执业,自主决定公证事务,并独立承担法律责任。为保证公证人的独立性、公正性,国家禁止公证人加入任何党派,《公证法》规定了公证人的最低收入标准,收入达不到最低标准的,由行业协会设立的基金给予资助。

意大利公证人名义上由国家元首任命,在官方公报上公布,并由意大利总统亲自签发。目前实际上由司法部长任命,实行终身任职制,在指定的公证业务辖区执业,公证辖区大体上与初审法院的司法管辖区一致。意大利对公证人实行总量控制,每 10 年调整核定一次。公证人的经济地位和社会地位都比较高。公证人的平均收入比律师、医生和工程师都高,是法官平均收入的两倍。同银行的高级职员和高级法官不相上下。公证人的社会地位也比较高,1999 年公证人高等理事会成立 50 周年时,300 名公证人受到了总统的接见。

意大利公证人的任职标准是：21 周岁至 50 周岁的意大利公民；道德和品行清白正直；不存在不能担任陪审人的事由；具有意大利的大学颁发和确认的法学文凭；获得文凭后，在公证委员会登记为实习生，并经该会批准，在一名公证人身边实习满两年。实习期满后，通过国家公证人资格考试。（《意大利公证法》第 5 条。）公证人资格考试由国家专门设立的一个委员会负责，委员会由大法官、司法部官员、法学教授、公证人等 10 人组成。考试每年在罗马举行一次，每年报名参加公证人资格考试的有 5000 至 6000 人。考试由三部分组成：一是一个小时 75 道题的电脑预考，通过预考的一般只有 1500 人左右；二是七个小时的正式笔试；三是通过笔试的还要经过口试。最后录用 200 人左右，但这不是固定的数目。每年的最终录取人数由司法部确定。确定人数的依据是当年公证人退休、死亡及业务发展情况，各地居住人口、经济条件等因素。正式录用的公证人名单，由司法部在官方公报上予以公布。①

在意大利，公证机构出具的公证书具有高于其他书证的证明力，公证人签发的执行证书（执行副本）具有强制执行的效力。而且，法律明确规定，不动产转让契约、抵押契约、夫妻财产契约、公司章程等重要的法律文件，必须办理公证。事实上，意大利的公证业务以法律规定必须公证的事项即法定公证业务为主。意大利公证服务的主要特色是，撰写契约和法律文件，按照司法程序主持拍卖、招标、抽奖、清点财产、分割财产、保管遗产，保管公共文书和私人文书，证明商业票据和账册等。

意大利公证人实行人所合一的体制，一个公证人事务所只有一名公证人，没有合伙制的公证人事务所。公证人因过错给当事人造成损失的，要承担赔偿责任。为了便于公证人责任的认定，意大利公证人协会于 1994 年制定了《公证人业务道德准则》，该准则是认定公证人责任的重要行业规范。为了保证责任赔偿，意大利确立了公证责任赔偿保障体系。该体系主要由三个层次构成：一是行业集体投保，即意大利公证人协会为全体公证人向保险公司投公证责任险。目的是节省投保人投保的费用，使每个公证客户都获得同样的公证责任赔偿保障。该保险主要用于解决支付超过法定公证责任保险限额以上公证责任赔偿的费用，以及解决已经退休的公证人在退休前所办公证案件产生的赔偿费用。二是公证人个人投保，即根据意大利公证法的规定，执业公证人必须购买相当于 4 万美元的公证责任保险。在限额外，公证人可以自愿购买保险。该保险主要用于因公证人的过失行为产生的赔偿责任。三是集体保障基金，即为了弥补商业保险的不足，公证人协会建立的公证责任赔偿集体保障金。该保障基金属于行业互助基金的性质，交纳标准约为公证人年业务收入总额的 0.5％。此项保障基金主要用于支付由于公证人的故意行为产生的公证责任赔偿费用，以及超过保险赔偿限额而公证人有无力支付的部分。意大利公证责任赔偿体系的建立，基本上解决了意大利公证人的责任赔偿能力问题，提高了公证人的信誉，可以使客户得到 100％的安全保障。

目前，意大利共有 5312 名公证人，同时有 5312 个公证人事务所，全国分为 92 个公证

---

① 马玉娥：《意大利公证制度点滴》，载《中外公证法律制度资料汇编》，法律出版社 2004 年版，第596 页。

业务辖区。对公证业的管理,意大利实行公证人行业协会管理与司法部行政管理相结合的管理模式。司法部主要负责制定有关公证的方针政策、划分公证辖区、确定公证人的数量限额、组织公证人资格考试、确定公证收费标准、检查公证质量、查处违法行为并决定重要处分、保管公证档案等工作;其他管理事务都由公证人行业协会负责。意大利建立了三级行业协会管理机构,即地区公证委员会、地区公证人协会和公证人高等理事会。所有公证人都必须加入地区公证人协会。各地区公证人协会共同组成意大利公证人高等理事会。意大利公证人高等理事会是最高公证行业协会管理机构。公证人的社会福利、社会保障、养老金由公证人行业协会统筹解决,这也是意大利公证行业管理的一大特色。

2. 德国公证制度

德国公证行业至今已有 600 多年的历史。德国历史上的公共公证人是始于 1512 年,现代德国公证人制度基本上沿袭了拿破仑统治德国时代公证制度的模式,主要承继了法国式的公证制度。在世界上来说,德国的公证制度经过多年的实践,不断发展完善,形成了较完整的、独具特色的公证制度。德国公证制度对东亚的公证制度产生过深刻影响。德国是联邦制国家,各州的公证组织之间存在一定的差别。公证人分别分为专职(独立)公证人(五个州)、公职公证人(两个州)和律师公证人三种类型,以律师公证人和专职公证人为主。目前,德国共有公证人 11000 多人,其中,律师公证人约 9500 人,专职公证人约1700 人,公职公证人约 630 人。

1961 年德国颁布了《公证人法》,1970 年又颁布了《公证证书法》。德国法律制度将公证人定位为国家授权的自由执业者,使公证具有公职性和自由执业的双重性。一方面,公证人是行使国家公务的人员,利用国家赋予的权利为国家利益服务。公证人由各州司法部长任命,实行终身任职制度。公证人需使用刻有州徽的职务印章,公证人的总数应当与司法实践的需要相适应。公证人在特定的公证辖区内执业,公证辖区与州高等法院的司法管辖区相同,公证人的执业行为受国家的监督,公证收费标准由国家制定,公证人职业为非营利性,即公证行业是一种服务于公共利益的事业,是代表社会全体成员利益的,在执行职务时,不是一方当事人的代理人。另一方面,公证人又为自由从业人员,要建立起自己的公证人事务所,自己决定内部机构设置和管理方式,独立开展业务,经济上自负盈亏,不拿国家薪金,照章纳税,因工作失误给当事人造成损失时,适用民法中有关国家公务员违反职务义务的损害赔偿的规定,国家不代替公证人承担责任。专职公证人和律师公证人属于根据国家授权而行使公证职能,为社会公共利益服务的自由执业人员。公职公证人由行政官员或法官担任,收取的公证费 90% 作为其工资,10% 上交国家。

在德国,公证人具有较高的社会地位,是法律职业群体中的一员。国家通过两度司法考试,确定有资格成为法官、检察官、公务员、公证人、辩护人的人选。具体要求如下:德国的基础法律教育对日后任何从事法律职业的人来说是一样的。传统上的这种训练由两个阶段的过程组成。第一阶段是正规大学的学习,规定最短学习期限是 3 年半。但是,此类学习的平均时间约 5 年。在正规的大学教育结束后,学生应参加第一次的国家司法考试。如果考试通过,该人即被称为见习法官,然后开始为期两年的实习。实习期间,见习法官被要求从事 5 个领域的工作,即在民事法庭、刑事法庭或检察官办公室,在某种类型的行

政机构以及公证人事务所、律师事务所。在上述 5 个地方中的每一处,见习法官将花上 3～9 个月的时间。在实习期间,见习法官被当作临时公务员,并得到政府的薪金。在 2 年实习结束时,可以参加第二次的国家考试。此次考试连续数天,由各种书面考试组成,然后,进行口试。在通过第二次国家考试后,成为候补法官,有资格加入法律职业的任何一个部门。如果选择担任公证人,要到公证人事务所担任 3 年见习公证人,见习期满后,提出担任公证人的申请,州司法行政机关根据需要以及申请人的人品和业绩,在公证人职位空缺时,任命公证人。一旦获得任命,公证人便为终身职务。①

专职公证人在公证人事务所办理公证业务,可以个人执业,也可以几个公证人共同在一个事务所办公,共同承担费用,资源共享,独立办证,责任各自承担。官员公证人在法院或者政府机关内办理公证事务,所有的办公费用以及公证人辅助人员的收入等,均由国家负担。律师公证人在律师事务所办公,在履行公证人职务时,与独立公证人具有相同的权利和义务。律师公证人如果从事某事项的公证业务,就不得再从事该事项的律师业务。

根据德国《民法典》有关规定,法律行为的书面方式得以公证证书代替;法律规定或当事人约定契约须经公证的,未经公证的契约应认为不成立。而且,根据德国《民事诉讼法》、《强制执行法》的规定,公证书是执行依据;前述《公证证书法》还对有强制执行力的执行证书的签发作了规定。

在德国,公证人的业务范围十分广泛,几乎涉及民商法领域的各个方面,德国《民法典》涉及公证的规定就有近百条,法定公证事项占公证人业务的 60％ 以上。其中,不动产、合同、公司、金融、抵押、继承、家庭事务等,是德国公证人的传统业务领域。监督拍卖、招标、抽奖等面向社会公众的活动,制作财产清册,财产(遗产)的保管、分割、转交,代办不动产、船舶、纳税登记,起草契约和法律文书,提供法律咨询服务等,也是公证人服务的重要领域。而且,德国公证人还可以参与商业谈判,担任法律顾问,在特定条件下甚至可以担任诉讼代理人。另一方面,在德国,公证人应当对其执业过错承担损害赔偿责任,但是,公证人只有过失责任时,受损害的人只有在以其他方法不能得到赔偿时,才能请求公证人赔偿。

在德国,对公证人的管理权属于法院、司法行政机关和公证行业协会。司法行政机关负责公证人的任免和有关法规政策的制定;法院院长负责公证人的纪律监督;其他管理事务都由公证行业协会负责。德国设有公证人协会和公证人联合会。联邦公证人协会是依照公证人法设立的,全德公证人的最高自治组织。所有公证人必须加入该行业组织。另外,各州也设立公证人协会。联邦和各州公证人协会监督公证人在严格的职业道德规范内进行活动。主要负责制定公证人执行职务及有关公证活动的准则;调解公证人之间的纠纷;审查当事人对公证人执行职务提出的异议,调查或提出对公证人的纪律处分;代表行业与有关国家机关进行联系等。公证人协会履行着真正意义上的行业管理职能。公证人联合会是根据德国民法关于法人成立的规定设立的,其职责不是由国家法律规定,而是

---

① 《中国公证员赴德国培训团报告》,载《中外公证法律制度资料汇编》,法律出版社 2004 年版,第 564～565 页。

由协会章程规定。参加公证人联合会的成员是德国的专职公证人。该联合会主要为公证人提供服务,不具有任何管理职能。其中,对州地区法院管辖区的公证人的监督,由州地区法院院长进行;对州高等法院辖区内的公证人的监督,由州高等法院院长进行;对州内全体公证人的监督,由州司法行政机关进行。公证人有义务向监督机关及监督机关委托的法官提交文书、登记簿、账簿等,以供查阅。

为保障公证质量,防止公证人故意或过失违反职务上的义务,给当事人造成损害,德国确立了公证责任赔偿制度。为了保证公证赔偿责任得到落实,法律规定,公证人在执业前必须参加保险额在 5000 万马克以上的执业保险,并对当事人负无限赔偿责任。一旦给当事人造成损失,需要赔偿,先由保险公司支付,不足部分由公证人本人支付,直至破产,并永远不得再担任公证人。

3. 法国的公证制度

法国是现代公证制度的诞生地。法国公证制度对大陆法系国家的公证制度产生过深远影响。法国现有 7800 名公证人,4300 个公证事务所,雇员 4 万人,2000 年办理公证420 万件,公证业务收入达 200 亿法郎。

法国《公证法》颁布于 1803 年。该法规定:公证人是为从事辅助性司法活动而设立的公务员;但是,公证人不拿国家工资,按自由职业者方式独立执业,自主决定公证事务,并独立承担法律责任。法国公证人执业可以采用合伙形式。

法国公证人由司法部长任命,实行终身制,在指定的公证业务辖区内执业。对公证人及公证人事务所实行总量控制、差额替补制度。公证人的任职条件比较严格,要求具有公证学习证书。高中毕业后,需要接受 7 年的高等教育,其中包括 4 年的法律本科学习,获学士学位,以及 3 年的公证法律方面的专业学习,后获得法律学位。还需要进行 1 年或 1年半的实习,实习可在结业后或在学习中进行。实习结束后提交论文,通过后才获得公证毕业证书。至此,并不意味着就是公证人了,还需要找到可继任的公证人事务所,如尚未找到,可以去公证人事务所担任助理公证人。此时,他只是雇员,不是正式公证人,不能以自己的名义出证。在公证人事务所,如果原公证人即将退休或想放弃公证职业或者去世,被聘用的助理公证人便可能被选择为继任人,因为他对该所的情况已经比较熟悉,当然,原公证人也可以推荐其他符合条件的人为公证人事务所的继任者。被推荐的人应当提出申请,经过法定程序审批后,由司法部长予以任命。法国公证人是终身制,司法部无权撤销公证人资格。只有公证人触犯了刑法,才可由法院判决临时或永远吊销执照。[①]

法国公证人事务所现分为两种,即单一型的公证人事务所和合伙型的公证人事务所。单一型的公证人事务所由一个正式取得公证人资格的人雇佣若干办事员组成,出具的公证书以公证人个人名义签署,由公证人个人承担法律责任。合伙型的公证人事务所一般有公证人 2~3 人,雇佣人员几十人不等,出具的公证书由合伙开业的合伙人签名,合伙人共同承担法律责任。法国的公证人事务所与法院一样,必须设在国家指定的地点,要增加

---

① 《中国公证立法考察团赴法国、瑞士考察情况报告》,载《中外公证法律制度资料汇编》,法律出版社 2004 年版,第 581 页。

或迁移公证人事务所必须经司法部批准。为便于当事人申请办证,也便于公证人开展公证工作,法国公证法规定,公证人必须居住在政府指定的地点。否则,视为公证人自动辞职,司法部长在听取法院意见后,可以建议政府替换之。

在法国,公证书的效力与法院判决书相同。法国《公证法》明确规定:公证证书不仅具有裁判上的证明力,而且在法兰西共和国领域内具有执行力。

法国公证人的业务主要集中于契约、不动产、公司、金融票据、继承和家庭法领域。法律明确规定,不动产转让、公司章程、夫妻财产契约、抵押契约等,都必须办理公证。在法国,法定必须公证的事项占公证人业务的一半以上。此外,起草契约、不动产交易资金的监管、寄存(提存)、代征国税、代办登记,参与破产清算和遗产分割等,也是法国公证人服务的特色所在。

法国公证人办理公证,要核查公证事项的真实性、合法性,为当事人的民商事活动提供法律安全保障。法国公证人要对执业过错承担赔偿责任,有的甚至可能承担刑事责任。

公证人实行行业协会管理为主的模式,目前实行的是金字塔式的三级行业协会管理体制,即省公证人协会、地区公证人理事会和法国公证人高等理事会。省公证人协会是公证行业最基层的行业组织,在整个公证人组织中,他是唯一可以对公证人采取惩戒措施的机构。在法国,每一个上诉法院辖区设一个地区理事会。主要负责协调公证职业与其他机关、职业的关系。同时,具有对公证人的培训监督职能,具有跨地区公证理事事务所的财务监督职能。法国公证人高等理事会是最高公证行业管理机构,代表全体公证员的利益,独立于政府机构。负责监督职业纪律的执行,协调公证业务,在政府制定公证法律、法规时向政府提供这方面的咨询。司法部只负责制定公证法规和收费标准,任免公证人,检查公证书的质量,决定重要的纪律惩戒等。

法国公证人的责任分为两类,即民事责任和刑事责任,公证赔偿属于民事责任范畴。公证人承担民事赔偿责任实行过错责任原则。承担民事责任的条件是公证人主观上要有过错,客观上公证当事人要有实际损失,而且,公证人的过错行为与当事人的损失结果要有直接的因果关系。为了维护公证行业信誉和社会秩序的平衡、稳定,保证公证人的赔付能力,保护公证当事人的合法权益,法国建立了完善的公证责任赔偿保障体系。该体系由两个系统共同构成:一是公证责任保险。法国公证责任保险属于商业性保险,公证保险合同由法国公证人高等理事会与保险公司签订,商业保险的范围是因公证人的过失行为产生的赔偿责任。保险是强制性的,是公证人执业的必备条件之一,对不参加保险的公证人将予以除名。二是集体保障金。集体保障金主要是为了弥补商业保险的不足,属于行业互助金性质,按公证人年业务收入总额的0.41%收取,如不足时,可以向全国公证人征收。上述体系,基本解决了法国公证人的责任赔偿能力问题。

二、英美法系公证制度

1. 美国的公证制度

在美国,公证制度属于州立法权范围内。美国现有公证人450万人左右,因此,美国的公证协会也很多,各州均有自己的公证协会,而且还有全国范围内的公证协会,这些协

会均致力于为会员提供培训和其他服务,其中最著名的是全美公证人协会。

美国的公证立法属于州的立法范围,各州享有公证立法权,所以各州都制定了自己的公证法,各州的法律汇编一般都有专章是关于公证的规定,包括公证人的资格及选任,公证人的从业范围,禁止公证人从事的事项,公证收费等。还有一些公证方面的规定体现在州法的其他部分,例如,在其他法规中可能具体规定哪些事项需要由公证人见证签名为真等。联邦法也会有涉及哪些公证事项需由公证人公证的规定。此外,全美公证人协会也规定有涉及公证内容的模范法规。

在美国,公证人由各州州长或州务秘书任命。以美国新墨西哥州公证法的规定为例,获得公证人资格的任命,应当完成下列手续,申请人应当向州务秘书递交下列文件,即请求任命申请书;依照宪法规定州官员的誓词和一份州立合同,两份具保书,一笔作为忠诚履行公证人职责的 500 美元的身份保证金;申请人用首字母签名的申请书;10 美元之申请费。申请人应当具备下列条件:(1)新墨西哥州公民;(2)至少年满 18 周岁;(3)会读写英文;(4)未曾被判有重刑;(5)在五年前未曾被撤销过公证人委任状。收到完整的请求任命文件和申请费,州务秘书应当向州长报告,州长在审查之后即任命申请人为公证人。公证人任期 3-4 年,如果任期届满,公证人想继续从事公证职业,应当再次依初次申请程序申请。如果在委任状失效后不经申请继续从事公证职业,或者委任状因其他原因被撤销后继续从事公证职业,则被认为是一种轻微的犯罪行为,一旦被法院确定有罪,应当罚款 100 美元,并且应当由州长撤销他的职务。

与大多数国家一样,美国公证人在行使公证职责时,应当设立公证处。公证人在设立公证处时,应当准备一枚有自己名字的公证印章。

美国的公证人业务范围受到很大限制。主要包括接受宣誓、制作确认书、制作票据拒绝证书和见证当事人签名。接受宣誓,也包括制作宣誓书,接受宣誓是指当事人在公证人面前发誓所陈述事实为真,当事人在声明之后附上证明。制作确认书是指当事人在公证人或其他有此权限的官员面前,承认某文书确系其制作并要求登记。公证人及其他接受承受的官员对此过程所作之证明被称为确认书。当票据发生拒绝承兑或者拒绝付款时,需要制作拒绝证书。拒绝证书是由公证人、美国领事或副领事或任何根据拒付发生地法律有权证明拒付的人作成并加盖印章。根据全美公证人协会给出的定义,公证人是指由州政府任命的见证重要文件真实并接受宣誓的公共事务官员。由此可见,见证人签名是美国公证人的主要事务,公证人见证重要文件之签名应当审查当事人身份,因此,通常可以防止冒名顶替,保证当事人能在充分理解并且完全自愿的情况下订立文书。

美国公证人的责任条款非常明确,包括行政责任、民事责任和刑事责任。在公证人有渎职行为时,州政府可以对公证人作出撤销或暂停执业的处分。在美国新墨西哥州,由于公证人在获得委任状时,要提交一份公职合同,因此,任何人对因公证人在其公职方面的非法行为、过失或渎职而受到的损害,可以对公证人的公职合同提起民事诉讼,公证人所交纳的保证金即为该种责任的担保。如前所述,如果公证人明知他的委任状已经失效,或者因为其他原因被取消公证资格,而在公证处继续行使公证职务,被认为是一种轻微的犯罪行为,一旦被法院认定为有罪,应当罚款 100 美元,并且应当由州长撤销他的职务。此

外,如果公证人或者法律授权的其他行使公证职权的官员,提供的证明文件中有他明知不真实的陈述,或者在要求公证的各方未亲自到场的情况下,便在收据或其他文件上加盖职务印章和签名应当视为轻微犯罪,一旦证实,将可能受到 200 美元以下的罚款,或者 3 个月以下徒刑,或者罚款和徒刑并罚。[①]

2. 英国的公证制度

英国是判例法国家,没有统一的公证法规。1801 年、1833 年和 1843 年英国国会通过的三个有关公证人的法令适用于不同的公证人,而教会公证人仍然适用教会的传统法规。目前,在英格兰和威尔士只有两种公证人,即斯克莱温公证人和一般公证人。斯克莱温公会是伦敦市历史悠久的机构,其会员被称为斯克莱温公证人。在 1999 年 11 月 1 日前,其会员可在伦敦市及其半径 3 公里的范围内享有独有执业权,其会员人数大约有 34 人。一般公证人在 1999 年 11 月 1 日前不能在伦敦市及其半径 3 公里的范围内执业。这类公证人大概有 1500 人,大部分是律师或被律师聘用的人。目前,斯克莱温公证人和一般公证人在英格兰和威尔士执业时,并没有同期执业人数的限制。但是,在伦敦以外的公证需求并不高,公证人甚少只依靠公证费收入。因此,公证人大多数会将公证的职能与主要的职业相结合。例如,与律师或律师的雇员的职能结合。

公证人资格的取得,与公证人的资格类别关系密切。一般公证人必须通过有关机构资格办公室举行的考试。要想成为斯克莱温公证人,候选人一定是合格的一般公证人,并要取得与斯克莱温公证人执业有关的法律科目的深造学位或者通过资深公证实务的考试。候选人需要通过将法律文件翻译成所选外语的考试,并只需两年的实际训练。

英国公证人的主要职能是认证文件作为海外用。文件可以是个人的,也可以是海外公司、合伙商行的。英国公证人的责任是见证文件的签订,以及确保对于订立个别文件大致符合形式上的规定。

英国公证人必须保持公正性,他们要避免一切利益冲突的风险。在英国法庭上,公证书的证据地位并没有明确的规定,判例意见也没统一。一般公证书中所载的发生在英国本土的事件还不能构成该事实存在的充分证据,为证明上述事实,还需要经办的公证人或其书记亲自出庭作证,如经办人已经死亡,则该证明可以视为真实证据。

在英国,未取得公证人授权的人以自己或他人的名义,为盈利收取费用。领取酬金等进行的公证活动是违法的,经简易审判,可对每一违法行为的责任者处以 100 英镑以下的罚金。公证人如行为不端,或者允许不合格人员使用其名字图利,或超过管辖范围进行公证活动,教区主事可将公证人除名。公证人在行使职务过程中,同时需要履行适当的注意、勤勉义务,该义务标准以一般公证人在相同情况下的注意和勤勉为标准,如果违反该注意义务,根据合同关系向公证之当事人承担责任,并且就其虚假证明向第三人承担责任。

---

① 马玉娥、马燕:《关于美国公证制度之报告》,载《中外公证法律制度资料汇编》,法律出版社 2004 年版,第 626~633 页。

三、不同法系公证体系形成的原因及融合

从世界范围来看,各国基于不同的文化传统和法治理念,基于不同的经济和社会管理机制,基于对设置公证制度的不同功能预期和赋予公证证明不同的内涵与效力,逐渐形成了两种不同的公证制度。即英美法系模式和大陆法系模式。

大陆法系国家的公证制度又称拉丁公证制度,是一种"准司法制度"。设置公证制度的根本目的,在于保障民事主体在意思自治的前提下,实现国家对重大经济活动与公民、法人和其他组织的重要法律行为的适度干预,以预防经济纠纷的产生和避免可能发生的社会矛盾,维护经济活动的正常秩序和社会的和谐、稳定。为达到此目的,国家赋予公证机构(公证人)代表国家行使证明权,以国家的名义对公民、法人和其他组织之间的契约关系和法律行为提供证明,以确保经济活动、民事行为在法律秩序范围内正常进行。因此,这些国家在实体法中,对必须公证的行为予以规定。国家通过立法规定必须公证的事项,实现对重大经济活动和重大民事法律行为的监管与间接干预,以维护社会稳定,促进经济发展。

英美法系国家,由于司法制度架构的基本理念不同于大陆法系,奉行的是"事后追惩主义"和"私权自治原则",政府在民商事活动中实行的是"自由主义"和"不干预政策"。因此,在公证制度的功能定位上,侧重于"形式证明",即只证明当事人在公证人面前签署相关文件的行为属实,而不对公证事项实体内容的真实性进行证明,对实际发生的纠纷寄望于"事后司法救济",也就是通过诉讼的方式解决。

从制度本身具有的特点看,大陆法系公证制度主要具有以下几个特点:(1)公证是预防性的法律制度;拉丁公证联盟的高级官员称,多一个公证处,就可以少设一个法院。因为公证的目的是引导当事人正确实施民商事法律行为,衡平契约双方的利益,消除纷争隐患,并应做客观记录,从法律角度为民商事活动提供安全保障,为司法机关和社会提供准确、可靠的法律文件,以达到维护法律秩序,预防纠纷,减少诉讼的目的。(2)公证法律比较完备;大陆法系各国公证的法律制度比较完备。一方面,在公证法中对公证的原则、任务、效力、业务范围、组织机构、任职条件、公证程序、法律责任等内容作出了明确具体的规定;另一方面,在民事实体法中又规定了必须公证的法定公证事项。在民事诉讼法、执行法中对公证的效力及其实现的程序作出规定。(3)公证权属于国家公权的范畴;大陆法系公证权的公权性主要体现在以下几个方面,即公证机构由国家设置;公证人由国家任免;公证人独立执业,接受公权力的委托,以国家的名义行使公证职能;国家通过公证手段,对经济社会生活实施必要监督和适度干涉,为民商事活动提供法律安全保障;公证人应当在国家指定的区域执业;公证收费标准由国家统一制定,接受国家监督等。(4)公证人具有独立的法律地位;在大陆法系国家,公证人一方面具有公职性;另一方面又兼具自由业者的一些特性。主要表现在以下几个方面,即公证人独立执业,不隶属于任何机关、团体和企事业单位;公证人自主决定公证事务,独立承担法律责任;公证人之间地位平等;公证人不拿国家工资,自负盈亏等。(5)公证人的素质、地位比较高;大陆法系国家的公证人素质都比较高。除应当具备良好的道德品质修养和大学本科法学学历外,还要通过国家规定

的司法考试或专门的国家公证人资格考试。考试合格,完成规定的公证实习期限,并交纳执业保证金,进行宣誓,方能执业。为保证公证人的社会地位和社会公信力,大陆法系国家公证人的地位比较高,大多数国家公证人由国家元首或司法部长任命,为终身职务。(6)公证机构有计划设置;大陆法系国家的公证机构和公证人的数量,由国家根据经济社会发展需要核定。公证业务的辖区由国家确定。公证人事务所要设在国家指定的地点,不允许随意增加、减少、迁移或歇业,以保障当事人都能就近便利地获得公证。公证人必须在核定的公证业务辖区内执行公证职务,不得跨区域办理公证事务,以减少、控制业务竞争。(7)法定公证事项由实体法规定;大陆法系国家的公证业务十分广泛,而且大多数公证业务属于法定公证范围。法律规定必须公证的事项占公证业务总量的 40%～60%,有的国家高达 90% 左右。法定公证事项主要集中于契约、不动产、公抵押等领域。此外,从公共服务的角度,公证人还提供财产清算、拍卖、招标、抽彩等涉及公众利益活动的法律监督,代征国税等法律服务。(8)公证书具有较强的效力;公证的效力是公证制度赖以存在的基础,大陆法系国家都规定公证书具有较强的效力。包括强制执行的效力、证据的效力和法律行为生效的效力。凡是经过公证并具有执行内容的文书,可以不经过法院判决,即具有强制执行的效力。公证书的证据效力高于其他文书。特定法律行为需经过公证方为有效。(9)管理比较严格。大陆法系多实行两结合的管理模式,即行政管理和行业管理相结合。行政管理包括组织考试、任免公证人、确定公证人总量和公证业务辖区、监督公证质量等。其他管理事务均由公证协会负责。

在英美法系国家的公证制度中,由于在制度和理念上奉行彻底的"私权自治"原则,政府普遍在经济上实行"自由主义"和"干预政策",因而在公证制度的功能设置上,实行完全不同于大陆法系国家对经济的"适度干预"政策。为此,英美法系国家公证制度的功能侧重于"形式证明",即证明当事人在公证人面前签署文件或宣誓、作证的行为属实。由于法律规定的公证收费标准较低,公证人难以以此作为谋生的职业。因此,通常由社会信誉良好的律师兼职担任公证人,或由品德良好、德高望重的毫无法律背景的公民担任,还可以由法律规定某些官员,如治安法官、领事、军官和各级法院的官员执行公证人职务。

英美法系国家大多实行"自愿公证"原则,法律很少规定"必须公证"的内容;公证没有强制执行力;由于公证人不对公证具体事项内容的真实性负责,加之法庭审判中,当事人和证人通常必须当庭作证、质证,因而文书的证据效力不如大陆法系国家公证书的证据效力强。公证人组织宣誓仪式,由当事人对公证事项的具体内容"宣誓"保证其真实性,作虚假"宣誓"的当事人自行承担法律责任。可见,在英美法系国家的制度设计中,只赋予公证证明"形式真实"的功能,不要求公证对经济活动与社会生活发挥"适度干预"和预防纠纷的功能,而对实际发生的纠纷则寄托于"事后救济",即通过诉讼程序解决。

从司法实际情况看,两大法系由于基本法律理念的不同,诉讼效果也不同。英美法系国家的律师制度远比大陆法系国家发达,诉讼多,诉讼花费大。相反,在大陆法系国家,由于公证制度的独特预防作用,社会生活中发生纠纷的比例和国家司法费用支出,远远低于英美法系国家。例如,在美国,房产合同的百分之五发生纠纷后,进入诉讼程序;而欧洲只有千分之一进入诉讼程序。美国的司法成本占国内总产值的百分之二点五。[①]

法律制度的比较研究是为了法律体系的发展和完善。公证制度作为现代国家确保自由、安全和公正的法律制度,在国家法治建设中起着不可替代的作用。在最近 15 年,公证制度越来越为大多数国家所重视,许多国家加强了公证制度的建设,一些原来没有公证制度的国家也建立了公证制度。目前,世界上有 100 多个国家建立了公证制度,其中绝大多数国家是国际拉丁公证联盟的成员。

通过上文两大法系公证制度的比较、分析和研究可以看出,大陆法系国家的公证制度比较发达,公证的效力比较强,公证制度在预防纠纷、减少诉讼,保证交易安全方面发挥着重要作用。英美法系国家的公证制度由于只注重"形式证明",不对公证事项实体内容的真实性进行证明,对现实中发生的纠纷寄望于"事后司法救济",即通过诉讼程序解决,所以,公证的效力相对比较弱,诉讼较多,诉讼花费比较大。目前,美国当局已经认识到公证对于合同的重要作用,特别是公证在保障电子交往的安全性和跨国、跨州合作发展方面的作用。因此,在美国北部的几个州出现了一种新型律师——民法公证人,负责起草公证文书。[②]

第二节　我国公证制度的产生与发展

一、我国公证制度的发展和现状

在我国,50 年代初期即颁布了《北京市人民法院公证暂行办法》和《中南区公证试行办法》,并由司法部召开了第一次全国性的公证工作会议。截止至 1957 年,公证业务的开展达到鼎盛时期。但是,受 1958 年反右以及"文化大革命"的影响,公证制度的发展在很长一段时期内处于停滞阶段。1979 年我国公证制度得以恢复重建,伴随着社会主义现代化进程,取得了长足的发展和可喜的业绩。截止至 2004 年,全国已设立公证处 3150 家,公证从业人员 1.9 万人,年办理公证超过 1000 万件,公证业务量与恢复重建初期相比,增长 110 多倍。公证范围包括:合同、遗嘱、继承、身份、学历和各类涉外贸易等 200 多项,公证书发往 100 多个国家和地区。为预防纠纷,减少诉讼,维护交易安全,促进民商事往来和社会稳定发挥了积极的作用。特别是公证工作服务于对外开放的大局,通过办理大量涉外公证,促进了对外交流和合作;在香港实行的委托公证人制度和海峡两岸公证书的使用查证制度,更加密切了两岸及与港澳的关系。尤其是 2003 年签订的内地与香港,澳门关于"建立更密切经贸关系的安排",进一步增强了公证业务在促进内地与港澳民事交往

---

① 司法部研究室:《公证制度在维护社会主义市场经济秩序方面的作用》,载《中国公证》2004 年第 12 期。

② 马玉娥:《世界上的两大法系及公证制度》,载《中外公证法律制度资料汇编》,法律出版社 2004 年版,第 551 页。

与经济合作中的作用,实现了内地与港澳共同繁荣。①

回顾历史,新中国的公证制度是借鉴苏联公证制度逐渐建立起来的,从无到有,走过了一段曲折的发展历程。早在 1946 年的解放区就有公证制度的雏形,先后解放的哈尔滨、沈阳、上海等地,人民政权建立后,根据城市居民的需要,特别是外侨、华侨和侨眷的要求,先后在各市人民法院设立了公证组织,开办公证业务。1954 年底,全国已有 119 个市和 177 个县开办公证业务。1955 年 4 月 25 日至 5 月 6 日,司法部召开了第一次全国性的公证工作会议。1956 年初,司法部在参照苏联模式的基础上,结合我国的实际,向国务院报送了《关于开展公证工作的请示报告》,并经批准在各地设立公证处。1959 年司法部被撤销,公证工作划归人民法院管理。这一时期,除迫于国际惯例办理少量涉外公证外,其他公证业务基本处于停滞状态。"文化大革命"期间,公证工作被取消。1979 年司法部重建后,即着手公证制度的恢复与完善。1980 年 3 月,司法部发出《关于公证处设置和管理体制问题的通知》,规定在直辖市、省辖市、县设立公证处,代表国家办理公证业务。1982 年国务院制定了《中华人民共和国公证暂行条例》。自此,公证制度发展成为我国法律制度和司法制度的重要组成部分。1993 年根据党的十四届三中全会《关于建设社会主义市场经济体制若干问题的决定》,司法部全面启动了公证体制改革工作。2000 年 7 月,国务院办公厅批转了《司法部关于深化公证工作改革方案》,进一步明确了公证改革的目标和任务,使我国的公证事业进入了蓬勃发展的新时期。2005 年 8 月 28 日全国人民代表大会第 17 次常务委员会通过了《中华人民共和国公证法》,并于 2006 年 3 月 1 日开始施行。该法的颁布施行,进一步推动了公证事业的迅猛发展。

二、公证制度存在的问题与完善

我国公证制度虽然得到了发展和完善,但是,与发达国家相比,还处在发展初期,无论是在体制、机制、管理方式等方面,都还存在一些不容忽视的缺陷,特别是近年来出现诸如武汉体彩作弊案、西安"宝马彩票案"等,暴露出公证制度尚存在许多问题,触目惊心,发人深省,亟待加以完善。概括起来,主要有三个方面:

1. 立法不及时

2005 年 8 月 28 日通过并于 2006 年 3 月 1 日开始施行的《中华人民共和国公证法》颁布以前,公证工作缺乏应有的高层次的法律规范和法制保障。影响和制约了我国公证制度的建设和作用的发挥。当时规范公证工作的法律规范主要是 1982 年 4 月 13 日制定的《中华人民共和国公证暂行条例》(以下简称《条例》)。20 多年来,我国社会生活的各个方面都发生了巨大而深刻的变化,特别是随着我国社会主义经济体制的建立和社会主义法制的逐步健全,公证实践已经远远突破了《条例》的内容,随着社会形势的变化,公证工作的诸多方面已经处于无法可依、无章可循的被动局面。2005 年 8 月 28 日第十届全国人民代表大会常务委员会第十七次会议通过的《中华人民共和国公证法》,标志着公证制度的发展进入了一个新的阶段。但是,也应当看到,《中华人民共和国公证法》中一些相关的

---

① 张福森:《建立和完善中国特色的公证制度》,载《中国公证》2004 年第 1 期。

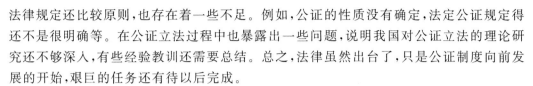

法律规定还比较原则,也存在着一些不足。例如,公证的性质没有确定,法定公证规定得还不是很明确等。在公证立法过程中也暴露出一些问题,说明我国对公证立法的理论研究还不够深入,有些经验教训还需要总结。总之,法律虽然出台了,只是公证制度向前发展的开始,艰巨的任务还有待以后完成。

2. 公证制度没有得到社会认同

同大陆法系国家的公证相比,我国的公证制度在维护市场经济秩序,保护公民合法权益方面的作用还远没有充分发挥出来。究其原因主要是由于公证制度没有得到全社会应有的认可与重视,社会各界还没有真正了解公证制度,不清楚公证制度在国家法制建设中的地位和作用。首先,市场主体缺乏自觉的公证意识,长期以来,由于缺乏对公证工作的深度宣传,人们对公证工作的感知,只停留在粗浅的层面上。在维护自身的合法权益方面,只习惯于"找领导"、"忙上访",面对纷繁复杂的交易环境,缺乏利用公证进行预防的意识。很多公民、法人和其他组织不了解公证文书的法定证据效力和强制执行效力,甚至把公证、鉴证和见证等截然不同的证明方式混同起来,结果是:一方面市场主体不懂得如何审查、判断交易对方的资质,从而使自己面临巨大的交易风险;另一方面是由于社会缺乏对公证的认知,导致公证的业务量不足,公证工作被冷落。

其次,由于我国的市场经济体制是从计划经济体制的模式下脱胎而来的,必然使有些政府行政管理部门的同志,习惯于计划经济条件下的管理方式,过分依赖行政手段,不习惯或不善于运用包括公证在内的法律手段,甚至有个别行政管理部门受部门主义的驱动,怕运用法律手段,削弱本部门的职权,影响本部门的利益。所有这些无疑都给公证制度作用的发挥带来了重重阻力。

3. 公证工作自身建设还有待于进一步加强

公证工作自身建设存在的诸多不足,是影响公证作用发挥的内在原因。首先,公证队伍的整体素质难以适应形势需要。与律师队伍相比,我国公证员队伍的学历普遍偏低,知识结构不尽合理,缺乏高层次人才;同时,公证队伍的职业道德素质也良莠不齐,西安"宝马彩票案"就是一个例证。现代伦理学家麦金泰尔教授在《追求道德》一书中提道:"只有那些具有正义德性的人才有可能知道怎样运用法律。"大陆法系国家要求只有德高望重、熟悉法律的人才能担任国家公证员就是这个道理。其次,管理不严、监督乏力,尚没有真正建立起司法行政机关行政管理与公证员协会行业管理"两结合"的管理体制。

我国社会主义市场经济体制不断完善,依法治国、建设社会主义法治国家的步伐不断加快,对公证事业在为经济活动提供法律保障、维护当事人合法权益以及维护社会主义市场经济秩序方面提出了新的更高要求。公证工作面临着前所未有的发展机遇和严峻挑战。同时,公证制度快速发展的必要性也充分体现出来。公证制度发展的必要性主要体现在以下几个方面:

1. 健全国家诚信体系的要求

公证制度的基本功能,决定了公证在健全国家诚信体系、加强社会诚信建设中具有不可替代的作用。诚信是交易的基础,无诚信即无交易。市场经济秩序的进一步规范,要求必须切实加强国家信用体系建设。尤其是在完善市场经济过程中,商业欺诈及诚信缺失

较为严重,公证在维护交易安全、预防交易风险,强化社会信用制度建设方面具有不可替代的作用。从宏观层面看,公证制度作为一项重要的信用保障法律机制,是社会信用体系的重要组成部分,其方式就是国家通过公证对民商事活动进行适度干预,规范和引导民商事主体坚持诚信,确保各种民事、经济活动的真实、合法、公平、公正。并在解决纠纷时,为司法机关提供可靠证据。从微观层面看,公证作为为市场主体提供预防性法律手段,可以通过合同公证、提存公证和证据保全公证等途径,避免和降低各种交易风险。同时,公证机关出具的合法有效的公证书,是交易当事人社会信誉的可靠载体,在交易过程中更容易获得对方信任,从而有效防范交易风险,促进交易安全。

2. 维护国家交易安全的需要

公证制度的基本价值决定了它能够预防纠纷和维护交易安全。公证制度作为国家干预社会经济生活的一种重要方式,在世界各国受到普遍重视,原因主要是,在市场经济的条件下,虽然实行私权自治,但这种自治不是绝对的,而是相对的。因为私权的行使会产生连带的社会效应,需要国家的监督和规范。但是为了不产生弊端,国家不适宜以行政管理的方式,直接介入社会经济领域。在这种情况下,国家借助公证的方式介入私权领域,发挥法律监督和间接管理的职能,是一种很好的方式。通过公证,使公民、法人和其他组织重要的民事法律行为得到进一步的确认,进而实现国家对社会经济活动的间接干预。同时,利用这种方式可以降低政府管理成本,提高管理效率。

3. 公证制度自身特点的决定

公证制度以其自身具有的、独特的区别于其他监督、规范和社会调解手段的特点,体现出自身的优势。首先,公证制度与行政管理手段相比,公证制度体现出直接、方便、快捷的优势。公证制度可以介入社会生活的各个领域和各个方面,弥补行政管理不能涉及的一些微观层面的不足。其次,与诉讼制度相比,公证制度克服了审判活动的事后性和被动性,公证活动的优势在于主动介入到社会生活的各个领域,事前预防纠纷,减少诉讼。诉讼量的减少,使国家能够节约司法成本,使法院能够省时省力,提高诉讼效率。再次,公证制度与登记手段相比,具有不可取代的作用。公证制度与登记手段相比,需要对公证事项进行实质性的审查,弥补了登记机关只进行形式审查的不足。公证机构不需要国家财政拨款,自行执业,独立对外承担法律责任,不仅可以减轻国家财政负担,而且可以避免因登记失误给当事人合法权益造成损害后,引发的行政诉讼和国家赔偿。

需要注意的是,我国是成文法国家,公证制度采取的是大陆法系国家的做法。具体表现是奉行实体公证、设立专门的公证机构、通过司法考试选任专职公证员等,国家通过公证实现对经济社会生活的间接干涉。我国已于 2003 年 3 月加入了由大陆法系国家组成的拉丁国际公证联盟,成为正式会员。公证制度进一步得到大陆法系国家公证组织的认同。在目前情况下,改革和完善具有中国特色的公证制度,主要应当注意以下几个方面的问题:

1. 加快贯彻执行《中华人民共和国公证法》的进程

《中华人民共和国公证法》已于 2005 年 8 月 28 日由第十届全国人民代表大会常务委员会第十七次会议通过,并于 2006 年 3 月 1 日起开始施行。《中华人民共和国公证法》的颁布施行,对我国公证制度的进一步发展和完善,必将起到巨大的推动作用。同已经废止的《中华人民共和国公证暂行条例》相比较,新颁布施行的公证法,主要从以下几个方面作出了比较完善的规定:(1)确定公证是一种证明活动。是公证机关根据自然人、法人或其他组织的申请,依照法定程序对民事法律行为、有法律意义的事实和文书的真实性、合法性予以证明的活动。(2)公证机构的设立坚持统筹规划、合理布局的原则。可以在县、不设区的市、设区的市、直辖市或者市辖区设立;在设区的市、直辖市可以设立一个或者若干个公证机构。以前,我国公证处的设置存在层级较多、管辖重叠的矛盾,以及由此引发的公证处之间的恶性竞争等弊端。为了从体制上解决这个问题,公证法中明确规定了统筹规划、合理布局的原则,取消了公证处之间不合理的层级设置,给每一个公证处提供一个公平的工作平台,以满足全社会对公证的客观需求,体现了公证工作的公益性和非营利性。(3)规定公证书的效力法定。公证效力是公证制度不可或缺的重要内容,包括证据的效力、法律行为要件成立的效力、债权文书的强制执行的效力等。离开公证的效力,公证制度就失去了存在的价值。(4)实行公证员职业化。纵观大陆法系国家,公证员资格的取得都需要经过严格的国家统一司法考试,以保证公证员的质量。我国公证法也规定,担任公证员应当具有以下几方面的条件,即具有中华人民共和国国籍;年龄25周岁以上65周岁以下;公道正派,遵纪守法,品行良好;通过国家司法考试;在公证机构实习2年以上或者具有3年以上其他法律职业经历并在公证机构实习1年以上,经考核合格。以上法律规定说明,为了造就一支符合市场需要的高素质的公证队伍,法律严格规定了公证员的准入"门槛"。(5)规定了法定公证。公证法规定,法律、行政法规规定应当公证的事项,有关自然人、法人或者其他组织应当向公证机构申请办理公证。(6)规定公证机构应当参加执业责任保险。这项法律制度的规定,增强了公证机构、公证员承担责任、抵御风险的能力,提高了公证机构的公信力,为公证取信于市场奠定了物质基础。(7)严格了公证程序的法律规定。为了保证公证书内容的真实性和合法性,必须严格按照公证程序审查核实公证事项,以保证公证质量,提高公证机关的社会公信力。(8)严格规定了执业责任。法律规定的执业责任包括行政责任、民事责任、刑事责任,公证法中不仅规定了执业责任的种类,而且,规定了责任承担方式。执业责任的规定,有利于保证公证机构及其公证员按照法律规定进行公证;也有利于维护公证事项当事人和利害关系人的合法权益。

公证法的贯彻实施有利于推进公证制度的健康发展,但是应当看到,公证法还存在一些不完善之处,例如,公证的性质尚未明确;有些条款还比较原则,缺乏可操作性;法定公证的施行,还需要实体法规定的支持等。这说明公证制度的发展才刚刚起步,任重道远。

2. 提高全民公证法律意识

伴随着公证法的贯彻施行,应当加大公证工作的宣传力度,提高全社会的公证法律意识。各级公证管理部门和公证员协会应当充分利用各种媒体,结合典型案例,大力进行公证制度的宣传,使社会公众了解公证制度的业务范围以及公证在预防纠纷,维护当事人权益,稳定经济秩序中的功能和作用。通过宣传使市场主体能够积极、主动选择、运用公证手段预防纠纷,维护自己的合法权益。使有关部门在实施政府采购、土地使用权交易、财政投资、项目招标、人事聘用等管理环节中善于运用公证手段,增强依法行政能力。使司

法机关在审理案件、裁决纠纷时,重视和维护公证文书的法律效力。

3. 加强公证工作自身建设

公证工作应当遵循市场经济和经济体制的内在规律。提高公证的公信力,使社会接受公证、利用公证,应当加强公证工作的自身建设。具体应当从以下两个方面入手:(1)加强公证管理建设。管理包括两个方面,即公证机构的外部管理和公证机构的内部管理。外部管理,是指完善"两结合"的公证管理体制,司法行政机关应当转变职能,加强宏观指导,切实充分发挥公证协会的行业管理职能。内部管理,是指公证处内部应当重视建章立制,把公证处的各项制度和业务活动纳入制度化、规范化的轨道。严格岗位责任管理,完善调查取证制度、审批出证制度、重大疑难公证事项集体讨论制度等,实行内部管理和外部管理相结合,发挥公证机构的职能作用。(2)加强公证质量管理。公证质量直接关系到公证行业的生存和发展,也直接涉及人民群众的利益。建立一支政治合格、道德高尚、纪律严明、业务过硬的公证队伍,是保证公证质量的基本前提。在办理公证过程中,严格办证程序,是保障公证质量的关键。实践经验证明,大多数错证存在程序不合法的问题。确立严格的责任制度,是约束公证员行为,维护当事人合法权益的屏障。在司法实践中,每一件真实、合法的公证,对维护当事人的合法权益必然起到积极作用,反之,就会危害当事人的合法权益,增加纠纷,增加诉讼,影响社会稳定。

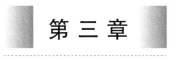

公证机构和公证员

第一节　公证机构

一、公证机构的概念和特征

公证机构,是指依法设立,不以营利为目的,依法独立行使公证职能、承担民事责任的证明机构。法律依据是我国《公证法》第6条的规定。公证机构主要具有以下几方面的特征:

1. 公证机构依法设立

所谓依法设立,是指公证机构设立的条件和程序应当符合法律规定。我国《公证法》和我国司法部颁发的,于2006年3月1日起开始施行的《公证机构执业管理办法》对公证机构设立的条件和设立的程序作出了明确规定,公证机构的设立应当符合法定的设立条件,并严格依据按照法律规定设立程序进行。未依照法定条件和法定程序设立的公证机构,不能行使公证证明权,办理公证。

2. 公证机构不以营利为目的

所谓不以营利为目的,是指有关组织经营、运作的目的不是为了获取利润,在经营、运作过程中获得的收益不是用于分配给组织成员,而是用于组织发展。它主要着眼于从事活动的目的是不是为了营利,而不是最终的结果是不是收取的费用等于或高于成本支出。公证机构不以营利为目的的含义可以从以下几个方面理解:(1)国家设立公证机构的目的是承担部分社会职能,预防纠纷,减少诉讼。如果法律规定公证机构开展业务活动以营利为目的,则与公证机构履行的社会职能相背离。(2)公证机构不以营利为目的,要求公证机构在开展业务活动中,不能唯利是图,单纯追求经济效益,应当以社会正义为己任。(3)公证机构的非营利性与公证机构依法办证按标准收费并不矛盾。非营利性是指公证机关办理公证业务不是为了追求利润或利益,而是为了履行法律规定的社会职能,并不排除公证机关办理业务收取适当的费用。公证机关收取费用的标准是国家规定的,而且收取的费用主要用来支付办证成本,补充相应的付出,不能分配给成员。(4)公证机构的非营利性,表明公证机构不同于以营利为目的的企业或其他经济组织。

3. 公证机构依法独立行使公证职能

公证机构依法独立行使公证职能,是指公证机构和公证员在开展业务活动过程中,依据事实和法律独立办理公证事务、行使证明权,不受其他机关、组织和个人的非法干涉。

公证机构的这一特征说明,公证机构独立行使公证职能,既独立于司法机关,也独立于行政机关。公证机构和公证员在开展业务活动过程中,只对法律负责、对自己的职业行为负责、对当事人负责。

4. 公证机构独立承担民事责任

公证民事责任,是指公证机构或者公证员因过错给当事人、公证事项的利害关系人造成损失的,公证机构依据过错的程度,向当事人承担赔偿损失的民事责任。法律规定公证机构依法独立承担民事责任,是为了对公证机构和公证员的办证行为进行法律监督,防止错证的发生,保证为当事人提供优质的法律服务。

5. 公证机构是证明机构

证明,是指用可靠的材料证明或者断定人或事物的真实性。在我国,证明的种类比较多,包括认证、律师见证等。公证证明也是证明的一种,公证证明与其他证明的区别在于,公证证明只能由法定的公证机构作出,公证机构是国家专门设立的证明机构;公证证明的效力大于其他证明的效力。

二、公证机构设立的原则

我国《公证法》第7条规定,公证机构按照统筹规划、合理布局的原则,可以在县、不设区的市、设区的市、直辖市或者市辖区设立;在设区的市、直辖市可以设立一个或者若干个公证机构。公证机构按行政区划层层设置。这一规定说明,我国公证机构设立的原则是统筹规划、合理布局。

在我国,公证机构是法定的证明机构,公证机构之间一律平等,相互没有隶属关系。在公证机构的设置上,一方面,为了保证公证权行使的统一性、严肃性和权威性,应当使公证机构之间有适度的竞争;另一方面,又要防止无序的恶性竞争。我国公证制度恢复初期,根据已经废止的《中华人民共和国公证暂行条例》的规定,公证机构按行政区划设置,即直辖市、市、县设立公证机构。经省、自治区、直辖市司法行政机关批准,市辖区也可以设立公证机构。20世纪90年代,我国实行公证制度改革,又设置了国家公证机构和省级公证机构,部分地区还设置了合作制公证机构和合伙制公证机构。公证制度恢复发展20多年以来,我国公证制度的改革是在实践中逐步推进的,可以说在一定程度上具有盲目性,形成了重叠设置、交叉设置公证机构的情形。公证机构设置的重叠和交叉,必然造成业务管辖的交叉,导致管辖的混乱和无序竞争。公证机构为收取公证费用,争揽业务,甚至不顾事实真相出错证、假证的现象时有发生,导致有些地方公证业务的质量得不到很好的保障,公证的公信力下降。针对公证机构设置存在的上述弊端,结合我国的实际情况,《公证法》规定,公证机构按照统筹规划、合理布局的原则设置。

所谓统筹规划、合理布局,是指司法部对公证机构的设置下达控制指标,按实际需要划分公证业务辖区,每个公证业务辖区至少设置一个公证机构,打破按行政区划设置公证机构的做法。按照公证法的规定,公证机构与司法行政机关不再对应设置,公证机构的设置应当注意以下几点:(1)公证机构的设置实行总量控制,决定是否设置公证机构,应当考虑当地的经济发展程度、人口数量、交通状况、对公证业务的实际需要等因素,不能随意设置。(2)在经济发达地区,可以设置两个或者两个以上公证机构,以形成规范、有序的竞争环境;在经济相对不发达的地区,可以设置一个公证机构;在不具备设置条件的地区,可以不设置公证机构。(3)公证机构不再按行政区划设置,国家、省一级、地区、盟、州不再设置公证机构。(4)县、不设区的市、设区的市、直辖市和市辖区可以设置公证机构。(5)公证机构在同一层级设立,即公证机构整体设立在一个平台上,在一个设区的市、直辖市可以设立一个或者若干个公证机构,如果城区范围的市辖区设立了公证机构,市就不再设置了。

公证机构按照统筹规划、合理布局的原则设置,主要有以下两方面好处:(1)有利于公证机构依法办证;公证机构依法办理公证业务,主要是为社会经济提供法律服务。市场经济具有区域性,行政区域并不必然代表经济区域,在县、不设区的市、设区的市、直辖市和市辖区设置公证机构,既与市场经济区域挂钩,又有利于公证机构和公证员深入实际,调查研究,了解情况,在查清公证事项真实性、合法性的基础上,出具公证书,为市场经济的交易安全提供保障。(2)有利于当事人依法申请公证。根据我国公证法的规定,公证机构主要设置在基层,设置方式规定得比较简单,即主要设置在一个平台上,这样的公证机构设置体制,有利于当事人了解公证机构的设置情况,便于当事人向有关的公证机构申请办理公证。

■ 三、公证机构设立的条件和程序

(一)公证机构设立的条件

公证机构是向社会提供法律服务的证明机构,公证机构的设置应当符合法律规定的条件。根据我国《公证法》和《公证机构执业管理办法》的规定,设置公证机构应当符合下列条件:

1. 有自己的名称

名称是表示公证机构特征的特有符号,是公证机构区别于其他单位的显著标志。在我国,公证机构统一称为公证处,公证机构的名称,应当使用全国通用的文字。民族自治地方的公证机构的名称,可以使用当地通用的语言文字。公证机构名称中的字号,应当由两个以上文字组成,并不得与所在省、自治区、直辖市内设立的其他公证机构名称中的字号相同或相近似。公证机构的名称,由省、自治区、直辖市司法行政机关在办理公证机构设立或者变更审批时予以核定。公证机构对核定的名称享有专用权。

2. 有固定的场所

固定场所,是指在一定时期内,相对稳定的办公场所。公证机构拥有固定的场所,是依法开展公证业务的前提,是公证机构独立享有民事权利承担民事义务的基础,也为当事人申请办理公证业务提供了方便,有利于保证公证质量。

3. 有二名以上公证员

公证业务主要由公证员办理,专业性很强,需要公证员具有比较广泛的法律专业知识和丰富的实际工作经验,并且具有良好的道德水准。设置公证机构要求有二名公证员,可以说是法律规定的最低标准。如果少于二名公证员,公证机构不能设立。

4. 有开展公证业务所必需的资金

拥有必需资金,是公证机构开展公证业务的物质保障。公证机构只有具有较好的资信力,才更容易得到社会公众的认可,才能很好地开展公证业务,提供优质的法律服务。

(二)公证机构设立的程序

根据我国《公证法》和《公证机构执业管理办法》的规定,公证机构的设立需经过以下程序:

1. 申请

设置公证机构符合法定条件的,应当由所在地司法行政机关组建,逐级报省、自治区、直辖市司法行政机关审批。申请设立公证机构,应当提交下列材料:(1)设立公证机构的申请和组建报告;(2)拟采用的公证机构的名称;(3)拟任公证员名单、简历、居民身份证复印件和符合担任公证员条件的证明材料;(4)拟推选的公证机构负责人的情况说明;(5)开办资金证明;(6)办公场所证明;(7)需要提交的其他材料。

2. 审核和颁证

省、自治区、直辖市司法行政机关应当自收到申请材料之日起 30 日内,完成审核,作出批准设立或者不予批准设立的决定。对准予设立的,颁发公证执业证书;对不准予设立的,应当在决定中告知不予批准的理由。批准设立公证机构的决定,应当报司法部备案。公证执业证书是公证机构获准设立和执业的凭证,由司法部统一制作。公证机构执业证书不得涂改、出借、抵押或者转让。公证执业证书毁损或者遗失的,由该公证机构报经所在地司法行政机关,逐级向省、自治区、直辖市司法行政机关申请换发或者补发。

3. 公告

省、自治区、直辖市司法行政机关对批准设立的公证机构,应当在作出批准决定后 20 日内,在省级报刊上予以公告。司法部定期编制全国公证机构名录。

四、公证机构的人员组成

在我国,公证机构通常由公证员、助理公证员和其他公证辅助人员组成,包括财务人员、文书档案管理人员、办公室秘书等。另外,公证机构还应当设置公证机构负责人,即公证处主任。根据我国《公证法》和《公证执业管理办法》的规定,公证机构负责人的产生需要经过以下程序:(1)推选。公证机构的负责人对内管理业务和行政事务,对外代表公证机构,要求既熟悉公证业务,又具有一定的实践经验。因此,要求公证机构负责人首先必须是公证员,并且具有三年以上的执业经历;同时,由于公证机构不同于行政机关,公证机构负责人的产生不能采取任命制,应当通过民主的形式推选,只有这样,产生的公证员才具有威望。(2)核准。司法行政机关是公证机关的监督、指导机关,公证机关的负责人推选出来后,应当报所在地的司法行政部门核准。(3)备案。所在地司法行政部门核准后,应当报省、自治区、直辖市司法行政机关备案,以备查考。

第二节　公证员

根据我国《公证法》的规定,公证员是指在公证机构从事公证业务的执业人员。公证员是公证机构的核心人员,公证员的数量根据公证业务需要确定。省、自治区、直辖市人民政府司法行政部门根据公证机构的设置情况和公证业务的需要核定公证员配备方案,报国务院司法行政部门备案。

一、公证员的任职条件

（一）公证员任职的积极条件

根据我国《公证法》第18条和《公证员执业管理办法》的规定,担任公证员应当具备以下条件：

1. 国籍条件

在我国,担任公证员的首要条件是具有中华人民共和国国籍,是中华人民共和国公民。外国人、无国籍人、具有双重或者多国国籍的人,不能担任我国公证机构的公证员。

2. 年龄条件

公证员职业的特点是,要求公证员具有较为丰富的法律知识、人生阅历和社会实践经验,以及处理各种复杂问题的能力。如果公证员的年龄偏小,则难以胜任此项工作；如果公证员的年龄偏大,又避免不了因年老体衰导致的工作能力下降。因此,法律规定担任公证员的年龄应当在25岁以上65岁以下。

3. 品德条件

公证员依法办理公证业务,出具公证书,行使的是国家赋予的证明权,公证行为本身具有真实性、合法性和权威性。只有具有良好的道德与品行的人,才能承担起如此重大的责任,才能依法履行职责,维护当事人的合法权益。因此,我国法律规定担任公证员应当公道正派,遵纪守法,品行良好。公道是指公正、公平、公开,从而得到公认；正派是指无私、无畏、无偏袒,从而能够出以公心；遵纪守法是指遵守国家宪法、法律、法规和执业纪律；品行良好是指公证员应当具有良好的品德和言行,自觉维护社会公德、遵守职业道德、举止文明。[①]

4. 业务条件

由公证员从事公证工作的性质决定,对公证员的业务条件要求应当是比较高的。根据法律规定,主要应当具有以下两方面的要求：(1)通过国家统一法律职业资格考试取得法律职业资格；(2)在公证机构实习二年以上或者具有三年以上其他法律职业经历,并在公证机构实习一年以上,经考核合格。

此外,为了吸收具有较高法学造诣和丰富法律工作经历的高层次人员进入公证队伍,提高公证员队伍素质,我国《公证法》第19条还规定了公证员任职的特许条件,即从事法

---

① 王胜明、段正坤主编：《中华人民共和国公证法释义》,法律出版社2005年版,第64页。

学教学、研究工作,具有高级职称的人员,或者具有本科以上学历,从事审判、检察、法制工作、法律服务满十年的公务员、律师,已经离开原工作岗位,经考核合格的,可以担任公证员。

(二)公证员任职的消极条件

我国公证法一方面规定了公证员任职的积极条件,即具备法定条件的人员,经过法定的审批程序就可以担任公证员;另一方面也规定了公证员任职的消极条件,即具备一定条件的人员,就不能担任公证员。根据我国《公证法》第 20 条的规定,有下列情形之一的,不得担任公证员:(1)无民事行为能力或者限制民事行为能力的;(2)因故意犯罪或者职务过失犯罪受过刑事处罚的;(3)被开除公职的;(4)被吊销公证员、律师执业证书的。

二、公证员产生的程序

根据《公证法》和《公证员执业管理办法》的规定,担任公证员应当经过以下审核任命程序:

1. 申请

对于符合《公证法》第 18 条规定条件的人员,由本人提出申请,经需要选配公证员的公证机构推荐,由所在地司法行政机关出具审查意见,逐级报请省、自治区、直辖市司法行政机关审核。提请审核应当提交下列材料:(1)担任公证员申请书;(2)公证机构推荐书;(3)申请人的居民身份证复印件和个人简历,具有三年以上其他法律职业经历的,应当同时提交相应的经历证明;(4)申请人的法律职业资格证书复印件;(5)公证机构出具的申请人实习鉴定和所在地司法行政机关出具的实习考核合格意见;(6)所在地司法行政机关对申请人的审查意见;(7)其他需要提交的材料。

对于符合《公证法》第 19 条规定条件的人员,由本人提出申请,经需要选配公证员的公证机构推荐,由所在地司法行政机关出具考核意见,逐级报请省、自治区、直辖市司法行政机关审核。报请审核应当提交下列材料:(1)担任公证员申请书;(2)公证机构推荐书;(3)申请人的居民身份证复印件和个人简历;(4)从事法学教学、研究工作并具有高级职称的证明,或者具有本科以上学历的证明和从事审判、检察、法制工作、法律服务满十年的经历及职务证明;(5)申请人已经离开原工作岗位的证明;(6)所在地司法行政机关对申请人的考核意见;(7)其他需要提交的材料。

2. 审核和任命

各省、自治区、直辖市司法行政机关应当自收到报审材料之日起 20 日内完成审核。对符合规定条件和公证员配备方案的,作出同意申请人担任公证员的审核意见,填制公证员任职报审表,报请司法部任命;对不符合规定条件或者公证员配备方案的,作出不同意申请人担任公证员的决定,并书面通知申请人和所在地司法行政机关。

司法部应当自收到省、自治区、直辖市司法行政机关报请任命公证员的材料之日起 20 日内,制作并下达公证员任命决定。司法部认为任命材料有疑义或者收到相关投诉、举报的,可以要求报请任命机关重新审核。

3. 颁发执业证书

省、自治区、直辖市司法行政机关应当自收到司法部下达的公证员任命决定之日起10日内，向申请人颁发公证员执业证书，并书面通知其所在地司法行政机关。

公证员执业证书是公证员履行法定任职程序后在公证机构从事公证执业活动的有效证件。公证员执业证书由司法部统一制作。证书编号办法由司法部制定。公证员执业证书由公证员本人持有和使用，不得涂改、抵押、出借或者转让。公证员执业证书毁损或者遗失的，由本人提出申请，所在公证机构予以证明，提请所在地司法行政机关报省、自治区、直辖市司法行政机关申请换发或者补发。执业证书遗失的，由所在公证机构在省级报刊上声明作废。公证员变更执业机构的，经省、自治区、直辖市司法行政机关核准，予以换发公证员执业证书。公证员受到停止执业处罚的，停止执业期间，应当将其公证员执业证书缴存所在地司法行政机关。

三、公证员的权利和义务

明确公证员在执业过程中享有的权利和应当履行的义务，是保证公证员依法执业的重要保障。我国公证法第 22 条对公证员享有的权利和应当履行的义务作出了明确的规定。

所谓公证员的权利，是指依法设定的，为保障公证员执行职务而赋予的各项权利。根据公证法的规定，我国公证员在执业过程中主要享有以下几方面的权利：(1)获得劳动报酬的权利。获得劳动报酬是我国宪法赋予每个公民的权利，公证员依法也应当享有这项权利。虽然法律规定公证执业不以营利为目的，但是并不等于说公证员在依法执业过程中不能获得劳动报酬。公证员在公证活动中，付出了脑力和一定的体力劳动，作为劳动者有权获得劳动报酬。(2)享受保险和福利待遇的权利。享受保险和福利待遇同样是我国法律赋予公民的权利，目的是为了调动公证员的工作积极性，使公证员在较好的工作和生活条件中免除后顾之忧，更好地完成本职工作，为当事人提供优质的法律服务。(3)提出辞职、申诉或者控告的权利。除法律特别限制的人员和情况，每个公民都有择业的权利和自由，公证员也不例外。但是，应当注意的是，公证员辞职应当依照法定的程序进行，任何人不得强迫或者以非法手段迫使公证员辞职。公证员辞职应当是自愿的。申诉、控告权是宪法赋予公民的一项基本权利，公证员亦享有此项权利。公证员对于国家机关或者国家机关工作人员侵犯本人权利的违法行为，都有权提出控告。对处理决定不服的，有权提出申诉。(4)非经法定事由和法定程序不被免职或者处罚的权利。根据我国公证法的规定，公证员开展业务活动只服从事实和法律，任何单位和个人不能非法干涉。只有当公证员的行为违反了法律规定时，才能依据法律受到相应的惩处。我国《公证法》第 24 条对于公证员免职情形作出了规定；该法第 41 条和第 42 条对公证员应当受到处罚的情形作出了规定。

所谓公证员的义务，是指法律规定的，公证员在执业活动中必须遵守的各项行为准则。根据公证法的规定，我国公证员在执业过程中主要应当履行以下几方面的义务：(1)遵纪守法。公证员在执业活动中，应当遵守国家法律和行业纪律。国家法律主要包括全

国人大及其常务委员会制定或修改的规范性文件、行政法规、地方性法规和各种规章等规范性文件。行业纪律主要是指中国公证协会和地方公证协会制定的行业规范。(2)恪守职业道德。职业道德是指一定社会的道德规范在一定的职业行为和职业关系中的具体体现。我国公证协会在 2002 年制定了《公证员职业道德基本准则》,规定公证员的职业道德规范包括忠于事实忠于法律、爱岗敬业规范服务、加强修养提高素质、清正廉洁同业互助四个方面的内容。公证员职业道德的建设对公证员认真履行职责、恪守执业纪律、提高工作质量、充分发挥公证职能具有重要的意义。(3)依法履行公证职责。公证机构是依法履行证明职责的机构,公证机构出具的公证书具有较强的公信力。为保障公证的质量,我国法律明文规定了公证机构和公证员履行职责的权限,公证机构和公证员只能在法律规定的范围内行使职权,不能超越法律规定,否则就是滥用职权。(4)保守执业秘密。公证职业的特殊性,使办理公证业务的公证人员在办理公证业务过程中,有可能接触到一些国家秘密、当事人的商业秘密和个人隐私,这些情况泄露出去,可能会给国家、当事人带来不可估量的损失。因此,我国《公证法》第 13 条第 4 项明确规定:公证员不得泄露在执业活动中知悉的国家秘密、商业秘密或者个人隐私。

■ 四、公证员的免职条件和程序

我国《公证法》不仅对公证员的任职条件和程序作出了明确的法律规定,而且对公证员免职条件和免职程序也作出了明确的规定。

1. 公证员的免职条件

根据我国《公证法》第 24 条的规定,如果有以下几种情形出现,应当免去公证员职务:(1)丧失中华人民共和国国籍。根据我国公证法的规定,担任公证员的首要条件是具有中华人民共和国国籍。如果公证员丧失了中华人民共和国国籍,就不符合公证员的任职条件了,因此,应当免去公证员职务。(2)年满 65 周岁或者因健康原因不能继续履行职务。公证工作是一项比较复杂的脑力劳动和体力劳动的结合,需要公证员不仅具有丰富的法律知识和专业技能,而且还应当具有良好的身体。根据我国公证员任职条件的规定,如果公证员年满 65 周岁,已经达到了法定的退休年龄,就应当离开公证员的职业;如果公证员虽然没有达到法定的退休年龄,但是其健康状况已经不允许其再从事公证员工作,也应当免除其公证员的职务。(3)自愿辞去公证员职务。公证员享有自主的择业权,如果公证员不愿意继续从事公证员工作,选择其他的职业,应当尊重公证员的选择权。公证员离开公证行业,应当免除其公证员的职务。但是,需要注意的是,如果公证员从一个公证机构转入另一个公证机构,不属于辞去公证员职务,不能被免职。(4)被吊销公证员执业证书。被吊销执业证书是对公证员最严厉的行政处罚,说明该公证员已经丧失了公众的评价,不符合法律规定的执业标准,在这种情况下,免去公证员职务是理所当然的。

2. 公证员的免职程序

公证员是在法定的条件下,经过法定程序,由国务院司法部门任命的依法从事公证职业的专业工作者,除符合法定的条件和依据法定的程序,任何部门和任何人无权随意免除

公证员的职务。根据我国公证法的规定,免除公证员职务需要经过以下程序:(1)由公证员所在公证机构报所在地司法行政部门;(2)由所在地司法行政部门报省、自治区、直辖市人民政府司法行政部门;(3)由省、自治区、直辖市人民政府司法行政部门报请国务院司法行政部门予以免职。

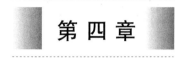

第四章　公证管理体制

一、司法行政机关的监督和指导

　　我国《公证法》第 5 条规定,司法行政部门依法对公证机构、公证员和公证协会进行监督、指导。公证是独立的法律行业,公证机构是直接向社会提供法律服务的机构,有其特有的运行规律和管理需要,因此,对公证的管理不同于对行政机关的管理。已经废止的《公证暂行条例》中规定,公证处受司法行政机关的领导,不符合公证行业发展和运行的规律,公证法中将司法行政部门对公证的管理明确界定为监督和指导,是立法的一大进步。

　　司法行政机关是各级人民政府负责司法行政管理的职能部门。我国司法行政机关分为四个层次,即司法部,省、自治区、直辖市司法厅(局),地、市、州、盟司法局(处),县(县级市、旗)、区司法局。在公证法颁布施行以前,由于法律规定公证处受司法行政机关的领导,因此,司法行政机关对所属公证机构的公证业务、机构设置、人员配备和任免等有关工作赋有管理、监督的职责。司法部通过各级地方司法行政机关对全国的公证机构和公证工作实行领导、管理和监督,地方各级司法行政机关负责本辖区范围的公证管理工作。这种管理模式,对公证机构管得过细、过死,不利于公证行业的发展,为适应公证行业发展的需要和国家体制改革的要求,1990 年 3 月,经司法部批准,中国公证员协会正式成立,并逐步加强了行业管理的力度。1990 年初,司法部正式提出了两结合的管理方针,即建立具有中国特色的公证管理制度,实行司法行政机关行政管理与公证员协会行业管理相结合的公证管理体制。司法行政机关主要侧重组织和队伍建设、法制政策制定、执业监督处罚等宏观管理,具体事务性工作将逐步交给公证协会负责。公证协会侧重于规范、业务培训、行业奖惩、维护权益等工作。[①] 我国公证法在制定过程中,吸收了公证制度改革的一些成功经验,并将其上升为法律规定。

　　根据我国《公证法》,司法部发布的《公证机构执业管理办法》和《公证员执业管理办法》的规定,司法行政机关的监督和指导主要体现在以下两个方面:一是对公证机构的监督指导;二是对公证员的监督指导。

　　司法行政机关对公证机构的监督指导主要是,司法行政机关依法对公证机构的组织

---

　　① 江晓亮主编:《公证员入门》,法律出版社 2003 年版,第 38～39 页。

建设、队伍建设、执业活动、质量控制、内部管理等情况进行监督。省、自治区、直辖市司法行政机关对公证机构的下列事项实施监督:(1)公证机构保持法定设立条件的情况;(2)公证机构执行应当报批或者备案事项的情况;(3)公证机构和公证员的执业情况;(4)公证质量的监控情况;(5)法律、法规和司法部规定的其他监督检查事项。设区的市和公证机构所在地司法行政机关对本地公证机构的下列事项实施监督:(1)组织建设情况;(2)执业活动情况;(3)公证质量情况;(4)公证员执业年度考核情况;(5)档案管理情况;(6)财务制度执行情况;(7)内部管理制度建设情况;(8)司法部和省、自治区、直辖市司法行政机关要求进行监督检查的其他事项。公证机构应当按照省、自治区、直辖市司法行政机关的规定,定期填报公证业务情况统计表,每年 2 月 1 日前向所在地司法行政机关提交本公证机构的年度报告。年度报告应当真实、全面地反映公证机构上一年度开展的公证业务、公证质量监控、公证员遵守职业道德和执业纪律、公证收费、财务管理、内部制度建设等方面的情况。公证机构由所在地司法行政机关在每年的第一季度进行年度考核。年度考核由所在地司法行政机关通过审查公证机构的年度工作报告,结合日常监督检查掌握的情况,对公证机构的年度执业和管理情况作出综合评估。年度考核结果,应当书面告知公证机构,并报上一级司法行政机关备案。公证机构存在下列情形之一的,所在地司法行政机关应当进行重点监督检查:(1)被投诉或者举报的;(2)执业中有不良记录的;(3)未保持法定设立条件的;(4)年度考核发现内部管理存在严重问题的。司法行政机关实施监督检查,可以对公证机构进行实地检查,要求公证机构和公证员说明有关情况,调阅公证机构相关材料和公证档案,向相关单位和人员调查、核实有关情况。公证机构和公证员应当接受司法行政机关依法实施的监督检查,如实说明有关情况、提供相关资料,不得谎报、隐匿、伪造、销毁相关证据材料。司法行政机关应当建立有关公证机构设立、变更、备案事项、年度考核、违法违纪行为处罚、奖励等方面情况的执业档案。

司法行政机关对公证员的监督指导主要是,司法行政机关应当依法建立健全行政监督管理制度。公证机构应当在每年的第一个月对所属公证员上一年度办理公证业务的情况和遵守职业道德、执业纪律的情况进行年度考核,考核的结果应当告知公证员,并报所在地司法行政机关备案。公证机构负责人履行管理职责的情况,由所在地司法行政机关进行考核。考核结果应当书面告知公证机构负责人,并报上一级司法行政机关备案。

经年度考核,对公证员在执业中存在的突出问题,公证机构应当责令其改正;对公证机构负责人在管理中存在的突出问题,所在地司法行政机关应当责令其改正。公证员和公证机构负责人被投诉或举报、执业中有不良记录或者经年度考核发现有突出问题的,所在地司法行政机关应当对其进行重点监督、指导。司法行政机关实施监督检查,可以对公证员办理公证业务的情况进行检查,要求公证员及其所在公证机构说明有关情况,调阅相关材料和公证档案,向相关单位和人员调查、核实情况。公证员及其所在公证机构不得拒绝司法行政机关依法实施的监督检查,不得谎报、隐匿、伪造、销毁相关证据材料。司法行政机关制定开展公证员执业培训的规划和方案,公证协会按年度制订具体实施计划,并负责组织实施。公证员每年参加执业培训的时间不得少于 40 学时。公证员执业所在地的司法行政机关应当建立公证员执业档案,将公证员审核任命情况、年度考核结果、监督检

查掌握的情况以及受奖励的情况记入执业档案。公证员跨地区或者跨省(自治区、直辖市)变更执业机构的,原执业所在地司法行政机关向变更后的执业所在地司法行政机关移交该公证员的执业档案。

■ 二、公证协会的行业管理

公证机构的管理体制,是指公证机构的管理制度及其管理权限的规定。根据我国《公证法》第4条、第5条的规定,公证协会是公证业自律性的组织,依据章程开展活动,对公证机构、公证员的活动进行执业监督。司法行政部门依据公证法的规定对公证机构、公证员和公证协会进行监督、指导。根据司法部颁发的《公证机构执业管理办法》的规定,公证协会在行业监督中享有受委托调查权、行业处罚权、提请司法行政机关给予行政处罚权和行政处罚建议权。其中,受委托调查权,是指司法行政机关在查处公证机构的违法行为时,可以委托公证协会对公证机构的违法行为调查、核实。行业处分权,是指公证协会依据章程和行业规范,对公证机构违反执业规范和执业纪律的行为,有权给予行政处分。提请司法行政机关给予行政处罚权和行政处罚建议权,是指公证协会在接受司法行政机关的委托对公证机构的违法行为调查、核实时,根据情况有权建议司法行政机关,对有关公证机构实施行政处罚,或者在查处公证机构违反执业规范和执业纪律的过程中,发现被查处对象有《公证法》规定应当给予行政处罚的情形,有权提交司法行政机关对有关公证机构进行处理。[①] 以上法律规定说明,我国公证管理体制实行的是两结合的管理模式,即公证协会对公证机构和公证员实行行业管理,司法行政机关进行监督、指导。

■ 第二节 公证协会

■ 一、公证协会的概念和性质

我国《公证法》第4条第2款规定,公证协会是公证业的自律性组织,依据章程开展活动,对公证机构、公证员的执业活动进行监督。根据公证法的规定,全国设立中国公证员协会,省、自治区、直辖市设立地方公证协会。中国公证协会是全国公证业的行业管理组织,负责对全国范围内的公证机构和公证员的执业活动进行监督,省级公证协会是省级行政区域内公证业的行业监督组织,负责对本行政区域内公证机构和公证员的执业活动进行监督。中国公证协会与省、自治区、直辖市设立的地方公证协会之间没有隶属关系,中国公证员协会对地方公证员协会进行监督和指导。

公证协会原名称为公证员协会,中华全国公证员协会成立于1990年3月29日,目前,全国除香港、澳门和台湾地区以外,各个省市都建立了公证员协会。公证法之所以将公证员协会改名为公证协会,主要是因为我国公证行业是以公证机构为本位,将公证机构

---

① 陈光中、李春霖主编:《公证与律师制度》,北京大学出版社2006年版,第24页。

的行业管理组织称为公证员协会,不能涵盖公证机构在内,而改名为公证协会则可以涵盖公证的整个行业。

中国公证协会和地方公证协会是社会团体法人,是公证业自律性的组织。公证协会作为行业管理组织,与一般社会团体法人有本质的区别。首先公证协会是由专业执业人员组成的行业团体;其次公证协会作为社会团体法人具有行业管理职能,主要包括进行行业管理、监督、指导,维护会员合法权益,举办会员福利事业,制定行业规范等。2003 年 3 月,国际拉丁公证联盟正式接纳中国公证协会入盟,使中国公证正式进入国际公证大家庭。公证协会的自律性是指公证行业的自我管理和自我约束。公证行业的自律性主要具有以下几个特点:(1)公证协会由公证机构、公证员、公证管理人员等专业人员和机构组成;(2)公证协会的权力来自协会的章程,协会的章程由会员代表大会制定和修改;(3)公证协会的会长、副会长、常务理事均为执业公证员;(4)公证协会的主要经费来源为会员会费。截至 2004 年底中国公证协会共有团体会员 3165 个,个人会员 19913 名。①

■ 二、公证协会的职责

1990 年 3 月中国公证员协会成立,并召开了第一次全国公证员代表大会。在这次大会上通过了《中国公证员协会章程》,选举产生了协会的领导机构。中国公证员协会的会员分为团体会员和个人会员。团体会员是省、自治区、直辖市设立的地方公证协会;个人会员是全国公证机构中执业的公证员。1994 年中国公证员协会第二次代表大会召开,会上通过了《中国公证协会章程(修改稿)》,1995 年 5 月 29 日,中国公证员会议全体会议审议通过了《中国公证员协会章程》,该章程自通过之日起生效。1999 年和 2002 年中国公证员协会又对章程进行了修改。根据修改后的章程规定,中国公证员协会的宗旨是:团结教育全国会员高举邓小平理论伟大旗帜,坚持党的基本路线、方针、政策,执行国家法律、法规,指导监督会员认真履行职责,维护会员的合法权益,繁荣发展我国的公证事业,为促进社会稳定和改革开放,推进依法治国的进程,保障社会主义市场经济健康快速发展而奋斗。② 2006 年,中国公证协会第五次代表大会再一次对章程进行了修改。长期以来,中国公证协会团结带领全体会员,按照做"中国特色的社会主义法律工作者"的政治要求,不断加强行业自律建设,为我国经济社会发展和社会主义民主法制建设做出了应有的贡献。

为了进一步贯彻落实《公证法》,不断完善"两结合"管理体制,更好地适应我国经济社会发展对公证工作提出的新要求,加快推动公证事业又好又快的发展,2013 年,中国公证协会又起草了《中国公证协会章程(修订草案)》,该修订草案由中国公证协会第七次会员代表大会表决通过。2017 年,中国公证协会第八次会员代表大会对中国公证协会章程进行了修改。

根据新修订的《中国公证协会章程》的规定,中国公证协会是依照《中华人民共和国公证法》设立的,由公证机构、公证员、地方公证协会以及其他与公证事业有关的专业人员、

---

① 王胜明、段正坤主编:《中华人民共和国公证法释义》,法律出版社 2005 年版,第 14～15 页。
② 陈光中、李春霖主编:《公证与律师制度》,北京大学出版社 2006 年版,第 25 页。

机构组成的全国性公证行业自律组织,是非营利性的社会团体法人。协会的宗旨是:坚持中国共产党的领导,团结和带领会员高举中国特色社会主义伟大旗帜,以邓小平理论、"三个代表"重要思想、科学发展观为指导,深入贯彻落实习近平总书记系列重要讲话精神和治国理政新理念新思想新战略,忠实履行职责使命,坚决贯彻执行党的基本路线、方针、政策,严格遵守国家宪法和法律,恪守职业道德和执业纪律,始终维护和不断增强公证公信力,加强公证队伍建设和行业自律,维护会员合法权益,促进公证事业改革和发展,为全面建成小康社会,实现中华民族伟大复兴的中国梦提供优质高效的法律服务。中国公证协会接受中华人民共和国司法部、民政部的监督和指导。

根据新修订的《中国公证协会章程》的规定,公证员协会的职责主要包括以下几个方面:(1)协助司法部管理、指导全国公证工作,依照本章程对公证机构和公证员的执业活动进行监督;(2)指导地方公证协会工作;(3)制定行业规范;(4)维护会员的合法权益,保障会员依法履行职责;(5)依法举办会员福利事业;(6)对会员进行职业道德、执业纪律教育,对会员的违纪行为实施行业处分,协助司法行政机关查处会员的违法行为;(7)负责会员的培训,组织会员开展学术研讨和工作经验交流,根据有关规定对公证机构、公证员实施奖励;(8)组织开展公证行业信息化建设;(9)负责全国公证赔偿基金的使用管理工作,对地方公证协会管理使用的公证赔偿基金进行指导和监督;(10)负责公证宣传工作,主办公证刊物,对外提供公证法律咨询等服务;(11)负责与国外和港、澳、台地区开展有关公证事宜的研讨、交流与合作活动;(12)负责海峡两岸公证书的查证和公证书副本的寄送工作;(13)负责公证专用纸的联系生产、调配,协助司法部做好管理工作;(14)履行法律法规定的其他职责,完成司法部委托的事务。

此外,根据新修订的《中国公证协会章程》的规定,对协会章程的修改,须经理事会表决通过后报会员代表大会审议。协会修改的章程,须在会员代表大会通过后15日内,经司法部审查同意,并报民政部核准后生效。

三、公证协会的组织机构

1. 全国会员代表大会

全国会员代表大会是中国公证协会的最高权力机关,会员代表大会每四年举行一次。因特殊情况需提前或延期举行的,须由理事会表决通过,报司法部审查并经民政部批准同意。但延期换届最长不超过一年。全国会员代表大会须有三分之二以上代表出席才能召开,代表大会决定重要事项,需要经过出席人数三分之二以上通过。根据《公证协会章程》的规定,全国会员代表大会主要行使以下职权:(1)制定或修改协会章程;(2)决定讨论协会的工作方针和任务;(3)选举和罢免理事会理事;(4)审议和通过理事会的工作报告和财务报告;(5)会员代表大会认为依法应由它行使的职权。

2. 理事会

全国会员代表大会设有理事会,理事会是大会闭会期间的执行机构,对全国会员代表大会负责。理事会由全国会员代表选举若干人组成,理事会会议每年举行一次,根据需要可以提前或者推后召开。理事会须有2/3以上理事出席方能召开,其决议须经到会理事

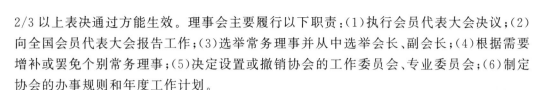

2/3以上表决通过方能生效。理事会主要履行以下职责:(1)执行会员代表大会决议;(2)向全国会员代表大会报告工作;(3)选举常务理事并从中选举会长、副会长;(4)根据需要增补或罢免个别常务理事;(5)决定设置或撤销协会的工作委员会、专业委员会;(6)制定协会的办事规则和年度工作计划。

3. 常务理事会

公证协会设常务理事会,常务理事会是在理事会闭会期间行使理事会部分职权的机构。常务理事会由理事会选举产生,对理事会负责。常务理事人数原则上占理事人数的三分之一。常务理事会每年至少召开两次,主要听取并审议会长、副会长、秘书长及秘书处工作报告,研究决定重要事宜。常务理事会须有2/3以上常务理事出席方能召开,其决议须经到会常务理事2/3以上表决通过方能生效。秘书长由常务理事会聘任或者解聘。

四、会长、副会长和秘书长

会长是协会的法定代表人,协会的会长不得兼任其他团体法定代表人。担任会长、副会长必须具备下列条件:(1)坚持党的路线、方针、政策,政治素质好;(2)在公证协会业务领域内有较大影响;(3)会长、副会长最高任职年龄不超过70周岁;(4)身体健康,能坚持正常工作;(5)未受过剥夺政治权利的刑事处罚的。会长、副会长任期四年,可连选连任,但会长任期不得超过两届。协会会长主要行使下列职权:(1)召集和主持常务理事会、会长办公会;(2)检查会员代表大会、常务理事会决议的落实情况;(3)代表本会签署有关重要文件;(4)处理其他重大事务。

协会设秘书长一人,副秘书长若干人。秘书长由常务理事会聘任,副秘书长由秘书长提名,常务理事会决定。协会秘书长行使下列职权:(1)主持秘书处日常工作,(2)组织实施会员代表大会、理事会、常务理事会决议和会长办公会决定,组织实施年度工作计划;(3)依照有关规定,提名秘书处内设机构主要负责人、聘用秘书处专职工作人员;(4)处理其他日常事务。

五、公证协会会员的权利和义务

根据《公证协会章程》的规定,公证协会的会员分为团体会员和个人会员。因此,公证协会会员的权利和义务也有团体会员和个人会员之分。取得公证机构执业证书的公证机构和取得社会团体法人登记证书的地方公证协会为中国公证协会团体会员。其他与公证业务有关的机构,经本会同意,可以成为中国公证协会团体会员。取得公证员执业证书的公证员为中国公证协会的个人会员。公证管理人员、从事公证法学教学、科研以及对公证制度有研究的人员,经本会同意,可以成为本会个人会员。中国委托(香港)公证人、中国委托(澳门)公证人,经本会同意,可以成为中国公证协会个人会员。中国委托(香港)公证人、中国委托(澳门)公证人成为中国公证协会会员,需报业务主管单位审核批准。

1. 公证协会会员的权利

根据《公证协会章程》的规定,公证协会的个人会员主要享有以下权利:(1)享有选举权、被选举权和表决权;(2)提出维护会员合法权益的要求;(3)享受协会举办的福利;(4)

参加协会举办的各种学习、研讨和交流活动;(5)使用协会的图书资料;(6)通过协会向有关部门提出建议;(7)对协会工作提出批评和建议。

除第一项权利外,公证协会的团体会员享有公证协会个人会员享有的上述(2)—(7)项规定的权利。

2. 公证协会会员的义务

公证协会的团体会员和个人会员应当承担的义务是一致的,根据《公证协会章程》的规定,公证协会的团体会员和个人会员主要应当承担以下义务:(1)遵守协会章程,执行协会决议;(2)完成协会委托的工作;(3)向协会反映情况、提供有关材料;(4)按规定交纳会费;(5)维护会员间的团结,维护公证职业的荣誉。

公证协会按照国家有关规定收取会员会费,经申请批准加入的会员,无正当理由,不履行义务或不缴纳会费的,视为自动退会。

六、资产管理和使用原则

公证协会的经费来源主要是:(1)会费;(2)国内外捐赠;(3)政府部门资助;(4)在核准的业务范围内开展活动或服务的收入;(5)其他合法收入。公证协会经费主要用于开展协会工作,为会员提供公证信息、资料,开展学术交流、培训、疗养和其他公益福利活动,支付协会秘书处及其专职人员的各项开支。协会建立严格的财务管理制度,保证会计资料合法、真实、准确、完整。协会配备具有专业资格的会计人员。会计不得兼任出纳。会计人员必须进行会计核算,实行会计监督。会计人员调动工作或离职时,必须与接管人员办清交接手续。协会的资产管理必须执行国家规定的财务管理制度,接受会员代表大会和财政部门的监督。资产来源属于国家拨款或者社会捐赠、资助的,必须接受审计机关的监督,并将有关情况以适当方式向社会公布。协会换届或更换法定代表人之前必须接受民政部和司法部组织的财务审计。协会的资产,任何单位、个人不得侵占、私分和挪用。协会专职工作人员的工资和保险、福利待遇,参照国家对事业单位的有关规定执行。

七、终止程序及终止后的财产处理

公证协会完成宗旨或自行解散或由于分立、合并等原因需要注销的,由理事会或常务理事会提出终止动议。协会终止动议须经会员代表大会表决通过,并报司法部审查同意。协会终止前,须在司法部及有关机关指导下成立清算组织,清理债权债务,处理善后事宜。清算期间,不开展清算以外的活动。协会经民政部办理注销登记手续后即为终止。协会终止后的剩余财产,在司法部和民政部的监督下,按照国家有关规定,用于发展与协会宗旨相关的事业。

第五章 公证程序

公证程序,是指公证机构和当事人依照法律、法规实施公证行为、办理公证事项时必须遵守的步骤和规则。为了确保公证的质量和法律效力,使公证机构和公证人员的办证活动规范化、统一化,司法部配合《公证法》的施行,于 2006 年 5 月 10 日部务会议审议通过了《公证程序规则》,该规则于 2006 年 7 月 1 日起施行。2020 年 10 月 20 日,司法部以第 145 号令发布了《司法部关于修改〈公证程序规则〉的决定》,对公证程序规则进行了修改,修改后的《公证程序规则》自 2021 年 1 月 1 日起施行。

第一节　公证执业区域的确定

一、确定公证执业区域的原则

公证执业区域,是指各公证机构之间受理公证业务的范围。在我国有权确定公证执业区域的主体是省、自治区、直辖市司法行政机关。在已经废止的《公证暂行条例》中有公证管辖的规定,公证管辖的确定是从行政职权的角度划分的,是基于当时公证机构是带有行政机关性质的国家公证机关的考虑。随着公证改革的发展,公证机构的行政色彩逐渐弱化,我国《公证法》又对公证机构重新定性,即公证机构是依法设立,不以营利为目的,依法独立行使公证职能,承担民事责任的证明机构。因此,为了弱化公证机构行政化的色彩,有必要对公证管辖的概念重新定义,《公证法》中将其定义为公证执业区域,并以此取代公证管辖的概念是适当的。①

根据我国人口和地域情况,确定公证执业区域主要应当遵循以下两个原则:(1)便利当事人就近申请办理公证,便利公证机构办理公证的原则;法律规定当事人申请办理公证事项,可以向住所地、经常居住地、法律行为或事实发生地的公证机构提出申请,主要目的是为了方便当事人申请办理公证,方便公证机构依法办理公证。因为一方面公证执业区域的确定,应当尽可能使当事人能够在较近范围内申请办理公证,以避免当事人路途遥远,往来奔波,节约时间、物力和财力;另一方面执业区域的确定,也应当方便公证机构办理公证,因为公证机构在办理公证业务过程中,大部分公证事项需要调查取证,了解情况,

---

①　司法部、中国公证协会编:《公证程序规则释义》,法律出版社 2006 年版,第 40 页。

如果路途遥远,势必会影响办证的效率。(2)原则性与灵活性相结合的原则。根据我国公证法的规定,当事人申请办理公证事项,原则上应当向住所地、经常居住地、法律行为或事实发生地的公证机构提出申请,但是,也不排除当事人具有一定的选择权。因为法律确定的公证执业区域具有并列性的特点,一项公证法律事务当事人既可以选择向住所地公证机构提出申请,也可以选择向法律行为地的公证机构提出申请,还可以向法律事实发生地的公证机构提出申请。同时,在规定不动产公证事项业务办理时,除规定涉及不动产的公证事项,由当事人向不动产所在地公证机构申请公证外,还规定当事人申请办理的涉及不动产的委托、声明、赠予、遗嘱的公证,当事人除可以向不动产所在地的公证机构申请办理以外,还可以向住所地、行为地、事实发生地的公证机构申请办理,充分体现出了法律规定的灵活性。

二、公证执业区域的划分

根据我国《公证法》和《公证程序规则》的规定,公证事项由当事人的住所地、经常居住地、行为地或者事实发生地的公证机构受理。申请办理涉及不动产的公证,应当向不动产所在地公证机构提出申请;申请办理涉及不动产的委托、声明、赠予、遗嘱的公证,可以向住所地、经常居住地、行为地或者事实发生地的公证机构提出申请。根据上述规定,公证执业区域主要按以下规则划分:

1. 由当事人住所地的公证机构受理

申请人是自然人的,住所地是指户籍所在地,通常以户口本或者身份证上登记的地址为准;申请人是法人或者其他组织的,住所地是指法人或者其他组织的办事机构所在地,通常以《法人营业执照》或者《营业执照》上登记的地址为准。因此,只要申请人的户籍所在地或者办事机构所在地在公证机构的执业区域内,公证机构就应当受理当事人的公证申请。

2. 由当事人经常居住地的公证机构受理

根据我国法律规定,经常居住地是指公民离开住所地最后连续居住一年以上的地方,但是,住院治疗的除外。公民的住所地与经常居住地不一致的,经常居住地视为住所地。法律之所以作出这样的规定,是因为司法实践中存在许多人住所地与经常居住地不一致的情况。如果要求申请人必须到住所地办理公证事务,会给申请人造成一定的困难。法律规定申请人可以到经常居住地办理公证事务,体现了公证执业区域的确定,充分考虑了便利当事人办证的原则。

3. 由行为地的公证机构受理

法律行为,是指自然人、法人或者其他组织设立、变更、终止民事权利和民事义务的合法行为。法律行为是以意思表示为要素的法律事实,分为单方法律行为和双方法律行为。单方法律行为,是指由当事人的一方意思表示而成立的民事法律行为。双方法律行为,是指基于双方意思表示一致才产生法律后果的民事法律行为。法律行为地,是指实施法律行为的地点。当事人申请办理的公证事项是法律行为时,法律行为发生地的公证机构有权受理。

4. 由事实发生地的公证机构受理

法律事实，是指能够引起法律关系产生、变更和消灭的事实。法律事实分为两类：一类是行为，即以人的意志为转移的法律事实；另一类是事件，即不以人的意志为转移的法律事件。司法实践中，法律事实一般通过具有法律意义的文书来表示。当事人申请办理的公证事项属于法律事实时，法律事实发生地的公证机构有权受理。

5. 由不动产所在地公证机构受理

我国公证法规定，涉及不动产的公证事项，由不动产所在地的公证机构受理。所谓不动产，是指无法移动或者一经移动就会损害其经济价值的物。当事人申请办理的公证事项如果属于不动产，不动产所在地的公证机构有权受理。

此外，需要注意的是，为了方便当事人申请办理公证，法律规定涉及不动产的委托、声明、赠予、遗嘱的公证事项，既可以由不动产所在地公证机构受理，也可以由住所地、经常居住地、行为地或者事实发生地的公证机构受理。

▓ 三、公证执业的例外规定

公证证明职能原则上只能由公证机构依法行使，但是，根据国际条约、国际惯例、双边协定和国内法律规定，对于特殊地域或特殊情况下的公证事项，可以由公证机构以外的特定机关、组织或公民代行公证职能，这就是公证执业的例外规定。我国《公证法》第45条规定，中华人民共和国驻外使（领）馆可以依照公证法的规定或者中华人民共和国缔结或者参加的国际条约的规定，办理公证。根据我国公证法的规定和国际惯例，公证执业的例外规定主要有以下几种情形：(1)使（领）馆公证。我国是《维也纳领事关系公约》的成员国，另外，我国同许多国家签订了领事公约。例如，我国与德国签订的领事公约、与捷克斯洛伐克签订的领事公约等。随着对外交流的增多，涉及涉外因素的法律关系逐渐增多，与之相关的公证事项也越来越多。但是，需要注意的是，一般情形下，我国驻外使（领）馆只受理中国公民在国外发生的事实的公证。公证事实发生在国内的，原则上应当向我国办理涉外公证业务的公证机构申请办理公证。当事人可以委托亲友在国内办理公证并经外交部领事司或者其授权单位认证，也可以经证书使用国驻华使（领）馆认证。外国公民（包括外籍华人）如果需要办理证明文件在中国使用，应当先在居住国当地办理公证，并经该国外交部或其授权机关认证后，再办理我国使（领）馆认证。我国华侨申请办理的，需要在我国境内使用的公证文书，可以由驻在国我国使（领）馆公证，经我国驻外使（领）馆办理的公证与我国国内公证机构办理的公证具有相同的法律效力。[①] (2)商检机构的证明。商检机构是国家进出口检验部门，我国是商品检验局，主要职责是对出口商品实施检验，办理进出口商品鉴定，对出口商品的质量和检验工作实施监督管理。根据国际惯例，商检机构签发的出口商品检验证书和进口商品检验证书与公证机构出具的公证书具有同等的法律效力。(3)卫生管理机构的证明。国家卫生管理机构有权出具健康检查证书、出生证书、死亡证书等，根据国际惯例，卫生管理机构出具的这些证明文书与公证机构出具的公

[①]　吴凤友主编：《中华人民共和国公证法释义》，中国法制出版社2005年版，第164页。

证书具有同等的法律效力。(4)商标管理机构的证明。国家工商行政管理总局商标局主管全国的商标注册和管理工作,根据国际惯例,商标管理机构颁发的商标注册证与公证机构出具的公证书具有同等的法律效力。(5)特殊情况下有关公职人员的证明。在某些特殊的环境和特殊的场合下,当事人因情况紧急要求必须对某些事项进行证明,但是由于受条件的限制,无法到公证机构办理证明事项。根据国际惯例,在场的有关人员的证明,与公证机构出具的公证书具有同等的法律效力。主要包括以下几种情况,即在航行的船舶上或航行的航空器上的负责人,对其在船舶上或航空器上公民的遗嘱、委托书等出具的证明书;在野外的勘探队或者考察队队长及其野外工作组织的负责人,对其勘探队员或考察队员在野外工作期间的遗嘱、委托书等出具的证明书;执行剥夺自由刑罚场所的负责人,对其管理的依法被剥夺自由的人员的遗嘱等出具的证明书;部队军官或政治机关对其所属军职人员的遗嘱、委托书等出具的证明书。[①]

第二节　申请与受理

一、申请

申请,是指自然人、法人或者其他组织向公证机构提出办理公证请求的行为。在我国,公证机关依法办理公证是根据申请人的申请,申请人向公证机构提出公证申请,是公证机构办理公证业务的依据。

（一）公证申请的当事人

在公证活动过程中,向公证机构提出办理公证请求的人,称为公证申请人。根据我国《公证法》的规定,公证申请人包括自然人、法人和其他组织。公证申请人是自然人时,自然人应当具有民事权利能力和民事行为能力。具有完全民事行为能力的自然人,可以自己申请办理公证。无民事行为能力或者限制民事行为能力的人,由于自身条件的限制,不能完全、正确地表达自己的意愿,辨认自己行为的法律后果,不能自己申请办理公证,只能由监护人代理申请办理公证。法人或者其他组织属于法律上的拟制人,申请办理公证由法定代表人或者负责人代表。

符合法定条件的自然人、法人或者其他组织,到公证机构申请办理公证,既可以由本人亲自向公证机构提出申请,也可以委托代理人提出申请。委托他人作为代理人申请办理公证事项的,委托人应当给受托人出具授权委托书,授权委托书中应当写明委托代理的公证事项、委托代理的权限等内容,并由双方签名或者盖章。但是,根据法律规定,涉及遗嘱、遗赠扶养协议、赠予、认领亲子、收养关系、解除收养关系、生存状况、委托、声明、保证及其他与自然人人身有密切关系的公证事项,应当由其本人亲自申办。法律之所以作出这样的规定,主要是考虑到这些公证事项的特点,为了保证公证的真实性和合法性,维护

① 陈光中、李春霖主编:《公证与律师制度》,北京大学出版社 2006 年版,第 44～47 页。

当事人的合法权益,保证公证的质量。

向公证机构提出办理公证申请的人与公证当事人是有区别的,并非所有的公证申请人都能够成为公证当事人,只有当公证申请人符合法律规定的条件,公证申请人的公证申请被公证机关受理后,公证申请人才能够成为公证当事人。公证当事人,是指与公证事项有法律上的利害关系,并以自己的名义向公证机构提出公证申请,在公证活动中享有权利和承担义务的自然人、法人或者其他组织。要想成为公证当事人需要具备以下几个条件:(1)以自己的名义向公证机构提出申请;(2)与申请办理的公证事项有法律上的利害关系;(3)能够以自己的名义享受权利和承担义务。

(二)公证申请的提出

当事人申请办理公证事项,应当向有权办理该公证事项的公证机构提出申请。两个以上当事人共同申请办理同一公证事项,可以共同到行为地、事实发生地或者其中一名当事人住所地、经常居住地的公证机构申办。当事人向两个以上可以受理该公证事项的公证机构提出申请的,由首先受理申请的公证机构办理。

自然人、法人或者其他组织向公证机构申请办理公证,应当填写公证申请表。公证申请表是申请人自愿申请办理公证的凭证,也是公证机关办理公证的依据。根据《公证程序规则》的规定,公证申请表主要应当载明以下内容:(1)申请人及其代理人的基本情况;申请人是自然人的,应当写明自然人的姓名、性别、出生年月日、身份证号码、工作单位或者地址以及联系方式等。申请人是法人或者其他组织的,应当写明名称、地址、法定代表人或负责人的姓名和职务以及联系方式。(2)申请公证的事项及公证书的用途;(3)申请公证的文书的名称;(4)提交证明材料的名称、份数及有关证人的姓名、住址、联系方式;(5)申请的日期;(6)其他需要说明的情况。申请人应当在申请表上签名或者盖章,不能签名、盖章的由本人捺指印。通常情况下,申请人申请办理公证应当亲自填写公证申请表,并签名或者盖章。但是,如果公证申请人因为不识字或者身体原因等特殊情况,亲自填写公证申请表有困难,公证人员可以代为填写,填写完毕后,公证员应当向申请人宣读,或者交申请人核对,并由申请人签名、盖章或者在申请表上按指印。

自然人、法人或者其他组织向公证机构申请办理公证,应当提交以下材料:(1)自然人的身份证明,法人的资格证明及其法定代表人的身份证明,其他组织的资格证明及其负责人的身份证明。自然人的身份证明主要包括身份证、户口本、军人身份证件、武装警察身份证件等。法人资格证明主要指企业法人营业执照、社会团体法人登记证书、事业单位法人证书等。法定代表人的身份证明主要指任命书、聘任书等。其他组织的资格证明主要指其他组织依法成立的证明书等。其他组织负责人的身份证明主要指能够证明某个自然人是该组织负责人的材料。(2)委托他人代为申请的,代理人应当提交当事人的授权委托书,法定代理人或者其他代理人须提交有代理权的证明。(3)申请公证的文书。申请公证的文书通常分为两类:一类是法定机关制定的文书,包括毕业证书、学位证书等;另一类是当事人制作的文书,包括合同书、遗嘱、声明书等。申请人应当向公证机关提供文书原件。(4)申请公证的事项的证明材料,涉及财产关系的须提交有关财产权利证明。例如,办理房产转让、抵押公证,应当向公证机构提交房产所有权证明。(5)与申请公证事项有关的

其他材料。当事人申请办理的公证事项情况复杂,为了保证公证事项的真实性和合法性,公证机构的公证员可以根据办证的实际情况,要求当事人提供相关的材料。对于前述第四项、第五项所规定的申请人应当提交的证明材料,公证机构能够通过政务信息资源共享方式获取的,当事人可以不提交,但应当作出有关信息真实合法的书面承诺。

二、受理

受理,是公证机构对自然人、法人或者其他组织提交的公证申请表进行审查后,决定接受公证申请并开始办理公证的行为。公证机构受理公证申请标志着公证机构和公证当事人之间的公证法律关系形成,公证机构的公证活动开始。

（一）受理的条件

申请人向公证机构提出公证申请,公证机构并不是一定受理,只有符合法定条件的,公证机构才予以受理。根据《公证程序规则》的规定,符合下列条件的申请,公证机构可以受理:(1)申请人与申请的公证事项有利害关系;要求申请人与申请的公证事项有利害关系,是指申请人对申请的公证事项有法律上的实体权利,并对申请人的身份关系或者财产关系产生法律上的影响。(2)申请人之间对申请的公证事项无争议;公证是一种非诉讼活动,公证的目的是预防纠纷减少诉讼,而不是为了解决纠纷。如果申请人申请办理的公证事项已经产生纠纷,公证机构就不能受理申请人的申请。(3)申请公证的事项属于公证机构的业务范围;公证机构是法定的国家证明机构,应当在法律规定的范围内履行自己的职责,超出法律规定范围之外的公证事项,公证机构不应当受理。(4)申请公证的事项属于公证机构的执业区域。法律确定公证机构的执业区域,是为了防止公证机构之间产生不正当的竞争,影响公证证明的质量。因此,公证机构受理的公证事项,依法应当属于公证机构执业区域内的公证事项,否则,公证机构不能受理。

需要注意,以上是法律规定符合法定条件可以受理的公证事项。此外还有法律规定符合法定条件应当受理的公证事项,即如果申请人与申请的公证事项有法律上的利害关系,申请人对申请的公证事项无争议,申请人申请的公证事项属于公证机构的执业区域,虽然当事人申请的公证事项不属于公证法规定的业务范围,但是属于法律、行政法规规定应当公证的事项,公证机构应当受理。

（二）受理的程序

对申请人申请办理的公证事项,公证机构进行审查后,认为申请人的申请符合法定的受理条件,应当决定予以受理;认为申请人的申请不符合法定的受理条件,应当决定不予受理,并通知申请人。公证机构决定受理申请人的公证申请后,应当做好以下几方面的工作:(1)履行告知义务。公证机构受理公证申请后,应当告知当事人申请公证事项的法律意义和可能产生的法律后果,告知当事人在办理公证过程中享有的权利、承担的义务。告知内容、告知方式和时间,应当记录归档,并由申请人或其代理人签字。(2)在公证登记簿上登记。(3)建立公证卷宗。公证卷宗应当编列号码,在公证工作后归档保存。(4)公证机构受理公证申请后,应当在全国公证管理系统录入办证信息,加强公证办理流程管理,方便当事人查询。(5)收取公证费用。公证机构受理公证申请后,应当按照规定向当事人收取公证费用。公证办结后,经核定的公证费与预收数额不一致的,应当办理退还或者补收手续。对于符合法律援助条件的当事人,公证机构应当按照规定减收或者免收公证费。

第三节　审查核实

公证的审查,是指公证机构受理公证申请后,在收集有关证据的基础上,对当事人申请公证的事项和提供的证据材料进行核实的活动,审查是公证活动中比较重要的环节,是保证公证机构出具的公证书真实合法的关键。

一、审查核实的内容

根据我国《公证法》和《公证程序规则》的规定,公证机构受理公证申请后,应当根据不同公证事项的办证规则,分别审查下列事项:

1. 当事人的身份情况

审查公证事项,首先应当对当事人的人数、身份、申请办理公证事项的资格及相应的权利等方面进行审查。审查当事人的人数,主要是审查当事人是否有遗漏,同时也是为了避免出现无权利义务关系的第三人。审查当事人的身份,主要是审查当事人是否是与公证事项有利害关系的人。资格审查,主要是审查当事人是否具有民事行为能力。权利审查,主要是审查当事人是否具有与申办公证有关的权利。

2. 当事人的意思表示

当事人的意思表示真实,是民事法律行为产生预期法律后果的前提条件。司法实践中,经常发生在欺诈、胁迫等情况下作出的不真实的意思表示,在这种情况下,民事法律行为不会产生预期的法律后果。因此,在办理公证过程中,应当对当事人申请办理公证事项的意思表示认真进行审查,以保证经过公证机构公证的法律事项产生预期的法律效力。

3. 申请公证的文书

公证机构办理公证事项,要求申请公证的文书内容完备,含义清晰,签名、印鉴齐全。文书内容完备,是指需要公证文书的基本内容和辅助内容符合法律和当事人的要求,具有合法性、合理性和可行性。含义清晰,是指需要公证文书的内容在文字表述上应当做到理解上的唯一性。签名、印鉴齐全,是指需要印鉴、盖章的文书上有关人员都已经签名、盖章,无遗漏和差错。

4. 提供的证明材料

当事人向公证机构提出办理公证的申请,应当提交相应的证明材料。公证机构对当事人提供的各种证明材料应当认真进行审查,只有确定各种证明材料真实、合法、充分的情况下,符合法定的办证条件,才能为当事人办理公证。

5. 申请公证的事项

当事人申请办理的公证事项是否真实、合法,是公证机构审查的重点。因为公证证明的主要目的,就是证明法律行为、具有法律意义的事实和文书的真实性和合法性。需要公

证的事项必须是真实的、客观存在的,必须是符合法律规定的。虚构、伪造、违法的事实,公证机构不能予以公证。

二、审查核实的方法

公证机构对当事人申请办理的公证事项进行审查,是通过行使核实权的方式。所谓核实权,是指公证机构对当事人提供的证据材料的真实性和合法性进行核查确认的权利。具体权利行使主要采取以下几种方式:(1)通过询问当事人、公证事项的利害关系人核实;(2)通过询问证人核实;(3)向有关单位或者个人了解相关情况或者核实、收集相关书证、物证、视听资料等证明材料;(4)通过现场勘验核实;(5)委托专业机构或者专业人员鉴定、检验检测、翻译。

公证机构在行使核实权时,应当注意以下几个问题:(1)公证机构进行核实,应当遵守有关的法律、法规和有关办证规则的规定。公证机构派员外出核实的,应当由两人进行,但核实、收集书证的除外。特殊情况下只有一人外出核实的,应当有一名见证人在场。(2)采用询问方式向当事人、公证事项的利害关系人或者有关证人了解、核实公证事项的有关情况以及证明材料的,应当告知被询问人享有的权利、承担的义务及其法律责任。询问的内容应当制作笔录。询问笔录应当载明询问日期、地点、询问人、记录人,询问事由,被询问人的基本情况,告知内容、询问谈话内容等。询问笔录应当交由被询问人核对后签名或者盖章、捺指印。笔录中修改处应当由被询问人盖章或者捺指印认可。(3)在向当事人、公证事项的利害关系人、证人或者有关单位、个人核实或者收集有关公证事项的证明材料时,需要摘抄、复制(复印)有关资料、证明原件、档案材料或者对实物证据照相并做文字描述记载的,摘抄、复印(复制)的材料或者物证照片及文字描述记载应当与原件或者物证相符,并由资料、原件、物证所有人或者档案保管人对摘抄、复印(复制)的材料或者物证照片及文字描述记载核对后签名或者盖章。(4)采用现场勘验方式核实公证事项及其有关证明材料的,应当制作勘验笔录,由核实人员及见证人签名或者盖章。根据需要,可以采用绘图、照相、录像或者录音等方式对勘验情况或者是实物证据予以记载。(5)需要委托专业机构或者专业人员对申请公证的文书或者公证事项的证明材料进行鉴定、检验检测、翻译的,应当告知当事人由其委托办理,或者征得当事人的同意代为办理。鉴定意见、检验检测结论、翻译材料,应当由相关专业机构及承办鉴定、检验检测、翻译的人员盖章和签名。委托鉴定、检验检测、翻译所需的费用,由当事人支付。(6)公证机构委托异地公证机构核实公证事项及其有关证明材料的,应当出具委托核实函,对需要核实的事项及内容提出明确的要求。受委托的公证机构收到委托函后,应当在一个月内完成核实。因故不能完成或者无法核实的,应当在上述期限内函告委托核实的公证机构。(7)公证机构在审查中,认为申请公证的文书内容不完备、表达不准确的,应当指导当事人补正或者修改。当事人拒绝补正、修改的,应当在工作记录中记明。应当事人的请求,公证机构可以代为起草、修改申请公证的文书。

此外,需要注意的是,当事人应当向公证机构如实说明申请公证的事项的有关情况,提交的证明材料应当真实、合法、充分。公证机构在审查中,对申请公证事项的真实性、合

法性有疑义的,认为当事人的情况说明或者提供的证明材料不充分、不完备或者有疑义的,可以要求当事人作出说明或者补充说明材料。当事人拒绝说明有关情况或者补充证明材料的,公证机构不予办理公证。公证机构在审查中,对当事人的身份、申请公证的事项以及当事人提供的证明材料,按照有关办证规则需要核实或者对其有疑义的,应当进行核实,或者委托异地公证机构代为核实。有关单位或者个人应当依法予以协助。审查自然人身份,应当采取使用身份识别核验设备等方式,并记录附卷。公证机构在审查中,应当询问当事人有关情况,释明法律风险,提出法律意见建议,解答当事人疑问;发现有重大、复杂情形的,应当由公证机构集体讨论。

第四节　出　证

出证,是指公证机构对当事人申请办理的公证事项,经过审查核实后,认为申请公证的事项真实、合法,符合法定的办证条件,在法定期限内制作并出具公证书的活动。出证是公证程序的最后一个环节,是涉及法律后果的重要程序。

一、出证的条件

制作公证书需要具备一定的条件。根据《公证法》和《公证程序规则》的规定,民事法律行为的公证,应当符合下列条件:(1)当事人具有从事该行为的资格和相应的民事行为能力;(2)意思表示真实;(3)法律行为的内容和形式合法,不违背社会公德;(4)《公证法》规定的其他条件。不同的民事法律行为公证的办证规则有特殊要求的,从其规定。

有法律意义的事实和文书的公证,应当符合下列条件:(1)该事实或者文书与当事人有利害关系;(2)事实或者文书真实无误;(3)事实或者文书的内容和形式合法,不违背社会公德;(4)《公证法》规定的其他条件。不同的有法律意义的事实或者文书公证的办证规则有特殊要求的,从其规定。

文书上的签名、印鉴、日期的公证,其签名、印鉴、日期应当准确、属实;文书的副本、影印本等文本的公证,其文本内容应当与原本相符。

具有强制执行效力的债权文书的公证,应当符合下列条件:(1)债权文书以给付为内容;(2)债权债务关系明确,债权人和债务人对债权文书有关给付内容无疑义;(3)债务履行方式、内容、时限明确;(4)债权文书中载明当债务人不履行或者不适当履行义务时,债务人愿意接受强制执行的承诺;(5)债权人和债务人愿意接受公证机构对债务履行情况进行核实;(6)《公证法》规定的其他条件。

以上公证事项的出证条件,法律有特殊规定的,应当符合法律的特殊规定。

二、出证的程序

符合法定出证条件的公证事项,需要经过以下审批程序:(1)承办公证员拟制公证书;(2)将拟制的公证书连同被证明的文书、当事人提供的证明材料及核实情况的材料、公证

审查意见,报公证机构负责人或者指定的公证员;(3)由公证机构负责人或者指定的公证员审批。需要注意的是,公证机构的负责人或者被指定负责审批的公证员不得审批自己承办的公证事项。按照法律规定不需要审批的公证事项可以直接出具公证书。审批公证事项及拟出具的公证书,应当审核以下内容:(1)申请公证的事项及其文书是否真实、合法;(2)公证事项的证明材料是否真实、合法、充分;(3)办证程序是否符合《公证法》、本规则及有关办证规则的规定;(4)拟出具的公证书的内容、表格和格式是否符合相关规定。审批重大、复杂的公证事项,应当在审批前提交公证机构集体讨论。讨论的情况和形成意见,应当记录归档。

■ 三、公证书

公证书,是指公证机构依照法定程序制作的,证明法律行为、具有法律意义的事实和文书真实性、合法性的文书。公证书主要包括以下内容:(1)公证书编号;(2)当事人及其代理人的基本情况;(3)公证证词;(4)承办公证员的签名(签名章)、公证机构印章;(5)出具日期。公证证词证明的文书是公证书的组成部分。有关办证规则对公证书的格式有特殊要求的,从其规定。制作公证书应当使用全国通用的文字。在民族自治地方,根据当事人的要求,可以同时制作当地通用的民族文字文本。两种文字的文本具有同等的法律效力。

公证书自出具之日起生效。需要审批的公证事项,审批人的批准日期为公证书的出具日期;不需要审批的公证事项,承办公证员的签发日期为公证书的出具日期;现场监督类公证需要现场宣读公证证词的,宣读日期为公证书出具日期。公证机构制作的公证书正本,由当事人各方各收执一份,并可以根据当事人的需要制作若干份副本。公证机构留存公证原本(审批稿、签发稿)和一份正本文档。公证书出具后,可以由当事人或其代理人到公证机构领取,也可以应当事人的要求由公证机构发送。当事人或其代理人收到公证书应当在回执上签收。公证书需要办理认证的,根据有关规定和当事人的委托,公证机构可以代为办理公证书的认证,所需费用由当事人支付。

需要注意的是,发往香港、澳门、台湾地区使用的公证书应当使用全国通用的文字。发往外国使用的公证书应当使用全国通用的文字,根据需要和当事人的要求,公证书可以附外文译文。

■ 第五节 公证期限、终止公证和拒绝公证

■ 一、公证期限

公证期限,是指公证机构办理公证事项从受理到出具公证书的法定时间限制。根据《公证法》的规定,任何公证事项都应当在法定的公证期限内办理完毕。规定公证期限的目的,主要是为了督促公证机构依法履行职责,提高公证效率,维护当事人的合法权益。

我国《公证法》第 30 条规定,公证机构经审查,认为申请提供的证据材料真实、合法、充分,申请公证的事项真实、合法的,应当自受理之日起 15 个工作日内向当事人出具公证书。但是,因不可抗力、补充证明材料或者需要核实有关情况的,所需时间不计算在期限内。根据公证法的规定,了解公证期限的内容需要注意以下几个问题:(1)公证机构应当自受理公证申请之日起 15 个工作日内向当事人出具公证书;"受理公证申请之日"是指公证机构经初步审查,认为当事人的申请符合法定的受理条件,接受公证申请的日期。"出具公证书日期"是指公证书上的落款日期。(2)不可抗力所需的时间不计算在内;(3)补充证明材料所需要的时间不计算在内;(4)需要核实有关情况的时间不计算在内。

二、终止公证

终止公证,是指公证机构在办理公证过程中,由于出现法定事由,使公证机构不能继续办理公证,或者继续办理公证已经毫无意义而结束公证程序。终止公证是指非正常结束公证程序。

根据《公证程序规则》的规定,公证事项有下列情形之一的,公证机构应当终止公证:(1)因当事人的原因致使该公证事项在 6 个月内不能办结的;(2)公证书出具前当事人撤回公证申请的;(3)因申请公证的自然人死亡、法人或者其他组织终止,不能继续办理公证或者继续办理公证已经无意义;(4)当事人阻挠、妨碍公证机构及承办公证员按规定的程序、期限办理公证的;(5)其他应当终止情形。

公证机构终止公证应当经过以下程序:(1)由承办公证员写出书面报告;(2)报公证机构负责人审批;(3)将终止公证的决定书面通知当事人或其代理人。

终止公证的,公证机构应当根据终止的原因及责任,酌情退还部分收取的公证费。

三、拒绝公证

拒绝公证又称不予办理公证,是指公证机构在办理公证过程中,发现证明对象不真实、不合法,或者有其他违反法律的事由,而拒绝办理公证的行为。

根据我国《公证法》和《公证程序规则》的规定,公证事项有下列情形之一的,公证机构应当不予办理公证:(1)无民事行为能力人或者限制民事行为能力人没有监护人代理申请办理公证的;(2)当事人与申请的公证事项没有利害关系的;(3)申请公证的事项属专业技术鉴定、评估的事项的;(4)当事人之间对申请公证的事项有争议的;(5)当事人虚构、隐瞒事实,或者提供虚假证明材料的;(6)当事人提供的证明材料不充分又无法补充,或者拒绝补充证明材料的;(7)申请公证的事项不真实、不合法的;(8)申请公证的事项违背社会公德的;(9)当事人拒绝按照规定支付公证费用的。

公证机构不予办理公证事项应当经过以下程序:(1)由承办的公证员写出书面报告;(2)报公证机构负责人审批;(3)将不予办理公证的决定书面通知当事人或其代理人。

公证机关不予办理公证的,应当根据不予办理的原因及责任,酌情退还部分或者全部收取的公证费。

 公证效力

公证效力,是指公证证明在法律上的作用和约束力。公证证明是以公证书为载体的,因此,公证的效力通常就体现为公证书的效力。

根据我国《公证法》的规定,公证在法律上主要具有三种效力,即法律行为生效的效力、证明的效力、强制执行的效力。

第一节　法律行为生效的效力

法律行为生效的效力,是指根据法律规定或者当事人约定,某项法律行为必须经过公证才能生效,那么,公证就是该项法律行为生效的条件。公证制度是一项独立的司法证明制度,是我国司法制度的重要组成部分。如果法律规定或者当事人约定特定法律行为必须经过公证才能产生应有的法律效力,那么,该法律行为没有经过公证就不能发生应有的法律效力。法律行为生效的效力,通常包括法定生效的效力和约定生效的效力。

一、法定生效的效力

法定生效的效力,是指法律、行政法规规定应当公证的事项,自然人、法人和其他组织应当向公证机构申请办理公证,未经公证的,该事项不能产生法律、行政法规规定的法律效力。对此,我国《公证法》第 38 条明确规定:法律、行政法规规定未经公证的事项不具有法律效力的,依照其规定。

目前,对法律行为的法定生效效力主要有三种不同的观点:(1)生效要件说,认为公证是民事法律行为的生效要件。(2)成立要件说,认为公证是民事法律行为的成立要件。(3)成立生效共同要件说,认为公证既是民事法律行为的成立要件,又是法律行为的生效要件。民事法律行为的成立要件和生效要件是有区别的,民事法律行为的成立需要具备以下三个因素,即行为主体、行为标的和意思表示;民事法律行为的生效要件需要具备以下三个因素,即行为人具有相应的民事行为能力、意思表示真实、不违反法律和社会公共利益。对一些特殊法律行为,法律还附加特别生效要件。例如,我国《民法典》第 135 条规定:民事法律行为可以采用书面形式、口头形式或者其他形式,法律、行政法规规定或者当事人约定采用特定形式的,应当采用特定形式。《民法典》第 502 条进一步规定:依法成立的合同,自成立时生效,但是法律另有规定或者当事人另有约定的除外。依照法律、行政法规的规定,合同应当办理批准等手续的,依照其规定。未办理批准等手续影响合同生效的,不影响合同中履行报批等义务条款以及相关条款的效力。应当办理申请批准等手续的当事人未履行义务的,对方可以请求其承担违反该义务的责任。依照法律、行政法规的规定,合同的变更、转让、解除等情形应当办理批准等手续的,适用前款规定。因此,从我国的法律规定看,公证应当是法律行为生效的要件之一。但需要注意的是,法律、行政法规规定民事法律行为应当公证时,公证只是法律行为生效的要件之一,能否最终生效,还应当看该法律行为是否符合法律规定的其他生效要件。[①]

关于法定公证的具体事项,即哪些有法律意义的事实和文书必须经依法公证才能生效,由法律、行政法规确定。目前,我国有关法定公证的实体法律规定不多,但在程序法中有所体现。例如,我国《民事诉讼法》第271条规定:在中华人民共和国领域内没有住所的外国人、无国籍人、外国企业和组织委托中华人民共和国律师或者其他人代理诉讼,从中华人民共和国领域外寄交或者托交的授权委托书,应当经所在国公证机关证明,并经中华人民共和国驻该国使领馆认证,或者履行中华人民共和国与该所在国订立的有关条约中规定的证明手续后,才具有效力。

需要强调的是,根据我国公证法的规定,法定公证事项和法定公证事项的效力都只能由法律、行政法规规定,地方性法规、部门规章和地方政府规章都无权创设法律、行政法规没有规定的法定公证事项和法定公证的效力。

二、约定生效的效力

约定生效的效力,是指依据法律、行政法规等相关规定可以公证的事项或者当事人之间约定公证的事项,自然人、法人或者其他组织可以依法向公证机构申请办理公证,未经公证,该事项不能产生公证法律、法规规定的法律效力,只能产生其他法律、行政法规规定的法律效力。在民事、经济活动中,"意思自治"是基本的法律原则,国家强制力对民事、经济活动干预过多,就会违背民法的意思自治原则。对公民、法人和其他组织而言,公证可能也是一种费用较高、程序较复杂的服务,国家应当尽量尊重私人在民事活动中的选择权。而且,法定公证增加了交易环节,提高了交易成本,降低了交易效率,还可能形成新的"司法壁垒",直接造成公证业和律师业在竞争起点、外部竞争环境方面的巨大差异。从公证机构依法行使职权的角度来说,公证机构行使职权具有被动性,一般只能依据当事人的申请进行公证,并不存在主动进行公证的法律基础。因此,在国家适当干预与保障意思自治之间寻求平衡,就是公证立法需要考虑的问题。

在我国,除公证法和其他相关法律规定的必须公证事项外,其他事项都是当事人可以约定公证的事项,这些事项允许当事人自己决定是否进行公证。但这并不是说,当事人是否进行公证在法律上效果是相同的。事实上,是否进行公证在效力上是存在区别的。依据法律、行政法规等相关规定可以公证的事项或者当事人之间约定公证的事项,自然人、法人或者其他组织未办理公证的,该事项不能产生公证法律、法规规定的法律效力,只能产生其他法律、行政法规规定的法律效力。就是说,当事人约定公证的,该约定具有两个

[①]　王胜明、段正坤主编:《中华人民共和国公证法释义》,法律出版社2005年版,第142页。

层次的法律效力。在第一个层次上，该约定在当事人之间具有法律约束力，对当事人双方均有约束作用，从而使当事人具有依此约定进行公证的义务。任何一方当事人违反该约定义务，将承担一定的法律责任。在第二个层次上，该公证约定还会对当事人之间的其他民事法律行为的成立或者生效产生一定的影响，甚至决定其他相关行为是否成立或者生效。对此，有些地方的行政规章作了明确规定。如《黑龙江省公证条例》第81条规定："当事人约定应当公证的事项，其公证书具有法律行为和其他有法律意义的事实、文书成立要件的效力。"这一规定具有一定的法律依据，根据我国《民法典》的有关规定，依法成立的合同，除法律、行政法规规定应当办理批准、登记等手续生效的以外，自成立时生效。也就是说，对于当事人之间的合同关系而言，成立和生效之间的阶段区分并不明显。

然而，必须注意，对于其他民事行为，成立和生效毕竟是民事行为的两个不同阶段，成立侧重于强调当事人意思表示一致，生效侧重于强调当事人的意思表示符合法律规定。因此，民事行为的成立属于当事人意思自治的范围，公证需要介入的主要是确定民事行为是否生效。所以，我们认为，约定公证时，如果当事人约定公证是相关事项的生效条件，自然应当尊重当事人的意思表示；当事人没有这种约定的，未办理公证手续不影响民事行为成立的效力，只是不产生公证法律、法规等规定的法律效力。可以说，法定公证是国家通过公证对特殊领域采用法律手段进行的适当干预；约定公证是国家对当事人意思自治的尊重和认同，法定公证与约定公证相结合，确立完善的公证制度，可能是一个长期渐进的过程。目前，在实践中最为重要的是依靠公证的社会服务属性，让社会公众从自身需要出发，真正认可公证的价值，主动要求公证服务，以完成公证价值的自我实现。

第二节　公证证明的效力

公证证明的效力是一切依法出具的公证书都具有的效力，它是指公证书具有预防纠纷，直接作为认定事实的根据和在域外使用的效力。作为独立行使国家证明权的机构，公证机构出具的公证书不仅可以预防纠纷、减少诉讼，而且，在诉讼过程中，对于法官需要认定的案件事实，公证书可以作为最有力的证据。另外，根据国际条约、惯例和双边协议，我国公证机构出具的公证书也具有其他国家给予承认和使用的法律效力。

一、公证证明的预防效力

发源于古希腊、埃及等地的现代公证制度，自产生之日起曾几度发生存废之争，均因公证制度特有的预防纠纷、稳定社会的功能最终得以保存。正如一位德国学者所说，"德国将公证制度定位为国家司法预防制度，特别强调公证在政治、经济和社会生活中的规范、监督和保障职能。公证人执行职务时不是一方当事人的代理人，而是双方当事人的公正的办事人，同时也是独立于双方当事人的近似于法官的法律监督者，不仅对公民、法人的法律行为的合法性进行监督，而且在国家作为当事人的情况下，对国家行为的合法性进行监督。"①公证证明是市场经济中失信现象比较突出,私证又无法满足增强信用约束的需要时面临的一种必然选择。公证证明的预防效力是公证制度预防功能的现实体现,也是当事人追求增强信用约束的动因。它主要是通过公证机构依法出具公证书证明民事法律行为、有法律意义的事实和文书,从而达到确定民事权利义务关系,吸收当事人不满,化解矛盾,防止纠纷和减少诉讼的目的。

公证证明的预防效力主要表现在以下两个方面:

一是预防公证事项内容上的不法性。依据公证法律法规的规定,公证机构的管辖范围和公证员执业都具有地域性,对于本辖区的公证申请人和公证事项,公证员都比较熟悉,也了解相关当事人的信用情况,容易得到准确的资源信息。而且,当事人申请公证的事项及其内容是否符合法律规定,自己往往并没有充分的认识。公证作为一种法律服务机制,依据法律规定的程序对公证事项进行审查,可以帮助当事人减少不适法的因素。对于相互之间接触较少的当事人而言,需要的正是获取必要的可靠信息为自己从事民事、经济活动提供参考。尤其是考虑到公证本身的公信力,当事人愿意选择公证制度来帮助自己获取可信赖的信息,预防在民事、经济活动中产生不必要的纠纷和矛盾。因此,公证证明的预防效力就是,公证机构和公证员利用自身优势,预防公证事项内容上的不法性,帮助当事人在法律规定的范围内顺利实现或者维护自身权益。

二是保障交易安全。通过公证,确定当事人之间的权利义务关系和特定事项的真实性,并赋予其证据力和公证法上的其他效力,当事人必然选择更有利于实现自身利益的方式进行民事、经济活动,以避免法律上的责任,这无形中满足了当事人追求交易安全的需要。涉及人身关系和财产关系的公证证明,对预防家庭成员的纠纷、维护家族和睦与社会稳定的作用也是十分明显的。而且,公证机构管辖范围和公证员执业的地域性,决定了当事人不愿意因为不履行公证书确定的义务而承受道义上的非难,导致失去信用的后果。因此,公证证明的预防效力又体现为,以法律责任和道德非难的后果保障交易安全,促使当事人依约履行自己的义务或者确保特定事项的真实性,预先剔除容易产生纠纷的不稳定因素。

实践中,公证证明的预防效力还表现为促进当事人自行和解。经过公证的事项,当事人和解在表面上看是当事人自由处分权利的结果,实质上却是当事人认同公证证明的效力,而放弃其他救济方式,在公证书已经确定的权利义务关系下选择的结果。

二、公证证明的证据效力

公证证明的证据效力,是指公证书所证明的内容具有特殊的证明力,可以直接作为认定事实的依据。就是说,在民事诉讼中,经过公证证明的事项,人民法院无需再行审查就可以直接采信。在一些国家,公证人是代表国家进行公证或者出具公证文书的,因而公证证明的事项具有完全意义上的证据效力。非经特殊法律程序,不能推翻其证据效力。在

---

① 司法部律师公证工作指导司编:《中外公证法律制度资料汇编》法律出版社 2004 年版,第567 页。

大陆法系国家尤其是法国,公证行业规制完备,信誉极佳,因此公证书的价值很受尊重。在法国人看来,可以用任何方法包括诉诸法律程序对私署文书进行检验,但对公证书不应有任何怀疑。如果当事人有事实根据或者法律依据对公证文书表示疑义,应当通过法院提起诉讼,而不能私自检验或者要求公证人加以检验。因此,公证书等于完整的证据几乎天经地义。[①]

公证书之所以具有证据效力,主要是因为公证书是一种特殊的书证,能够自证其源。公证书是以文字形式记载的内容来证明案件事实的证据,依据我国民事诉讼法的规定,属于书证的一种。但公证书又不是普通的书证,在民事诉讼中,当事人提供或者人民法院依当事人申请调查收集的普通书证,经当事人质证和法院审查认定前都被称为证据材料,其证据能力是待定的。也就是说,只有经过当事人质证和人民法院审查核实后,普通书证才能作为诉讼证据用以认定案件事实。但是,公证机构根据当事人的申请,依照法定程序,在确认法律行为、具有法律意义的事实和文书的真实性、合法性基础上制作的公证书,是一种特殊的书证,它本身就具有诉讼证据的客观性、关联性和合法性的特征。在民事诉讼中,使用公证书的一方当事人无需证明该证书的真伪,也无需再证明该证书内容的真实性和合法性,公证书本身就具有无可争辩的证明力。因此,我国《公证法》第36条规定:"经公证的民事法律行为、有法律意义的事实和文书,应当作为认定事实的根据,但有相反证据足以推翻该项公证的除外。"

公证证明的证据效力主要表现在两个方面,即公证书的效力明显优于私证书和公证书确定的内容无须举证。

1. 公证书的效力明显优于私证书

证据的效力一般依据证据在证明案件事实时所起作用的大小或者证据的可信程度进行分类,不同的证据在诉讼中的效力是不同的。公证书和私证书则是根据书证制作的主体不同进行的分类。私证书是当事人以私人身份制作的证明案件事实的证据。由于私证书是当事人主观意志的反映,不具有公示性,而且与私证书有关的各方当事人之间往往具有一定的关系,所以私证书的可信度相对较低,在证明案件事实中的作用也相对较小。相对私证书而言,公证书一般是国家机构或者具有公信力的机构按照法律规定的条件、方式和程序制作的,具有权威性和可靠性,其证明力一般大于私书证。对此,《民事诉讼法》第72条规定:经过法定程序公证证明的法律事实和文书,人民法院应当作为认定事实的根据,但有相反证据足以推翻公证证明的除外。

2. 公证书确定的内容无须举证

公证书是公证机构按照法律规定的条件、方式和程序制作的,一旦出具即具有证明力,这是由公证证明的权威性和可靠性决定的。因此,已经为公证书所确定的事实,使用公证书的当事人无须再行举证证明,仅凭公证书就可以确认公证证明事项的真实性、合法性。而且,人民法院应当将公证书作为认定事实的依据,这既是公证机构对审判机关的制约,更是公证证明效力的一种体现。当然,当"有相反证据足以推翻公证证明"时,公证书

---

① 赵秀举:《发达国家公证制度》,时事出版社2001年版,第20页。

的公证证明效力也会受到质疑。对此,最高人民法院发布的《关于适用〈中华人民共和国民事诉讼法〉的解释》第93条第1款第7项规定,已为有效公证文书所证明的事实,当事人无须举证证明,但当事人有相反证据足以推翻的除外。

公证证明的证据效力不仅适用于民事诉讼、仲裁,也适用于日常民事经济活动和行政管理活动。在这些活动中,公证证明都可以直接作为证明有关事实的证据,从而体现出公证证明的证据力。

三、公证证明的域外效力

改革开放以来,我国公民对外交往活动逐渐增多。根据国际惯例、国际条约或者双边协议,不同国家的自然人、企业或者其他组织之间进行正常民事交往,产生涉外民事权利义务关系所需要的证明文件,大都需要经过公证机构公证,才能获得使用国的承认。例如,我国公民到国外探亲、定居、学习、继承遗产、从事贸易活动等,都需要持有我国公证机构出具的公证文书,以证明当事人的身份和有关情况;我国企业组织到国外设立办事机构,在国外申请专利、商标等,也需要办理有关的涉外公证。因此,公证机构出具的公证书不仅在中华人民共和国域内具有法律效力,在域外也同样可以具有法律证明力,并且逐渐成为国际民事交往不可缺少的法律文书。公证不仅可以保证民事交往活动的合法有效,维护我国自然人、法人或者其他组织在域外的合法权益,促进我国与其他国家的民事、贸易往来,而且可以使外国接受者减少烦琐的法律审查,直接根据接受国法律决定取舍或者使用法律冲突规范。[①]

公证证明的域外效力是公证证明的证据效力在空间或地域上适用范围的延伸。它是按照国际惯例、国际条约或者双边协议的有关规定,并依靠公证证明的公信力来维系的,具体表现为公证证明所具有的确认当事人的身份、行为、具有法律意义的文书或者其他有关情况的真实性、合法性的效力。从本质上讲,公证证明的域外效力实际上就是公证证明在国内所具有的效力在域外的延伸。因此,公证证明要具有域外效力,不仅要符合国内法的相关规定,还要符合国际惯例、国际条约或者双边协议的有关规定。例如,我国《公证法》第33条规定:"公证书需要在国外使用,使用国要求先认证的,应当经中华人民共和国外交部或者外交部授权的机构和有关国家驻中华人民共和国使(领)馆认证。"根据需要,发往国外使用的公证书还可以附外文译文。

第三节 赋予强制执行的效力

赋予强制执行的效力是对于债权文书而言的,它建立在公证证明证据效力的基础上,是法律赋予公证的最具特殊性的效力,显示出公证具有的类似于裁判的强制力。赋予债权文书以强制执行的效力,可以增强债务人履行债务的责任心,防止纠纷发生,及时解决

---

① 陈光中、李春霖主编:《公证与律师制度》,北京大学出版社2006年版,第87页。

纠纷,顺利实现和维护各方当事人合法权益。

一、赋予强制执行效力的条件

公证书具有赋予强制执行的效力,是指公证机构根据当事人的申请,依法定程序赋予债权文书强制执行的效力,当债务人不履行或者履行债务不适当时,债权人可以不再经过诉讼程序或者仲裁程序,直接向有管辖权的人民法院申请强制执行。公证具有强制执行的效力是建立在公证证明效力的基础上,是我国法律赋予公证机构的一项特殊职能,也是法律强制性在公证活动中的体现。《公证法》第 37 条规定:"对经公证的以给付为内容并载明债务人愿意接受强制执行承诺的债权文书,债务人不履行或者履行不适当的,债权人可以依法向有管辖权的人民法院申请执行。前款规定的债权文书确有错误的,人民法院裁定不予执行,并将裁定书送达双方当事人和公证机构。"就是说,经过公证的债权文书,债权人有权直接向人民法院申请执行,这主要是因为,公证机构依法出具的公证书具有证明效力。但是,并非公证机构出具的所有公证书都有强制执行效力,只有符合赋予强制执行效力条件的债权文书,才可以由公证机构赋予强制执行的效力。

公证机构赋予债权文书强制执行效力涉及公证证明权与法院审判权、执行权之间的关系,基于这种关系,公证机构办理赋予具有强制执行效力的债权文书,应当是符合一定条件和特定范围的债权文书。依照 2000 年 9 月 1 日最高人民法院、司法部颁布的《关于公证机构赋予强制执行效力的债权文书执行有关问题的联合通知》第 1 条、第 2 条的规定,赋予债权文书具有强制执行效力的公证,应当符合下面三个条件。

第一,债权文书具有给付货币、物品、有价证券的内容。具有给付内容是债权文书可以被强制执行的基础,但只有具有给付货币、物品或者有价证券的内容,才属于公证机构可以赋予强制执行的条件。把所有给付性质的债权文书都纳入公证强制执行范围,会不恰当地扩大公证权,使法院审判权受到损害。

第二,债权债务关系明确,债权人和债务人对债权文书的给付内容无疑义。从公证的性质看,能够赋予强制执行效力的应当是无争议的事项,如果债的关系本身就存在争议,当事人应当寻求其他途径解决。一般来说,公证机构没有权力处理存在争议、应当由诉讼解决的事项。因此,《公证法》第 40 条规定:"当事人、公证事项的利害关系人对公证书的内容有争议的,可以就该争议向人民法院提起民事诉讼。"

第三,债权文书载明债务人不履行义务或者不完全履行义务时,债务人愿意接受依法强制执行的承诺。也就是说,债务人在公证时已经明确知道自己不履行义务或者不完全履行义务时会产生被强制执行的法律后果,并且明确表示愿意承受这一后果。这种承诺实质上是债务人放弃其他救济途径,选择公证解决双方可能发生的纠纷的意思表示。缺少债务人的这一承诺,就说明债务人并未放弃通过其他程序解决纠纷的权利,不符合赋予强制执行效力的条件。

此后,新修订的《公证法》第 37 条规定:对经公证的以给付为内容并载明债务人愿意接受强制执行承诺的债权文书,债务人不履行或者履行不适当的,债权人可以依法向有管辖权的人民法院申请执行。经公证的债权文书确有错误的,人民法院裁定不予执行,并将裁定书送达双方当事人和公证机构。根据上述法律规定,申请强制执行公证的债权文书需要符合以下三个条件:(1)属于债权文书;(2)具有给付内容;(3)债务人愿意接受强制执行。从该项法律规定可以看出,申请强制执行公证债权文书的范围已经不限于追偿债款、物品和有价证券,只要符合上述三个条件的债权文书都可以申请强制执行公证。2020 年新修订的《公证程序规则》第 39 条进一步规定:"具有强制执行效力的债权文书的公证,应当符合下列条件:(1)债权文书以给付为内容;(2)债权债务关系明确,债权人和债务人对债权文书有关给付内容无疑义;(3)债务履行方式、内容、时限明确;(4)债权文书中载明当债务人不履行或者不适当履行义务时,债务人愿意接受强制执行的承诺;(5)债权人和债务人愿意接受公证机构对债务履行情况进行核实;(6)《公证法》《公证法》规定的其他条件。"

实践中,当事人一般在合同履行前向公证机构提出办理具有强制执行效力的债权文书公证的申请。不过,如果债权文书在履行前没有办理公证,债权人在合同履行过程中申请公证机构办理强制执行公证的,公证机构也应当受理,但必须征求债务人的意见。对于符合上述条件,并且债务人同意在自己不履行义务或者不完全履行义务时愿意接受强制执行的,公证机构可以对该债权文书依法赋予强制执行效力。

二、强制执行的程序

从公证证明权与司法权的界限来说,公证机构只能依法行使法律赋予的证明债权文书有强制执行效力的特殊职能,不能亲自采取民事执行措施。民事执行措施属于司法权的范畴,只能由有管辖权的人民法院行使。对此,《民事诉讼法》第 245 条规定:"对公证机关依法赋予强制执行效力的债权文书,一方当事人不履行的,对方当事人可以向有管辖权的人民法院申请执行,受理申请的人民法院应当执行,公证债权文书确有错误的,人民法院不予执行,并将裁定书送达双方当事人和公证机关。"

通常,公证机构赋予强制执行效力的债权文书公证书是在当事人履行义务前出具的,是执行效力的预先确定,并不具有现实的执行效力。只有当履行期限届满,而且债务人不履行义务,尤其是不完全履行义务时,确定需要强制执行的具体内容,才具有强制执行的现实性。公证机关签发执行证书应当注意审查三个方面的内容:一是不履行或者不完全履行的事实确实已经存在;二是债权人履行合同义务的事实和证据,债务人依照债权文书已经部分履行的事实;三是债务人对债权文书规定的履行义务有无疑义。同时,出具执行证书还应当遵循其他相关规定,如《公证程序规则》第 55 条规定:"债务人不履行或者不适当履行经公证的具有强制执行效力的债权文书的,公证机构应当对履约情况进行核实后,依照有关规定出具执行证书。债务人履约、公证机构核实、当事人就债权债务达成新的协议等涉及强制执行的情况,承办公证员应当制作工作记录附卷。执行证书应当载明申请人、被申请执行人、申请执行标的和申请执行的期限。债务人已经履行的部分,应当在申请执行标的中予以扣除。因债务人不履行或者不适当履行而发生的违约金、滞纳金、利息等,可以应债权人的要求列入申请执行标的。"公证机构出具执行证书后,债权人凭原公证书及执行证书,可以直接向有管辖权的人民法院申请执行,实现自己的合法权益。

公证机构出具的赋予强制执行效力的债权文书公证书是人民法院执行的根据。人民法院受理当事人的执行申请后，不需要再经过诉讼程序，就可以直接执行执行证书所确定的义务。但是，如果公证债权文书确有错误，就会使强制执行效力无法实现。根据《公证法》的规定，公证债权文书确有错误的，如果是公证书形式上存在错误（例如，误写、误算或者其他瑕疵），人民法院应当通知公证机构予以纠正，纠正后，人民法院仍然应当执行；如果是公证的事项不真实、不合法或者不符合强制执行公证书的适用范围和条件的，人民法院只能作出不予执行的裁定书。该裁定书作出后，作为执行根据的强制执行公证书即失去强制执行的效力。

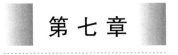

第七章　公证法律责任

第一节　公证法律责任概述

一、公证法律责任的概念和种类

公证法律责任,是指因公证机构或者公证员违反公证法律、法规、规章的规定,违反公证职业道德、执业纪律等,根据过错程度应当承担的法律责任。

依据不同标准,公证法律责任可以分为不同的种类。例如,根据承担公证责任主体的不同,可以分为公证机构的法律责任、公证员的法律责任和其他主体的法律责任;根据承担公证责任的性质不同,可以分为公证民事责任、公证行政责任和公证刑事责任等。

公证机构是履行证明职能的组织,它不是行使行政管理职权的行政部门。而且,具体的公证业务只能由公证员代表公证机构进行操作,公证员在办理具体公证时也享有相应的法定权利。公证机构和公证员行使权利有过错的,会给当事人的合法权益造成损害,也会损害公证的公信力和公证管理秩序。此时,由公证机构和公证员承担一定的法律责任,作为对权利的制约,既是规范公证机构和公证员行使职权行为的一种有效措施,也是权利义务一致原则的具体体现。因此,《公证法》《公证程序规则》《公证机构管理办法》和《公证员管理办法》都对公证机构和公证员在行使证明权过程中的法律责任作了规定。如《公证法》第6条规定:"公证机构是依法设立,不以营利为目的,依法独立行使公证职能、承担民事责任的证明机构。"

二、公证法律责任的特征

根据承担公证责任主体的不同对公证法律责任进行分类,存在着在某一具体案件中一个主体可能承担几种不同性质的法律责任的情形,具有不确定性。因此,通常根据承担公证责任的性质对公证法律责任进行分类,将公证法律责任分为公证民事责任、公证行政责任和公证刑事责任。根据这一分类,公证法律责任具有以下三个基本特征:

第一,法律责任是公证机构和公证员在具体行使公证证明权的过程中产生的法律责任,包括因公证引起的行政责任、民事责任或者刑事责任。

第二,公证法律责任是由公证机构或者公证员承担的法律责任。具体而言,公证行政责任是由公证机构或者公证员承担的责任;公证民事责任是由公证机构对外承担的赔偿责任,公证机构承担赔偿责任后,可以向有过错的公证员行使追偿权;公证刑事责任是触

犯刑法的公证员被国家司法机关追究的刑事责任。

第三,引起公证法律责任的原因是,公证机构或者公证员违反了法律、行政法规、司法行政部门的部门规章、职业道德、执业纪律等,按照规定应当被处分、处罚或者应当被追究刑事责任。

■ 三、确立公证法律责任的意义

确立公证法律责任制度,主要具有以下几方面的重要意义:

1.有利于保障公证当事人及利害关系人的合法权益

当事人选择公证制度保护自己的合法权益,却因为公证员和公证机构的过错导致了自己的合法权益受损。如果没有公证法律责任制度,当事人的合法权益就得不到应有的救济和保障,也会使公证制度失去存在的价值。

2.有利于公证事业健康、有序地发展

国家立法确立公证责任制度的目的之一,就是为了保障公证工作的规范进行,以保障公证执业秩序,保障公证事业健康、有序地发展。

3.有利于提高公证的质量和效益

确立公证法律责任制度,可以促使公证机构和公证员严格依照法律、法规和规章等的规定履行职权,注重公证工作的质量和效益,避免因出错证而承担赔偿责任,由此也使公证的质量得到了保证,效益得到了提高。

4.有利于提高公证机构的社会公信力

公证法律责任制度的实施,既有利于加强公证员的事业心和责任感,又有利于公证质量和公证效益的提高,为提高公证机构的社会公信力奠定了基础。[①]

■ 第二节　公证民事责任

■ 一、公证民事责任的概念和特征

公证民事责任,是指因公证机构及其公证员在办理公证时具有过错,致使公证文书发生错误,给当事人、公证事项的利害关系人造成损失的,公证机构根据过错的程度,向当事人、公证事项的利害关系人承担的赔偿责任。根据《公证法》第43条的规定,公证机构承担赔偿责任后,可以向有故意或者重大过失的公证员追偿。公证民事法律责任是由于公证机构出具的公证书有错误而引发的责任,当事人提供虚假证明材料,骗取公证书、伪造、变造或者买卖伪造、变造的公证书、公证机构印章,或者利用虚假公证书从事欺诈活动,不属于公证民事责任的范畴。因为,出错证通常是由于公证员工作过程中的疏忽大意等原因造成的,过错在于公证员本身,或者公证员与双方当事人。当事人骗取公证书,伪造、变

---

①　陈光中、李春霖主编:《公证与律师制度》,北京大学出版社 2006 年版,第 98 页。

造或者买卖伪造、变造的公证书，或者利用虚假公证书从事欺诈活动的，当事人本身就有过错，应当由从事该行为的当事人承担相应的民事责任、行政责任甚至刑事责任，公证机构对此不承担责任。

公证民事责任主要具有下列三个法律特征。

1. 公证的民事赔偿责任是因公证机构或者公证人员的违法行为造成的

公证机构或者公证人员的违法，既可能是违反公证实体法律规范，也可能是违反公证程序性法律规范，实践中主要表现为，公证人员没有严格按照各种法律规范的规定审查当事人的身份、资格、行为能力、意思表示，以及当事人提供的证明材料是否真实、合法、充分等，以致出具的公证书有错误，导致当事人或者公证事项利害关系人受到损失。

2. 公证民事赔偿责任是由公证机构承担的赔偿责任

我国现行公证制度采取机构本位主义，所有公证书都是以公证处名义出具的，并非以公证员个人名义出具。对当事人而言，公证机构与公证当事人之间的关系是公证的外部关系，公证机构与公证员之间的关系是公证的内部关系，公证员从事公证事务的行为系职务行为，公证员因职务行为给当事人造成损失的，由公证机构赔偿，符合一般法律逻辑，也为当事人提供了便利。毕竟，当事人申办公证，首先看重的可能是公证机构的权威性，而非基于对某个公证员的信赖。当然，这并不意味着有过错的公证员不承担责任，公证机构赔偿后，可以向有故意或重大过失的公证员追偿。

3. 公证当事人和公证事项的利害关系人是请求公证赔偿的主体

公证当事人是向公证处申请公证的自然人、法人或者其他组织；公证事项的利害关系人是指基于对公证机构出具的公证文书的信赖与公证申请人进行民事行为，却因公证文书的错误使自身利益受到损害的人，或者是公证机构出具的公证文书直接损害其合法权益的人。

二、公证民事责任的法律依据

公证机构依法办理公证事项，行使证明权，负有担保公证事项的真实性、合法性的责任，如果公证事项不真实、不合法，公证制度存在的意义和价值就会受到质疑。而且，公证机构虽然不以营利为目的，但是也要收取一定的公证费用，如果不能依法为当事人提供服务，甚至给当事人造成损失而不承担责任，是极不公平的。原《公证程序规则》没有规定民事赔偿责任，1994 年以后的地方公证法规出现了赔偿责任的规定，但是并未在全国实施。2000 年以前，由于我国的公证机构和公证员带有国家行政机关和国家公务员的性质，发生的因公证行为引起的公证赔偿，是按照《国家赔偿法》的规定执行的。自 2000 年 10 月 1 日起，根据《关于深化公证工作改革的方案》，我国公证行业引入了民事过错赔偿制度。为了保障受损害的当事人、利害关系人能够得到赔偿，2001 年 1 月 1 日起，公证赔偿基金开始建立。与此同时，公证责任保险制度也开始建立。目前，《公证法》《公证程序规则》、《公证员执业管理办法》和《公证机构执业管理办法》都明确规定了公证民事责任。

三、公证民事责任的承担

如何承担公证民事责任才能公平地分配因出错证而造成的当事人的损失？对这一问题，各国公证立法主要有两种立法态度：区分主义与不区分主义。所谓区分主义，是指对公证人出错证的故意与过失区别对待，故意出错证的公证人应当承担全额赔偿责任，过失出错证的公证人则可以在一定范围内得到赔偿豁免。区分主义的核心在于对公证人因过失出错证的行为提供有限保护。如《德国公证法》第19条规定了过失赔偿的条件：公证人由于故意或过失违反职务上的义务，并造成了他人的损害，应承担由此而产生的损害赔偿责任。如果公证人只有过失责任，被害人只有以其他方法不能得到赔偿时，才可以向公证人提出赔偿请求。所谓不区分主义，是指对公证人出错证的故意与过失不加区分，只要公证人有过错就应当向受害方负赔偿责任。目前，各国公证法多采不区分主义。如《奥地利公证法》第38条规定："公证人应当保证公证文书中列举的在自己面前发生的一切事项确实是在其面前，且如列举的状况下发生的。若公证文书记载的事项与实际不符，就其差异，即使因过失而导致，公证人也应当负责。"区分主义与不区分主义的差异主要在于，是否对公证人的过失违法行为提供特殊保护。①

公证民事赔偿责任是一种民事责任，首先必须考虑责任分配是否公平的问题。因公证机构及其公证员的过错导致当事人利益受损时，如果公证机构不承担责任，让当事人自己承受损失，明显是不公平的，而由过错方承担责任则是顺理成章的。而且，在公证责任赔偿保障机制建立后，赔偿责任就可以得到相当程度的保障。这一方面避免了公证机构因为不营利而导致的无法承担赔偿责任的情况，另一方面也避免出现为了保障公证机构的持续存续而不得不对公证机构采取特殊保护的情况。另外，公证民事赔偿责任的承担也要考虑道德观念等因素。公证机构及其公证员在公证工作中履行了法律规定的注意义务，就可能避免损害结果的发生，根本没有承担责任的基础；公证机构及其公证员有过错，就说明没有尽到法律规定的注意义务，在道德上具有可非难性。基于此，我国《公证法》第43条规定："公证机构及其公证员因过错给当事人、公证事项的利害关系人造成损失的，由公证机构承担相应的赔偿责任；公证机构赔偿后，可以向有故意或者重大过失的公证员追偿。"

为正确审理涉及公证活动相关民事案件，维护当事人的合法权益，2014年6月6日，最高人民法院发布施行了《最高人民法院关于审理涉及公证活动相关民事案件的若干规定》，对涉及公证活动相关民事案件的审理作出了明确的规定，具体内容如下：(1)当事人、公证事项的利害关系人依照公证法第43条规定向人民法院起诉请求民事赔偿的，应当以公证机构为被告，人民法院应作为侵权责任纠纷案件受理。(2)当事人、公证事项的利害关系人起诉请求变更、撤销公证书或者确认公证书无效的，人民法院不予受理，告知其依照公证法的规定可以向出具公证书的公证机构提出复查。(3)当事人、公证事项的利害关系人对公证书所公证的民事权利义务有争议的，可以依照公证法的规定就该争议向人民

---

① 杨遂全：《民商事登记改革与法定公证》，载《法学研究》2006年第2期。

法院提起民事诉讼。（4）当事人、公证事项的利害关系人对具有强制执行效力的公证债权文书的民事权利义务有争议直接向人民法院提起民事诉讼的，人民法院依法不予受理。但是，公证债权文书被人民法院裁定不予执行的除外。（5）当事人提供虚假证明材料申请公证致使公证书错误造成他人损失的，当事人应当承担赔偿责任。公证机构依法尽到审查、核实义务的，不承担赔偿责任；未依法尽到审查、核实义务的，应当承担与其过错相应的补充赔偿责任；明知公证证明的材料虚假或者与当事人恶意串通的，承担连带赔偿责任。（6）当事人、公证事项的利害关系人明知公证机构所出具的公证书不真实、不合法而仍然使用造成自己损失，请求公证机构承担赔偿责任的，人民法院不予支持。同时，该规定还对人民法院应当认定公证机构有过错的情形作出了列举性的规定，包括为不真实、不合法的事项出具公证书的；毁损、篡改公证书或者公证档案的；泄露在执业活动中知悉的商业秘密或者个人隐私的；违反公证程序、办证规则以及国务院司法行政部门制定的行业规范出具公证书的；公证机构在公证过程中未尽到充分的审查、核实义务，致使公证书错误或者不真实的；对存在错误的公证书，经当事人、公证事项的利害关系人申请仍不予纠正或者补正的；其他违反法律、法规、国务院司法行政部门强制性规定的情形。

■ 四、公证民事责任保障机制

为了保障公证当事人或者利害关系人因公证机构的过错所遭受的损失能够得到赔偿，我国建立了公证赔偿基金制度和公证责任保险制度，并将逐步建立公证员交纳执业保险金制度。

1. 公证赔偿基金

根据司法部《关于深化公证工作改革的方案》，自2000年10月1日起，我国公证机构开始引入过错民事赔偿责任制度。该方案提出，公证赔偿实行有限责任，以公证处的资产为限，赔偿范围为公证机构及其工作人员在履行公证职务中，因过错给当事人造成的直接经济损失。公证机构赔偿后，可以责令有故意或者重大过失的工作人员承担部分或者全部赔偿责任。公证机构每年应当从业务收入中提取3％作为赔偿基金，用于理赔。方案实施以前发生的因公证行为引起的公证赔偿，仍然依据《中华人民共和国国家赔偿法》有关规定办理。

2002年，根据国务院批转的《关于深化公证工作改革的方案》，司法部发布了《公证赔偿基金管理试行办法》（以下简称《试行办法》），规定了公证赔偿基金的具体筹集方式、基金的使用和监督管理等内容。根据《试行办法》第10条的规定，公证赔偿基金用于支付保险赔偿范围外的公证责任理赔及赔偿费用。《试行办法》第12条确定了公证责任理赔及赔偿费用，包括：法院诉讼费、律师费、公证责任赔偿委员会办案费及其他合理费用。

2. 公证责任保险

2000年12月18日，中国公证员协会与中国人民保险公司在北京正式签订《公证责任保险合同》。根据《试行办法》第11条的规定，公证责任保险是强制性全行业统一保险，由中国公证员协会代表全体公证机构向保险公司办理以公证机构为被保险人的全行业公证责任保险。公证责任保险的保险费实行浮动费率制。基本保费在中国公证员协会

集中的公证赔偿基金中列支。因费率浮动致使保险费超过基本保费的部分,由中国公证员协会、各省级公证员协会及各公证机构按各负担 1/3 的原则,从各自管理的后备金中补足;因费率浮动致使保险费低于基本保费的部分,返回各公证机构用于补充其自管的后备金。

3. 公证员执业保证金

2000 年 9 月 5 日,司法部发布的《关于贯彻〈关于深化公证工作改革的方案〉的若干意见》提出,在我国公证工作领域将逐步建立公证员执业保证金制度。执业保证金主要用于偿付应当由公证员承担的民事赔偿费用和行政处罚罚款等。公证员应当按照规定交纳执业保证金,未交足的将被暂停执业。公证员交纳的执业保证金未使用或者使用有剩余的,待公证员离任时予以退还。[①]

第三节　公证行政责任

一、公证行政责任概念、作用和法律依据

公证行政责任,是指公证机构或者公证员的行为违反有关行政管理的法律、法规或者规章的规定,但尚未构成犯罪的,依法应当承担的法律后果。公证行政责任可以分为公证行政处分和公证行政处罚。其中,公证行政处分主要针对公证员,公证行政处罚既可以针对公证员实施,也可以针对公证机构实施。公证机构或者公证人员执业不仅要遵守法律、法规等的规定,而且要接受政府司法行政机关的监督、管理和指导。因此,公证机构或者公证人员的行为违反法律、法规、规章的,司法行政部门有权依据相关规定予以行政处罚或者行政处分。《公证法》第 41 条、第 42 条规定了承担公证行政责任的情形和处分、处罚措施,《公证机构执业管理办法》和《公证员执业管理办法》规定了公证行政处罚的程序及其救济。确立公证行政责任,有利于加强对公证员的任职管理和对公证机构的审批管理,规范公证机构和公证员的执业行为,强化执业监督。

公证机构及其公证员在公证活动中应当遵守法律规定,不得从事法律禁止的行为,否则,必须承担相应的法律责任。根据《公证法》第 23 条的规定,公证员不得同时在二个以上公证机构执业;不得从事有报酬的其他职业;不得为本人及近亲属办理公证或者办理与本人及近亲属有利害关系的公证;不得私自出具公证书;不得为不真实、不合法的事项出具公证书;不得侵占、挪用公证费或者侵占、盗窃公证专用物品;不得毁损、篡改公证文书或者公证档案;不得泄露在执业活动中知悉的国家秘密、商业秘密或者个人隐私;不得进行法律、法规、国务院司法行政部门规定禁止的其他行为。《公证机构执业管理办法》第 28 条也规定,公证机构应当依法开展公证执业活动,不得为不真实、不合法的事项出具公证书;不得毁损、篡改公证文书或者公证档案;不得以诋毁其他公证机构、公证员或者支

---

① 陈光中、李春霖主编:《公证与律师制度》,北京大学出版社 2006 年版,第 104 页。

付回扣、佣金等不正当手段争揽公证业务；不得泄露在执业活动中知悉的国家秘密、商业秘密或者个人隐私；不得违反规定的收费标准收取公证费；不得进行法律、法规和司法部规定禁止的其他行为。

上述法律、规章的禁止性规定，公证机构及其公证员在进行公证活动时均不得违反，否则将依法承担行政责任。也就是说，这些公证法律、规章的禁止性规定，既是司法行政部门进行行政处分、处罚的依据，也是公证行政责任的构成要件。

■ 二、承担公证行政责任的法定情形

根据《公证法》第 41 条、第 42 条的规定，公证机构及其公证员有下列行为之一的，省、自治区、直辖市或者设区的市人民政府司法行政部门可以给予行政处罚、处分：

1. 以诋毁其他公证机构、公证员或者支付回扣、佣金等不正当手段争揽公证业务的；
2. 违反规定的收费标准收取公证费的；
3. 同时在两个以上公证机构执业的；
4. 从事有报酬的其他职业的；
5. 为本人及其近亲属办理公证或者办理与本人及近亲属有利害关系的公证的；
6. 私自出具公证书的；
7. 为不真实、不合法的事项出具公证书的；
8. 侵占、挪用公证费或者侵占、盗用公证专用物品的；
9. 毁损、篡改公证文书或者公证档案的；
10. 泄露在执业活动中知悉的国家秘密、商业秘密或者个人隐私的；
11. 因故意犯罪或者职务过失犯罪受刑事处罚的；
12. 依照法律、行政法规的规定，应当给予处罚的其他行为。

■ 三、具体行政处罚、处分措施

根据《公证法》、《公证机构执业管理办法》和《公证员执业管理办法》的相关规定，对公证机构及其公证员的具体行政处罚、处分措施主要有：警告、罚款、责令停止执业、停业整顿、没收违法所得和吊销公证员执业证书等。公证机构及其公证员的违法行为和违法情节轻重的不同，具体的行政处罚、处分措施也有所不同。公证机构及其公证员有上述 1～5 项行为之一的，由省、自治区、直辖市或者设区的市人民政府司法行政部门给予警告；情节严重的，对公证机构处一万元以上五万元以下罚款，对公证员处一千元以上五千元以下罚款，并可以给予三个月以上六个月以下停止执业的处罚；有违法所得的，没收违法所得。公证机构及其公证员有上述 6～10 项行为之一的，由省、自治区、直辖市或者设区的市人民政府司法行政部门对公证机构给予警告，并处二万元以上十万元以下罚款，并可以给予一个月以上三个月以下停业整顿的处罚；对公证员给予警告，并处二千元以上一万元以下罚款，并可以给予三个月以上十二个月以下停止执业的处罚；有违法所得的，没收违法所得；情节严重的，由省、自治区、直辖市人民政府司法行政部门吊销公证员执业证书。符合第 11 项规定情形的，应当吊销公证员执业证书。上述第 12 项规定，属于兜底条款，留待

法律、行政法规作出具体规定。

四、行政处罚、处分的程序和救济

司法行政机关对公证机构、公证员的违法行为实施行政处罚或者处分,应当根据有关法律、法规规定的程序进行。在实施行政处罚或者处分的过程中,行使行政处罚权和处分权的权力人和公证机构、公证员之间处于不对等的地位,权力人处于主导地位,公证机构、公证员则处于被动、弱势地位。这种不对等性造成了对实体权利处分的不平衡。只有遵循法律、法规规定的程序,才可以保障公证机构、公证员不受任意支配,增强对其合法权益的保护,有效克服双方地位不平等可能产生的不利后果。同时,司法行政机关在对公证机构、公证员作出行政处罚之前,应当告知公证机构、公证员已经查明的违法行为、处罚理由、处罚依据,并告知依法享有的权利。公证机构、公证员有权陈述、申辩,有权申请听证。另外,为了防止司法行政部门利用职权干预公证机构依法独立行使公证职能,《公证机构执业管理办法》第43条规定:"司法行政机关及其工作人员在公证机构设立审批、公证机构执业证书管理、对公证机构实施监督检查、年度考核的过程中,有滥用职权、玩忽职守、徇私舞弊、干预公证机构依法独立行使公证职能行为的,应当依法追究责任人员的行政责任;构成犯罪的,依法追究刑事责任。"

为了防止和纠正违法的或者不当的行政处罚、处分,保护自己的合法权益不受侵犯,公证机构、公证员认为行政处罚、处分措施侵犯其合法权益的,有权向行政机关提出行政复议或者行政诉讼申请。公证机构、公证员申请行政复议或者行政诉讼不仅是对自己合法权益的救济,也具有监督司法行政机关依法行使职权的作用。因此,《公证员执业管理办法》第31条和《公证机构执业管理办法》第38条都对申请行政复议或者行政诉讼的权利作了明确规定。

第四节 公证刑事责任

一、公证刑事责任的概念和作用

公证刑事责任,是指公证机构及其公证员有违反法律规定且已经构成犯罪的行为,依法应承担的法律后果,是对公证机构及其公证员的违法行为的最严厉制裁。公证刑事责任主要包括公证机构的刑事责任和公证员的刑事责任。公证员办理公证或者进行其他相关公证活动时是以公证机构名义进行的,与公证机构的行为具有一致性,但公证员的执业行为又具有个人意志的因素,因此,公证员在执业过程中如果违反法律,如滥用职权、玩忽职守,就必须承担相应的法律责任。

二、承担公证刑事责任的具体情形

根据《公证法》第42条的规定,公证机构及其公证员有下列行为之一的,构成犯罪的,

依法追究刑事责任:

    1. 私自出具公证书的;

    2. 为不真实、不合法的事项出具公证书的;

    3. 侵占、挪用公证费或者侵占、盗用公证专用物品的;

    4. 毁损、篡改公证文书或者公证档案的;

    5. 泄露在执业活动中知悉的国家秘密、商业秘密或者个人隐私的;

    6. 其他应当追究刑事责任的行为。

三、公证员玩忽职守的认定

实践中,对于公证员玩忽职守的行为是否构成犯罪往往难以认定。对此,司法部、最高人民检察院《关于认真办理公证人员玩忽职守案件的通知》(以下简称《通知》)专门作了规定。根据该《通知》,公证人员玩忽职守,是指公证人员在公证活动中严重不负责任,不履行或不正确履行法定职责的行为。具体表现为:

(1)无视国家法律、法规和政策规定,对明显违反国家法律、法规和政策或者严重损害国家、集体利益或公民合法权益的行为、文书予以公证的;

(2)严重违反办证程序,对应当审查的材料不予审查,应当调查核实的事实不予调查核实,应当报送领导审批的事项不报送审批;对不真实、不合法并严重损害国家、集体利益或公民合法权益的行为、事实或文书予以公证。

但是,公证人员已经尽到自己的职责,因当事人或有关证人故意提供伪证,或当事人双方串通欺骗公证机关,造成公证书不真实或不合法的,以及公证人员在公证活动中虽有失职行为,但不属于严重不负责任,而是由于制度不完善、法律政策规定不明确或者由于工作缺乏经验、业务素质不高造成的,不属于公证人员玩忽职守。

需要说明的是,我国的公证体制正处于不断深化改革和完善的过程中,公证一方面要从传统的行政体制模式中挣脱出来,另一方面又正在探寻一种新的发展模式,因此,公证机构的性质和公证员的法律地位仍然有待进一步深入研究,这就可能造成公证机构及其公证员在承担刑事责任问题上的不确定性。而且,《通知》的法律位阶较低,具体案件中必须由人民法院依据《刑法》、《刑事诉讼法》的规定进行定罪、量刑。

从目前我国公证体制改革的情况看,既存在独立承担民事责任的事业法人公证处,在中西部地区也存在着保留行政机关性质的公证处。在已经改制为事业法人的公证处中,有自收自支的,有财政差额拨款的,也有实行收支两条线,由财政全额拨款的。在这种情况下,仅适用玩忽职守罪的规定不甚合理,将公证员的职务犯罪完全排除在玩忽职守罪以外,似乎也难以自圆其说。2019年1月7日,最高人民检察院关于公证员出具公证书有重大失实行为如何适用法律问题的批复,对公证刑事责任作出了规定,即《中华人民共和国公证法》施行以后,公证员在履行公证职责过程中,严重不负责任,出具的公证书有重大失实,造成严重后果的,依照刑法的规定,以出具证明文件重大失实罪追究刑事责任。

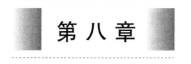

第八章 法律行为公证(一)

第一节 法律行为公证概述

法律行为,又称民事法律行为,是指以意思表示为要素,依意思表示的内容引起民事法律关系设立、变更和终止的合法行为。法律行为是一种重要的民事法律事实,它能够引起民事法律关系的设立、变更和终止,具有民事性、表意性、目的性和合法性的特征。依照我国《民法典》第143条的规定,法律行为的有效必须符合以下三个要件:(1)行为人具有相应的民事行为能力;(2)意思表示真实;(3)不违反法律、行政法规的强制性规定,不违背公序良俗。

法律行为公证,是指公证机构根据当事人的申请,依法证明与当事人有关的设立、变更、终止民事权利义务关系的行为真实性、合法性的活动。当事人设立、变更和终止民事权利义务关系的意思,需要通过一定的方式表现出来,法律行为公证就是证明当事人表现出来的行为具有真实性和合法性的活动。公证证明法律行为是公证机构的一项主要业务,它对于保护国家法律的正确实施,预防纠纷、减少诉讼,维护当事人的合法权益等都具有十分重要的作用。

根据我国《公证法》第11条的规定,公证机构办理法律行为公证的事项主要包括:各种合同或者协议、继承、委托、声明、赠与、财产分割等。其中,以公证证明各种合同、协议居多,最为常见的有买卖合同公证、房地产合同公证、劳动合同公证、抵押贷款合同公证、建设工程承包合同公证等。通过合同公证,可以提高签订合同的各方当事人的签约率和履约率,帮助当事人完善合同条款、明确各方当事人的权利义务,以达到预防纠纷、减少诉讼,有效地保护各方当事人合法权益的目的。本章主要介绍法律行为公证中的合同公证。

第二节 买卖合同公证

一、买卖合同公证的概念和作用

买卖合同,是指出卖人转移标的物的所有权于买受人,买受人支付价款的合同。在买卖合同中,依约定应当交付标的物并转移标的物所有权的一方当事人称为出卖人,应当支付价款的一方当事人称为买受人。买卖合同是商品交换发展到一定阶段的产物,是商品交换最基本、最重要,也是最有代表性的法律形式。买卖合同对促进商品流通,发展市场经济,提高经济效率,满足民事主体的生活和生产需要,有着重要作用。买卖合同作为民事流转活动的基本交易形式,主要具有以下法律特征:(1)买卖合同是双务合同,合同双方当事人的权利义务是互为对等的;(2)买卖合同是有偿合同,通常是以等价有偿的方式转让标的物的财产所有权;(3)买卖合同是诺成合同,无须当事人交付标的物,合同即可成立。

买卖合同公证,是指国家公证机构根据买卖合同当事人的申请,依照法定程序,证明当事人之间签订买卖合同的行为,以及买卖合同本身的真实性与合法性的非诉讼活动。由于买卖是社会经济活动中最常见、最基本、最典型的商品交换形式,买卖合同是最常见、最典型的经济合同,因此,买卖合同公证是公证机构合同公证业务中最常见、最主要的公证事项。实践中,公证机构通过对买卖合同的真实性、合法性的证明活动,可以有效地加强对买卖合同的法律监督,从而预防纠纷,减少诉讼,保护买卖双方当事人的合法权益,维护市场经济的正常秩序。

二、办理买卖合同公证的程序

根据我国《公证法》的规定,公证机构办理买卖合同公证应当按照以下程序进行:

(一)当事人向公证机构提出申请

申请办理买卖合同公证的当事人,应当向执业区域内的公证机构提出申请,填写公证申请表,并提交以下证件、文件与材料:

1. 申请人为自然人的,应当提交自然人的身份证明;申请人为法人的,应当提交法人的资格证明及其法定代表人的身份证明;申请人为其他组织的,应当提交其他组织的资格证明及其负责人的身份证明;

2. 委托代理人代为申请公证的,应当提交有委托人签名或盖章的授权委托书,法定代理人或者其他代理人须提交有代理权的证明;

3. 买卖合同书文本及其附件,有担保的,应当提交担保人的身份证明和资格证明材料;

4. 卖方对标的物有所有权或者处分权的证明材料;

5. 公证机构认为应当提交的其他材料,如当事人双方的开户银行和账号、卖方的供货能力及买方的支付能力的有关证明等。

(二)公证人员审查当事人的申请并依法出具公证书

公证机构受理当事人的申请后,审查的重点主要包括以下几个方面:

1. 买卖合同双方当事人的主体资格和行为能力,主要包括当事人的民事权利能力和民事行为能力、担保人的担保能力、代理人的代理权及代理权限的范围等是否符合法律的规定。

2. 买卖合同双方当事人的意思表示是否真实、自愿。

3. 卖方对标的物是否有所有权和处分权。

4. 买卖合同的内容是否真实、合法；合同条款是否明确、完备；合同是否具有可行性；签名、印鉴是否齐全，并与申请人提供的签名、印鉴相符等。

经过审查，公证机构对符合法定条件的买卖合同，依法出具公证书予以证明。

■ 三、办理买卖合同公证应当注意的问题

公证机构在办理公证过程中，除认真审查公证事项外，还应当注意以下两个问题：

一是公证人员在审查买卖合同当事人的主体资格时，特别要注重对合同当事人的资信审查，包括当事人的主体资格、履约能力、商业信誉、经营范围等。因为这些是当事人签订、履行买卖合同的基础和保证。公证人员除了要审查当事人提交的证明材料，必要时还应当实地调查，或者询问有关主管部门，以保证公证文书确实能够起到证明买卖合同的真实性、保护当事人合法权益的目的。

二是公证人员在审查买卖合同内容时，既要注意合同标的物的明确性和具体性，即合同中是否对标的物的名称、型号、规格等具体内容有约定，也要特别注意合同标的物是否为法律、法规允许自由买卖物。国家法律、法规规定的禁止流通物、限制流通物、专营物资、计划供应物资，必须依法经过有关部门批准或者取得国家计划，才能作为买卖合同的标的物。如果发现当事人利用合同进行违法活动，经过查证属实后，应当拒绝公证，并向有关主管部门举报。

三是对合同条款是否完备也要进行必要的审查，例如，合同是否对标的物的检验方法、合同履行的期限、地点、方式、违约责任等具体内容有明确的约定，以尽量减少将来发生纠纷的可能性。

■ 第三节　房地产合同公证

■ 一、房地产合同公证的概念和作用

房地产合同公证，是指公证机构根据当事人的申请，依法证明当事人签订涉及房地产交易的合同的真实性、合法性的非诉讼活动。通常认为，房地产合同包括房屋买卖合同、商品房预售合同、土地使用权出让合同、房地产租赁合同、房地产开发合同、房地产抵押合同等类型。由于房地产交易涉及的财产价值大、法律关系复杂等特点，对房地产合同进行公证显得尤为必要。国务院及有关主管部门甚至发布了一系列的法规、规章，明确规定房地产转让合同必须采用书面形式，房屋过户需要办理登记手续。对房地产合同进行公证，不仅有利于明确当事人双方的权利义务，维护当事人的合法权益，维护交易安全，促进房地产的合理流通，而且有利于加强对房地产买卖法律关系的管理和监督，维护不动产市场秩序的正常运行和社会的稳定。

二、办理房地产合同公证的程序

（一）当事人向公证机构提出申请

申请办理房地产合同公证的当事人，应当向执业区域内的公证机构提出申请，填写公证申请表，并提交以下证件、文件与材料：

1. 申请人为自然人的，应当提交自然人的身份证明；申请人为法人的，应当提交法人的资格证明及其法定代表人的身份证明；申请人为其他组织的，应当提交其他组织的资格证明及其负责人的身份证明。委托代理人代为申请公证的，应当提交有委托人签名或盖章的授权委托书，法定代理人或者其他代理人须提交有代理权的证明。

2. 房地产合同书及其附件。附件主要包括国家有关主管部门的批准文件或者颁发的证明当事人可以进行某种行为的证书，如土地管理部门同意出让土地使用或者转让的批准文件、《商品房预售许可证》《建设用地规划许可证》等。单位购买私房的，还应当提供本单位主管部门和本市房屋管理部门或者房屋所在郊区、县的人民政府的批准文件。

3. 房地产的具体情况及有关权利证明，如房地产的名称、位置、投资进度，《国有土地使用许可证》，房屋所有权证书等。房地产为共有的，还应当提交其他共有人的书面意见。

4. 公证机构认为应当提交的其他材料。

（二）公证机构审查当事人的申请并依法出具公证书

公证机构受理当事人的申请后，审查的重点主要包括以下几个方面：

1. 当事人的主体资格和行为能力，代理人的代理权及代理权限的范围等是否符合法律的规定等。

2. 合同的内容是否真实、合法，合同条款是否明确、完备，签名、印鉴是否齐全，并与申请人提供的签名、印鉴相符。法律对于房地产合同有其他限制性规定的，应当依据法律的规定进行审查，如在土地使用权转让合同中，转让方转让土地使用权，是否符合法律规定的，已经对土地进行投资、开发的条件等。

3. 财产的权利状况，即处分人是否对合同中规定的财产享有所有权和处分权，财产权属是否存在争议等。

4. 房产、地产交易需要履行批准、登记手续的，当事人的手续是否已经完备。

经过审查，公证机构对符合法定条件的房地产合同，依法出具公证书予以证明。

三、办理房地产合同公证应当注意的问题

公证机构办理房地产合同公证，主要应当注意以下几个问题：

一是在审查当事人的主体资格和行为能力时，对无民事行为能力人、限制民事行为能力人签订的房地产合同一般不应当出具公证书。因为房地产合同所涉及的金额较大，财产转让所需要办理的手续及存在的法律关系较为复杂，以未成年人的智力状况，要想理解房地产合同的内容和法律关系极为困难。

二是房地产合同中涉及需要登记的,应当告知当事人及时办理登记手续,但未办理登记手续通常并不影响房地产合同的效力。公证机构应当出具公证书。但当事人办理房屋买卖合同公证后,应当在法定期限,到房地产管理机关申办房屋所有权转移、变更登记手续。

三是房地产合同中涉及的法律法规较多,应当区分具体房地产合同的类型进行公证审查。例如,土地使用权转让合同要求转让方必须完成前期投资方可转让;已经出租的房屋出售时,要求出卖人按照法律规定的期限将要出卖房屋的情况通知承租人,以免侵害承租人的优先购买权;商品房预售合同要求预售方必须完成法定限额的投资并取得相关部门的批准文件后才能进行预售等。

第四节　劳动合同公证

一、劳动合同公证的概念和作用

劳动合同,是指劳动者与用人单位之间为确立劳动关系、明确双方当事人的权利义务而签订的书面协议。劳动合同作为合同的一种,也是当事人之间的合意。作为一种具有一定身份性的合同,劳动合同与一般合同相比,主要具有以下法律特征:(1)合同的主体具有特定性,即一方是劳动者,另一方是用人单位;(2)合同客体具有单一性,即劳动行为;(3)劳动合同的社会性。由于劳动法律关系与人的生存和发展等基本人权存在密切联系,因此,决定了劳动合同在签订、内容、履行和消灭等方面体现了国家和社会的较大干预。

劳动合同公证,是指公证机构根据用人单位或者劳动者的申请,依照法定程序,对双方当事人签订的劳动合同的真实性、合法性,予以证明的活动。

随着我国社会主义市场经济体制的建立和发展,在劳动用工制度上开始推行合同制。公证机构开展的劳动合同公证,在帮助当事人完善合同条款,明确双方各自的权利义务;预防和减少劳动纠纷,维护劳动者的合法权益,降低劳动者维权成本;维护劳动力市场的正常秩序等方面,都发挥了重要作用。

二、办理劳动合同公证的程序

公证机构办理劳动合同公证,应当遵循以下法定程序:

(一)当事人向公证机构提出申请

申请办理劳动合同公证的当事人,应当向执业区域内的公证机构提出申请,填写公证申请表,并提交以下证件、文件与材料:

1. 用人单位申请劳动合同公证时应当提供的证明材料有:(1)用人单位的资格证明及其法定代表人的身份证明,委托他人代办公证的,应当提供委托人的身份证明和授权委托书;(2)招聘简章、招聘条件及与招聘有关的规章制度和批准文件;(3)劳动合同文本;

(4)公证机构认为应当提交的其他材料,例如,用人单位已经签订集体合同的,应当提供集体合同文本等。

2. 劳动者申请劳动合同公证应当提交的证明材料有:(1)本人的身份证明。(2)县级以上医院出具的体检合格证。(3)劳动者住所地的街道、乡镇出具的求职证、待业证,或者其工作单位出具的停薪留职证明。(4)聘用方要求的学历证明、学位证书以及技术等级证明等。

(二)公证机构审查当事人的申请并依法出具公证书

公证机构受理当事人的公证申请后,应当按照我国的劳动法律、法规和政策的规定,重点审查以下内容:

1. 审查劳动合同双方当事人是否具备合法的主体资格和行为能力,包括用人单位的招工是否经过批准,劳动者是否达到了法律规定的劳动年龄,具有劳动行为能力以及是否符合招聘工种的身体条件。

2. 审查当事人意思表示是否真实、自愿,是否存在欺诈、胁迫等违背劳动者意志的情况。

3. 审查劳动合同内容是否真实、合法、齐全,劳动合同的内容是否与集体合同中已经约定的条款有冲突。劳动合同应当具备以下条款:劳动合同的主体双方;劳动合同期限;工作内容;劳动保护和劳动条件;劳动报酬;劳动纪律;劳动合同终止的条件;违反劳动合同的责任以及当事人之间经过协商确定的其他条款。

4. 审查当事人所提供的其他材料是否真实、合法、齐全。

经过审查,公证机构对符合法定条件的劳动合同,依法出具公证书予以证明。对于违反劳动法律、法规的合同,或者采取欺诈、胁迫手段的合同,公证机构应当拒绝公证。

三、办理劳动合同公证应当注意的问题

公证人员在审查劳动合同时,主要应当注意以下几个问题:

一是注意签订劳动合同的劳动者是否具有劳动行为能力。由于劳动合同具有社会性的特点,劳动法明确规定禁止用人单位招收未满16周岁的未成年人,特殊行业需要招收16周岁以下的未成年人的,需经劳动人事部门批准。

二是在审查劳动合同的内容时,既要注意劳动法律、法规和政策对于未成年工和女职工特殊保护的规定,例如,不得安排未成年工人从事矿山井下、有毒有害的劳动等,也要注意合同内容中关于工作时间、劳动安全卫生、工资标准、休息休假、社会保险和福利等相关条款是否符合法律、法规和国家政策的规定。

三是用人单位如果已经签订集体合同,应当注意公证的合同内容与集体合同的条款保持协调。也就是说,申请公证的劳动合同中规定的劳动条件和劳动报酬等标准不得低于用人单位签订的集体合同中已经规定的标准。

第五节　农村承包合同公证

一、农村承包合同公证的概念和作用

农村承包合同,是指农村承包户与农村集体经济组织之间就承包使用一定的财产、经营一定的生产项目而签订的协议。具体包括农、林、牧、副、渔各业的承包合同。农村承包合同是农村承包制的法律形式与中心环节,具有承包合同主体的特定性、要式性和差别性的特点。其中,差别性是指承包合同的条款往往因为承包人的不同、是否为本集体经济组织的社员而不同。因此,对农村承包合同进行公证,以确保能够依照合同获得应有的权益就非常必要。

农村承包合同公证,是指公证机构根据当事人的申请,依法定程序证明农村承包户与农村集体经济组织之间签订的农村承包合同的行为以及合同本身的真实性、合法性的非诉讼活动。进行农村承包合同公证,对于保障承包合同的完善、真实、合法和有效,消除农民的疑虑,调动广大农民生产经营积极性,稳定农村的家庭联产承包责任制和保障农村集体经济体制改革的顺利进行都具有十分重要的意义。

二、农村承包合同公证的程序

公证机构办理农村承包合同公证,应当按照以下的程序进行:

（一）当事人向公证机构提出申请

申请办理农村承包合同公证的当事人,应当向执业区域内的公证机构提出申请,填写公证申请表,并提交以下证件、文件与材料:

1. 发包方的主体资格证明,负责人的身份证明,委托代理人办理的,还应当提交授权委托书及代理人身份证明;承包方的身份证明,对承包方的身份有特别要求的,还应当提交相应的证明文件。

2. 集体经济组织、村民代表大会以及村委会关于承包事项的决议。国有农场发包土地的,还应当提供主管机构出具的同意发包的书面决定和上级主管部门的批准文件;发包方将农村土地发包给本集体经济组织以外的单位或者个人承包,应当提交集体经济组织成员的村民会议三分之二以上成员或者三分之二以上村民代表的同意的书面证明,并提交乡（镇）人民政府的批准文件。

3. 承包合同文本。承包合同一般应当包括以下条款:发包方、承包方的名称,发包方负责人和承包方代表的姓名、住所;承包土地的名称、坐落、面积、质量等级;承包期限和起止日期;承包土地的用途;发包方和承包方的权利和义务;违约责任等。

4. 公证机构认为应当提交的其他证明材料。

（二）公证机构审查当事人的申请并依法出具公证书

公证机构受理当事人的申请后,审查的重点主要包括以下几个方面:

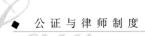

1. 发包方是否具备发包的主体资格。发包方对合同标的是否有处分权；发包方的代表人有无身份证明，该证明是否真实、有效；代理人的代理权及代理权的范围。

2. 承包方是否具有承包的资格和行为能力。

3. 合同双方当事人的意思表示是否真实、自愿。

4. 承包合同的内容是否合法，合同条款是否明确、完备，合同条款是否存在违法情形，例如，变相买卖土地等。

5. 当事人提供的其他证明材料是否合法、完备，例如，村民自治组织财产的发包是否提供村民代表大会的决议等。

经过审查，公证机构对符合法定条件的承包合同，依法出具公证书予以证明。

■ 三、办理承包合同公证应当注意的问题

公证机构在审查承包合同时，主要应当注意以下几个问题：

一是对于不合理限制承包方权利的条款应当认真审查，提出修改意见供当事人参考，充分尊重双方当事人的意思，增进合同双方对自己权利义务的了解，进而稳定农村承包合同关系。例如，对于不适当限制土地承包经营权的转包、出租、互换、转让等内容的条款应当慎重审查，凡是不符合法律规定的限制性条款，在未经过修改前不得出证。

二是公证人员应当告知：发包方应当维护承包方的土地承包经营权，尊重承包方的生产经营自主权，不得干涉承包方依法进行正常的生产经营活动，并依照承包合同约定为承包方提供生产、技术、信息等服务；承包方应当维持土地的农业用途，不得用于非农建设，并且依法保护和合理利用土地，不得给土地造成永久性损害。

三是公证人员对于非本集体经济组织成员的承包合同公证申请，应当审查承包合同是否存在侵害优先承包权的情况。因为根据相关法律的规定，对于可以直接通过招标、拍卖、公开协商等方式实行承包经营的荒山、荒沟、荒丘、荒滩等，在同等条件下，本集体经济组织成员享有优先承包权。

第六节　技术合同公证

■ 一、技术合同公证的概念和作用

技术合同，是指公民、法人、其他组织之间就技术开发、技术转让、技术许可、技术咨询或者技术服务所签订的明确相互权利义务关系的协议。根据我国《民法典》的相关规定，技术合同以合同标的为标准，可以分为技术开发合同、技术转让合同、技术许可、技术咨询合同和技术服务合同等。技术合同是技术成果商品化和社会化的必然产物，也是技术这一典型的非物质形态的商品进入交换市场的法律形式。正是由于技术合同的客体是技术成果和智力劳动成果，比一般经济合同复杂得多。因此，为了确保技术合同的真实性与合法性，保护技术合同双方当事人的合法权益，预防纠纷的发生，同时也为了促进技术的开

发、交流、推广、合作与应用,就需要公证这种预防性的法律制度的介入。[1]

技术合同公证,是指公证机构根据当事人的申请,依照法定程序证明当事人之间就技术开发、转让、许可、咨询或者服务签订合同的行为以及合同本身的真实性、合法性的非诉讼活动。以办理技术合同公证的合同标的为标准,技术合同公证主要包括技术开发合同公证、技术转让合同公证、技术许可公证、技术咨询公证和技术服务合同公证几种形式。

二、办理技术合同公证的程序

公证机构办理技术合同公证,应当遵循以下的程序进行:

(一)当事人向公证机构提出申请

申请办理技术合同公证的当事人,应当向公证执业区域的公证机构提出申请,填写公证申请表,并提交以下证件、文件与材料:

1. 申请人为自然人的,应当提交自然人的身份证明;申请人为法人的,应当提交法人的资格证明及其法定代表人的身份证明;申请人为其他组织的,应当提交其他组织的资格证明及其负责人的身份证明。

2. 委托代理人代为申请公证的,应当提交有委托人签名或盖章的授权委托书,法定代理人或者其他代理人须提交有代理权的证明。

3. 技术合同书文本及其附件。

4. 属于国家或者地方计划内的科研项目合同,应当提交主管部门的审批文件。转让保密技术、国防科技成果的,转让方应当提供国家科委和国防科工委的批文。

5. 技术成果鉴定证书和技术权属证书,专利权人应当提交专利权证书,职务技术成果的转让,应当提交其所在单位的相关证明。

6. 公证机构认为应当提交的其他材料。

(二)公证机构审查当事人的申请并依法出具公证书

公证机构受理当事人的申请后,审查的重点主要包括以下几个方面:

1. 技术合同当事人的主体资格和能力,主要包括当事人的民事权利能力和行为能力,代理人的代理权及代理权的范围等。

2. 技术合同双方当事人的意思表示是否真实、合法。

3. 技术成果权属情况是否真实,对于职务技术成果与非职务技术成果应当区分,必要时进行调查核实,以避免发生纠纷。

4. 审查技术合同的内容是否真实、合法,合同条款是否明确、完备,签名、印鉴是否齐全,并与申请人提供的签名、印鉴相符。

5. 有关审批、备案、登记的手续是否完备。

经过审查,公证机构对符合法定条件的技术合同,即可依法出具公证书。

---

[1]　时显群、宁艳岩主编:《律师与公证学》,重庆大学出版社 2002 年版,第 290 页。

三、办理技术合同公证应当注意的问题

公证人员在审查技术合同时,主要应当注意以下两个问题:

一是注意技术合同是否生效。技术合同与其他合同的重要区别在于,一些技术合同必须经有关机关批准才能生效。对于必须经批准才能生效的技术合同,当事人申请公证的,公证机关必须审查是否已经得到有关国家机关的批准。须经批准才能生效的技术合同主要有:列入国家计划或者省、自治区、直辖市计划的重要科学技术项目合同;内容涉及国家安全或者重大利益需要保密的技术合同;全民所有制单位转让专利权、专利申请权的合同;有关易燃、易爆、高空、高压、剧毒、建筑、医药、卫生、放射性等高度危险或者涉及人身安全和社会公共利益的项目的技术合同。

二是公证机构在审查技术合同时,既要注意技术合同的种类不同,其应当具备的具体内容不同,更要注意审查技术合同是否存在法定的无效条款。根据《民法典》第850条的规定,非法垄断技术或者侵害他人技术成果的技术合同无效。对于出现法定无效情形的技术合同,公证机构依法不予公证。

第七节　抵押贷款合同公证

一、抵押贷款合同公证的概念和作用

抵押贷款合同,是指银行或者其他金融机构作为贷款方,与借款人、抵押人之间签订的关于贷款人将一定金额的货币供给借款人,借款人按期归还并支付利息,抵押人提供一定数额的财产抵押给贷款人,以担保借款人按期还本付息的合同。抵押贷款合同具有有偿性、诺成性、要式性的特点。金融机构提供贷款就要面临风险,而且随着市场竞争机制的作用,这种风险更会加剧,即便借款人提供担保,也会因为担保物的价值随市场波动而不能完全化解风险。公证的介入能够帮助金融机构加强对风险的有效防范,将自身可能导致的损失降到最低限度。

抵押贷款合同公证,是指公证机构根据当事人的申请,依照法定程序,对当事人签订的抵押贷款合同的真实性与合法性予以证明的活动。近几年,随着金融体制改革的深入,我国相关规定已经明确抵押贷款合同必须办理公证才有效。实践证明,这一公证业务的开展,对于提高合同履约率,降低贷款风险以及债务人不按期偿还贷款时的强制执行,具有重要意义。

二、办理抵押贷款合同公证的程序

公证机构办理抵押贷款合同公证,应当遵循以下程序:

(一)当事人向公证机构提出申请

申请办理抵押贷款合同公证的当事人,应当向公证执业区域的公证机构提出申请(涉

及不动产的,向不动产所在地的公证机构提出申请),填写公证申请表,并提交以下证件、文件与材料:

1. 自然人申请办理公证提交身份证明;法人申请办理公证提交资格证明及其法定代表人的身份证明;其他组织申请时提交资格证明及其负责人的身份证明。借款人以外的人提供担保的,应当提供担保人的身份证明和具有担保的证明材料。委托他人代为申请的,应当提交授权委托书和代理人的身份证明。

2. 贷款方的《经营金融业务许可证》。

3. 抵押贷款合同文本及其附件。

4. 供抵押的财产以及财产的权属证明。供抵押的财产较多的,应当提供财产清单。财产的权属证明主要是借款人对抵押财产拥有处分权,如所有权或者其他使用权的证明。抵押财产为共有的,应当提供其他共有人同意抵押的书面证明。法律规定该项抵押须经有关部门批准的,应提交有关主管部门的批准文件。

5. 抵押物价值评估报告或者抵押当事人协商确定其价值的书面证明。

6. 公证机构认为应当提交的其他证明材料。

(二)公证机构审查当事人的申请并依法出具公证书

公证机构受理当事人的申请后,审查的重点主要包括以下几个方面:

1. 审查当事人的主体资格,如贷款人是否有权发放贷款、借款人以外的人提供担保的,担保人的主体资格和担保能力。

2. 审查抵押贷款合同各方的意思表示是否真实、自愿,合同的内容是否合法,合同的条款是否明确、完备。具体包括借贷的用途是否符合规定、抵押财产是否为法律所允许抵押的财产、计息方法是否符合法律规定等。

3. 审查抵押人对抵押的财产的权利状况:是否拥有处分权、有无重复抵押或者部分抵押的情况、法律规定抵押需经有关主管部门批准的,是否已经提交有关批准文件。抵押财产为共有的,其他共有人是否同意抵押。

4. 审查抵押物的价值是否经过评估者抵押当事人对抵押物的价值是否达成一致,必要时,可以在征得当事人的同意的情况下,聘请专业机构或者人员进行勘验、评估,以确定抵押物的价值。

5. 需要办理抵押物登记的,抵押的财产是否已经办理登记手续。

经过审查,公证机构对符合法定条件的抵押贷款合同,依法出具公证书予以证明。

三、办理抵押贷款合同公证应当注意的问题

公证人员在审查抵押贷款合同时,主要应当注意以下两个问题:

一是抵押贷款合同中的贷款方应当有特定的资格,即必须是国家规定的金融机构,主要包括国有商业银行、股份制商业银行、农村合作银行和经过批准从事贷款业务的外资商业银行等金融机构。

二是对于抵押物的审查应当注意:(1)作为抵押物的财产必须是法律允许抵押的财产,凡是《民法典》第 399 条规定的财产如土地所有权、社会公益设施和权属不明的财产等

均不得设定抵押。法律规定抵押财产需要登记而当事人未办理登记手续的,应当告知当事人依法办理登记手续。(2)抵押人所担保的债权不得超出抵押物的价值,对重复抵押或者部分抵押的,要提示当事人注意,并注意避免流押的情况出现。

第八节　建设工程承包合同公证

一、建设工程承包合同公证的概念和作用

建设工程承包合同,是指承包人进行工程勘察、设计、施工等建设,由发包人支付相应价款的合同,一般包括工程勘察合同、工程设计合同、工程施工合同等几种。建设工程承包合同具有完成工作合同的一般特征,因而在传统民法理论中,将建设工程合同作为承揽合同的一种类型,属于承揽完成不动产工程项目的合同。但是,由于建设工程不同于其他工作的完成,所以建设工程合同除了具有承揽合同的特征外,还具有合同主体的特定性、合同标的的特定性和合同签订、履行的计划性和程序性的法律特征。

建设工程合同公证,是指公证机构根据当事人的申请,依照法定程序,证明当事人之间签订建设工程合同的行为以及合同本身的真实性、合法性的非诉讼活动。由于建设工程合同对主体有特别的资格要求,对标的有严格的质量规范,对订立、履行程序和对合同的监督管理有系统而严格的法律规定[①],因此,对建设工程合同进行公证,有利于及时发现合同中存在的问题,帮助当事人完善合同条款,明确当事人的权利义务,保证合同的履行,预防纠纷,保护当事人的合法权益,以及维护建筑市场的正常秩序都具有重要的意义。

二、办理建设工程承包合同公证的程序

公证机构办理建设工程承包合同公证,应当遵循以下程序:

(一)当事人向公证机构提出申请

申请办理建设工程承包合同公证的当事人,应当向执业区域内的公证机构提出申请,填写公证申请表,并提交以下证明材料:

1. 双方当事人的法人资格证明和法定代表人的身份证明,委托他人代为申请的,应当提交授权委托书和代理人的身份证明。有担保人的,还应当提供担保人的身份证明和担保能力的证明。

2. 发包方的建设工程批准计划任务书、建筑许可证及有关技术资料、主管部门核准的建设工程概算、规划部门颁发的建设用地许可证;承包方的营业执照副本、经核准的企业技术等级证明等材料。

3. 建设工程承包合同文本及其附件,建设工程合同的附件比较多时,应当提供一份有关附件的清单或者说明。

---

① 谭秋桂主编:《经济活动中怎样办理公证》,中国检察出版社 2004 年版,第 64 页。

4.公证机构要求提交的与公证事项有关的其他材料。

（二）公证机构审查当事人的申请并依法出具公证书

公证机构受理当事人的申请后，审查的重点主要包括以下几个方面：

1.审查当事人的主体资格和行为能力，重点看当事人各方是否具备签订和履行合同的能力。

2.签订建设工程合同前，需要经过有关部门审批的，公证人员应当审查签订合同前是否已经过有关部门的审批。

3.审查合同双方意思表示是否真实、自愿，合同的内容是否合法，合同的条款是否明确、完备。在建设工程合同中，当事人必须对工程质量、工程期限、工程范围和内容、工程造价、设计文件及概预算、技术资料的提供日期、材料和设备的供应、双方协作、工程验收等内容作出明确的约定。

4.签订合同的程序是否符合法律规定。对于依法应当采取招、投标方式确定承包人、施工人、设计人的建筑工程合同，必须采取招、投标的方式。

经过审查，公证机构对符合法定条件的建设工程承包合同，依法出具公证书予以证明。

三、办理建设工程承包合同公证应当注意的问题

公证机构在审查建设工程合同公证申请时，应当注意以下几个问题：

一是对于采用招标投标程序进行的建设工程项目，当事人申请建设工程公证的，应当依照《招标投标公证程序细则》规定的程序进行办理；当事人只申请对建设工程承包合同进行公证的，可以依照本节的程序办理。

二是公证人员在审查建设工程承包合同时，必须注意合同主体需要具备特定的资格。由于建设工程合同具有计划性强、质量要求高、履行期限长等特点，因此发包人一般应当是经过批准从事工程建设的法人，承包人一般应当是具有从事勘察、设计、施工资格的法人。对于国家重大建设工程合同，应当审查合同是否按照国家规定的程序和国家批准的投资计划、可行性研究报告等文件订立。据此，公证机构在办理该类合同公证时，要严格审查合同的订立过程是否符合上述法律的规定，以保证公证的质量。

三是对于我国法人参加对外建筑工程的投标、承包等活动，在当事人办理合同公证时，应当提示当事人公证书还要按照有关国家的法律规定，办理认证手续，才能发生域外法律效力，得到使用国的承认。

第九章 法律行为公证(二)

第一节 委托公证

一、委托公证概述

委托,是指一方当事人授权另一方当事人在其授权范围内办理一定事务的行为。其中,授权的一方当事人称为委托人,被授权办理一定事务的当事人称为受托人。通常,受托人须在委托人授权的权限范围内,以委托人的名义进行活动,由此而产生的法律效果归属于委托人。委托主要适用于民事领域,在劳动关系、职务关系等领域也有适用。在一般情况下,委托合同是产生代理授权的原因或基础。但委托合同的成立、生效并不当然产生代理权,只有委托人作出委托授权的行为(如签发授权委托书),代理权才产生。因此,受托人代理委托人对外处理事务时表明委托关系和委托权限的证明主要是委托书。委托制度是商品经济发展的产物,它主要具有拓展委托人的活动空间,确保委托人权利实现的作用。

公证机构办理委托公证的形式有两种:委托书公证和委托合同公证。委托书公证,是指公证机构根据委托人的申请,依法证明委托人授权他人以自己的名义实施某种法律行为的意思表示的真实性、合法性的活动。委托合同公证,是指公证机构根据当事人的申请,依法对委托人与受托人之间签订的委托合同的真实性、合法性予以证明的活动。如前所述,与委托书相比,委托合同仅是确定委托人与受托人之间内部权利义务关系的协议,而不能用于向第三方表明受托人代办事务的资格和权限。只有基于委托合同,由委托人签发委托书,才能对外表明委托关系和委托权限。可见,公证机构办理委托公证,对于明确委托人与受托人之间的权利义务关系,保证受托人代理行为的合法、有效和预防、减少纠纷的发生具有重要意义。

二、办理委托公证的程序

公证机构办理委托公证,应当遵循以下程序:

(一)当事人向公证机构提出申请

当事人申请办理委托公证,应当向执业区域内的公证机构提出申请(委托处理涉及不动产事项的,当事人也可以向不动产所在地的公证机构提出申请),填写公证申请表,并提交相应的证明材料。当事人应当提交的证明材料主要包括:

1. 公民个人申办委托书公证的,提交个人身份证明;法人或者其他组织申办的,应当提交法人或者其他组织资格证明及法定代表人、负责人的身份证明。委托他人代办的,应当提交委托人的身份证明(如居民身份证、户口簿)和授权委托书。

2. 办理委托合同公证的,在提供委托人的身份、资格证明的同时,还应当提供受托人的身份、资格证明。

3. 与委托事项相关的证明材料,如委托他人办理卖房事宜,委托人应提交该房屋的所有权证明。

4. 转委托人申办转委托公证时,应提交有转委托权的证明。

5. 委托书文本或者委托合同文本。

(二)公证机构审查当事人的申请并依法出具公证书

公证机构受理当事人的公证申请后,公证人员应当重点审查以下几个方面的内容:

1. 当事人是否具备主体资格和行为能力。无民事行为能力人、限制民事行为能力人,应当由其代理人、监护人申办公证。

2. 委托是与人身有密切联系的法律行为,必须由委托人亲自到公证机构办理公证,不得委托他人代为办理。如有特殊情况(如行走不便、患重病等),可向公证机构提出申请,由公证机构派公证员到其住所地办理公证。

3. 审查委托行为是否为委托人的真实意思表示,委托内容是否真实、合法。

4. 委托书是委托人的单方意思表示,只有在受托人表示接受委托时才能生效。在办理公证时,公证人员应当询问受托人对于委托书的意见。

5. 审查转委托人是否有转委托权,委托人有转委托权的,转委托的权限和期限不得超过原委托权限和期限。

经过审查,对于符合法律规定的委托书或委托合同,公证机构依法出具公证书予以证明。

三、办理委托公证应当注意的事项

公证人员在办理委托公证的过程中,主要应当注意以下几个问题:

一是凡是依照法律规定或者依双方约定由行为人本人亲自实施的民事行为,应当由行为人亲自实施,代理人申办委托公证的,不予公证。对于法人申请办理委托公证的,公证人员应当注意审查委托事项是否符合其章程和条例所规定的业务范围。

二是公证机构在办理涉外委托公证时要特别注意管辖问题。如果委托人申办发往国外使用的委托书公证,均应当由我国公证机构办理。对居住在国外的公民或者法人在域外委托我国国内的公民、法人代办法律事务或者委托中国律师代为诉讼事务的,我国公证机构不应办理。

三是委托书上的签名、印章必须是委托人的签名、印章,并需要应公证员的要求当面在委托书上签名、盖章,事先签名、盖章的,公证人员应当要求当事人确认。法人事先在委托书上盖章的,还要向公证机构提供法人的印鉴和法定代表人的印章,以证实委托书上的印章真实无疑。

第二节　声明公证

一、声明公证的概念和作用

声明,是指自然人、法人或者其他组织在民事活动中就某一事件或者问题公开作出的意思表示。声明主要有两种形式:一是口头声明;一是书面声明。书面声明一般是以声明书的形式出现的。声明书一般包括四种类型:主张权利声明、放弃权利声明、承担义务声明和澄清事实声明。由于声明一般是当事人单方作出的意思表示,它的内容对于其他人来说具有不确定性。所以,为了防止他人作假,消除接受该声明的公民或有关单位的疑虑,声明人往往需要将声明作成书面形式,并对声明书进行公证。

声明公证,是指公证机构根据当事人的申请,依照法定程序对当事人声明行为的真实性、合法性予以证明的活动。公证机构对公民、法人在民事活动中的单方意思表示的真实性、合法性予以证明,能够帮助当事人解决实际生活中向有关单位或者组织提交法定证明文件时面临的困难,增强行为的证据效力和公信力,有效地维护当事人的合法权益,而且解决了接受该声明书的公民或者有关单位对声明书难以进行审查的困难,为双方当事人提供了一个可以相互了解和信任的平台,有利于促进双方当事人的交往和合作。

二、办理声明公证的程序

公证机构办理声明公证,应当遵循以下程序:

(一)当事人向公证机构提出申请

申请办理声明公证的当事人,应当亲自向执业区域内的公证机构提出申请,填写公证申请表,并提交以下证件、文件与材料:

1. 申请人的身份证明。申请人为法人或者其他组织的,应提交法人资格证明或者其他组织的主体资格证明、法定代表人或者其他组织负责人资格证明以及相应的身份证件;申请人为公民的,提交《居民身份证》、《户口簿》或者公安机关出具的户籍证明。

2. 草拟的声明书。当事人书写有困难的,公证员可以代写。

3. 与声明书内容有关的证明材料。例如,声明放弃财产权利的,应当提供申请人享有该项权利的证明材料,办理放弃继承权声明的,申请人还应当提供与被继承人存在亲属关系的证明材料等。必要时,还要提供县市级以上的医院出具的被继承人的《死亡证明书》。

4. 公证机构认为应当提供的其他材料。

(二)公证机构审查当事人的申请并出具公证书

受理当事人的申请后,公证人员审查的重点主要包括以下几个方面:

1. 当事人是否具备主体资格和行为能力,主要包括声明人是不是申办公证的当事

人、声明人与声明事项是否具有利害关系等。公证人员应当同时查验当事人的身份证和户口簿,以避免冒名顶替办证的现象出现。对于当事人不能提供有效证件证明其与声明事项的利害关系时,应当要求当事人提供其所在单位的档案管理部门,如人事、组织、劳资部门或者街道办事处根据掌握的真实情况出具的证明,以确定是否应当对声明书予以公证。

2. 当事人作出声明的原因是否真实、合法。

3. 声明所涉及的有关权利是否为当事人所有。

4. 当事人作出意思表示是否自愿、真实,意思表示的内容是否合法,是否存在侵害他人合法权益或者违反社会公共利益的情形等。

经过审查,对于符合法定条件的声明书,公证机构依法出具公证书予以证明。

■ 三、办理声明公证应当注意的事项

公证人员在办理声明公证时,主要应当注意几个方面的问题:

1. 申请办理公证必须由当事人亲自进行,不得委托他人代理。因为声明属于与当事人的人身有密切联系的事项,由其他人代理不容易查明声明人意思表示的真实性。

2. 办理声明公证时,不需要对声明的意思表示的真实性进行实质审查,但必须对声明人的意思表示行为的真实性负责,以确保声明人意思表示行为的真实性。

3. 应当告知当事人作出声明所产生的法律后果,声明书的内容一般可以由当事人根据不同情况草拟,但是必须包括类似"我保证以上所述均为事实。如有虚假,由我本人承担一切法律责任。"的意思表示,并由当事人在公证人员面前签名、盖章。已经签名、盖章的,应当要求当事人进行确认。

第三节 赠与公证

■ 一、赠与公证的概念和作用

赠与,是赠与人将自己的财产无偿给予受赠人,受赠人表示接受该赠与的行为。赠与的财产既可以是动产和不动产,也可以是某些特定的权利,如土地使用权等。赠与主要具有以下几个法律特征:(1)赠与是赠与人的单方法律行为,具有单务性;(2)赠与是赠与人自愿将自己的财产无偿给予受赠人所有的法律行为,具有无偿性;(3)赠与是赠与人与受赠人协商一致即可成立的法律行为,具有诺成性。

赠与公证,是指国家公证机构根据当事人的申请,依法对赠与人与受赠人之间签订的赠与合同的真实性与合法性予以证明的活动。赠与公证也是一种常见的公证事项。在实践中,由于时间和地域的限制,赠与人和受赠人难于就赠与事项共同签订合同时,公证机构往往以对具有法律意义文书进行公证的方式予以办理,即对赠与人提供的赠与书和受

赠人提交的受赠书予以公证证明①。办理赠与公证,对于发扬社会友爱和互助精神,及时稳定财产关系,维护双方当事人的合法权益和预防纠纷的发生等都具有重要的作用。

■ 二、办理赠与公证的程序

公证机构办理赠与公证,应当遵循以下程序:

(一)当事人向公证机构提出申请

申请办理赠与公证的当事人,应当向执业区域内的公证机构提出申请(赠与不动产的,当事人也可以向不动产所在地的公证机构提出申请),填写公证申请表,并提交以下证件、文件与材料:

1. 自然人申请时提交身份证明,法人申请时提交资格证明及其法定代表人的身份证明,其他组织申请时提交资格证明及其负责人的身份证明。

2. 赠与书文本。

3. 赠与财产的具体情况及有关权利证明,如财产名称、位置、财产权利证明等。赠与财产较多的,还应当提供财产清单。赠与物为共有财产的,应提供共有人同意将财产赠与他人的书面意见;赠与物为集体所有的,应提交该集体组织成员同意赠与的书面意见;赠与物为国有财产的,应提交政府主管部门批准赠与的文件。

4. 受赠人的身份证明。

5. 公证机构认为应当提交的其他材料。

(二)公证机构审查当事人的申请并依法出具公证书

受理当事人的申请后,公证人员审查的重点主要包括以下几个方面:

1. 赠与人的主体资格和行为能力。赠与是一种对财产进行处分的行为,这就要求自然人作为赠与人必须是完全民事行为能力人,无民事行为能力或者限制民事行为能力的自然人不得作为赠与人;法人或者其他组织作为赠与人时,不得违反法人或者其他组织的章程或者发起人协议等。

2. 赠与人的赠与和受赠人接受赠与是否是当事人真实的意思表示。如果受赠人是无民事行为能力人或者限制民事行为能力人的,在询问其是否接受赠与时,要求其法定代理人在场。

3. 赠与财产的权利状况,即赠与人是否对该项赠与财产享有所有权或者处分权。赠与财产应当产权清楚、无争议、无抵押、留置、担保等情况。赠与财产不能是依照法律规定不得处分的财产或者权利,如土地所有权等。

4. 赠与书的条款是否明确、完备,内容是否合法,是否存在假借赠与规避法律义务或者约定义务的情况,如假借赠与房屋以规避纳税等。

经过审查,对符合法定条件的赠与行为,公证机构依法出具公证书予以证明。

---

① 陈光中、李春霖主编:《公证与律师制度》,北京大学出版社 2006 年版,第 130 页。

三、办理赠与公证应当注意的问题

公证人员在审查当事人的赠与行为时,要准确把握赠与的两个特点:一是赠与的无偿性。主要表现在受赠人并不因为接受赠与而有对待的给付义务,如果受赠人虽也有给付义务,但其给付是非对待给付,只是某种负担,并不影响赠与行为的性质。二是赠与的诺成性。主要表现为赠与行为因为当事人之间的协议而成立,并依法生效。如果当事人在不动产(如房屋)赠与中没有办理登记或者过户手续,并不影响赠与行为的成立、生效,只是不产生不动产所有权变动的结果。此时,公证员应当提示当事人及时办理登记或过户手续,以免日后发生纠纷,损害当事人的合法权益。另外,根据《公证程序规则》第 11 条的规定,赠与公证属于与自然人人身有密切关系的公证事项,应当由当事人亲自申办。赠与标的物为共同财产或者夫妻共有财产的,应当由共有人共同办理。

第四节 继承公证

一、继承公证的概念和作用

继承,是指自然人死亡或者被宣告死亡后所遗留的个人合法财产,依照死者生前所立遗嘱的指定或者根据法律的规定,转归有权取得该项财产的人所有的法律制度。其中,死后遗留财产的人是被继承人,按照死者生前所立遗嘱的指定或者根据法律的规定取得财产的人是继承人。继承是基于一定的条件而发生的,一般具有继承主体的专属性、继承客体的合法性和继承引起财产所有权的转移三个法律特征。继承制度对于保护自然人私有财产的有序承继,促进赡养老人和抚育子女优良传统的发扬和培育互助互让、团结和睦的社会主义道德观念都具有重要的作用。

继承公证,是指公证机构根据当事人的申请,依法证明继承人继承被继承人遗留的个人合法财产权利的真实性、合法性的活动。继承公证主要包括法定继承公证和遗嘱继承公证。公证机构依法办理继承公证,对于保护公民个人财产的所有权、稳定社会秩序、预防和减少纠纷、巩固家庭的和睦和团结都具有重要的意义。

二、办理继承公证的程序

公证机构办理继承公证,应当遵循以下程序:

(一)当事人向公证机构提出申请

申请办理继承公证的当事人,应当向执业区域内的公证机构提出申请,填写公证申请表,并提交相应的证件、文件与材料。

1. 法定继承公证申请人应当提交以下材料:

(1)申请人的身份证明及其复印件(如居民身份证、户口簿);代理人代为申请的,委托代理人需提供授权委托书、身份证明及复印件,委托书应当经当地公证机构公证;监护人代办的,应当提供监护人的证明材料和本人的身份证件。

(2)申请人所在单位人事部门介绍信,说明公证的目的,继承人与被继承人的关系以及有关继承人的家庭情况。

(3)被继承人的死亡证明,法定继承人中已死亡的要提供死亡证明,宣告死亡的应提供人民法院宣告死亡的判决书。

(4)被继承遗产的清单和相关产权证明。

(5)被继承人的婚姻、父母、子女情况证明。

(6)法定继承人的亲属关系证明。

(7)继承人放弃继承权的,应到公证处发表放弃声明,在外地发表的放弃继承权声明书还应当经当地公证机构公证。

2. 遗嘱继承公证申请人除提交前款的 1 至 5 项的证件及材料外,还应当提供被继承人生前所立的有效遗嘱原件,有遗嘱执行人的,并提供执行人的身份证件及复印件。

(二)公证机构审查当事人的申请并依法出具公证书

公证机构受理当事人的申请后,应当重点审查以下内容:

1. 审查被继承人死亡的时间、地点、死因及所遗留的财产的范围、种类和数量、被继承人生前是否立有遗嘱或者签订有遗赠抚养协议等。如果被继承人生前负有债务、税款的,一般应当先用被继承人的财产清偿债权,缴付税款,余下的财产再由继承人继承。

2. 审查继承人的范围、人数、资格、有无代位继承人或者转继承人、是否遗漏了合法继承人等。此时应当注意的是,继承人是否有丧失继承权的法定情形,如故意杀害继承人、为争夺遗产而杀害其他继承人等。审查的目的主要是为了避免因损害其他合法继承人的权利和存在潜在纠纷的情形,而影响公证文书的效力。

3. 审查当事人接受或者放弃继承的意思表示是否真实。

经过审查,对符合法定条件的继承,公证机构即可依法出具公证书予以证明。

三、办理涉外继承公证

涉外继承主要包括中国公民继承在中华人民共和国境外的遗产,或者继承在中华人民共和国境内的外国人的遗产;外国人继承在中华人民共和国境内的遗产,或者继承在中华人民共和国境外的中国公民的遗产。涉外继承公证,是指公证处根据当事人的申请,依法证明申请人在具有涉外因素的继承中具有继承被继承人遗产权利的真实性、合法性的活动。涉外继承公证应当由司法部批准的办理涉外公证业务的公证机构和公证员办理。

办理涉外继承公证,申请人为法定继承人的,应当提交以下材料:申请人的身份证明(居民身份证、护照、通行证)及复印件、户口本及复印件;申请人所在单位人事(劳资、组织)部门或者其人事档案管理部门出具的申请人与被继承人及其他继承人之间的亲属关系证明信函;被继承人的死亡证明;被继承遗产的清单和产权证明;被继承人的婚姻状况、父母、子女情况证明及有关亲属的亲属关系证明;法定继承人中已死亡的,应提交死亡证明及其婚姻状况、子女情况证明。如不能亲自向公证处提出申请,需要委托他人代理的,则应提供委托授权书和代理人身份证明及其复印件。

申请人为遗嘱继承人的,除提交法定继承人应当提供的1至5项证件及材料外,还应当提供被继承人生前所立的有效遗嘱。如该遗嘱为被继承人在域外所立,则该遗嘱还必须经立遗嘱地的公证机构公证,并经我国驻外使领馆认证;有遗嘱执行人的,应提交执行人的身份证件及复印件。如不能亲自向公证处提出申请,需要委托他人代理的,则应提供委托授权书和代理人身份证明及其复印件。

我国公证机构为当事人办理继承在国外或者港澳地区遗产的证明文书,一般还需要经过我国外交部领事司和有关国家驻华使馆办理认证手续。此外,居住在我国领域以外的当事人向我国公证机构申办涉外继承公证手续的,可以委托其国内的亲友代办,但提交的委托书必须经过当事人所在国的公证机构公证并经我国驻外使领馆办理认证手续,才能有效。具体涉外继承公证时,如果申请继承公证的当事人是港、澳、台同胞,经审查符合我国法律有关规定的,应当为其办理,依法保护其合法继承权。对于被继承人在国外留有遗产而且继承人人数较多,分散居住在国内外各地,其中有的继承人下落不明或者国外地址不详时,公证机构在为我国境内的当事人出具继承公证书时,应当写明全部的遗产继承人,避免影响其他合法继承人的正当权利的实现。公证机构在办理涉外继承公证时还应当加强与有关部门的联系,确保公证文书的真实性和质量。此外,由于各国法律对于继承的规定不同,对我国公证书的要求也不同,因此,在不违反我国法律的前提下,公证机构出具公证书时可以以适用为原则,适当考虑当事人的要求。

此外,需要注意的是,根据《公证程序规则》第53条的规定:公证机构办理遗嘱公证,应当由二人共同办理。承办公证员应当全程亲自办理,并对遗嘱人订立遗嘱的过程录音录像。特殊情况下只能由一名公证员办理时,应当请一名见证人在场,见证人应当在询问笔录上签名或者盖章。公证机构办理遗嘱公证,应当查询全国公证管理系统。出具公证书的,应当于出具当日录入办理信息。

第五节　婚前财产约定协议公证

一、婚前财产协议的概念和作用

婚前财产约定协议,是指未婚或者已婚双方就夫妻关系存续期间实行何种财产制度,以及有关婚前各自所有财产的分配方法、原则所达成的协议。婚前财产约定协议分为两种:一种是未婚男女双方在结婚登记前达成的协议;一种是夫妻双方在婚姻关系存续期间就婚前财产达成的协议。尽管婚前财产约定协议与当事人的身份具有一定的联系,但是它仍然是对双方当事人财产的约定,本质上属于民事财产契约的范畴。它与夫妻财产约定协议的主要区别在于,后者在内容上还包括有关夫妻债务的约定。婚前财产约定协议一般只对作出约定的双方当事人具有约束力,要使协议产生对外效力,还需要依法办理公证手续。

婚前财产约定公证,是指公证机构根据当事人的申请,依法对未婚或者已婚双方就夫妻关系存续期间实行何种财产制度以及各自婚前财产的范围及权利归属问题所达成的协议的真实性、合法性给予证明的活动。它是随着社会的发展,人们的财产日益增多,财产关系日趋复杂,人们价值观念和婚姻家庭观念的发生变化以及法律意识的普遍提高,才逐渐被人们认识和接受的。办理婚前财产公证,可以使婚前财产的权属更加明确,是解决婚前财产纠纷的可靠法律依据,对于稳定婚后关系,保护夫妻双方的合法权益,促进社会的安定团结,具有十分积极的意义。同时,作为一种非诉讼活动,它还具有预防纠纷、节约诉讼成本和社会成本的作用。

二、办理婚前财产约定协议公证的程序

公证机构办理婚前财产约定协议公证,应当遵循以下程序:

(一)当事人向公证机构提出申请

当事人申请办理婚前财产约定协议公证,应当亲自向执业区域内的公证机构提出申请,填写公证申请表,并提交相应的证明材料。当事人应当提交的证明材料主要包括:申请人的身份证明;已婚者还须提交结婚证书,未婚的提供未婚证明;协议书草稿,当事人书写有困难的,公证人员可代写;财产清单和有关的财产证明;公证员认为应提交的其他材料。其中,婚前财产约定协议应包括以下内容:当事人的姓名、性别、职业、住址等基本情况;现有婚前财产的名称、数量、规格、种类、价值、状况等;现有婚前财产的归属及今后夫妻关系存续期间所得财产的归属;夫妻关系存续期间财产的使用、维修、处分的原则;其他约定,如共同债务如何清偿,财产的孳息归属等。

(二)公证机构审查当事人的申请并依法出具公证书

公证机构受理当事人的申请后,公证人员应当重点审查以下几个问题:

1. 当事人的主体资格和行为能力。婚前财产公证必须是当事人双方亲自到公证机构申请办理,不能代理。而且,审查当事人的身份证明,是确定当事人是否对公证事项有利害关系的基础环节。

2. 当事人婚前财产是否属于当事人所有。除当事人需出示财产所有权证明外,公证员还应深入调查,核准所有权,防止因所有权发生变化而引起侵权行为的发生。通常,共有财产,必须先与共有人分割;婚后申办婚前财产约定协议公证,不能涉及婚后双方取得的财产,要防止当事人借公证协议来规避债务承担。

3. 审查当事人的意思表示是否真实、自愿、合法。对于合同内容不合法,或者当事人受到胁迫、欺诈的,公证机构不予办理公证。另外,协议书的签名、盖章和日期一般是在公证员对协议进行审查和修改后,由当事人在公证员面前签署,当事人在公证员审查前签署的,还要审查协议书上的签名、盖章是否真实。当事人也可以进行当面确认。

经过审查,当事人的公证申请符合法定条件的,公证机构依法出具公证书予以证明。

三、办理婚前财产约定协议公证应当注意的问题

公证机构办理婚前财产约定协议公证时,应当注意以下几个问题:

1. 公证人员应当对双方当事人的约定事项提供相应的法律上的建议和咨询,使双方

当事人能在明确其财产约定的法律后果后,作出自己合理的选择。

2. 对于当事人意思表示不真实、不自愿或者存在其他违法情形,如恶意规避法律、协议内容可能损害第三人利益等,应当拒绝公证。

3. 公证人员应当提醒当事人充分注意无形财产的价值是处于不断变化中,当事人应对无形财产作出有预见性、合理的、明确的约定。这不仅是平衡双方利益避免不公平情况出现的需要,也是提高公证人员专业化法律服务能力的必然要求。

第六节　财产分割协议公证

一、财产分割协议公证的概念和作用

财产分割,是指财产共有人分配共有财产的法律行为。它是财产共有人处分共有财产的民事法律行为。常见的财产分割有:家庭共有财产分割、夫妻共有财产分割、合伙财产分割、共同继承或者受益的财产分割等。财产分割是财产共有人处分财产的民事法律行为。财产分割的形式一般为共有人达成的分割协议。所谓财产分割协议,是指财产共有人之间经过共同协商,就分配共有财产事项所达成的协议。它是财产共有人对其共有财产的分割问题经过协商达成一致的意见。

财产分割协议公证,是指公证机构根据当事人的申请,依照法定程序对当事人之间分割共有财产行为的真实性、合法性予以证明的活动。办理财产分割协议公证,是通过公证机构的介入,对权利人之间分割共有财产的协议在效力上的一种强化。它的作用在于通过对公证事项的确认和证明,有效地维护各方当事人的合法权益,预防和减少纠纷。

二、办理财产分割协议公证的程序

公证机构办理财产分割协议公证,应当遵循以下程序:

(一)当事人向公证机构提出申请

当事人申请办理财产分割协议公证,应当向执业区域内的公证机构提出申请,填写公证申请表,并提交相应的证明材料。其中,分割动产的,应当向当事人住所地、分割行为发生地的公证机构提出申请;分割不动产的,应当向不动产所在地公证机构提出申请。当事人应当提交的证明材料主要包括:当事人的身份证明(户口簿、身份证等);需要分割的共有财产的产权凭证;财产分割协议;其他有关材料,如分割财产的清单等。财产分割协议一般应当包括协议各方的基本情况、被分割财产的基本情况、财产共有形式、具体的分割意见等条款。

(二)公证机构审查当事人的申请并依法出具公证书

公证机构受理当事人的公证申请后,公证人员主要应当审查以下几个问题:

1. 重点审查申请人是否是共有财产的权利人、协议是否由所有共有人共同签订。申请人与财产没有利害关系的,不予公证。共有人下落不明的,应为下落不明的共有人保留

其应当分割的份额;部分共有人死亡的,应由其继承人或遗产受益人参与分割;遗漏其他共有人的,如果该共有人并未声明放弃权利的,应当要求当事人提供该共有人同意财产分割协议的证明材料。

2. 审查协议中共有财产的范围、种类、名称、数量、质量、共有形式、价值和存在处所,有无共同的债务等。分割财产数量、种类较多的,可用财产分割清单详细列明各人分得的财产。

3. 审查协议各方当事人的意思表示是否真实、合法,当事人的签名、印鉴是否真实。必要时,可以由公证人员当面询问当事人对财产分割协议的意见并记入笔录,或者由各方当事人亲自在公证人员面前签名、盖章。

经过审查,对于符合法律规定的财产分割协议,公证机构依法出具公证书予以证明。

三、办理财产分割协议公证应当注意的事项

公证人员在办理财产分割协议公证的过程中应当注意几个问题:

1. 注意区分所分割的财产是按份共有还是共同共有。分割按份共有的财产的,由财产共有人按财产共有时已经确定的份额进行分割;分割共同共有的财产的,由财产共有人平等均分。对于不宜分割的财产或分割有损其价值的财产,应当采取折价或者适当补偿的办法处理。公证人员还应当告知共有人,如果共有人出卖自己分得的财产时,而出卖的财产与其他共有人分得的财产属于一个整体或配套使用的,其他原共有人有优先购买的权利。

2. 在遵循第一个方面规则的前提下,财产分割协议也要考虑共有人对财产的贡献大小,适当照顾共有人生产、生活的需要。

3. 共有财产上负担有债务的,公证人员应告知当事人先行处理与共有财产有关的债务,或者在财产分割协议中明确各共有人承担债务的份额及偿还方式,再向公证机构申请财产分割协议的公证。

第七节　遗赠扶养协议公证

一、遗赠扶养协议公证的概念和作用

遗赠扶养协议,是指遗赠人与扶养人之间订立的关于扶养人承担对遗赠人的赡养义务、遗赠人将其财产在死后赠与扶养人所有的协议。遗赠扶养协议是双方当事人协商一致的结果,具有双务、有偿和适用上的优越性等法律特征。另外,由于遗赠扶养协议涉及扶养人与遗赠人的重大利益,而且存续时间较长,通常应当采取书面形式来确定双方的权利义务。

遗赠扶养协议公证,是指公证机构根据当事人的申请,依法证明遗赠人与扶养人之间签订协议行为的真实性、合法性的活动。由于遗赠扶养协议涉及人身关系,事关公民的意

愿和切身利益,因此,办理遗赠扶养协议公证有利于从法律上完善协议内容,增强协议的法律约束力,促进协议的适当履行[①],保护当事人的合法权益,鼓励当事人发扬互助精神,减少纠纷和促进社会的安定团结。

二、办理遗赠扶养协议公证的程序

公证机构办理遗赠扶养协议公证,应当遵循以下程序:

（一）当事人向公证机构提出申请

申请办理遗赠扶养协议公证,当事人双方应当亲自向执业区域内的公证机构提出申请（遗赠人因年老、疾病等原因不能亲自到公证处的,公证员可到其住所办理）,填写公证申请表,并提交相应的证明材料。当事人应当提交的证明材料主要包括:

1. 当事人（包括遗赠人和扶养人）的身份证明,如身份证、户口簿等。扶养人是集体所有制组织的,应当提交法人资格证明或者其他主体资格证明、法定代表人或者组织负责人的身份证明。

2. 遗赠人所在单位人事部门出具的其家庭成员情况证明及与扶养人相互关系的证明。遗赠人无工作单位的,以上证明可由其住所地居民委员会、村民委员会或者乡镇人民政府出具。

3. 扶养人所在单位人事部门出具的扶养人家庭成员、经济状况的证明及与遗赠人相互关系的证明。扶养人无工作单位的,以上证明由其住所地居民委员会、村民委员会或者乡镇人民政府出具。

4. 遗赠财产的所有权凭证（如房屋产权证、存款单据、有价证券等）及财产清单。

5. 遗赠扶养协议书。

（二）公证机构审查当事人的申请并依法出具公证书

公证机构受理当事人的申请后,公证人员主要应当审查以下几个问题:

1. 审查双方当事人的主体资格和民事行为能力。遗赠人应当有处分其财产的权利和行为能力,扶养人必须是完全行为能力人。这主要是因为扶养人除接受遗赠的财产外,还需要有承担对被扶养人的扶养义务的能力。而且,扶养人应当是遗赠人的法定继承人以外的公民或集体组织。如果扶养人是被扶养人的晚辈直系血亲,则产生法定的赡养义务,不符合签订遗赠扶养协议的主体要求。扶养人已婚或有成年子女与之共同生活的,要征求其配偶及成年子女的意见,并应与其配偶共同为一方,与遗赠人签订协议。

2. 审查遗赠人处分的财产是否为个人所有,有无债务。以确保扶养人的权利能够最终实现。遗赠的财产上负担有债务的,应当询问扶养人是否已经了解、是否愿意接受。

3. 审查当事人的意思表示是否自愿、真实、合法,协议条款是否完备,双方的权利义务是否明确。遗赠扶养协议中涉及扶养具体内容的条款必须明确,扶养人是单位或者其他组织的,要明确到具体责任人,协议中更不得有侵害被扶养人合法权益的内容。另外,

---

① 邓建民主编:《律师法学与公证法学》,四川大学出版社 2004 年版,第 330 页。

当事人也不得有故意规避法律的行为,如恶意逃避债务、未经其他共有人同意擅自处分共有财产等。

经过审查,对于符合法律规定的遗赠扶养协议,公证机构依法出具公证书予以证明。

三、办理遗赠扶养协议公证应当注意的事项

公证人员办理遗赠扶养协议公证,主要应当注意以下两个问题:

1. 公证人员应当告知遗赠人,对协议中确定于遗赠人死后给予扶养人的财产,在其生前有占有、使用、收益的权利,但不得擅自处分。扶养人不得干涉遗赠人正常行使对财产进行占有、使用、收益的权利。

2. 为切实保护遗赠人的利益,公证人员可以建议遗赠扶养协议中增加担保条款或者设定监督人。此时,应当确认担保人或者监督人的意思表示是否真实,同时还应审查担保人或者监督人的相关情况,以确保其能够履行担保或者监督职责。

 具有法律意义事实的公证

第一节　具有法律意义事实公证概述

　　法律事实,是指依照法律规范的规定能够引起法律关系的产生、变更或消灭的客观情况。法律事实主要具有以下几个特征:(1)法律事实确认的根据是法律规范。法律事实是一种客观情况,但并非所有的客观情况都是法律事实,只有依据法律规范的规定能够引起法律关系产生、变更或消灭的客观情况,才是法律事实。(2)法律事实是引起法律关系产生变更或消灭的原因。法律事实虽然是法律规范调整的结果,但任何具体的法律关系的产生、变更或消灭,都是以法律事实的存在作为客观依据的,法律关系是法律规范的规定和实际发生的法律事实的共同结果。根据客观事实与人的意志是否有关,法律事实可分为行为和事件。我们这里所讲的有法律意义的事实,主要是指法律行为之外的法律事件,其是与人的意志无关,但能够引起一定法律后果的客观情况,如一些非争议性的权利和事实。

　　具有法律意义事实的公证,是指公证机构依照法律的规定,证明各种与当事人有法律上利害关系的事实和情况的真实性、合法性的活动。具有法律意义事实的公证可以分为公证证明法律事件和公证证明非争议性的权利与事实。立法和司法实践中,具有法律意义事实的公证主要包括亲属关系公证、婚姻状况公证、收养关系公证、出生公证、死亡公证、经历公证、有无犯罪记录公证等。当事人申办具有法律意义的事实公证的目的,主要是为了取得相对方(如使用单位)的信任,有效保护自己的合法权益,或是为了确定当事人之间的关系,防止以后发生争议。

第二节　亲属关系公证

一、亲属关系公证的概念和作用

　　亲属关系,是指基于婚姻、血缘和收养而产生的人与人之间的社会关系。通常认为,亲属关系只存在于自然人之间,并与特定的身份权利密切相关,是一定范围内的亲属之间具有的权利义务关系。亲属关系以婚姻、血缘、收养为基本纽带,表明当事人相互之间固定的身份关系和称谓关系。根据亲属关系产生的原因不同,亲属关系可以分为血亲关系、

姻亲关系和由收养行为而产生的拟制血亲关系三种。与其他社会关系相比，亲属关系主要具有人身非财产性、绝对性和固有性等特点。

亲属关系公证，是指公证机构根据当事人的申请，依照法定程序证明当事人之间因婚姻、血缘、抚养而产生的具有法律上的权利义务关系的真实性、合法性的活动。亲属关系公证的用途十分广泛。目前，亲属关系公证书主要用于涉外领域，如申请到国外定居、探亲、领取劳工伤亡赔偿金、继承域外财产、申请外汇等。因此，办理亲属关系公证对于确定自然人之间的身份关系以及与此相关的财产关系，保障当事人权益的实现，保护我国公民、华侨、归侨及其侨眷在域外的正当权利与合法权益都具有重要的意义。

■ 二、办理亲属关系公证的程序

公证机构办理亲属关系公证，应当遵循以下程序：

（一）当事人向公证机构提出申请

当事人申请办理亲属关系公证，应当向执业区域内的公证机构提出申请，填写公证申请表，并提交相应的证明材料。当事人应当提交的证明材料主要包括：申请人的身份证明；申请人所在单位人事部门根据档案记载出具的证明；申请人与被申请人之间存在亲属关系的主要依据和证明材料等。其中，申请人的身份和相应亲属关系的证明材料，主要包括申请人提供的有效身份证、户口簿、结婚证书、人事档案记载或者由原籍地、出生地基层组织或者所在单位出具的证明。

（二）公证机构审查当事人的申请并依法出具公证书

公证机构受理当事人的公证申请后，公证人员首先应当重点审查申请人与关系人之间的真实关系。亲属关系的确定主要考察申请人所在单位人事部门出具的亲属关系证明，申请人没有工作单位的，应当要求申请人提供其住所地居民委员会、村民委员会或者基层人民政府出具的亲属关系证明。同时，为了确保公证文书的内容真实、准确，公证员可以到有关单位或者申请人所在地的基层组织调查核实情况，也可以请求有关单位和组织的协助，询问相关知情人员。必要时，可以直接向档案管理机关查阅有关档案材料。其次，审查当事人提供的其他证明材料的真实性、合法性和有效性。在确认申请人与关系人之间的亲属关系属实，申请人提供的其他证明材料的真实、合法后，公证机构即可依法出具亲属关系公证书。

■ 三、办理亲属关系公证应当注意的事项

公证机构办理亲属关系公证，公证人员主要应当注意以下两个问题：

1. 了解申请人办理公证书的目的。如果申请人办理公证为了域外使用，还要考虑相关国家对于亲属关系公证有无特殊规定和要求，按照实际情况并适当考虑使用国的具体要求制作公证书。此时，既要防止有些当事人利用虚假的亲属关系达到出国或者其他目的，也要考虑如何更好保护我国公民的域外利益和公证书在域外的使用效果。

2. 准确使用亲属关系的称谓。公证书中关于亲属关系之间的称谓，应当按照我国法律规定或者传统使用的统一称谓。另外，考虑到有些国家对非婚生子女的权利义务在法

律上与婚生子女有不同的规定,公证机构制作的亲属关系公证书一般不宜使用"婚前"或者"非婚"生子女用语。

第三节 婚姻状况公证

一、婚姻状况公证的概念和作用

一般认为,婚姻是指男女双方以共同生活为目的的结合。婚姻是人类两性结合的社会形式,而要想得到法律的承认和保护,还必须要符合法律规定的条件和程序。通常所说的婚姻状况,就是指与自然人的婚姻有关的基本情况,包括结婚、未婚、离婚、丧偶及未再婚等。

婚姻状况公证,是指公证机构根据当事人的申请,依法对当事人现时未婚、结婚、离婚、丧偶等婚姻状况的法律事实的真实性、合法性予以证明的活动。婚姻状况公证与当事人身份、财产上的权利义务关系密切,在民事公证中占有重要地位。目前,婚姻状况公证主要用于出国探亲、定居、办理结婚登记手续和取得各种财产权益等。实践中,当事人申请办理婚姻状况公证,应当根据婚姻状况的不同情况向公证机构提出申请。鉴于办理婚姻状况公证的程序基本相同,以下主要介绍办理结婚公证的具体程序和应注意的事项。

二、办理婚姻状况公证的程序

公证机构办理婚姻状况公证,应当遵循以下程序:

(一)当事人向公证机构提出申请

当事人申请办理婚姻状况公证,应当向执业区域内的公证机构提出申请,填写公证申请表,并根据具体情况提交相关证明材料。

1. 当事人申请办理结婚公证的,主要向公证机构提交双方的身份证明、结婚证书、申请人人事档案管理部门出具的证明及公证人员认为应当提交的其他证明材料。其中,对于申请人证明身份的材料,申请人在本地区有户籍的,应当提交居民身份证、户口簿;已注销户口的,可以提交原居住地公安机关或者派出所出具的户籍记载情况的证明。申请人所在单位或相关的人事档案管理部门出具的证明信,内容应当包括:夫妻双方的姓名、性别、出生年月日、结婚时间、地点、方式等。对于申请人结婚证原件丢失的,可以提供原婚姻登记机关出具的夫妻关系证明书。

2. 当事人申请办理未婚公证只需要提交申请人的身份证明、户口本。当事人申请办理离婚后未再婚公证时,还应当提供离婚证书、人民法院准予离婚的判决书、调解书等材料;办理丧偶后未再婚公证的,当事人还应当提供原结婚证、派出所、医院出具的配偶死亡证明,宣告死亡的,还应当要求申请人提供人民法院的判决书。

(二)公证机构审查当事人的申请并依法出具公证书

公证机构受理当事人的申请后,公证人员主要应当审查以下问题:

1. 对于申办结婚公证的材料,主要审查当事人的主体资格、行为能力以及有无法律规定禁止结婚的情况,如当事人双方是否达到法定年龄、有无直系血亲和三代以内旁系血亲关系等。同时,由于结婚公证书常用于涉外领域,办理时可以允许代为申请。代理人代为申请的,应当提供授权委托书或者其他有代理资格的证明,并提供代理人的身份证件。

2. 对申办离婚公证的材料,主要审查当事人的主体资格、行为能力以及证明离婚的证明材料、证件的真实性和有效性等。对于一审判决书准予离婚的,要审查一审判决是否已经生效,必要时可让当事人提交一审法院出具的该判决书已生效的证明。

3. 对于申办未婚公证的材料,要注意两点:一是要审查申请人的主体资格和行为能力。对申请人已经达到法定结婚年龄但并未结婚的事实可以予以确认,凡是未达到法定结婚年龄的当事人申请公证,公证机构应当不予办理。二是通过户口簿的记载,并向婚姻登记管理机关查证申请人的婚姻状况后,再确认申请人的婚姻状况。

4. 对于申办丧偶公证的材料,主要审查申请人提供的证明其配偶已经死亡的材料是否真实、可靠。

经审查,当事人的婚姻状况公证申请符合法定条件的,公证机构即可依法出具公证书予以证明。

三、办理婚姻状况公证应当注意的问题

办理婚姻状况公证,公证人员应当明确,申请公证证明的婚姻关系,必须是我国法律所承认的婚姻关系,包括经合法手续登记的婚姻、1950年《婚姻法》颁布前成立的事实婚姻、解放前的婚姻关系等。对于未办理结婚登记的,或者登记手续不符合要求的,告知当事人应当先行办理合法的婚姻登记。对解放前婚姻关系的公证,公证机构受理当事人的申请后,经过查证属实,可以出具《夫妻关系证明书》;无据可查但有相关知情人证明的,可以通过公证知情人的声明书予以证明。凡是当事人在域外发生的婚姻关系,我国公证机构一般不予公证。

第四节　收养关系公证

一、收养关系公证的概念和作用

收养,是指根据法定的条件和程序领养他人子女为自己子女,使原本没有直系血亲关系的当事人之间产生法律拟制的父母子女关系的民事法律行为。收养是一种常见的民事法律行为,它与公民的人身、财产权利有着密切联系。收养行为中,主要有三方面的行为主体:(1)领养他人子女为自己子女的收养人,即养父母;(2)被他人领养的人称为被收养人,也称养子女;(3)将子女或者儿童送给他人收养的父母、其他监护人或者社会福利机构,称为送养人。收养是民法中的重要制度,是亲属制度的重要组成部分。收养主要具有以下法律特征:(1)收养是一种民事法律行为,是收养关系当事人之间意思表示一致的法

律行为。(2)收养属于身份法上的行为,通常可以设立、变更亲属身份关系和民事权利义务关系,具有拟制和解除的效力。(3)收养是法律拟制血亲关系的行为,只能发生在无直接亲属关系或者非直系血亲的当事人之间,可以依法予以解除。

我国《民法典》第1105条第4款规定:收养关系当事人各方或者一方要求办理收养公证的,应当办理收养公证。所谓收养公证,是指公证机构根据当事人的申请,依照法定程序证明收养、解除收养他人子女的民事行为及有关收养的协议真实性、合法性的活动。收养公证,主要包括收养关系公证和收养关系解除公证。收养公证的目的在于:通过公证机构的公证证明,帮助当事人建立合法有效的收养关系,明确各方当事人权利义务,减少纠纷,从而有利于被收养的未成年人的成长和维护被收养人、收养人的合法权益。

二、办理收养公证的程序

(一)收养关系公证的程序

当事人申请办理收养关系公证,应当向执业区域内的公证机构提出申请,填写公证申请表,并提交以下证明材料。

1. 收养人、送养人的主体资格和基本情况证明。其中,收养人应当提交的材料包括:居民身份证件、户口簿及其复印件;要求收养子女的申请书;婚姻状况证明及其复印件;收养人本人所在单位人事部门或所在街道办事处出具的婚姻、家庭、年龄状况和有抚养教育被收养人的能力的证明;计划生育部门出具的婚姻、子女状况证明;县以上医院出具的不孕(不育)诊断证明;事实收养公证应出具收养人与被收养人共同生活多年的证明材料,如是捡拾的弃婴,应当由收养人所在单位、收养人住所地的公安机关或者基层组织出具捡拾弃婴的证明材料。收养三代以内同辈旁系血亲子女的,应提供三代以内同辈旁系血亲证明,华侨收养的提供华侨身份证明。申请人提供的证明材料中,要求收养子女申请书的内容主要包括:收养目的、有无子女、本人经济状况、有无抚养能力以及不虐待、不遗弃被收养人的保证等。对于婚姻状况证明,已婚者提交结婚证,未婚者提交未婚证明,离婚者提交离婚证明,丧偶者提交配偶死亡证明。

2. 送养人应当提交的材料包括:夫妻双方同意送养的书面意见、婚姻状况证明、户口本、居民身份证及其复印件;所在单位或街道办事处或者基层人民政府计划生育部门出具的子女情况和送养人有特殊困难无力抚养子女的证明;社会福利机构为送养人的,需提交经该单位法定代表人签名同意送养的书面文件;孤儿的监护人有监护资格的证明和同意送养的书面意见及户口本、居民身份证及其复印件。

3. 被收养人的户口证明或出生证明及其复印件。

4. 收养人、送养人双方订立的书面收养协议。

5. 公证机构认为应当提供的其他证明材料,如被收养人有配偶的,提交其配偶同意其被收养的书面意见等。

公证机构受理当事人办理收养关系公证的申请后,必须对有关申请材料进行审查。这主要是因为,收养是创建法律拟制血亲关系的民事法律行为,会引起民事法律关系的产生、变更和消灭,从而对身份关系和财产关系都会产生影响。公证机构对收养公证的审查主要包括以下几个方面：(1)收养关系当事人是否完全符合法律规定的条件，以及收养人的经济状况、健康状况、道德品质和实际抚养能力是否符合收养的需要，即收养主体是否合格。(2)双方当事人的意思表示是否真实、自愿。收养 8 周岁以上的被收养人，是否已经征得被收养人的同意。(3)收养的动机、目的和理由是否正当、合法。

经审查，对完全符合法律规定的收养关系公证申请，公证机构依法出具公证书予以证明。

(二)办理解除收养关系公证的程序

收养关系确立后，养父母与养子女之间的收养关系无法继续维持下去时，可以终止收养双方的权利义务关系，解除收养关系。收养关系是经过公证的，应当到公证处办理解除收养关系的证明。当事人申请办理收养关系公证，应当向收养人住所地的公证机构提出申请，填写公证申请表，并提交下列证明材料：

1. 双方当事人的居民身份证、户口簿及其复印件。

2. 双方收养关系成立的公证书或其他能够证明收养关系成立的证明材料。

3. 解除收养关系协议书。协议书的主要内容包括：当事人双方姓名、性别、出生日期、职业、住址等基本情况；收养关系的成立时间、经过；解除收养关系的原因；解除收养关系后住房及有关财产、生活安排等方面事宜的处理；解除收养关系的日期；双方认为应当约定的其他内容；当事人双方签字、盖章、日期。

4. 公证人员认为应当提交的其他证明材料。

公证机构受理当事人办理解除收养关系公证的申请后，必须对有关申请材料进行审查。审查的重点包括：当事人各方的身份、主体资格和行为能力是否合法；当事人各方的意思表示是否自愿、真实、一致；解除收养关系的事实和理由是否合法；解除收养关系协议的内容是否真实、合法，有无损害老年人和未成年人的合法权益的情况，是否对解除收养关系后的生活和财产作了妥善安排等。

经审查，对完全符合法律规定的解除收养关系的公证申请，公证机构依法出具公证书予以证明。

三、办理收养公证应当注意的问题

(一)办理收养关系公证应当注意的问题

办理收养关系公证应当注意以下几个问题：(1)公证员应向各方当事人说明收养关系成立后，养子女和生父母之间的权利义务关系解除，养父母和子女之间的权利义务关系形成，双方都不能遗弃和虐待。(2)申办收养关系公证的当事人必须亲自办理收养关系公证，居住在异地的当事人提供的协议书必须经当地公证机构公证。生父母尚在的，必须由生父母双方共同送养，生父母一方不明的才可以单方送养。有配偶者收养子女，须夫妻共同收养。配偶一方死亡，另一方送养未成年子女的，死亡一方的父母有优先抚养的权利。监护人送养未成年孤儿的，需征得有抚养义务人的同意。(3)公证员应当认真审查收养关系各方的真正动机和目的，坚决制止以送养子女为理由规避法律义务、违反计划生育的规定和变相买卖儿童的行为。

（二）办理收养关系解除公证应当注意的事项

办理收养关系解除公证应当注意以下几个问题：（1）收养关系解除公证必须由当事人亲自办理，不得委托他人代办。被收养人为限制民事行为能力或无民事行为能力人的，解除收养关系事项必须依法由其生父母或者合法监护人代理，被收养人年满8周岁的，必须亲自表示同意解除收养关系的意愿，并记载在卷。（2）当事人解除收养关系的动机必须正当，不得有违反法律规定或者逃避履行赡养、抚养义务，违反社会公德的情况。（3）根据《民法典》的规定，公证机关对当事人的申请不予受理的情况，如当事人在是否解除收养关系问题上发生争议，且对有关财产和生活方面事项无法达成一致意见，公证人员应当告知当事人可以通过诉讼途径解除收养关系。

第五节　出生、生存、死亡公证

一、出生公证

（一）出生公证的概念和作用

出生，是指胎儿脱离母体而成为有生命的个体的事实，包括"出"和"生"。"出"，指胎儿完全脱离母体，成为不依赖于母体而独立存在的个体；"生"，指胎儿在出生时是具有生命的活体。根据我国相关法律的规定，出生的时间以户籍为准；没有户籍证明的，以医院出具的出生证明为准。没有医院证明的，参照其他有关证明认定。但是，如果有确切的证据证明出生的时间与出生证或户籍证明记载的时间不一致的，应以该确切证据证明的时间为准。出生虽然是一个客观事实，但它对于自然人取得国籍和依据相关法律的规定获得权利的意义是不言而喻的。

出生公证，是指公证机构根据当事人的申请，依照法定程序对当事人在何时、何地出生的事实的真实性予以证明的活动。出生公证是常见的一项业务活动。通常，公证机构只对在我国国内出生的事实予以证明，但当事人在其他国家或地区出生，并且当事人在域外出生的事实在回国定居时已经记入户籍档案的，公证机构也可依据户籍档案记载为其出具公证书。办理出生公证，对于自然人确立民事主体资格、依法取得国籍、领取子女补助费、出国定居、在国外求职或者读书以及申请国外的入境签证等都具有重要的作用。

（二）办理出生公证的程序

1. 当事人向公证机构提出申请

当事人申请办理出生公证，应当向执业区域内的公证机构提出申请，并提交下列证件和材料：（1）申请人的居民身份证（护照）及其复印件。申请人委托他人代办的，代理人应提交授权委托书和本人的居民身份证复印件；（2）户口簿及其复印件或者公安派出所出具的户籍证明；（3）人事档案管理部门出具的证明其出生事实的证明。人事档案管理部门包括：申请人所在单位的人事、组织、劳资等部门；人才交流中心；申请人住所地街道办事处

或者乡镇人民政府。申请人为未成年人的,可由其父母的人事档案管理部门或者本人住所地街道办事处、乡镇人民政府或公安派出所出具证明。

2. 公证机构审查当事人的申请并依法出具公证书

公证机构受理当事人的申请后,公证人员主要应当审查以下几个问题:(1)认真审查当事人的姓名,防止冒名顶替。身份证上的姓名应当与其别名和曾用名有区分。(2)审查当事人的出生日期、出生地点是否准确、真实。出生日期一般用公历标明,出生地点要写明全称。需要注意的是,出生日期的认定一般应当参照出生时间认定的方式进行。(3)出生地点一定要具体,统一采用现时国家地域规划名称。如果出生地的行政区划或者地名已经变动,应当采用现时国家地域规划名称并对地名予以注明。

经审查,认定当事人提交的证明材料属实的,公证机构即可依法出具公证书予以证明。

二、生存公证

（一）生存公证的概念和作用

生存,是指自然人健在的法律事实。生存公证,是指公证机构根据当事人申请,依法对当事人健在的事实的真实性予以证明的活动。生存公证书主要用于当事人向原居住国或地区领取养老金、抚恤金、赔偿金或者为居住在国外的亲属减免所得税等。

（二）办理生存公证的程序

1. 当事人向公证机构提出申请

根据《公证程序规则》的规定,当事人申请办理出生公证,应当向执业区域内的公证机构提出申请,如当事人因身体健康、行动不便等原因,确实无法前往公证处申请的,可以要求公证处派员到其居所办理有关手续。当事人申办生存公证,应当填写公证申请表,并提交下列证件和材料:(1)申请人的身份证明(居民身份证、户口簿、护照等)及其复印件;已注销户口的,提交原住所地公安派出所出具的户籍记载情况的证明;(2)申请人所在单位出具的办理生存公证证明;申请人无工作单位的,由其住所地街道办事处(乡、镇人民政府)出具证明;在学校就读的,由所在学校出具证明;(3)公证机构认为应当提交的其他证明材料。

2. 公证机构审查当事人的申请并依法出具公证书

公证机构受理当事人的申请后,公证人员应当重点审查当事人是否生存的事实。公证人员应当要求当事人亲自申办,如果当事人不亲自申办公证,至少应当确保公证人员直接与当事人见面,这样才能证明当事人确实生存,不至于影响公证的公信力。经过审查,当事人提交的证明材料属实的,即可依法出具公证书予以证明。如果生存公证书使用国有特殊规定和要求的,当事人应向公证人员说明,如有些国家或地区对生存公证书的有效期和办理时间有特殊要求,公证机构可以在不违反法律法规的规定和不违背社会公德的情况下,按照有关规定的要求,定期、及时地办理公证书。

三、死亡公证

(一)死亡公证的概念和作用

死亡,是指自然人的生命终止。死亡包括自然死亡和宣告死亡。自然死亡,也称生理死亡,是自然人的生命最终结束的自然事件。宣告死亡,也称推定死亡,是指自然人下落不明超过了法律规定的时间,经利害关系人申请,由人民法院依照法定程序和方式宣告其死亡。自然死亡是一种客观现象,宣告死亡是一种法律拟制和推定,但两者在民事法律上的意义基本是相同的。

死亡公证,是指公证机构根据当事人的申请,依照程序对自然人死亡的事实的真实性予以证明的活动。自然人死亡标志着自然人民事权利能力的终止,也决定某些事件是否发生变更或消灭,如继承的开始、婚姻关系的消灭等。因此,公证证明死亡这一法律事实会引起一系列与死者有关的法律关系的变化,如果证明不当,更会造成严重后果和不良影响。死亡公证在民事活动中具有重要意义。实践中,死亡公证主要用于死者的亲属以及其他利害关系人继承遗产,申请抚恤金、保险金等。

(二)办理死亡公证的程序

1. 当事人向公证机构提出申请

在我国境内发生的死亡事实,当事人应当向执业区域内的公证机构提出申请,填写公证申请表,并提交以下证件和材料:(1)当事人的身份证明及其复印件。(2)死者单位人事、劳资或组织部门出具的证明。证明的内容包括:申办死亡公证的目的、用途;申请人与死亡人的关系;死者的姓名、性别、出生日期、生前住址、死亡日期、死亡地点及死亡原因。申请人没有单位的,可以由其住所地的基层组织出具上述证明。(3)自然死亡的,提交户籍管理部门出具的注销户口证明或者医院、公安部门出具的死亡证明书;宣告死亡的,提交人民法院的宣告死亡判决书。

2. 公证机构审查当事人的申请并依法出具公证书

公证机构受理当事人的申请后,公证人员应当重点审查当事人死亡的事实是否真实、申请人与关系人之间的真实关系以及当事人申办死亡公证的目的、用途。(1)应当重点审查死亡的事实、死亡的确切时间和死亡的原因。死亡的事实、时间和原因主要依据注销户口证明、医院、公安部门出具的死亡证明书和人民法院的宣告死亡判决书来确定。没有直接可依据的证明确定自然人已经死亡,又没有单位可以出具证明的,一般不予公证。只是死亡原因不明的,可以请法医提供鉴定,作为出证的依据。(2)申请人应当与申请事项有法律上的利害关系,如果申请人与死亡公证没有利害关系,不予出证。(3)如果当事人申办死亡公证在域外使用,或者涉及办理外籍人在中国死亡的公证时,死亡时间和地点必须明确、具体,死亡的原因必须得到确证。

经审查,申请人的死亡公证申请符合法定条件的,公证机构即可依法出具公证书予以证明。

第六节　身份、经历、学历、有无犯罪记录公证

一、身份公证

（一）身份公证的概念和作用

通常所说的身份就是指当事人的主体资格，它是一种重要的法律事实，是否具有某种身份，直接关系到当事人是否具有某种权利和能否实施某种法律行为。身份可分为一般身份和特殊身份。一般身份指公民的居民身份和社会地位、职业等；特殊身份指公民因法律的授权享有的特殊资格，如法人的法定代表人身份等。

身份公证，是指公证机构根据当事人的申请，依照法定程序证明当事人身份的真实性、合法性的活动。身份公证分为居民身份公证和法定代表人公证。对于自然人而言，当自然人需要将身份证原件在异地提交以确认身份时，将产生遗失的风险，甚至会给其日常生活带来诸多不便，尤其是在域外使用身份证，由于基础信息的缺乏，更不易确定其真伪。对于法人的法定代表人而言，由于其身份处于不断变化之中，为了防止存在越权代理、无权代理、冒充法定代表人进行欺诈的情况，给自身的合法权益造成损害（尤其是在当事人比较陌生的场合），要求提供法定代表人身份公证书也在所难免。可见，身份公证书对于当事人从事民事、经济活动时证明自己的身份情况，以确保民事活动的安全、顺利进行具有非常重要的意义。

（二）办理身份公证的一般程序

当事人申请办理身份公证，应当向公证执业区域内的公证机构提出申请，填写公证申请表，并提交以下证件和证明材料。

1. 申办自然人身份公证的，由本人亲自申请，不得委托他人代办，主要提交下列证明材料：身份证、户口簿原件；当事人所在单位根据档案记载出具的证明。

2. 申办法定代表人身份公证的，也由本人亲自申办，并提交下列证明材料：（1）法人的《营业执照》、社会团体的《社团登记证》或者上级主管单位出具的法人资格的证明；（2）申请人的居民身份证或户口簿、工作证；（3）法定代表人任命书或聘任书。如果属于承包企业或承租企业，须提交被确定为企业经营者的中标书或者证明文件；属于职工代表大会选举的厂长，还应提交职工代表大会的意见书；（4）公证人员认为应当提交的其他材料，如申请人的照片等。

公证机构受理当事人的申请后，申办自然人身份公证的，公证人员应当重点审查自然人身份证件是否真实，是否在有效期内。申办法定代表人身份公证的，公证人员应当重点审查以下三个方面：（1）法定代表人身份证件是否真实、齐全，是否具有依法取得的资格。（2）法定代表人所在的单位是否依法成立，并具有法人资格。（3）法定代表人是否在任职期限内。

对上述应当提交的证明和材料，公证人员认为有异议的，有权调查核实；确认真实、合

法的,公证机构依法出具公证书予以证明。

二、经历公证

（一）经历公证的概念和作用

经历公证,是指公证机构根据当事人的申请,依法对当事人在某段时间内,在某地、某单位从事某种工作的事实的真实性予以证明的活动。通常,工作经历公证只证明申请人的工作经历,不证明党内职务经历,也不证明在域外发生的经历。工作经历公证的作用主要是方便当事人办理入境签证手续、在国（境）外谋取职业、提供劳务和技术服务等。

（二）办理经历公证的程序

1. 当事人向公证机构提出申请

当事人申请办理经历公证,应当向执业区域内的公证机构提出申请,填写公证申请表,并提交相应的证明材料。当事人应当提交的证明材料主要包括:

（1）当事人的居民身份证（或护照）及其复印件、户口簿及其复印件或公安派出所出具的户籍证明;委托他人代办的,代办人还应当提供申请人的委托书及代办人的身份证及复印件。

（2）当事人的人事档案管理部门（所在单位的人事、劳资、组织部门;人才交流中心;所在地街道办事处;乡、镇人民政府）出具的当事人工作经历的证明。如果所要证明的经历过于详细具体,档案管理部门又了解具体情况的,还应当由当事人原工作单位出具证明。证明应当写明单位名称、当事人工作的起止时间、从事何种工作、担任什么职务等。

（3）当事人需要证明其专业技术职务或技术等级职称的,应当提交有关部门颁发的有效的专业技术职务证书或技术等级证书。

（4）当事人如果需要证明其企业、事业单位法定代表人身份的,应当提供有效的资格证明。

（5）当事人如果需要对其兼职的工作经历进行证明,应当提供兼职单位出具的相关证明;需要证明在不同单位的多段工作经历,应由其工作过的单位分别出具证明。

（6）公证人员认为应当提供的其他材料,如申请人的照片等。

2. 公证机构审查当事人的申请并依法出具公证书

公证机构受理当事人的申请后,公证人员应当审查申请人的身份证件是否真实;法定代表人身份证明是否真实;专业技术职务证书或者技术等级证书是否真实,并且在有效期内;经历时间是否能够前后衔接无间断;其他证明材料是否真实、齐全等。必要时,公证人员可以通过查阅本人档案材料等方式调查核实。

经审查,当事人的经历公证申请符合法定条件的,公证机构即可依法出具公证书予以证明。

三、学历公证

（一）学历公证的概念和作用

学历,本来是指人们在教育机构中接受教育的学习经历。但通常所讲的学历,是指一

个人最后,也是最高层次的学习经历。它通常以经教育行政部门批准,实施学历教育、有国家认可的文凭颁发权力的学校及其他教育机构所颁发的学历证书为标志。

学历公证,是指公证机构根据当事人的申请,依法对当事人的学习经历或者当事人所持有的毕业证书、肄业证书、学位证书及学习成绩单等证件的真实性、合法性予以证明的活动。实践中,学历公证主要用于当事人到国外或者有关地区求学、进修、谋职或者提供劳务和技术服务等。

(二)办理学历公证的程序

1. 当事人向公证机构提出申请

当事人申请办理学历公证,应当向公证执业区域内的公证机构提出申请,填写公证申请表,并提交相应的证明材料。当事人应当提交的证明材料主要包括:(1)当事人的居民身份证(护照)及其复印件;户口簿及其复印件或者公安派出所出具的户籍证明。委托他人代办的,代理人应当提交授权委托书和本人的居民身份证及其复印件;(2)需要公证的毕业证书、结业证书、学位证书、成绩单及相应的复印件;(3)公证人员认为应当提供的其他证明材料,如照片等。

2. 公证机构审查当事人的申请并依法出具公证书

受理当事人的申请后,公证机构应当审查申请人的身份证件是否真实;毕业证书、结业证书、学位证书等是否真实,印鉴是否属实;其他证明材料是否真实、齐全等。对于当事人要求公证处对当事人的学习经历直接提供证明的,应当要求当事人提供由其人事档案管理部门出具的学习经历证明;对于当事人没有成绩单的,可以要求当事人将档案管理部门存档的成绩单复印两份,在其中的一份上说明与存档原件相符,并加盖公章,由申请人交给公证处存入卷宗,另一份交公证处做公证;对于毕业证书丢失的,可以要求当事人申请原发证书学校补发毕业证书或者出具学历证明,由公证处证明补发的毕业证书或学历证明。

经审查,确信当事人的身份和学历属实的,公证机构即可依法出具公证书予以证明。

四、有无犯罪记录公证

(一)有无犯罪记录公证的概念和作用

有无犯罪记录公证,是指公证机构根据当事人的申请,依法对当事人在中国期间,是否受过我国司法机关的刑事制裁这一法律事实的真实性予以证明的活动。未受刑事处分公证书一般用于涉外活动中,它的主要作用是在当事人需要到国外定居、移民、结婚、收养子女以及从事劳务输出等活动的时候,对当事人有无犯罪记录的情况提供基本的证明,以满足相关法律规定的要求。

(二)办理有无犯罪记录公证的程序

1. 当事人向公证机构提出申请

当事人申请办理有无犯罪记录公证,应当向执业区域内的公证机构提出申请,填写公证申请表,并提交相应的证明材料。当事人应当提交的证明材料主要包括:(1)申请人的居民身份证、户口簿及复印件,或者护照、有效旅行证件、通行证及其复印件;已注销户籍

的,应当提交原住所地公安派出所出具户籍记载情况的证明。(2)申请人所在单位保卫部门出具的是否受过刑事处分证明;无工作单位或单位无保卫部门的,由户籍地公安派出机关出具证明。受过刑事处分的,还应提供法院的刑事判决书。(3)委托他人代为申办的,代理人应提交授权委托书、居民身份证及复印件。(4)公证人员认为应当提交的其他证明、材料。

2. 公证机构审查当事人的申请并依法出具公证书

受理当事人的申请后,公证人员应当审查当事人的身份是否属实,当事人提供的证明材料是否真实、完备,对于符合法定条件的,应当出具公证书予以证明。

公证人员在办理有无犯罪记录公证时,应当明确的是:对于尚未达到我国法定刑事责任年龄的人申办此项公证的,公证机构应当不予受理。另外,由于有无犯罪记录公证有较强的时间性,当事人提供的有无犯罪记录证明应当是申办公证期间出具的,出具证明时间与申请办理公证的时间不能相隔太长,否则,公证人员应当要求当事人重新提供证明。如果公证书的有效期届满后,当事人仍然没有离境的,也需要重新申办有无犯罪记录公证。

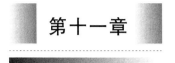

具有法律意义文书的公证

第一节　具有法律意义文书的公证概述

有法律意义的文书,是指在法律上具有特定的意义或作用,能够对当事人之间权利义务关系的设立、变更和终止产生影响的各种文件、证书、文字材料的总称。一般而言,在法律上有效的文书或者以文字形式表现的法律行为(即法律行为的书面形式),凡是可以作为确定权利义务关系依据的,都是有法律意义的文书。

具有法律意义文书的公证,是指公证机构根据当事人的申请,依照法定程序证明具有法律意义的文书的真实性、合法性,或者赋予债权文书以强制执行效力的活动。公证机构对具有法律意义的文书进行公证,是通过证明文件上的签名、印鉴、日期属实,或者证明文书的副本、复印本、影印本等与原件相符等方式,达到证明该文书客观存在,内容真实、合法的目的。通常,公证具有法律意义的文书,只是对该文书是否与当事人具有法律上的利害关系,即对当事人取得权利、承担义务或者参与经济活动是否发生法律上的意义进行证明。因此,公证机构只需要对当事人提交的证明材料进行审查,确认所要证明的文书在程序上符合法律要求的条件,而且内容又不存在明显违法的情况,就可以推断当事人的公证申请符合出具公证书的要求。实践中,公证机构证明具有法律意义的文书主要包括三种情况:第一种是证明企业法人其他经济组织的章程等文书的真实性。第二种是证明公民、法人或者其他组织从事民事、经济活动的签名、印鉴、日期等是否属实。第三种是证明没有疑义的债权文书,并赋予其强制执行力。

具有法律意义文书的公证主要是用于当事人在域外办理有关入境手续、投标手续、申请特定权利等。办理具有法律意义文书的公证不仅可以确保具有法律意义文书的真实性、合法性,便于当事人进行有关的民事经济活动,防止伪造、变造文书的违法行为的发生,保护本国公民、法人或者其他组织以及侨胞的正常权利与合法利益,而且对于促进国际民事交往,发展对外经济贸易关系也具有重要的作用。

第二节 公司章程公证

一、公司章程公证的概念和作用

公司章程,是由发起设立公司的投资者制定的,对公司、股东和公司管理人员具有约束力的调整公司各种关系的自治规则。公司章程具有法定性、公开性和自治性等特点。公司章程包括绝对必要记载事项、相对必要记载事项和任意记载事项,它是公司设立时必须具备的、公司经营行为的基本准则,对于公司的设立和经营都具有重要的意义。

公司章程公证,是指公证机构根据当事人的申请,依照法定程序对公司章程的真实性、合法性予以证明的活动。公司章程公证主要是对公司章程的设立及其内容的真实性、合法性予以证明。根据公司类型的不同,公司章程公证主要有有限责任公司章程公证和股份有限公司章程公证。

办理公司章程公证,有利于通过公证的公信力来强化投资人的意志、确认公司章程内容的合法性,进而维护各投资人的合法权益,加强国家对公司订立章程活动的指导和监督。同时,公证机构应当认真办好公司章程公证,充分发挥公证机构的证明、服务、沟通、监督作用,积极为企业向公司制改造,特别是大中型国有企业改制提供公证法律服务和法律保障,预防纠纷,为建立规范的公司制度,稳定经济秩序作出应有的贡献。

二、办理公司章程公证的程序

（一）当事人向公证机构提出申请

当事人申请办理公司章程公证,应当向执业区域内的公证机构提出申请,填写公证申请表,并提交相应的证明材料。当事人应当提交的证明材料主要包括:

1. 法人资格证明、法定代表人的身份证件和资格证明及复印件。申办股份有限公司章程公证的,还应当提供国家和地方经济体制改革委员会的批准文件和股东大会决定设立公司的文件等。

2. 代理人代为申请的,委托代理人须提交授权委托书和身份证明及其复印件。

3. 公司章程文本。

4. 全体股东代表一致同意或者决议通过公司章程的意见书。

5. 公证员认为应当提交的其他材料。

（二）公证机构审查当事人的申请并依法出具公证书

公证机构受理当事人的申请后,公证人员应当重点审查以下几个方面的内容:(1)审查申请人的主体资格是否真实、合法。主要审查法定代表人身份是否真实、有效;委托人的身份及授权委托书是否真实、合法;营业执照是否真实、有效等。同时,公证人员应当注意:《公司法》及有关法律对不同性质公司的发起人资格和股东资格有不同的要求,公证人

员还应当根据公司性质，按照《公司法》及有关法律的规定，对当事人是否具有创立公司、制定或修改公司章程的资格和当事人行为能力进行认真审查核实。（2）审查公司章程的内容是否真实、合法，公司章程是否具备法律规定的内容（即必备条款），公司章程是否体现了全体股东或者公司所有者的真实意思，公司章程的文字表述是否准确、规范等。对于已经生效的公司章程进行公证的，公证人员还应当审查申请人提交的文本是否与其公司登记注册使用的文本完全相符。（3）审查通过公司章程的程序是否真实、合法。公司性质、种类、产权结构、组织形式不同，制定、通过章程的程序也有所不同。公证人员应当分别不同情况，按照《公司法》及相关法律的规定，审查、监督、确认公司章程是否按法律规定和当事人约定的程序通过，公司章程上的签名、印鉴是否齐全、属实，国有独资公司章程是否取得国家授权投资的机构或国家授权的部门批准等。

经审查，对于符合法律规定的公司章程，公证机构依法出具公证书予以证明。

在公证实践中，办理公司章程公证的形式有两种：一种是当事人申办已经生效的公司章程复印件与原件相符公证，通常公证机构只需要按照上述程序进行公证即可。另一种是公司在制定、修改公司章程时申办公证。此时，公证机构应当指派两名以上的公证人员到会议现场，审查参与股东大会的各位股东的资格证明，以及与章程相关的批准文件、验资证明等，然后由公证人员对公司章程表决的过程进行现场监督，以便确认订立公司章程的程序是否合法、有效，公司章程的内容是否合法以及是否表达了股东的共同意志。对于符合法定程序且公司章程的内容合法的会议决议，公证员应当当场宣读公证词，并在 7 日内制作公司章程公证书，发给当事人[①]。

第三节　职务、职称证书公证

一、职务、职称证书公证的概念和作用

职务、职称证书，是当事人通过法定程序获得的，由有关国家机关或者其他法定机构依法颁发或者授予的，能够证明当事人具备从事某一职业岗位或者具有某种专业资格的证明文件。一般而言，职务、职称证书都是依照法定程序颁发给当事人的格式化文书，能够对当事人的权利义务产生一定的法律影响。

职务、职称证书公证，是指公证机构根据当事人的申请，依照法定程序对有关国家机关或者其他法定机构颁发给自然人的专业技术职务、职称证书的真实性、合法性予以证明的活动。实践中，公证机构办理职务、职称证书公证可以根据当事人的申请，依法证明该证书的副本、复印本等与原件相符，证明证书原件真实、合法，以及证明证书颁发机关颁发证书的程序合法、行为正当或者证书上负责人签名、单位印鉴属实等。职务、职称证书公证主要用于出国留学、谋职、工作、申请定居等。当事人依法办理职务、职称证书公证，主

_____

① 　陈光中、李春霖主编：《公证与律师制度》，北京大学出版社 2006 年版，第 169～170 页。

要目的在于通过公证机构的公信力,向相对方保证证书的真实性与合法性,使证书在域外能够得到正常使用。因此,办理职务、职称证书公证,对于维护当事人的正当权利与合法权益具有重要的作用。

二、办理职务、职称证书公证的程序

（一）当事人向公证机构提出申请

当事人申请办理职务、职称证书公证,应当向执业区域内的公证机构提出申请,填写公证申请表,并提交相应的证明材料。当事人应当提交的证明材料主要包括:当事人的身份证明及复印件,代理人代为申请的,委托代理人须提交授权委托书和身份证明及其复印件;有关部门正式颁发的专业技术职务证书和职称证书原件;证书颁发机构或者申请人的人事档案管理部门(所在单位的人事、劳资、组织部门;人才交流中心;所在地街道办事处;乡、镇人民政府)出具的相应证明;公证机构认为应当提交的其他证明材料。

（二）公证机构审查当事人的申请并依法出具公证书

公证机构受理当事人的申请后,公证人员应当重点审查以下几个方面的内容:(1)审查颁发证书的主体是否具有颁发证书的权利,即颁发证书的主体是否为国家授权的有关国家机关或者法定机构。(2)审查当事人提交的专业技术职务、职称证书是否真实,是否在有效期内。公证人员除可以向有关机构调查外,还可以通过审查证书的编号或者通过登录官方网站查询证书的真实性以及证书是否有效。(3)审查当事人提交的专业技术职务、职称证书上的内容以及负责人的签名、单位的印鉴是否真实、有效。针对社会中曾经出现的伪造证书、滥发证书的不良现象,公证人员对于当事人提供的证明,认为不完备或者有疑义时,可以要求当事人作出必要的补充说明或者亲自向有关单位、知情人调查,索取有关证件和材料,以确认当事人提供的证明材料是否真实。

经审查,对于符合法律规定的职务、职称证书,公证机构依法出具公证书予以证明。公证机构出具职务、职称证书公证书一般既可以依法证明证书的原件真实、合法或者证书的副本、复印本、影印本等与原件相符,也可以依法证明颁发证书的机构、颁发证书的程序合法或者证书上有关负责人的签名、颁发机构的印鉴真实。直接证明职务、职称证书真实、合法时,公证书的内容应当明确、具体,并且符合通用的专业要求。

第四节　文书文本相符和签名、印鉴、日期属实公证

一、文书文本相符公证

（一）文书文本相符公证的概念和作用

文书的文本一般有文书的原件、副本、节本、译本、影印本,文书的副本、节本、译本、影印本都是原件的复制本。通常,当事人不宜使用原件或者当事人为了防止原件丢失、损坏,使自己的合法权益受损害而不便使用原件时,往往会提供原件的复制本。在同时存在

文书原本和原本的副本、节本、译本、影印本的情况下,文书原本与原件的复制本是否相符,当事人自己由于有利害关系不便于证明,这时就要借助第三方来证明,公证机构由于其公信力,就成为最佳选择。

文书文本相符公证,是指公证机构依照法定程序,对当事人提交的具有法律意义的文书副本、复印本、影印本、节本、译本与原本相符的事实的真实性、合法性予以证明的活动。文书的其他文本经过公证证明后,即确认了它们的真实性、可靠性,从而赋予其与原本相同的法律效力。可见,文书文本相符公证可以方便当事人在民事经济活动中通过使用原件的复制本,有效地帮助当事人在保留原件的同时,实现自己的合法权益。实践中,文书文本相符公证的种类主要有:证明文书的副本与正本相符;证明文书的复印件、影印件与原本相符;证明文书的节本与原本相应部分的内容相符;证明使用不同民族文字或者不同国家语言写成的同一文字内容相符等。

(二)办理文书文本相符公证的程序

1. 当事人向公证机构提出申请

当事人申请办理文书文本相符公证,应当向执业区域内的公证机构提出申请,填写公证申请表,并提交相应的证明材料。当事人应当提交的证明材料主要包括:(1)申请人的身份证明。公民个人申办的,提交个人身份证明;法人或者其他组织申办的,应当提交法人或者其他组织资格证明及法定代表人、负责人的身份证明。委托他人代办的,应当提交委托人的身份证明(如居民身份证、户口簿)和授权委托书。(2)需要公证的文本原件与原本的副本、节本、译本、影印本。(3)公证机构认为需要提供的其他材料。

2. 公证机构审查当事人的申请并依法出具公证书

公证机构受理当事人的申请后,公证机构应当重点审查以下几个方面的内容:(1)审查文件的形式是否符合法律要求。法律对文书的形式有明确规定的,应当采取法律规定的形式。对于原本,要注意审查有关的国家机关或者其公职人员是否有权制作这种文件。(2)审查复制本是否与原本文字相符。尤其应当注意的是,要保证原件的译本应当清晰明了,不会产生歧义;节本的内容与原本的内容是否存在断章取义的情况,必要时可以建议当事人办理原本的复印件公证,以免产生歧义。对于比较专业的事项,可以聘请有关专业人员进行协助。(3)审查文件的内容是否明显违法。通常,公证机构不对文件的内容进行实质性审查,文件只要没有明显违法或者涉及国家机密的内容,公证机构一般不予进行其他实质性审查。

经审查,确认文书原本和原本的副本、节本、译本、影印本合法、相符的,公证机构依法出具公证书予以证明。同时,公证员要记录原本的名称、文号、制作单位、制作日期、页数以及原本保管单位(或个人)的名称、姓名和地址,存档备查。

二、签名、印鉴、日期属实公证

(一)签名、印鉴、日期属实公证的概念和作用

签名、印鉴、日期属实公证,是指公证机构根据当事人的申请,依照法定程序对具有法律意义的文书上当事人的签名、有关单位的印鉴和日期的真实性、合法性予以证明的活

动。在实践中,需要办理签名、印鉴、日期属实公证的文件几乎包括所有需要当事人在文件上签名、盖章或者注明日期的文件,主要有:声明书、担保书、申请书以及诉讼中需要使用的起诉状、答辩状、上诉状等等。因为文书上的签名、印鉴是文书生效的必要条件,日期是确定当事人权利义务的起算点,通常文书制作单位和个人对文书内容承担责任也是以文书上签名、印鉴、日期的真实性、合法性为前提的,所以,通过公证确保文书上签名、印鉴、日期的真实性、合法性,可以使该文书具有法律上的证据效力,从而为当事人有效地使用该文书提供了法律保障,也避免了当事人由于文书上签名、印鉴、日期的瑕疵而使自己的合法权益受到不应有的损害。

（二）办理签名、印鉴、日期属实公证的程序

1. 当事人向公证机构提出申请

当事人申请签名、印鉴、日期属实公证,应当向执业区域内的公证机构提出申请,填写公证申请表,并提交相应的证明材料。当事人应当提交的证明材料主要包括:申请人的身份证明(法人或者其他组织应当提交的主体资格证明材料参见文书文本相符公证),委托代理人的身份证明和授权委托书;需要公证的签名、印鉴、日期文本的原件;公证机构认为应当提供的其他证明材料。

2. 公证机构审查当事人的申请并依法出具公证书

受理当事人的申请后,公证机构应当重点审查以下几个方面的内容:(1)为了确保当事人签名、印鉴、日期的真实性,当事人应当在公证人员面前签名、盖章、写明日期,如果当事人已经在文书上签名、盖章、写明日期的,应当向公证人员确认该签名、印鉴、日期的真实性。(2)由于签名、印鉴、日期属实公证一般进行形式审查,只要文本的内容没有违法,只需要审查当事人作出签名、盖章的行为是否是其真实意愿,有无受欺诈、胁迫等情况即可。如果有关文件是国家机关、社会团体、企业事业单位制作的,公证机构还应当向颁发文件的单位调查核实签名、印鉴、日期的真实情况。(3)由于在实践中,法人可能拥有多枚印章,公证人员应当提醒当事人注意避免由此可能产生的风险。如果当事人要求对文书上存在的几个签名、印鉴一起公证的,公证机构也可一并办理。

经审查,确认文书上签名、印鉴、日期属实的,公证机构依法出具公证书予以证明。

第五节　商标文书和专利文书公证

一、商标文书公证

（一）商标文书公证的概念和作用

商标,是指商品生产者或者经营者为了使自己销售的商品在市场上同其他商品生产者或者经营者的商品相区别而使用的一种特殊标记。商标文书,就是商标申请人或者所有人为进行与商标有关的活动所使用的具有法律意义的文书和事实。商标文书是当事人围绕商标权利而进行的一系列活动的书面形式,包括申请人申请商标注册的文书、商标所

有人证明自己享有商标权利的证书和依法处分商标权利的文书等。

商标文书公证,是指公证机构根据当事人的申请,依照法定程序对商标所有人的注册商标证书,或者我国当事人向域外有关国家或者地区申请商标注册、进行商标诉讼所提交或者使用的具有法律意义的文书和事实的真实性、合法性,予以证明的活动。商标文书公证的范围主要包括:国内商标注册证书公证;涉外商标注册代理人的授权委托书公证;涉外商标使用许可合同和涉外商标转让合同公证;申请商标注册续展所需要的有关文件的公证等。办理商标文书公证,可以为当事人在域外进行与商标有关的活动提供法律保障,从而有效维护当事人的合法权益。

(二)办理商标文书公证的程序

1. 当事人向公证机构提出申请

当事人申请办理商标文书公证,应当向执业区域内的公证机构提出申请,填写公证申请表,并提交相应的证明材料。当事人应当提交的证明材料主要包括:(1)法人的资格证明及法定代表人的身份证明,委托他人代为申办的,还应当提交授权委托书和代理人的身份证明;(2)商标注册证书、商标所有权或者使用权证明;(3)与申办事项相关的商标图样或者照片;(4)其他有关证明材料。

2. 公证机构审查当事人的申请并依法出具公证书

受理当事人的申请后,公证机构应当重点审查以下几个方面的内容:(1)重点审查申请人的主体资格和行为能力。申请人的主体资格必须合法、真实,并且申请人要具有完全民事行为能力。理由在于商标事务涉及实体权利和专业知识,对当事人的要求较高,通常不仅要求当事人可以行使权利,也要求当事人有履行义务的能力。(2)审查申请人拥有的与商标相关的权利是否真实、合法,包括商标注册证书是否真实、合法,并符合法律规定的有效期限;商标使用权是否真实、合法、有效;申请商标注册的,商标文字是否符合我国相关法律的规定等。(3)审查商标图案、照片与已经注册的商标本身是否一致。(4)审查当事人提交的各种证明材料是否真实、有效、齐全。

公证机构经过审查,对符合规定条件的注册商标公证事项,应当及时出具公证书。另外,对于商标在域外使用的,根据国际惯例以及一些国家的有关规定,申请在该国的商标注册等事项,除需要办理公证外,还要办理认证手续。因此,为了使公证书发生域外的法律效力,公证机构还可以根据当事人的请求,代办认证手续,即将办好的公证文书送交我国外交部领事司认证,再转交有关国家驻我国使领馆认证。如果公证文书使用国尚未与我国建立外交关系,则可送第三国(指我国与对方均同其有外交关系的国家)认证。最后,公证机构将认证后的公证文书送交申请人,以便申请人在国外使用①。

二、专利文书公证

(一)专利文书公证的概念和作用

专利,是指专利人对已经取得的发明、实用新型或者外观设计依法享有的专有使用的

---

① 　陈光中、李春霖主编:《公证与律师制度》,北京大学出版社 2006 年版,第 172 页。

权利。专利文书公证,是指公证机构根据当事人的申请,依照法定程序,对专利所有人或者申请人的专利、专利权转让或者使用许可合同,以及向国外申请专利或者进行专利权诉讼所需要使用的具有法律意义的文书和事实的真实性、合法性予以证明的活动。由于专利的地域性限制,我国公民、法人为使其专利在域外得到认可和保护,就要向域外的国家或者地区申请专利,而根据有关国家或者地区的法律规定以及国际惯例,专利申请人提交的有关材料只有在经过本国公证后,才能被接受或者认可。因此,公证机构办理的专利文书公证除涉及国内专利事务外,还涉及在域外使用的专利文书,主要包括以下几种:公证证明专利申请文书、专利权证书、专利权转让合同、专利权使用合同、申请专利续展以及进行专利诉讼所需要的有关文书等。办理专利权公证,可以有效地保护我国公民和法人在专利方面的合法权益、促进国际技术交流与合作,也有利于我国先进的科学发明创造成果得到国际社会的承认和国外法律的保护。

(二)办理专利文书公证的程序

1. 当事人向公证机构提出申请

当事人申请办理专利文书公证,应当向其住所地或者行为发生地有管辖权的公证机构提出申请,填写公证申请表,并提交以下证明材料:(1)自然人申办的,提交个人身份证明;法人或者其他组织申办的,应当提交法人或者其他组织资格证明及法定代表人、负责人的身份证明。委托他人代办的,应当提交委托人的身份证明和授权委托书。(2)已经取得专利权的,提供专利证书;尚未取得专利权的,提供有关专家的鉴定意见。(3)涉及专利权转让、使用许可或者代为办理专利申请等事项的,提供专利权转让协议、使用许可协议、声明书或者授权委托书等。(4)当事人向外国人转让专利申请权、专利权的,或者将其在国内完成的发明创造在域外申请专利的,还应当提交国务院的专利代理机构(包括中国对外贸易促进会专利代理部中国专利代理有限责任公司及其授权机构)出具的有关的代理证明或者批准文件。

2. 公证机构审查当事人的申请并依法出具公证书

受理当事人的申请后,公证机构应当重点审查以下几个方面的内容:(1)审查当事人的主体资格和行为能力。主要是审查当事人是否具备专利申请人的条件和专利权是否为申请人拥有。(2)审查当事人提交的专利证书、专利权转让协议、使用许可协议、声明书或者授权委托书等法律文书是否真实、合法。由于专利不进行实质性审查,所以,除非申请文书的内容与我国专利法律、法规的规定明显抵触或者专利申请人不具备法定条件、申请事项尚存争议,公证机构一般只进行形式审查。另外,在审查专利申请或者转让文书时,应当注意审查该专利是属于职务发明还是个人发明,如果属于职务发明,还应当要求申请人提供所在单位的证明,而且公证事项不得侵害申请人所在单位的相关专利权利。(3)审查文件上的签名、印鉴是否属实以及提供的证明材料是否确实、充分等。

经审查,对于符合法律规定的专利文书公证申请,公证机构依法出具公证书予以证明。

第六节　赋予债权文书具有强制执行效力的公证

一、赋予债权文书具有强制执行效力公证的概念和作用

赋予债权文书具有强制执行效力公证,是指公证机构根据当事人的申请,依照法律的相关规定,对于符合法定范围和条件的债权文书依法赋予其强制执行效力的一种特殊的证明活动。我国《公证法》第37条第1款规定:"对经公证的以给付为内容,并载明债务人愿意接受强制执行承诺的债权文书,债务人不履行或者履行不适当的,债权人可以依法向有管辖权的人民法院申请执行。"可见,赋予债权文书具有强制执行效力的公证与一般的公证事项不同,除可以证明当事人之间债权债务关系的真实性、合法性之外,还赋予该债权文书以强制执行的效力。也就是说,符合法律规定的债权文书经过公证后,当债务人到期不履行或者不完全履行债权文书确定的义务时,债权人可以不经诉讼,直接申请人民法院强制执行。因此,赋予债权文书具有强制执行效力公证的主要意义表现在:一方面赋予债权文书具有强制执行效力的公证可以督促债务人按期履行债权文书所确定的义务,保障民事流转的安全、稳定,以维护社会活动和商品交易的正常秩序。另一方面,办理债权文书具有强制执行效力的公证可以在债务人不履行或者不完全履行债权文书的义务时,通过赋予债权文书强制执行效力来减少诉讼,降低维权成本,以保证债权人合法权益的实现。

二、公证债权文书具有强制执行效力的条件

从本质上说,公证行为是一种非诉讼活动,公证机构没有解决纠纷的职权,这就决定了不是所有经过公证的事实都具有强制执行的效力。因此,公证机构赋予债权文书强制执行的效力,必须符合法律规定的条件。根据我国《公证法》第37条以及司法部发布的《公证程序规则》第39条的规定,公证机构赋予债权文书强制执行的效力应当符合以下几个条件:一是债权文书以给付为内容;二是债权债务关系明确,债权人和债务人对债权文书有关给付内容无疑义;三是债务履行方式、内容、时限明确;四是债权文书中载明当债务人不履行或者不适当履行义务时,债务人愿意接受强制执行的承诺;五是债权人和债务人愿意接受公证机构对债务履行情况进行核实;六是《公证法》规定的其他条件。

三、赋予债权文书具有强制执行效力的公证的程序

(一)当事人向公证机构提出申请

当事人申办赋予债权文书具有强制执行效力的公证,可以向执业区域内的公证机构提出申请,填写公证申请表,并提交下列证明材料:

1. 申请人的主体资格证明,包括债权人和债务人的身份证明、法人的资格证明、法定代表人的身份证明、其他组织的主体资格证明和负责人的身份证明等;

2. 申请赋予强制执行效力的债权文书原件及相关证明材料,债权文书有第三人提供担保的,还要提供与担保相关的证明材料;

3. 公证机构认为应当提交的其他材料,如与债务人承诺相关的其他证明材料。

(二)公证机构审查当事人的申请并依法出具公证书

受理当事人的申请后,公证机构应当重点审查以下几个方面的内容:(1)审查申请人的身份、资格和行为能力。具体包括:申请人是否具有债权文书当事人的合法身份,是否具备债权文书当事人的主体资格,受托人的权限范围以及申请人的行为能力等。(2)审查债权文书是否真实、合法,是否符合赋予强制执行效力的条件。对于不真实、不合法的债权文书,或者债权文书约定的内容不能强制执行的,公证机构不予公证。(3)审查债权人是否履行了债权文书确定的义务,债务人是否具有偿还能力,有无担保。如果是在债务履行过程中,债权人申请公证的,还应当证明债务人未按债权文书的约定履行义务。(4)当事人的意思表示是否自愿、真实,债务人是否同意出现约定情况时直接进入执行程序,是否了解强制执行的法律后果并愿意接受等。(5)债权债务关系是否明确、具体,有无争议,签名、印鉴是否齐全等。当事人之间对是否存在债权债务关系存有争议时,应当告知其通过其他途径解决。

为了确保公证的质量,承办公证人员还应当履行以下告知义务:首先,告知双方当事人赋予债权文书强制执行效力公证的法律效力,即说明公证书具有强制执行效力。其次,告知双方当事人,该公证书生效后,原债权文书中关于通过诉讼(或者仲裁)方式解决争议的条款不再适用[①]。最后,告知债权人申请法院强制执行的步骤和法定期限。

经审查,对于符合法定条件的申请,公证机构依法出具公证书予以证明。对于债权人在债权文书履行过程中申请公证的,在征求债务人的同意后,公证机构也可以在依法审查后出具公证书。

四、执行证书的签发

(一)执行证书的概念和作用

执行证书,是指当债务人不履行或者不完全履行具有强制执行效力的债权文书公证书所确定的义务时,原公证机构应债权人申请,依法出具的证明该公证书可以进行执行的文书。它对于减轻债权人的诉讼负担,顺利实现债权具有意义。

(二)签发执行证书的程序

1. 债权人向原公证机构提出申请

债权人申办执行证书,应当向原办理债权文书公证事项的公证机构提出申请,并提交相应的证明材料。债权人应当提交的证明材料主要包括:债权人的身份证明;债权文书原件;具有强制执行效力的债权文书公证书原件;债务人不履行或者不完全履行义务的事实和证据材料,以及公证机构认为应当提交的其他证明材料。

---

① 陈光中、李春霖主编:《公证与制度》,北京大学出版社 2006 年版,第 177 页。

2. 公证机构审查债权人的申请并依法制作执行证书

《公证程序规则》规定,债务人不履行或者不适当履行经公证的具有强制执行效力的债权文书的,公证机构应当对履约情况进行核实后,依照有关规定出具执行证书。债务人履约、公证机构核实、当事人就债权债务达成新的协议等涉及强制执行的情况,承办公证员应当制作工作记录附卷。执行证书应当载明申请人、被申请执行人、申请执行标的和申请执行的期限。

据此,受理债权人的申请后,公证机构应当重点审查以下内容:(1)审查债权人的申请是否已经超过法定期限。(2)审查债务人不履行或不完全履行的事实是否确实发生。(3)审查债权人履行合同义务的事实和证据是否确定、充分,债务人是否已经依照债权文书部分履行义务。最后,审查债务人对债权文书规定的履行义务有无疑义。

公证机构经过审查,认为债权人的申请符合法定条件的,依法出具执行证书。在出具执行证书时,公证机构必须注意,对于债务人已经履行的部分,应当在申请执行标的中予以扣除。对于因债务人不履行或者不适当履行而发生的违约金、滞纳金、利息等,也可以应债权人的要求列入申请执行标的。

五、公证债权文书执行的新规定

为了进一步规范人民法院办理公证债权文书执行案件,确保公证债权文书依法执行,维护当事人、利害关系人的合法权益,2018 年 10 月 1 日,最高人民法院发布施行了《关于公证债权文书执行若干问题的规定》(以下简称《公证执行若干规定》),具体内容如下:

(1)管辖。《公证执行若干规定》第 2 条规定:公证债权文书执行案件,由被执行人住所地或者被执行的财产所在地人民法院管辖。前款规定案件的级别管辖,参照人民法院受理第一审民商事案件级别管辖的规定确定。

(2)债权人申请执行公证债权文书应当提交的材料。债权人申请执行公证债权文书,除应当提交作为执行依据的公证债权文书等申请执行所需的材料外,还应当提交证明履行情况等内容的执行证书。债权人申请执行的公证债权文书应当包括公证证词、被证明的债权文书等内容。权利义务主体、给付内容应当在公证证词中列明。

(3)人民法院应当裁定不予受理的情形。根据《公证执行若干规定》第 5 条的规定,债权人申请执行公证债权文书,有下列情形之一的,人民法院应当裁定不予受理;已经受理的,裁定驳回执行申请:一是债权文书属于不得经公证赋予强制执行效力的文书;二是公证债权文书未载明债务人接受强制执行的承诺;三是公证证词载明的权利义务主体或者给付内容不明确;四是债权人未提交执行证书;五是其他不符合受理条件的情形。

(4)效力范围。公证债权文书赋予强制执行效力的范围同时包含主债务和担保债务的,人民法院应当依法予以执行;仅包含主债务的,对担保债务部分的执行申请不予受理;仅包含担保债务的,对主债务部分的执行申请不予受理。

(5)救济程序。债权人对不予受理、驳回执行申请裁定不服的,可以自裁定送达之日起 10 日内向上一级人民法院申请复议。申请复议期满未申请复议,或者复议申请被驳回

的,当事人可以就公证债权文书涉及的民事权利义务争议向人民法院提起诉讼。公证机构决定不予出具执行证书的,当事人可以就公证债权文书涉及的民事权利义务争议直接向人民法院提起诉讼。

(6)申请执行公证债权文书的期间。申请执行公证债权文书的期间自公证债权文书确定的履行期间的最后一日起计算;分期履行的,自公证债权文书确定的每次履行期间的最后一日起计算。债权人向公证机构申请出具执行证书的,申请执行时效自债权人提出申请之日起中断。

(7)给付内容的确定。人民法院在执行实施中,根据公证债权文书并结合申请执行人的申请依法确定给付内容。因民间借贷形成的公证债权文书,文书中载明的利率超过人民法院依照法律、司法解释规定应予支持的上限的,对超过的利息部分不纳入执行范围;载明的利率未超过人民法院依照法律、司法解释规定应予支持的上限,被执行人主张实际超过的,可以依照法律规定提起诉讼。

(8)被执行人申请不予执行公证债权文书的情形。根据《公证执行若干规定》第12条的规定,有下列情形之一的,被执行人可以依照《民事诉讼法》第238条(现行《民事诉讼法》第245条)第2款的规定申请不予执行公证债权文书:一是被执行人未到场且未委托代理人到场办理公证的;二是无民事行为能力人或者限制民事行为能力人没有监护人代为办理公证的;三是公证员为本人、近亲属办理公证,或者办理与本人、近亲属有利害关系的公证的;四是公证员办理该项公证有贪污受贿、徇私舞弊行为,已经由生效刑事法律文书等确认的;五是其他严重违反法定公证程序的情形。被执行人以公证债权文书的内容与事实不符或者违反法律强制性规定等实体事由申请不予执行的,人民法院应当告知其依照法律规定提起诉讼。

被执行人申请不予执行公证债权文书,应当在执行通知书送达之日起15日内向执行法院提出书面申请,并提交相关证据材料;有《公证执行若干规定》第12条第1款第3项、第4项规定情形且执行程序尚未终结的,应当自知道或者应当知道有关事实之日起15日内提出。公证债权文书执行案件被指定执行、提级执行、委托执行后,被执行人申请不予执行的,由提出申请时负责该案件执行的人民法院审查。

被执行人认为公证债权文书存在《公证执行若干规定》第12条第1款规定的多个不予执行事由的,应当在不予执行案件审查期间一并提出。不予执行申请被裁定驳回后,同一被执行人再次提出申请的,人民法院不予受理。但有证据证明不予执行事由在不予执行申请被裁定驳回后知道的,可以在执行程序终结前提出。

(9)人民法院对不予执行公证债权文书案件的审查。人民法院审查不予执行公证债权文书案件,案情复杂、争议较大的,应当进行听证。需要延长的,经本院院长批准,可以延长30日。人民法院审查不予执行公证债权文书案件期间,不停止执行。被执行人提供充分、有效的担保,请求停止相应处分措施的,人民法院可以准许;申请执行人提供充分、有效的担保,请求继续执行的,应当继续执行。

被执行人依照《公证执行若干规定》第12条第1款规定申请不予执行,人民法院经审查认为理由成立的,裁定不予执行;理由不成立的,裁定驳回不予执行申请。公证债权文

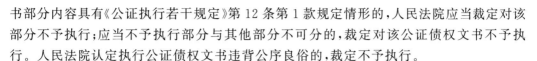

书部分内容具有《公证执行若干规定》第 12 条第 1 款规定情形的,人民法院应当裁定对该部分不予执行;应当不予执行部分与其他部分不可分的,裁定对该公证债权文书不予执行。人民法院认定执行公证债权文书违背公序良俗的,裁定不予执行。

(10)公证债权文书被裁定不予执行的救济。公证债权文书被裁定不予执行的,当事人可以就该公证债权文书涉及的民事权利义务争议向人民法院提起诉讼;公证债权文书被裁定部分不予执行的,当事人可以就该部分争议提起诉讼。当事人对不予执行裁定提出执行异议或者申请复议的,人民法院不予受理。当事人不服驳回不予执行申请裁定的,可以自裁定送达之日起 10 日内向上一级人民法院申请复议。上一级人民法院应当自收到复议申请之日起 30 日内审查。经审查,理由成立的,裁定撤销原裁定,不予执行该公证债权文书;理由不成立的,裁定驳回复议申请。复议期间,不停止执行。

(11)债务人请求不予执行公证债权文书的情形及处理。《公证执行若干规定》第 22 条规定,有下列情形之一的,债务人可以在执行程序终结前,以债权人为被告,向执行法院提起诉讼,请求不予执行公证债权文书:一是公证债权文书载明的民事权利义务关系与事实不符;二是经公证的债权文书具有法律规定的无效、可撤销等情形;三是公证债权文书载明的债权因清偿、提存、抵销、免除等原因全部或者部分消灭。债务人提起诉讼,不影响人民法院对公证债权文书的执行。债务人提供充分、有效的担保,请求停止相应处分措施的,人民法院可以准许;债权人提供充分、有效的担保,请求继续执行的,应当继续执行。《公证执行若干规定》第 23 条规定:对债务人依照本规定第 22 条第 1 款规定提起的诉讼,人民法院经审理认为理由成立的,判决不予执行或者部分不予执行;理由不成立的,判决驳回诉讼请求。当事人同时就公证债权文书涉及的民事权利义务争议提出诉讼请求的,人民法院可以在判决中一并作出裁判。

(12)债权人、利害关系人可以就公证债权文书涉及的民事权利义务争议直接向有管辖权的人民法院提起诉讼的情形。《公证执行若干规定》第 24 条规定:有下列情形之一的,债权人、利害关系人可以就公证债权文书涉及的民事权利义务争议直接向有管辖权的人民法院提起诉讼:一是公证债权文书载明的民事权利义务关系与事实不符;二是经公证的债权文书具有法律规定的无效、可撤销等情形。债权人提起诉讼,诉讼案件受理后又申请执行公证债权文书的,人民法院不予受理。进入执行程序后债权人又提起诉讼的,诉讼案件受理后,人民法院可以裁定终结公证债权文书的执行;债权人请求继续执行其未提出争议部分的,人民法院可以准许。利害关系人提起诉讼,不影响人民法院对公证债权文书的执行。利害关系人提供充分、有效的担保,请求停止相应处分措施的,人民法院可以准许;债权人提供充分、有效的担保,请求继续执行的,应当继续执行。必要时可以向公证机构调阅公证案卷,要求公证机构作出书面说明,或者通知公证员到庭说明情况。人民法院审查不予执行公证债权文书案件,应当在受理之日起 60 日内审查完毕并作出裁定;有特殊情况需要延长的,经本院院长批准,可以延长 30 日。人民法院审查不予执行公证债权文书案件期间,不停止执行。被执行人提供充分、有效的担保,请求停止相应处分措施的,人民法院可以准许;申请执行人提供充分、有效的担保,请求继续执行的,应当继续执行。

被执行人依照《公证执行若干规定》第 12 条第 1 款规定申请不予执行,人民法院经审查认为理由成立的,裁定不予执行;理由不成立的,裁定驳回不予执行申请。公证债权文书部分内容具有《公证执行若干规定》第 12 条第 1 款规定情形的,人民法院应当裁定对该部分不予执行;应当不予执行部分与其他部分不可分的,裁定对该公证债权文书不予执行。人民法院认定执行公证债权文书违背公序良俗的,裁定不予执行。

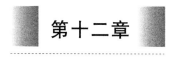

第十二章　适用特别程序的公证

第一节　招标投标、拍卖、开奖公证

一、招标投标公证

（一）招标投标公证的概念和作用

招标指招标人为了购买商品或者让他人完成一定的工作，通过发布招标通知或者投标邀请书等形式，公布特定的标准和条件，公开或书面邀请投标者投标，然后根据预先设定的标准和条件选择中标者的活动。投标是指投标人在接受招标人在招标文件中所提出的条件和要求的前提下，对招标项目提出报价，参加竞标的行为。

招标投标公证，是指公证机构根据招标方或者受托招标方的申请，依照法定程序，证明招标投标行为真实性、合法性的活动。招标投标公证是公证机构对招标投标活动进行法律监督的一种手段。依法必须进行招标项目，特别是其中公开招标项目、国家重点建设项目以及采用国际招标的项目，鼓励招标人委托公证机构进行公证[①]。通过招标投标公证，可以规范招标投标行为，督促各方当事人依法进行招标投标活动，预防纠纷，制止招标投标活动中的违法行为，保护国家利益、社会公共利益和各方当事人的合法利益。

（二）办理招标投标公证的程序

1. 当事人向公证机构提出申请

当事人申办招标投标公证的，应当由招标方或者受托招标方在招标通知或者招标邀请发出之前（最迟于招标前），向执业区域内的公证机构提出申请，填写公证申请表，并提交以下证明材料：

（1）法人资格证明和法定代表人身份证明及本人身份证件，代为申请的，应提交授权委托书和本人身份证件；

（2）受委托招标的，应当提交委托书和具有承办招标投标事项资格的证明；

（3）有关主管部门对招标项目、招标活动的批准文件；

（4）招标组织机构及其组成人员名单；

（5）招标通知（公告）或者招标邀请函；

（6）招标文件，主要包括招标说明书、投标人须知、招标项目技术要求、投标书格式、投

[①]　张文章主编：《公证制度新论》，厦门大学出版社 2005 年版，第 238 页。

标保证文件以及合同条件等；

（7）对投标人资格预审文件；

（8）评标机构及组成人员名单；

（9）公证人员认为应当提交的其他有关材料。

2. 公证机构审查当事人的申请

办理招标投标公证，公证人员应当重点审查以下事项：

（1）招标方是否具有规定的招标资格，受托招标方是否具备承办招标事项的资格并且已经获得招标项目单位的合法授权。

（2）招标文件的内容是否完备，招标文件的文字是否清楚、准确，审查的重点是有关投标、开标、评标、定标的程序、原则和方法，以及投标对当事人的效力、无效标书和招标不成的认定及处理方法等规定是否合法、完善、明确。委托招标的，授权委托书对于双方权利义务的规定是否明确。

（3）招标项目是否已经获得有关部门批准以及是否已经具备其他规定的条件，如实行工程施工项目招标要有批准的工程项目计划设计文件和所需的资金等。

（4）标底的编制是否符合规定的程序和原则，标底需要报批的，还要审查标底是否经过有关主管审核批准。

（5）评标委员会的人员组成是否合理，评标人是否符合规定的条件和资格，评标委员会及其委员与投标方有无利害关系。

（6）招标需要对投标方进行资格预审的，审查招标方拟定的资格预审文件的内容是否完善，要求是否合理。

对于符合公证条件的，公证机构应指派两名以上公证人员（其中至少一名是公证员）参加整个招标投标活动，进行现场监督和证明。

3. 现场监督

现场监督是公证人员亲临现场，对招标投标活动的招标、投标、开标、评标、定标各个环节的活动，按照国家有关规定和招标文件的要求进行现场监督和证明的活动。对招标投标过程中给予现场证明和监督的主要内容及方法如下：

（1）在招标阶段，公证人员应重点监督招标单位的各项活动是否符合国家有关规定和招标投标活动的一般原则，并按照资格预审文件的要求对投标方进行资格预审。

（2）在投标阶段，在投标方投递标书时，公证人员应查验投递标书人的身份和标书的密封情况，记录收到标书的时间。在投标时间截止时，公证人员应会同接标人一起将投标箱投标口密封并加贴封条。

（3）开标阶段。开标前，公证人员应当查验投标方资格证明，确认其身份，检查投标箱的密封情况，监督投标箱的启封。投标箱开启后，公证人员应当检查标书份数和密封情况。

对于投标方不具备投标资格，投标书未密封、没有报价、没有加盖单位公章及法定代表人未签字、书写字迹不清无法辨认、没有按照规定格式内容要求填写，或者在一个投标项目中投标方投报两个以上标书且未书面声明哪一个报价有效的，以及其他不符合招标

文件要求的情况的,应当属于无效标书。

(4)在评标定标阶段,公证人员应当查验评标组织成员的资格及身份,并且审查评标组织成员是否与投标方有利害关系。同时,公证人员应当对评标、定标的情况进行记录,并在定标决议书上签名。

4. 宣读公证词

公证人员应当在现场监督结束时宣读公证词,对整个招标投标活动的真实性、合法性予以证明,并在 7 日内出具公证书发给当事人。

在现场监督中,如果发现当事人擅自变更原定招标文件内容、违反招标程序、存在舞弊或者其他违法行为,经指出后拒绝改正或者无法改正的,公证员应当拒绝公证。

二、拍卖公证

(一)拍卖公证的概念和作用

拍卖是以公开竞价的形式将特定物品或者财产权利转让给最高应价者的买卖方式。拍卖是按法定的公开程序并在严格监控下运作的,拍卖的标的物、拍卖公告以及拍卖过程都是对所有竞买人公开的,竞买人都有平等的竞争权利或者机会。可见,拍卖具有公开性、竞争性和公正性的特征。

拍卖公证,是指公证机构根据拍卖人的申请,依照法定程序,对于整个拍卖活动的真实性、合法性进行审查监督并予以证明的活动。拍卖公证是公证机构对拍卖活动进行法律监督、确保拍卖活动依法进行的一种手段。进行拍卖公证,可以确保拍卖活动的公开性、竞争性和公正性,促进拍卖活动在降低交易风险、提高交易成功率等方面作用的发挥,同时规范拍卖活动,有效地维护拍卖人和竞买人的合法权益。

(二)办理拍卖公证的程序

1. 当事人向公证机构提出申请

申办拍卖公证,拍卖人应当在拍卖公告发出之前,至少在拍卖活动举行之前的一定期间,向执业区域内的公证机构提出申请,填写公证申请表,并提交以下证明材料:

(1)拍卖机构和委托拍卖方的资格证明、法定代表人资格证明和身份证明,委托代理人须提交授权委托书及其本人身份证件。

(2)拍卖标的物的清单、情况说明,以及对拍卖标的物有所有权或者有使用权的证明。拍卖物是国有资产的,应当提供国有资产评估部门出具的资产评估证明。

(3)拟发布的拍卖公告。

(4)委托拍卖的,应当提交拍卖委托书。

(5)拍卖方案,包括拍卖日程安排、拍卖竞价方式以及增价幅度等。

(6)其他需要提交的证明材料。

2. 公证机构审查当事人的申请

公证机构受理当事人的公证申请后,主要审查以下内容:

(1)审查拍卖机构是否具有合法资格。如拍卖企业的营业执照、特种行业许可证是否真实、有效等。

（2）审查拍卖物的所有权证明或者依法可以处分拍卖标的物的证明及其他资料，如拍卖物上是否有未清偿的债务，拍卖物是否与公告所公布的相一致、是否有瑕疵等。

（3）审查拍卖方案是否符合法律规定，是否合理可行，委托人有无保留价。

（4）审查拍卖机构与委托方签订的委托拍卖合同是否符合法律规定。

3．现场监督

进行拍卖公证，公证人员应当亲临现场，对整个拍卖活动进行法律监督。监督的主要内容包括：拍卖活动是否按照拍卖方案进行；拍卖师的唱价、竞买人的报价是否准确、清楚，拍卖师的落槌是否符合规则规定；竞买现场对各竞买人的位置安排是否公平；设定的拍卖保底价的，监督成交价是否达到保留价。

在现场监督中，对不符合规定的拍卖程序，缺少批准文件等情形，经指出又拒绝改正或者无法改正的，公证员应当拒绝公证；对符合规定的程序、原则、方法的拍卖结果当场宣读公证词，并在 7 日内向当事人出具公证书。

三、开奖公证

（一）开奖公证的概念和作用

开奖公证，是指公证机构根据当事人的申请，通过事前审查、现场监督的方式，依法证明面向社会发行彩票或者其他有奖活动的开奖行为的真实性、合法性的活动[1]。开奖公证是公证机构对开奖活动进行监督的一种手段，是对市场经济活动的一种间接管理和控制。进行开奖公证，一方面可以规范开奖活动，确保开奖活动的公开性和公正性，预防社会矛盾的发生，切实保护中奖人合法权益的实现；另一方面也可以维护公证的诚信和法律的尊严。

（二）办理开奖公证的程序

1．当事人向公证机构提出申请

申办开奖公证的有奖活动主办单位，应当在开奖活动举行 7 日前，向公证机构提出申请，填写公证申请表，并提交下列证明材料：

（1）有奖活动主办单位的资格证明、法定代表人的身份证明，委托人还应当提供身份证明和授权委托书。

（2）举办有奖活动的有关批准文件和依据。

（3）拟发布有奖活动公告以及有奖活动的规则、方案等。

（4）奖金、奖品的设置、数量以及来源等情况。

（5）公证机构认为应当提供的其他证明材料。

2．公证机构审查当事人的申请

对于符合条件的公证申请，公证机构受理后，应当重点审查以下内容：

（1）主办单位是否具备主办有奖活动的资质。

（2）有奖活动规则、方案是否合法、公平、合理。

---

[1] 陈光中、李春霖主编：《公证与制度》，北京大学出版社 2006 年版，第 65 页。

（3）开奖器具是否符合规定标准、能否正常使用。

（4）奖金、奖品的设置、数量以及来源是否符合规定。

3. 现场监督

办理开奖公证，公证机构应当指派至少两名以上的公证人员在现场对开奖活动的整个过程进行监督。现场监督的主要内容包括：对采用从器具中抽取奖票确定中奖人及中奖等次的开奖活动，公证人员应当对开奖器具和奖票的投放情况进行检查、监督；对提前投放奖票的，公证人员应当在投放结束后对开奖器具进行封存并予以监控，待开奖时启封；对依据数据电文作为计奖基础数据的，公证人员应当采取有效方式对相关数据电文予以保全。

开奖时，公证人员应当先检查开奖器具及有关封存情况，并严格按照开奖规则监督开奖人员实施开奖行为。中奖结果产生后，公证人员对公证词中涉及的中奖号码、中奖凭证、中奖人姓名应当即时核对，中奖人的身份证件应当复印存档。

第二节　遗嘱公证

一、遗嘱公证的概念和作用

遗嘱，是指公民生前依据法律的规定，对其个人财产及其他事务所做的安排，并在其死后发生法律效力的一种民事法律行为。遗嘱是遗嘱继承的依据，它是一种单方、要式、死因民事行为，也是立遗嘱人亲自实施的民事行为。关于遗嘱的形式，我国《民法典》规定了公证遗嘱、代书遗嘱、自书遗嘱、录音遗嘱和口头遗嘱等五种形式。

遗嘱公证，是指公证机构依据当事人的申请，依照法定程序对遗嘱人设立遗嘱行为的真实性、合法性予以证明的活动。经公证证明的遗嘱为公证遗嘱。遗嘱公证是公证机构对设立遗嘱行为的一种法律监督活动。公证遗嘱方式是设立遗嘱的方式中最为严格的一种，它可以有效预防纠纷，保证遗嘱人真实、合法的意思表示的实现，保护各方当事人的合法权益。

二、办理遗嘱公证的程序

（一）当事人向公证机构提出申请

当事人申办遗嘱公证，应当亲自向其住所地或者遗嘱行为发生地的公证机构提出申请，如果遗嘱人因特殊原因如年老体衰、行动不便或住院等不能亲自到公证处办理的，遗嘱人可以书面或者口头形式请求公证机构指派公证人员到其住所或者临时处所办理公证。提出申请后，当事人应当填写公证申请表，并提交以下证明材料：

1. 申请人的身份证明。例如，居民身份证、户口簿等。

2. 遗嘱涉及财产的权利证明。例如，房产证、存款单、有价证券等。遗嘱涉及财产较多的，还应当提交财产清单。

3. 遗嘱文本。如果遗嘱人不会书写或者书写有困难的,公证人员可以依法代为书写遗嘱。公证人员代拟的遗嘱,应当交遗嘱人核对,并由其签名。

4. 公证机构认为应当提供的其他证明材料。

(二)公证机构审查当事人的申请

受理当事人的申请后,公证机构应当派二名以上的公证人员共同办理,承办公证员应当全程亲自办理,并对遗嘱人订立遗嘱的过程录音录像。特别情况下,由一名公证员办理时,应当有一名见证人在场,见证人应在遗嘱和询问笔录上签名或者盖章。公证人员应当向遗嘱人讲解我国《民法典》中有关遗嘱和公民财产处分权利的规定,以及公证遗嘱的意义和法律后果。公证机构办理遗嘱公证,应当查询全国公证管理系统。出具公证书的,应当于出具当日录入办理信息。在办理公证时,公证人员应当重点审查以下事项:

1. 审查遗嘱人的身份和行为能力,包括审查遗嘱人是否具有行为能力、神志是否清醒等。遗嘱公证必须由具有完全民事行为能力的遗嘱人亲自办理,其他人、无民事行为能力或限制民事行为能力的遗嘱人不得办理。关于遗嘱能力以何时为准的问题,《最高人民法院关于适用《中华人民共和国民法典》继承编的解释(一)》第 28 条规定:"遗嘱人立遗嘱时必须具有完全民事行为能力。无民事行为能力人或者限制民事行为能力人所立的遗嘱,即使其本人后来具有完全民事行为能力,仍属无效遗嘱。遗嘱人立遗嘱时具有完全民事行为能力,后来成为无民事行为能力人或者限制民事行为能力人的,不影响遗嘱的效力。"可见,我国判断遗嘱人是否具有遗嘱能力以立遗嘱时为准[①]。

2. 审查遗嘱人的意思表示是否真实,有无受胁迫、欺诈等情形。

3. 审查遗嘱人处分的财产是否为其个人有权处分的财产,是否处分了共有财产或者有争议的财产,财产上有无已经设立担保或者被查封、扣押等限制等。

4. 遗嘱内容是否违反法律规定和社会公共利益,是否剥夺了缺乏劳动能力又没有生活来源的继承人必要的财产份额,文字表述是否准确,签名、盖章和制作日期是否齐全等。其中,遗嘱应当写明遗嘱人的姓名、性别、出生日期、住址;遗嘱处分的财产状况(名称、数量、所在地点以及是否共有、抵押等);对财产和其他事务的具体处理意见;有遗嘱执行人的,应当写明执行人的姓名、性别、年龄、住址等;遗嘱制作的日期以及遗嘱人的签名。遗嘱中一般不得包括与处分财产及处理死亡后事宜无关的其他内容。

5. 有遗嘱执行人的,还应当询问遗嘱执行人的意见。

在审查过程中,公证人员可以询问遗嘱人。询问遗嘱人时,除见证人、翻译人员外,其他人员一般不得在场。公证人员还应当按照规定制作谈话笔录,谈话笔录应当重点记录下列内容:

1. 遗嘱人的身体状况、精神状况;遗嘱人系老年人、间歇性精神病人、危重伤病人的,还应当记录其对事物的识别、反应能力。

2. 遗嘱人家庭成员情况,包括其配偶、子女、父母及与其共同生活人员的基本情况。

3. 遗嘱所处分财产的情况,是否属于遗嘱人个人所有,以前是否曾以遗嘱或者遗赠

[①] 张文章主编:《公证制度新论》,厦门大学出版社 2005 年版,第 154 页。

扶养协议等方式进行过处分,有无已设立担保、已被查封、扣押等限制所有权的情况。

4. 遗嘱人所提供的遗嘱或者遗嘱草稿的形成时间、地点和过程,是自书还是代书,是否本人的真实意愿,有无修改、补充,对遗产的处分是否附有条件;代书人的情况,遗嘱或者遗嘱草稿上的签名、盖章或者手印是否其本人所为。

5. 遗嘱人未提供遗嘱或者遗嘱草稿的,应当详细记录其处分遗产的意思表示。

6. 是否指定遗嘱执行人及遗嘱执行人的基本情况。

7. 公证人员认为应当询问的其他内容。

谈话笔录应当当场向遗嘱人宣读或者由遗嘱人阅读,遗嘱人无异议后,遗嘱人、公证人员、见证人应当在笔录上签名。

经过审查,对于真实、合法的遗嘱,公证机构应当出具公证书予以证明。公证遗嘱采用打印形式。遗嘱人根据遗嘱原稿核对后,应当在打印的公证遗嘱上签名。遗嘱人不会签名或者签名有困难的,可以盖章方式代替在申请表、笔录和遗嘱上的签名;遗嘱人既不能签字又无印章的,应当以按手印方式代替签名或者盖章。公证人员应当在笔录中注明遗嘱人核对、确认遗嘱公证书的方式。以按手印代替签名或者盖章的,公证人员还应当提取遗嘱人全部的指纹存档。

三、办理遗嘱公证应当注意的事项

公证人员在办理遗嘱公证的过程中应当注意以下几个问题:

1. 如果遗嘱人年老体弱或者遗嘱人为危重伤病人、聋、哑、盲人以及间歇性精神病患者、弱智者,公证人员在与遗嘱人谈话时应当录音或者录像。

2. 根据法律规定,"遗嘱人证明或者保证所处分的财产是其个人财产"。遗嘱的内容不违反法律规定和社会公共利益,内容完备、文字表达准确、签名、制作日期齐全的,公证处才能出具公证书。可见,我国确立了遗嘱实质性审查的标准,即公证人员在办理遗嘱公证时不仅要进行形式审查,即审查立遗嘱人是否具有民事行为能力,意思表示是否真实,形式是否符合要求,还要认真进行实质审查,审查遗嘱内容是否合法、财产是否为其所有等。

3. 遗嘱人可以在遗嘱中指定遗嘱执行人。但无民事行为能力人、限制行为能力人、继承人、受遗赠人以及与继承人、受遗赠人有利害关系的人不能作遗嘱执行人。

4. 遗嘱人提供的遗嘱或者遗嘱草稿有修改、补充的,经整理后,应当交遗嘱人核对,由其签名确认。遗嘱人对于提供的遗嘱没有修改、补充的,遗嘱人应当在公证人员面前确认遗嘱内容、签名及签署日期属实。公证遗嘱生效后,与继承权益相关的人员有确凿证据证明公证遗嘱部分违法的,公证机构应当予以调查核实;经调查核实,公证遗嘱部分内容确属违法的,公证机构应当撤销对公证遗嘱中违法部分的公证证明。

5. 公证机构和承办公证的人员必须为当事人保密,不得对外泄露遗嘱人的行为和遗嘱的内容。而且,遗嘱公证的卷宗应当列为密卷单独保存,不能对外借阅。只有在遗嘱人死亡后,遗嘱生效后,才能转为普通卷宗保管。

第三节 提存公证

一、提存公证的概念和作用

提存,是指债务已届清偿期,债务人由于债权人的原因而无法向其交付债之标的物时,债务人将标的物提交给法定的提存机关而消灭债的关系的一种法律制度。提存是履行债务的一种特殊方法,是债的消灭的一种方式。将标的物交付提存的债务人称为提存人;债权人为提存受领人,法定的提存机关是我国的公证机关。通常,债务的履行往往需要债权人的协助,如果债权人无正当理由而拒绝受领或者不能受领时,债权人虽然应当承担迟延履行的责任,但是债务人却因为债务的不能履行而仍然要受到债的关系的约束,这对于债务人来说有失公平,因此,法律上设置了提存制度对债务人予以救济。

提存公证,是指公证机构根据当事人的申请,依照法定条件和程序,对债务人或者担保人为债权人的利益而交付的债之标的物或担保物(含担保物的代替物)进行寄托、保管,并在条件成就时交付债权人的活动。提存公证主要分为以清偿为目的的提存公证和以担保为目的的提存公证。其中,以清偿为目的的提存公证具有债的消灭和债之标的物风险责任转移的法律效力;以担保为目的的提存公证具有保证债务履行和替代其他担保形式的法律效力。提存公证由债务履行地的公证处管辖,以担保为目的的提存公证或在债务履行地申办提存公证有困难的,可由担保人住所地或债务人住所地的公证处管辖。办理提存公证,可以有效地预防和减少债务纠纷,及时调节债权债务关系[①],维护经济流转秩序和保护当事人的合法权益。

二、当事人办理提存公证的程序

（一）当事人向公证机构提出申请

当事人申请办理提存公证的,应当向有管辖权的公证机构提出申请,填写公证申请表,并提交以下证明材料:

1. 申请人的身份证明;法人应提交法人资格证明和法定代表人身份证明,法定代理人应提交与被代理人关系的证明,委托代理人应提交身份证明和授权委托书。

2. 合同(协议)、担保书、赠与书、司法文书、行政决定等据以履行义务的依据。

3. 债权人无正当理由拒绝受领、延迟受领、不能受领以及债的双方当事人约定以提存方式给付、担保人为保护债权人利益代为申请提存的证明材料。

4. 提存受领人姓名(名称)、地址、邮编、联系电话等。

5. 提存标的物种类、质量、数量、价值的明细表。

6. 公证员认为应当提交的其他材料。

---

① 陈光中、李春霖主编:《公证与制度》,北京大学出版社 2006 年版,第 73 页。

（二）公证机构审查当事人的申请

公证机构对于符合《提存公证规则》第10条规定条件的申请,应当予以受理。受理申请人的申请后,公证人员应当制作谈话笔录,对提存理由和相关事实(如无法给付债的标的物的事由和经过)、有关提存受领人的详细情况、提存标的物的详细情况以及提存人所作的特别说明等作出记录。在了解基本情况后,对于当事人的申请,公证员应当重点审查以下内容:

1. 债务人或者担保人是否具有提存的主体资格和行为能力。

2. 债务人或者担保人办理提存清偿的依据、请求提存的原因和事实是否属实以及当事人之间债的关系是否合法。

3. 提存标的物是否符合当事人之间的约定、是否适宜提存、是否需要采取特殊的处理或保管措施。

4. 申请人提交的材料是否齐全,内容是否属实。

经过审查,对于符合下列条件的,公证机构应当依法予以提存:

1. 提存人具有行为能力,意思表示真实。

2. 提存之债真实、合法。

3. 债务清偿期限届至,因为债权人无正当理由拒绝受领、迟延受领或者无法受领,使债务人无法按时给付的;债的双方在合同(协议)中约定以提存方式给付的或者为了保护债权人利益,保证人、抵押人或质权人请求将担保物(金)或其替代物提存的,并且申请人已经明确写明提存物给付条件的。

4. 提存标的物依照《提存公证规则》第7条的规定可以提存的。

5. 提存标的与债的标的相符。提存标的与债的标的不相符或者在提存时难以确定两者是否相符的,公证机构应当告知提存人如果提存受领人因此原因拒绝受领提存物,则不能产生提存的效力。告知后,提存人仍然要求提存的,公证机构可以办理提存公证,并对此作出记载。

对于不符合前两款规定的申请,公证机构应当拒绝办理提存公证,并告知申请人对拒绝公证不服的救济程序。

（三）接收提存物并出具公证书

对于提存物,公证机构应当验收并登记存档。对不能提交给公证机构的提存物,公证机构应当派公证员到现场实地验收。验收时,提存申请人(或其代理人)应当在场,公证员应制作验收笔录。验收笔录应当交提存人核对。对难以验收的提存标的物,公证机构可予以证据保全,并在公证笔录和公证书中注明。对提存的贵重物品、有价证券、不动产或其他物品的价值难以确定的,公证机构可以聘请专业机构或人员进行估价。经验收的提存标的物,公证机构应当采用封存、委托代管等必要的保管措施。提存货币的,应当将现金、支票交付公证机构或者将提存款项划入公证机构的提存账户。对易腐、易烂、易燃、易爆等物品,公证机构应当在保全证据后,由债务人拍卖或者变卖,提存其价款。

公证机构应当自提存的物品验收合格,现金、支票交付或者划入提存账户,有价证券、提单、权利证书或者无需验收的物品实际交付之日起3日内出具提存公证书:

（四）其他应当注意的事项

1. 以清偿为目的的提存或者提存人通知提存受领人有困难的，公证机构应当自提存之日起 7 日内，以书面形式通知提存受领人，告知其领取提存物的时间、期限、地点、方法。提存受领人不清或下落不明、地址不详无法送达通知的，公证机构应当自提存之日起 60 日内，以公告方式通知。公告应刊登在国家或者债权人在国内住所地的法制报刊上，公告应在 1 个月内在同一报刊刊登 3 次。

2. 公证机构有保管提存标的物的权利和义务。公证机构应当采取适当的方法妥善保管提存标的，以防毁损、变质或灭失。对不宜保存的、提存受领人到期不领取或者超过保管期限的提存物品，公证机构可以拍卖，保存其价款。

3. 公证机构应当按照当事人约定或者法定的条件给付提存标的物。以对待给付为条件的提存，在提存受领人未为对待给付之前，公证机构不得给付提存标的物。提存受领人领取提存标的物时，应提供身份证明、提存通知书或公告，以及有关债权的证明，并承担因提存所支出的费用。提存受领人负有对待给付义务的，应提供履行对待给付义务的证明。委托他人代领的，还应提供有效的授权委托书。由其继承人领取的，应当提交继承公证书或其他有效的法律文书。因债权的转让、抵销等原因需要由第三人领取提存标的物的，该第三人应当提供已经取得提存之债债权的有效法律文书。

4. 提存物在提存期间所产生的孳息归提存受领人所有。提存人取回提存物的，孳息归提存人所有。提存的存款单、有价证券、奖券需要领息、承兑、领奖的，公证处应当代为承兑或领取，所获得的本金和孳息在不改变用途的前提下，按不损害提存受领人利益的原则处理。无法按原用途使用的，应以货币形式存入提存账户。定期存款到期的，原则上按原来期限将本金和利息一并转存。股息红利除用于支付有关的费用外，剩余部分应当存入提存专用账户。提存的不动产或其他物品的收益，除用于维护费用外剩余部分应当存入提存账户。

5. 提存人可以凭人民法院生效的判决、裁定或者提存之债已经清偿的公证证明取回提存物。从提存之日起，超过 5 年无人领取的提存标的物，视为无主财产，公证机构应当在扣除提存费用后将其余额上缴国库。

第四节　保全证据公证

一、保全证据公证的概念和作用

证据保全，是指证据可能灭失或者以后难以取得的情况下，人民法院根据申请人的请求或者依职权，对该证据进行调查、收集、固定和保存的行为。由于某些客观原因（如证人将出国或者物证可能腐烂、变质等）或者某些人为的因素，可能出现证据丢失、失真、以后难以取得或者被销毁转移等情况，为了保证在诉讼时不影响法院查明案件的真实情况，不影响法院对纠纷的正确审理，维护当事人的合法权益，在诉讼法律制度中设置了证据保全

制度,以来事先对证据予以保存和固定。实践中,当事人自己提供的证据经常会受到真实性、合法性方面的质疑,而申请人民法院进行证据保全又存在诸如程序性等的限制,这就为当事人寻求公证机构介入以保全证据提供了空间。

证据保全公证,是指公证机构根据当事人的申请,依法对与申请人的权益有关的可能灭失或者以后难以取得的证据、行为过程等加以收集、固定和保存以保证证据的真实性、合法性和证明力的活动。在诉讼中,经过公证证明的证据不仅可以证明事实的真实性、合法性,而且具有法定效力。例如,根据《民事诉讼法》第 72 条规定,经过法定程序公证证明的法律事实和文书,人民法院应当作为认定事实的依据,但有相反证据足以推翻公证证明的除外。尤其值得一提的是,对于同类证据,经公证的证据的法律效力要优于未经公证的证据,这也是当事人申请证据保全公证的主要动因。可见,进行证据保全公证,不仅可以改变当事人取证难的处境、引导当事人依法取证、为当事人节约诉讼成本、维护当事人的合法权益,而且可以保证证据的真实性、合法性,有助于人民法院查明案件事实,有效行使审判权。近年来,除常见的证人证言、书证、物证、视听资料,以及现场情况、行为过程等证据保全公证外,又出现了知识产权证据保全、房地产证据保全和网络证据保全等新内容的证据保全公证,并且越来越多地被运用到诉讼中,成为诉讼证据的一个重要组成部分,发挥着越来越重要的作用[①]。

二、办理证据保全公证的程序

(一)当事人向公证机构提出申请

申办证据保全公证,当事人应当向其住所地或者事实发生地的公证机构提出申请(涉及不动产的,向不动产所在地的公证机构提出申请),填写公证申请表,并提交下列证明材料:

1. 自然人应当提供身份证件,法人应当提供法人资格证明、法定代表人的身份证明。代理人代办的,应当提供授权委托书和代理人的身份证件。

2. 保全证据的目的和理由。

3. 需要保全的书证、物证、现场情况、视听资料、证人证言等证据具体情况的材料,如拆迁房屋的拆迁证,房屋所有权证、书证、视听资料等。

4. 需要保全的证据与申请人在法律上有关联的证明材料,如知识产权、商标侵权的版权证明、商标使用权证明等。

5. 公证机构认为应当提交的其他证明材料。

(二)公证机构审查当事人的申请

受理当事人的申请后,公证人员应当制作谈话笔录,对当事人申请证据保全公证的理由、目的和与证据相关详细情况等作出记录。在掌握基本情况后,对当事人提交的证明材料,公证人员应当重点审查以下事项:

---

① 张文章主编:《公证制度新论》,厦门大学出版社 2005 年版,第 251 页。

1. 申请保全的事项是否属于本公证机构管辖。

2. 申请人是否具备主体资格和行为能力。

3. 申请人或者申请事项与承办公证人员有无利害关系,是否需要公证人员回避。

4. 需要保全的事项与申请人的权益是否有利害关系。

5. 保全证据的目的和理由是否正当、合法。

6. 需要保全的证据是否真实,来源是否合法,有无侵害他人合法权益的情形。

(三)保全证据

公证机构保全证据,应当派二名以上的公证人员共同办理,特别情况下,由一名公证员办理时,应当有一名与保全事项无利害关系的见证人在场。公证人员应当制作工作笔录,对保全证据的时间、地点、保全对象的基本情况、取得的证据数量、种类、形式以及办理保全的公证人员及在场的相关人员的情况等作出记录。同时,根据证据的不同种类,公证机构应当采取不同的方法和措施对证据进行保全。

1. 保全书证、物证和视听资料

保全书证、物证和视听资料时,公证人员应当采取现场封存和现场提取证据的方式进行,对不易收存的物证可以采取记录制图拍照录像复制等方式加以提取。涉及专业性问题的,应当聘请专业人员采取技术手段进行,由公证员现场监督。同时,将封存或者现场提取的书证、物证和视听资料记录在案。记录应当交由当事人确认,并应当由办理保全的公证人员及在场的相关人员签名或者盖章。

2. 保全证人证言、当事人陈述

保全证人证言、当事人陈述之前,公证员应当查明证人、当事人的情况,并告知拒绝提供证言和作伪证所要承担的责任。证人或当事人应当在公证员面前提供证言或者进行陈述。同一公证事项涉及若干个证人证言的,公证员应当分别接待和询问。向未成年人或者间歇性精神病人提取证人证言、当事人陈述的,应当审查其年龄、智力状况和精神健康状况,并有其监护人在场。证人证言、当事人陈述应当交由本人确认,并由办理保全的公证人员及在场的相关人员签名或者盖章。

3. 保全行为过程

办理保全行为过程的公证,应当审查行为人的身份、民事行为能力以及行为内容和结果的真实性、合法性,并记录保全行为的时间、地点、方式、过程。对行为过程和事实的保全涉及专业性问题的,应当聘请专业人员进行,公证员应当审查其资格。

(四)出具公证书

对于符合下列条件的,公证机构应当出具公证书:

1. 当事人主体资格和行为能力符合法律规定;

2. 保全的证据与当事人具有法律上的利害关系;

3. 当事人提交的证件、证明材料真实、合法、齐全;

4. 申请保全证据的行为不违反法律和社会公共利益;

5. 保全证据的方法、措施、程序符合规定。

（五）其他应当注意的事项

公证机构在办理公证事项时，应当注意以下几个问题：

1. 公证人员在保全证据的过程中，要尽量收集原始、有效的证据。原始、有效的证据一般通过当事人提供原件和由相关行政部门或者有公信力的部门出具证明来保障。通常情况下，只有在当事人直接提供这些证明有困难时，公证人员才需要通过其他方式对需要证明的事实进行调查核实，如向有关部门或者知情人员询问、调查、核实等。

2. 公证人员收集证据要客观、全面，保证真实性。这是公证工作本身的需要，也是公证公信力的保障。因为只有客观、全面的证据材料才能保证公证书所证明的事实是符合客观实际的，才是对客观事实的真实反映。再次，公证人员收集的证据之间要协调一致，不能互相矛盾，尽量做到深入、细致。对于存有疑点的证明材料，应当通过其他证明材料之间互相佐证来辨别真伪，经过审查后仍然不能辨别事实真伪或者存在违法情形的，不予公证。

3. 公证人员在办理证据保全公证时，应当充分注意现场的情况，防止矛盾激化。如果出现现场局面无法控制的情形，公证人员应当暂时中止办理，视以后具体情况变化再作出是否继续办理公证的决定。

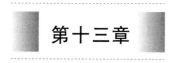

第十三章　涉外及涉港澳台公证

第一节　涉外公证

一、涉外公证的概念、特点和作用

（一）涉外公证的概念和特点

涉外公证，是指公证的当事人、所证明的对象或者公证书使用地等因素中至少有一个或者一个以上有涉外因素的公证证明活动。

涉外公证主要具有以下几个特点：（1）当事人多数是准备出国的我国公民，或者有对外经济、技术、文化往来的国家机关、企事业单位和社会团体，以及居住在我国或者旅居国外的华侨。（2）办理涉外公证业务的公证处需经省、自治区、直辖市司法厅（局）批准并报司法部备案；公证员需要具有涉外公证员资格，并且其签名章连同所在公证处印章要在司法部、外交部备案。（3）涉外公证书通常要根据使用国或当事人的要求，附相应的外文译文，并办理外交认证手续。（4）涉外公证书要使用专门的用纸。（5）涉外公证书通常要发往域外使用，并在域外发生法律效力。因此，在适用法律上，既要符合我国有关的法律规定，又要符合国际条约和国际惯例，还要考虑公证书使用国的有关法律规定。否则，将影响公证书的使用效力，当事人的合法权益也难以得到维护。（6）涉外公证书，除由国内公证机关出具外，还有相当一部分是由我国驻外使领馆出具的。（7）发往域外使用的公证书具有使用时效。根据不同国家的不同规定和要求，超过时效的公证书不能使用，将失去其应有的法律效力。[1]

（二）涉外公证的作用

涉外公证是保障和促进我国与世界各国进行民间交往和贸易往来不可或缺的重要法律手段，用途十分广泛，根据立法和司法实践经验的总结，涉外公证主要具有以下几个方面的作用：

一是用于办理出境和入境手续。公民出境或者入境，在有些情况下需要办理公证证明。例如，公民出国旅游、探亲、留学、开会、考察等，需要取得出国护照。而办理出国护照，根据公安部、教育部、外交部等部门的要求，或者根据所赴国的要求，需要提交公证机构的证明，否则，将不予办理。公民出国除取得出国护照外，还必须获得所赴国家使、领馆

---

① 　江晓亮主编：《公证员入门》，法律出版社 2003 年版，第 271～272 页。

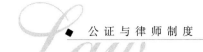

的入境签证。使、领馆在办理签证时,要求公民提供相关的公证证明。由此可见,公证证明在公民出境或者入境办理相关手续时,具有重要意义。

二是用于民间往来。随着国际交往的不断增多,民间往来也越来越多。不同国家之间的公民、民间团体、学术团体之间的交往越来越频繁,有些事项要求必须有公证机关的证明。例如,在国外留学,为了获得所去国家的某种学位、技术职称等参加国外考试,需要提供有关学历、经历的公证书。再如,去国外探亲、定居、求职,也需要提供公证机关的公证证明。去日本、德国等国家探亲或者定居,需要办理亲属关系公证;去智利探亲或者定居,需要办理亲属关系、出生、结婚公证。去国外求职,需要办理经历、学历、职称等公证。

三是用于涉外经济贸易活动。随着经济体制改革的不断深入,我国对外经济贸易活动日益频繁。根据国际惯例,在对外交往中,往往需要公证机关办理公证证明。例如,开展进出口贸易,为了保障信誉可靠,避免产生交易风险,防止发生纠纷,根据交易习惯,需要贸易一方提供经国内公证机关提供的证明文件。证明贸易方的主体资格、履约能力、还款保障、资信情况等。在引进外资、引进技术设备活动中,我国企业有时需要向外国银行贷款,为了保障贷款合同的顺利履行,外国银行往往要求我国企业提供公证机关的公证担保书等。

四是用于办理各种民事法律事务。公民在国外办理民事法律事务,有时也需要提供相关的公证证明。例如,继承在国外的遗产,通常需要提供继承人与被继承人之间存在亲属关系的证明、继承权证明、出生证明、结婚证明、死亡证明等公证书。旅居国外退休回国的华侨,如果要领取在国外的养老金、退休金,需要我国公证机关提交生存公证证明。

五是用于域外诉讼。民事主体在对外交往过程中,难免发生纠纷,特别是在履行涉外经济合同、协议过程中,更容易产生纠纷,涉及诉讼。为了使纠纷得到公正合理的解决,有时需要去国外进行诉讼,有时需要委托外国律师代理诉讼,此时往往需要办理相关的委托公证书。

二、涉外公证程序的特别规定

（一）涉外公证机构和涉外公证员

目前,有权办理涉外公证业务的机构有两种:一是公证处;二是我国驻外大使馆、领事馆。公证处,是指涉外公证处,即具有办理涉外公证业务的条件,并且履行了有关审批、备案程序的机构。驻外大使馆、领事馆履行公证职责,依据是国际惯例、国际条约、双边协定以及相关法律规定。

涉外公证员是指具备办理涉外公证事务资格的公证员。在我国要想取得涉外公证员资格,必须参加全国涉外公证员业务考试,并且达到合格的标准,经省、自治区、直辖市的司法厅（局）批准,报司法部备案。

（二）涉外公证范围

根据国际惯例和我国相关公证法律规范的规定,我国公证机构办理的涉外公证业务,仅限于在我国境内发生的法律行为、法律事实,以及在我国境内使用的法律文书。对发生

在外国的法律行为、法律事实,除非申请人所在国允许,否则,我国公证机构不能办理该项公证事务。

(三)涉外公证的法律适用

涉外公证与国内公证在适用法律上存在比较大的区别。国内公证的办理,只能依据我国的法律规定;而涉外公证的办理,既可以适用我国的法律规定,也可以在我国法律规定与公证书使用国的法律规定不一致时,根据具体情况适用外国的法律规定。但是,前提条件是外国的法律规定与我国的法律的基本原则及社会风俗不冲突,适用外国的法律规定有利于保护我国公民的合法权益。

(四)涉外公证书

涉外公证书,是指公证机构制作的在域外发生法律效力的法律文书。公证员在制作域外公证书时,应当注意以下几个问题:(1)根据我国相关法律规定,涉外公证书应当使用中文制作。如果当事人需要,公证机构可以根据当事人的申请,附外文译文。(2)公证员不能在公证书的译文上签名。在有些情况下,如果需要在所提供的外文文字或表格上盖章并申办公证的,公证员应当在另外的文书纸上,证明申请人的签名盖章属实。(3)对涉外合同,如果双方协商同意以英文制作的,我国公证机构也可以直接予以公证,在无需或无法附中文文本的情况下,可不附中文译文。

(五)对涉外公证书的认证

认证,是指外交、领事机关在公证文书上,证明公证机构的签名和印鉴属实,或证明前一认证的签名印鉴属实的行为。认证的目的是使公证文书在域外发生法律效力。我国《公证法》第 33 条规定,公证书需要在国外使用,使用国要求先行认证的,应当经中华人民共和国外交部或者外交部授权的机构和有关国家驻中华人民共和国使领馆认证。

第二节 涉港澳公证

一、香港地区的公证制度

1. 香港公证制度简介

香港的法律制度属于普通法系,发端于英格兰。普通法系的英国从未发展起公证人这一职业,仅有涉及国际贸易的文件才需要公证人服务,所有其他种类的重要文件,如合同、土地转让等,则不需要公证人介入。因此,香港地区与英国一样,公证没有统一立法,没有专门的公证机构,也没有专门从事公证业务的公证人,法律公证业务被列为事务律师业务的一部分,实行律师兼任公证人制度,即公证事务由取得国际公证人或委托公证人资格的律师去做,公证人称为"法律公证人"或"公证事务律师"。但是,随着国际交往的日益频繁,签署国际贸易合同开始需要公证人介入,尤其是 20 世纪 80 年代初,中国实行改革开放政策以后,内地与香港的往来日趋活跃,促进了香港公证人队伍和公证业务的发展。

目前,香港有律师 5000 多人,其中有国际公证人资格的 400 多人,有委托公证人资格的 237 人。[①]

在香港,律师要取得国际公证人资格或委托公证人资格,必须经过严格的审查和考试。根据司法部 1995 年第 34 号令《中国委托公证人(香港)管理办法》的规定,只有具备下列条件,且年龄不超过 65 周岁的香港执业律师,才可向司法部提出申请:(1)拥护内地政府,支持内地的改革开放和经济建设;(2)拥护《香港特别行政区基本法》,对香港的稳定和繁荣发展有贡献;(3)在香港从事律师业务 10 年以上;(4)职业道德良好,没有因违反职业道德受到惩处的记载;(5)遵守内地的法律、法规和办证规则;(6)能用中文书写公证文书,能用普通话进行业务活动。经审查,对符合条件的还须参加司法部举行的法律知识和公证业务以及有关业务技能的短期培训,并参加司法部组织的考试。考试合格者,取得国际公证人和委托公证人资格。

香港公证人的业务范围与内地公证员相差无几,包括对签订的经济合同、财产赠予、遗嘱、楼宇买卖、亲属关系、婚姻状况等在香港以外地方使用的法律文书进行公证。

香港国际公证人和委托公证人的行业管理组织是香港法律公证人协会和中国委托公证人协会,协会的性质是在香港登记注册的非牟利的专业团体。香港公证人受香港公证人协会及其章程的约束。公证人的收费标准,由公证人协会统一制定。

2. 香港地区公证证明的效力

香港公证证明的效力与内地公证证明的效力有区别。在内地,根据《中华人民共和国公证法》的规定,公证是指国家公证机关根据当事人的申请,依法证明法律行为、有法律意义的事实和文书的真实性和合法性。公证处是国家的公证机关,公证有别于私人证明,公证证明的效力比较大。我国民事诉讼法规定,经过法定程序公证证明的法律行为、法律事实和具有法律意义的文书,人民法院在诉讼中应当作为认定事实的根据,除有相反证据足以推翻公证证明的以外。之所以如此,是因为公证员办理的公证文书大多数是以实体证明的形式出具的。根据法律规定,公证员在办理公证过程中,对当事人申请办理的公证事项,有进行审查、核实的权利。如果认为当事人提供的证据材料不完备或有疑义时,可以要求当事人补充相关材料,有权向有关单位、证人调查、收集有关证明材料,并可以到现场做实地调查和勘验。由于公证机构在出证过程中,有严格的程序规定,因此,出具的公证书具有较强的证明效力。

与之相比较,在香港,委托公证人在办理公证过程中,不享有特别的调查取证权,对当事人申请办理的公证事项,只能在法律允许的范围内向有关部门进行核实,出具的公证书大多数情况下,都是以当事人作出"声明"的形式出具的,公证人的职责就是见证当事人签字的真实,签字人的签字是自愿的,并且知道签署的是什么文件。因此,公证证明的证明效力比较弱,并且,委托公证人出具的证明文书的使用范围仅限于内地。

[①]　丁浩:《香港的委托公证人》,载《中国公证》2001 年第 4 期。

二、澳门地区的公证制度

1. 澳门地区公证制度简介

澳门有关公证制度的法律,属于延伸适用的葡萄牙国家的法律。澳门现行公证制度的法规有 40 余件,其中包括法律 6 件,法令约 30 余件,其余为批示等规范性文件。核心的法律是现在适用于澳门的葡萄牙国家的《公证法典》。曾于 1990 年和 1993 年两次被澳门法令所修改,以适应澳门本地的实际情况。另一部分重要的规范是有关私人公证员的三个法令,包括《私人公证员法令》、《私人公证员法例若干修改》、《私人公证员培训课程》。此外,还有一些有关公证组织制度和收费制度的法规。[①] 澳门公证制度内容如下:

一是公证员资格。为了保证公证的质量,各国对公证员的资格均有严格的规定,一般都不低于律师资格。澳门地区公证员的资格总的来说不算严格。对公职人员的公证人资格,包括立契官和兼职公证员,法律并无严格的规定。特别是政府部门中的专职公证员与一般公务员无异。对私人公证员资格的规定也比较宽松,规定下列人员,经过 50 个小时的培训,取得私人公证员的资格,向政府交付 100 万澳门元的保证金后,即可担任私人公证员,即从未被撤职或强迫退休的前任澳门公证员及前任登记局长、曾在澳门担任法官或检察官且其最后评价不低于良以及从未被撤职或强迫退休者、在澳门律师工会注册并实际执行的律师。

二是公证机构。澳门的公证机构为立契官公署,该机构被称为专责公证机构。立契官公署中设有 3 名立契官,都是葡萄牙人。另外还包括辅助人员 39 人,分为一、二、三等助理和书记员,其中一等助理员可担任代理公证员。1995 年,澳门颁布了一个关于本地人员担任登记局局长及公证员助理职务的法令,主要为了推进公证员和登记局局长的本地化,经公开招考后,澳门已选出了 9 名懂中葡双语的登记局局长助理及公证员助理人选。此外,还有其他人员兼任公证员,担任公证职责。一部分是公职人员,即立契官以外的政府部门中被指定的其他部门的公务员等。另一部分是非公职人员,即私人公证员,包括符合条件的律师、法官、检察官等。

三是公证业务范围。《澳门公证法典》第 1 条第 1 款规定,公证职能之主要作用在于使非以司法途径作出之法律行为具备法定形式,并赋予该等行为公信力。根据澳门法律规定,开展公证业务实行自愿公证和法定公证相结合的原则。而且,澳门法定公证事项的范围相当广泛,契约公证几乎包括所有物权行为的契约和千元以上的债权契约。此外,有关公法人作为承诺人的行为,储蓄、信贷和福利总所有关交易和不动产让与的行为,公共机构物业信贷机构的行为,按诉讼法律规定的行为等,也必须按有关的特别立法规定进行公证。澳门公证法对私人公证员的业务范围有所限制,主要体现在两个方面:一是与个人身份有关的事项;二是对法院外的法律行为给予确切性或确定性的特别保证的公证。

四是公证管理。立契官公署与澳门的各类民事商事登记机关都归司法政务司监护,

---

① 文·李岸日:《澳门的公证制度》,《载中外公证法律制度资料汇编》,法律出版社 2004 年版,第 649 页。

并在行政上受司法事务司司长的领导。澳门总督通过司法政务司对司法事务及立契官公署予以指导。

五是公证收费。根据澳门法律规定,私人公证员没有薪酬,当事人在私人公证员处办理公证可减付三分之一公证费。但是,在司法实践中,律师可以通过办理公证收取律师服务费,当事人在私人公证员处办理公证减付的部分,往往不足以支付律师服务费。实际上,这种做法既加重了当事人的负担,又造成了政府公证费收入的大量流失。

六是公证责任。根据澳门公证法的规定,对公证行为之责任主要包括三类,即一般责任、连带责任和刑事责任。一般责任,是指就公证行为及由公证机构发出之文件,均由其签署人承担责任,但其缮立人仍须承担因欺诈或恶意而应负之责任。按前述规定须对公证行为承担责任之人,基于所造成之损失而负有之责任,并不因该等行为已透过司法途径转为有效而获免除。连带责任,是指公证员因缺乏监管或领导而导致其公证机构之工作人员在执行有关职务时不法实践某些作为或不作为者,须承担连带责任,但该等工作人员本身仍须承担其个人责任。除此规定外,私人公证员尚需就基于工作上之错误而对第三人造成之损失以及就税务法律之不履行而向有关行为之订立人承担连带责任。对于公证员承担刑事责任的规定,适用于有关公务员须承担刑事责任之规定。[①]

2. 澳门地区公证证明的效力

根据澳门地区公证法的规定,公证的职能主要是为了对法院外的法律行为以法定形式确定下来并确认其效力。因而公证的职能范围比较广泛,公证的作用和效力也比较强。但是,由于近年来澳门地区设立了私人公证员制度,而法律并没有严格区分私人公证和立契官公证的效力,使两种不同类型公证的职能、作用和效力混同起来,使公证应有的职能、质量和效力大受影响。

■ 三、香港和澳门地区公证证明生效途径

中国内地办理涉港澳公证有特别规定。涉港澳公证是指公证机构办理的具有涉港澳因素的公证事项,即公证当事人之一是香港、澳门特别行政区居民、法人、其他组织等,或者公证文书将发往香港、澳门特别行政区使用的公证事项。对涉港澳公证的特别规定主要有:(1)在适用法律上,既要遵守全国性法律、法规、规章的规定,也要符合香港、澳门特别行政区的法律。(2)在管辖上,公证业务由申请人住所地或法律行为、法律事实发生地的公证处管辖;涉及财产转移的公证事项,由申请人住所地或主要财产所在地的公证处管辖。(3)办理具有涉港澳因素的公证事项,须由具有办理涉外公证业务资格的公证处、公证员办理。(4)具有涉港澳因素公证事项的审批,适用涉外公证审批程序。(5)涉港澳公证文书须使用公证专用纸,并加盖钢印。(6)内地发往香港、澳门特别行政区使用的公证文书,可以根据当事人的要求附英文译文或葡萄牙译文。

在香港,发往内地使用的公证书,必须由具有委托公证人资格的律师,按照司法部规定的文件格式出具,并要送中国法律服务(香港)有限公司的职能部门"中国委托公证人公

---

① 《澳门公证法典》第18条、第19条、第20条。

证文书审核转递办公室"审核后加章转递,确认使用。未经上述程序,内地各有关部门均不承认其效力。"中国委托公证人公证文书审核转递办公室"是经司法部授权,具体承办与委托公证人相关的事务和就香港在内地使用的公证文书的有关问题与内地的文书使用部门进行联系和协调的专门机构。据统计,至2000年,每年由该"中国委托公证文书审核转递办公室"审核转递的公证文书平均达3.5万件,1994年曾达到年7万件。这些公证文书主要涉及香港居民、法人以及在香港的外籍人、其他地区的人士,在中国内地从事经济、民事活动所需要的证明发生在香港的法律行为、有法律意义的文书和事件。目前主要以与内地公民结婚、离婚;继承、赠予或受赠在内地的财产;在内地收养子女;申请内地亲属到香港探亲、定居;在内地开设企业,申请登记注册;授权委托等公证事项居多。中国委托公证人制度,是中国公证制度的重要组成部分,是在"一国两制"现实情况下,确保证明文书的真实性、合法性的需要。他的建立,为香港居民、法人、在港人士到内地处理民事及经济事务提供了一条便捷、有效的法律服务途径,解决了在一个国家内部,两个不同的法律区域公证文书的相互使用问题。①

澳门居民回内地处理法律事务所需证明的出具方式主要有以下几种:一是由"三机构""四社团"出具证明。"三机构"是指澳门南光公司、澳门南光(集团)公司和中国银行澳门分行。"四社团"是指澳门工会联合会、澳门中华教育会、澳门中华总商会、澳门街坊会联合会。二是由"三个立契官公署""四个民事登记局"办理证明。三是由澳门私人公证人出具公证。四是由司法部设在澳门的"中国法律服务(澳门)公司"出具公证。

第三节　涉台公证

一、台湾地区的公证制度简介

我国台湾地区的公证制度基本上沿袭了民国时期的公证立法。1920年以澄清讼源为目的的公证制度,首先在东北特区法院推行。1935年7月司法院草拟,由司法行政部公布了旧中国第一部公证法规——《公证暂行规则》,其中规定了在地方法院设立公证处,指定推事专办或兼办公证事务。1936年2月,司法行政部又颁布了《公证暂行规则施行细则》《公证费用规则》等,进一步规范公证事宜。1943年,国民党政府颁布了《公证法》,计四章五十二条,以及《公证费用法》,至此,旧中国公证制度基本建立。该公证法规在我国台湾地区实施逾五十年之久,其间,仅在1975年和1980年进行局部技术修正,而法案的整体框架未作调整。但是,随着公证观念的传播和接受,以及民事、经济活动日趋复杂和多样化,旧的规范已不适于经济发展、社会生活和交往的需要。于是,1988年6月,成立了公证法研究修正委员会,定期集会研究,检讨现行公证立法,并提交公证法修正案,1995年经司法行政机构通过,于1996年4月提交立法机构审议,1999年4月正式颁布

---

① 丁浩:《香港的委托公证人》,载《中国公证》2001年第4期。

"修正公证法",依据该法规定,自公布生效后两年施行,即 2001 年 4 月。现行"公证法"由原来五章八十七条扩充至八章五十二条。[①] 根据新修改"公证法"的规定,公证制度主要包括以下内容:

一是公证人资格。公证活动是一种"准司法活动",要求从事公证业务的人员必须具有较高文化素质与法律素质。台湾公证人分两部分,一部分是定位为公务员的公证人。这部分公证人存在于法院,属于执行公权力,支领薪俸,受"司法人员人事条例"规范。另一部分是民间公证人。这部分公证人被称为"准公务员",性质介于自由业者与公务员之间。民间公证人不支领薪俸,而是以收取的公证费作为报酬,所以,在人事事项方面,不适用公务人员法令。根据我国台湾地区"公证法"的规定,民间公证人由司法行政机构依法遴选,必须符合下列条件:(1)经民间之公证人考试合格者。(2)曾任法官、检察官,经铨叙合格者。(3)曾任公设辩护人,经铨叙合格者。(4)曾任法院之公证人,经铨叙合格者,或曾任民间公证人者。(5)经高等考试律师考试及格,并执行律师业务三年以上者。(我国台湾地区"公证法"第 25 条)同时,法律规定,有下列情形之一者,不得遴选为民间公证人:(1)年满七十岁者。(2)曾受一年有期徒刑以上刑之裁判确定者。但因过失犯罪者,不在此限。(3)褫夺公权,尚未复权者。(4)曾任公务员而受撤职处分,其停止任用期间尚未届满者。(5)曾依本法免职或受处分者。(6)曾受律师法所定除名处分者。(7)受破产之宣告,尚未复权者。(8)受禁治产之宣告,尚未撤消者。(9)因身体或精神障碍致不能胜任其职务者。(我国台湾地区"公证法"第 26 条)另外,法律规定,交通不便地区无民间之公证人时,得依有关民间之公证人遴选办法之规定,就曾在公立或经立案之私立大学、独立学院法律学系、法律研究所或经教育部承认之国外大学法律学系、法律研究所毕业,并任荐任司法行政人员、荐任书记官办理民刑事记录或委任第五职等公证佐理员四年以上,成绩优良,经审查合格者,遴选为候补公证人。候补公证人候补期间三年,期满成绩优良者,得遴选为民间之公证人。[②]

二是公证机构。我国台湾地区"公证法"规定,公证事务,由法院或民间之公证人办理之。地方法院及其分院应设公证处;必要时,并得于管辖区域内适当处所设公证分处。民间之公证人应属于所属之地方法院或其分院管辖区域内,"司法院"指定之地设事务所。

在台湾,公证人有独立办理公证或认证的权力,但是,所谓的公证处或民间公证人事务所,仅是公证人执行职务的处所,并不具有独立法人的资格。在法院公证的公证处,依法院组织法的规定,每一地方法院设有公证处,由公证人和佐理员组成。司法行政机构对民间公证人事务所的规定并不多,因此,目前民间公证人事务所的现状是:限于财力,大部分民间公证人事务所以向他人承租居多,少数以自行购买的房舍作为事务所。每一分区内事务所的距离并未规定。对事务所面积的大小、基本设施司法行政机构也未规定。

三是管辖。所谓管辖,是指公证人对于某一公证事件行使公证权力的标准。2001 年 4 月 23 日施行的"公证法"第 6 条规定,当事人或其他关系人,除法律另有规定外,得向任

---

①　闫海:《遥望海那边的公证》,载《中国公证》2001 年第 3 期。

②　我国台湾地区"公证法"第 27 条第 1 款、第 2 款。

何地区之公证人请求作成公证书或认证文书。第7条规定,公证人应以所属之地方法院或其分院之管辖区域为执行职务之区域,但有急迫之情形,或依案件之性质,有至管辖区域外执行职务之必要者,不在此限。以上法律规定说明,公证事务无地域管辖,当事人可以向任何地区的公证人提出公证申请,但公证人执行职务有地域限制,除特殊情况外,不能在规定地域以外执行职务。

四是公证业务范围。台湾地区"公证法"第2条第1款规定,公证人因当事人或其他关系人之请求,就法律行为及其他关于私权之事实,有作成公证书或对于私文书予以认证之权限。我国台湾地区"公证法"的立法体例,主要参考日本的公证法,将公证人的主要权限分为公证和认证。所谓公证,是指对于当事人法律行为的成立及私权事实的存在赋予证明力。所谓认证,是指对于当事人私文书上的签名盖章,或持往境外使用的公文书,或对于公私文书的影本和善本或其原本或正本对照相符加以说明。[①] 法律规定说明,公证的业务范围是法律行为及关于私权的事实。

五是公证人公会。台湾地区向来并无正式的公证人团体组织,现有的"公证学会",其成员包括法院公证人及司法界中对于公证制度有兴趣的法官、律师、学者等人士,主要宗旨在于加强会员交流及对公证制度的研究。新颁布施行的台湾地区公证法规定,民间公证人应当加入公证人公会,始得执行职务。因此,公证人公会将成为公证人正式的团体组织。公证人公会是由民间公证人组成,而法院公证人及执行律师业务的民间公证人,得加入其所属法院所在地的地区公证人公会为赞助会员。公证人公会有两个层级,即全台公证人公会联合会和地区公证人公会。全台公证人公会联合会由各地区公证人公会3个以上发起,及全体过半数同意,于政府所在地组织之。宗旨是谋求理论与实务研究,砥砺会员品德,增进共同利益,执行民间公证人研习、指导、监督及处理其他共同有关事项为宗旨。地区公证人公会,是指在高等法院或其分院所属地方法院或其分院登陆之民间公证人总数达9人者,应于该高等法院或其分院所在地组织地区公证人公会,其未满9人者,应加入邻近高等法院或其分院管辖区域内之地区公证人公会。

六是强制责任保险制度。台湾地区"公证法"第67条第1款规定,民间公证人于执行职务期间,应继续参加责任保险。该条法律规定,主要是为了担保民间公证人将来执行职务时,因故意或过失,侵害他人权利的损害赔偿责任。根据该条的法律规定,民间公证人在任命时,非参加责任保险,不得执行职务。在执行职务期间,应当继续参加责任保险,否则,依法将受到惩戒。地区公证人公会应当为该地区民间公证人办理责任保险。

七是公证赔偿责任。在台湾地区,因为公证程序是属于非诉讼程序的一部分,所以公证人只行使形式审查的职权,因此,公证人只要遵守公证、认证的程序,就属于合法行使职权。但是,如果公证人有程序上的疏失,或故意对于未经体验或查证的事项予以公证,除属于当事人的虚假表述外,对于当事人的损害,自然需负相当的损害赔偿责任。法院公证人,包括佐理员,因为属于公务员,所以依"国家赔偿法"的规定,有发生赔偿事由时,先由政府机关负责赔偿,然后,政府机关再向法院公证人求偿。民间公证人虽然是受委托行使

---

① 郑云鹏:《台湾公证新制下的公证人权限》,载《中国公证》2004年第2期。

公权力之人,但是,并未从政府机关受领任何报酬,所以关于赔偿责任不适用"国家赔偿法"的规定,而应当适用公证法的规定。根据"公证法"第 68 条第 1 款的规定,民间之公证人因故意违反职务上之义务,致他人之权利受损害者,负赔偿责任。其因过失者,以被害人不能依他项方法受赔偿时为限,负其责任。

二、台湾地区公证证明的效力

台湾地区公证业务分为公证和认证两部分,公证业务类似大陆的"直接公证",公证人不仅对证明事项在形式上的真实合法负责,还要对公证事项内容的真实合法负责。认证类似大陆的"间接公证",公证人只对形式上的真实合法负责,即主要证明印件、签名属实。台湾地区公证证明的效力比较完整。包括就某项法律行为或者财产权的事实所作成的公证文书,证明该行为的成立或该事实的经过;公证人所认证的私文书,可以证明该文书的签名或盖章的真实性等。从证据的意义上讲,如果一方当事人在法庭上提交的是私文书,另一方当事人认为该私文书不真实,则提出私文书的一方当事人对私文书的真实性负有证明责任;如果不能证明私文书的真实性,就要承担对其不利的诉讼结果。相反,如果一方当事人提出的私文书是经过公证或认证的,则在法律上即为有效的真正的文书,另一方当事人对此文书有争议,提出异议的一方当事人应当提出证据,证明经过公证或认证的私文书的不真实性。因此,一些台湾诉讼法学者认为,社会上一切法律行为的构成或其他有关民事纠纷的发生,多是由于证书记载不明,签名随便,以至欺诈、伪造纠纷呈现,从而破坏社会秩序。一旦发生争执,往往涉讼法庭,取证也较为困难。这不仅浪费金钱,也枉费大量时间。更有甚者,是缠讼不休,结怨成仇,不仅当事人本身饱受其苦,有的还累及子孙,设立公证制度的目的就是为了保存证据。有关法律行为和其他财产权事实,一经公证处作成公证书或者作出认证私证书的认证后,就使该法律行为和该财产权事实有了法律保障。同时,由于证书的形式和文义清楚明白,不易随便混淆,所以,可以大大减少纠纷;纵使以后发生纠纷,因证据明确,是非易辨,曲直分明,法院也好裁判。[①] 为了解决疑难证据的采集问题,台湾地区的公证法设立了较为严密细致的公证程序。

为了使具有执行内容的公证文书得到执行,台湾地区公证法对公证书的执行要件及执行过程中可能遇到的问题也作出了相应的规定。我国台湾地区的"公证法"第 13 条规定,对于以给付一定数量的金钱或其他替代物、有价证券,给付特定的动产、租用或借用期满交还房屋或土地为标的的公证事项,期限届满债务人又不履行的,债权人无须诉讼,凭公证书即可申请法院强制执行。上述法律规定进一步强化了公证书的证明效力。

三、台湾地区公证证明生效的途径

祖国大陆办理涉台公证有特别规定。涉台公证是指公证机构办理的公证当事人之一是台湾同胞,或公证文书将发往台湾使用的公证事项。涉台公证的政策性很强,既不同于

---

① 司法部律师公证工作指导司编:《中外公证法律制度资料汇编》,法律出版社 2004 年版,第 656 页。

涉外公证,也不同于一般的国内公证,与涉港澳公证也有很大差别,它是公证机构办理的一类特殊的公证事务。办理涉台公证的特别规定主要有:(1)在法律适用上,要坚持适用中华人民共和国法律的原则,同时也要考虑台湾地区的有关规定和历史因素;(2)公证机构对有分裂祖国、鼓吹"台独"等反动内容的文件或证明材料,应当拒绝公证或者拒绝采证;(3)发往台湾使用的公证书要根据使用目的选定公证书格式,并应按规定上报有关司法行政机关登记备案;(4)在办证时实行三优原则,即优先受理、优先调查、优质服务;(5)办理涉台公证的公证处及公证员,由省、自治区、直辖市司法厅(局)公证管理处根据本省(区、市)的具体情况指定;(6)涉台公证文书须用公证专用纸,并加盖钢印;(7)发往台湾使用的公证书应当按规定由省级以上公证员协会向台湾海峡基金会寄送副本。

此外,办理涉台公证事项应当严格按公证的管辖规定办理。大陆居民和在大陆定居的台湾居民申请办理公证事项的,由其住所地或法律行为、法律事实发生地或不动产所在地指定的公证处受理;回大陆探亲、旅游的台湾居民申请办理公证事项的,由其原籍或临时户籍所在地或法律行为、法律事实发生地或不动产所在地指定的公证处受理;居住在台湾地区的居民委托大陆人士或亲友申请办理公证事项的,由其原籍所在地或法律事实发生地或不动产所在地的公证处受理;住所地不同的若干当事人共同申请办理一个公证事项的,应当在其中一名当事人住所地指定的公证处统一办理。

为促进海峡两岸的民事、经济交往,解决两岸公证书的使用问题,防止错假公证书引发不良后果,确保公证书真实、可靠,1993年4月29日大陆海峡交流协会与台湾海峡交流基金会在新加坡签署了《海峡两岸公证书使用查证协议》(以下简称《协议》),于1993年5月29日正式施行。《协议》主要包括两方面内容:(1)规定了可以寄送的公证书副本的种类,包括继承、收养、婚姻、出生、死亡、委托、学历、定居、扶养亲属、财产权利10项公证须寄送公证书副本的情形。1994年,经过大陆海峡交流协会与台湾海峡交流基金会的协商,又增加了涉及病历、税务、经历和专业证书4类公证须寄送公证书副本的情形。这些公证书都是关系到海峡两岸同胞重大人身和财产权益的事项,是海峡两岸最经常使用的公证书。(2)规定了查证程序。若使用部门对公证书的真实性发生疑问,可退回原公证机关核查。《协议》明确规定了7种可以退回原出证机关核查的情形,即违反公证机关有关受理范围规定的;同一事项在不同公证机关公证的;公证书内容与户籍资料或其他档案资料记载不符的;公证书内容自相矛盾的;公证书文字、印鉴模糊不清,或有涂改、擦拭等可疑痕迹的;有其他不同证据材料的;其他需要查明的事项。

根据《协议》的规定,双方同意通过相互寄送公证书副本,以正、副本比对的方式确认公证书的真伪,并对有问题的公证书进行查证,从而建立了海峡两岸公证书使用查证制度。《协议》的执行主体是中国公证员协会或有关省、自治区、直辖市公证员协会与台湾海峡交流基金会。中国公证员协会或有关省、自治区、直辖市公证员协会负责大陆发往台湾地区的公证文书副本的寄送和查证,并对台湾海峡交流基金会寄来的台湾公证文书副本进行比对、查证。具体工作主要由各省公证员协会完成。台湾海峡交流基金会成立于1990年11月。该机构具体负责发往台湾使用的大陆文书的核查,以及台湾发往大陆使用的公证文书副本的寄送、查证工作。根据规定,大陆发往台湾属于协议约定相互寄送副本范围的公证书,应办理一份副本,经办公证处应先将公证书副本寄省、自治区、直辖市公证员协会审查。公证员协会审查无误后,应在 3 日内通知公证处向当事人送达公证书正本,同时,公证员协会将副本寄送台湾海峡交流基金会。如果经审查认为公证书有问题,应退回公证处重新办理。①

---

①　江晓亮主编:《公证员入门》,法律出版社 2003 年版,第 290～292 页。

下 编 律师制度

第十四章 律师制度概述

第一节 律师的概念与性质

律师是指依法取得律师执业证书,接受委托或者指定,为当事人提供法律服务的执业人员。在我国,要想成为一名律师,首先要通过全国统一法律职业资格考试取得资格证书,然后再到一个律师事务所中,通过该律师事务所向所在地的司法行政管理部门申请律师执业证书,执业律师有一年的见习期,在这一年期间该律师称见习律师,见习期满之后就成为一名正式律师。

律师的概念有不同的表述,从法律规定的表述上看,1980 年的《中华人民共和国律师暂行条例》的表述为:律师是国家的法律工作者。这一表述是有其历史原因的,在当时的社会背景下,肯定律师是国家的法律工作者,对于解除广大律师的后顾之忧、提高律师的地位、保证律师开展业务都起到了积极的作用。但是,随着社会背景的变迁以及律师制度本身的发展,尤其是合作制与合伙制律师事务所的出现,国家法律工作者这一表述很难适用于全体律师,而且还带来了诸多弊端,例如,由于律师是国家的工作人员,有的律师甚至被追究贪污罪、玩忽职守罪或者受贿罪。于是,到了 1996 年的《中华人民共和国律师法》,就将律师定义为是依法取得律师执业证书,为社会提供法律服务的执业人员,律师不再是国家工作人员了,而是社会法律工作者。2007 年《律师法》修改,进一步明确了律师是为当事人提供法律服务的执业人员,应该维护当事人合法权益,维护法律正确实施,维护社会公平和正义。

法学界对律师的定义也有几种不同的认识。一种观点认为律师是社会的法律工作者,其着重点是律师区别于法官、检察官等国家法律工作者,不受国家事业编制和事业经费的限制。另一种观点认为律师是自由职业者,其着重点是律师的执业是具体行为,如这个案件该不该接、用什么样的法律技巧进行诉讼、同当事人如何协商收费问题等,是不受行政主管部门的领导的,律师是根据其专业知识和专业经验进行法律服务的。当然,如果律师在执业过程中违反了律师管理制度,行政主管部门还是有权对律师或者律师事务所进行处罚的,这是律师或者律师事务的管理问题,而不是律师执业的问题。还有一种观点认为律师是从事法律服务的专业人员,持这一观点的人着重于专业,律师是依靠其法律专业知识进行法律服务的。实际上,我们认为上述三种不同的学术观点都有其成立的合理性,它们是从不同的角度来给律师下定义的,由于角度不同,着重点不同,所以产生不同的定义。

从一些辞书上看,律师概念的表述不尽相同,《韦氏大学字典》将律师定义为律师是精于法律或法律之行业者。如受人委托而代其办理事件之人,法律顾问官或辩护士。《中国大百科全书法学卷》将律师定义为律师是接受国家机关、企业、团体和个人的委托,或者经法院指定,协助处理法律事务或代当事人进行诉讼的法律专业人员。美国《国际百科全书》将律师定义为:律师是指受过法律专业训练的人,他在法律上有权为其当事人于法院内外提出意见或代表当事人的利益行事。《法律辞海》将律师定义为:律师是依照法定条件,经过法定程序取得资格,获得司法行政机关颁发的工作执照,为社会提供法律服务的专业人员。以上也是不同的作者从不同的角度对律师进行定义。

无论从什么角度给律师下定义,我们认为律师的概念中都应当包含以下的三个特征:第一,律师是提供法律服务的专业人员;第二,律师要依法取得执业证书;第三,律师可以接受当事人的委托或者法院的指定,处理诉讼或者非诉讼法律业务。

2017年新修改的《律师法》第2条规定,律师,是指依法取得律师执业证书,接受委托或者指定,为当事人提供法律服务的执业人员。律师应当维护当事人合法权益,维护法律正确实施,维护社会公平和正义。

律师的性质是指律师区别于其他职业的本质属性,我们认为律师的性质是独立性和自治性。所谓独立性,是指律师在执业时具有独立的地位,不受任何机构和个人的左右。律师的独立性主要表现在以下三个方面:(1)律师独立于司法行政管理机关。律师的主管行政机关是司法部、各省、自治区、直辖市的司法厅以及各区县的司法局,司法行政机关只对律师进行宏观管理,不涉及具体事务,更不能对律师执业过程中的个案法律问题进行管理。司法行政机关的宏观管理主要包括政策指导、人员管理、机构管理和行使行政处罚权。(2)律师独立于司法机关,律师的执业活动是建立在事实和法律的基础上,不受法院、检察院的影响,恰恰相反,在审判实践中,律师的意见往往与法官、检察官的意见是不一致的,这种独立于国家公权之外的意见才是律师存在的生命。(3)律师独立于当事人。律师虽然是受当事人的委托进行法律服务的,但是律师有其独立的地位,不是当事人的代言人,不是当事人让他怎么做他就怎么做,律师应当依据事实和法律,独立为当事人提供法律服务。律师独立于当事人从表面上看似乎不利于当事人,实际上是有利于当事人的,因为当事人对法律知晓的程度要低于律师,律师可以应用其法律知识和经验,为当事人提供准确、合法的法律意见或者法律服务,最大限度维护当事人的合法利益。如果律师仅仅是当事人的代言人,要根据当事人的意见进行法律服务,那么,不仅失去了律师应有的作用,而且还不利于维护当事人的利益。

为了保障律师独立性的实现,律师也应具有自治性。律师的自治性主要表现在以下三个方面:(1)作为律师、律师事务所主管机关的司法行政部门,只能对律师和律师事务所进行宏观管理,不能对律师执业活动进行直接干预。(2)律师协会作为律师行业的自治组

织,负责对律师和律师事务所进行行业管理,包括:①保障律师依法执业,维护律师的合法权益;②总结交流律师的工作经验;③组织律师业务培训;④进行律师职业道德、执业纪律教育、检查和监督;⑤组织律师进行对外交流;⑥调解律师执业活动中发生的纠纷。(3)律师事务所对律师的管理。律师作为一个独立、自治的职业,司法行政机关只能起到行业性自律管理的作用,实际上大量具体的微观管理工作都要靠律师事务所来完成,因此,我们一方面要强调律师个人自我约束、自我管理,另一方面要加强、完善律师事务所对律师的管理。

第二节　律师制度的产生与发展

一、外国律师制度的产生与现状

律师及律师制度最早出现于奴隶制的古罗马,但以类似于律师身份从事代理诉讼或者充当辩护人的活动可以追溯到古希腊的雅典,在公元前 6 世纪的雅典共和国时期就产生了律师的雏形——辩护士和保护人。在中世纪欧洲封建社会时代,律师及律师制度得到了进一步的发展。律师制度真正得到长足发展是到了 17、18 世纪,在欧洲,17、18 世纪一大批资产阶级启蒙思想家提出了反对封建专制和倡导自由、平等、博爱的主张,提出了"三权分立""罪刑法定"等一系列原则,并主张用辩论式诉讼代替封建的纠问式诉讼,在辩论式诉讼模式下,被告人有权为自己辩护,也可以聘请律师为自己辩护。在民事诉讼中,双方当事人都可以聘请律师代理诉讼,以争取最大的利益。资产阶级革命胜利后,欧洲各国先后用法律形式确立了律师制度,如英国 1679 年颁布的《人身保护法》明文规定了诉讼中的辩论原则和辩护权;1791 年英国宪法第五修正案第 6 条规定了被告人享有的律师辩护权;法国宪法也确立了自己的律师制度,并在 1808 年的《刑事诉讼法典》中将其系统化和制度化。随着资本主义的发展,资产阶级各国律师制度发展越来越快,律师在整个社会中的作用也越来越大,同时律师制度也越来越完善。

由于各国的社会背景及发展历史不同,各国的律师制度也不尽相同。

英国律师制度一个最大的特点就是实行二元制,将律师分为大律师(Barrister)和小律师(Solicitor)。大律师是指能在上级法院执行律师职务的律师,大律师经过大法官的提名,还可以由英女皇授予皇家大律师称号,大律师有更多的机会被任命为高等法院法官和上诉法院法官。由于大律师具有较高的社会地位,所以取得大律师资格的条件很严格,必须同时满足以下条件,才有可能成为大律师:①原则上必须是一名学士,并且是伦敦四大律师公会的成员,得到公会的认可;②必须经过规定的资格考试合格;③必须实习一年。具备上述条件后,要想成为一名大律师,必须得到英国大律师公会的授予。英国有四大律师公会,即林肯法学院、内殿法学院、中殿法学院和格雷法学院,原来是学术团体,后来演变为大律师公会。四大律师公会也有权免除大律师的资格。大律师办理的事务一般分为两部分,一是衡平法方面的事务,包括信托、转移迁户、遗嘱、公司财产、税收等事务,另一

是普通法方面的事务,包括契约法、侵权行为法、刑法、亲属法等事务。小律师是指直接受当事人委托,在下级法院及诉讼外执行律师职务,为当事人提供多种法律服务的人。取得小律师资格必须具备以下条件:①为英国公民;①②年满 21 周岁;③必须经律师协会登记为练习生,经过一年时间的学习,通过最后专业考试;④在律师事务所实习 2 年。具备上述四个条件后律师协会授予小律师资格,颁发小律师执照。② 大律师和小律师两者并无隶属关系,他们有各自的工作范围和工作方式,大律师一般是在高等法院执行代理和辩护行为,大律师不直接接受当事人的委托,而是接受小律师的委托。小律师直接与当事人打交道,与当事人签订合同,接收当事人的酬金,如果案件是在高等法院诉讼的,小律师接案后,首先进行必要的调查,研究案卷材料,然后将案件"争点"作一个摘要后交给大律师,由大律师处理庭审事务。

美国没有大律师和小律师之分,任何律师都可以在法庭上代理诉讼或者辩护,也都可以从事各种非诉讼业务。在美国,律师资格的授予是各州的事情,没有联邦律师资格考试。各州对律师资格的获得条件规定各不相同,有的规定必须获得法律博士学位才能参加律师资格考试,有的州则允许任何法律学位的人都可以参加律师资格考试。获得某个州律师资格的律师只能在该州从事律师业务,如果要到其他的州从事律师业务,还必须取得其他各州的律师资格。由于美国没有联邦律师资格考试,因此在联邦法院从事律师业务的律师资格不是考试取得的,而是由联邦法院通过资格审查获得的。美国的律师管理主要由律师协会完成,美国司法部并不管理律师和律师事务所。

在法国,要想成为一名律师必须具备以下条件:①年满 25 周岁;②未曾因损害名誉、不清廉或者有损于善良风俗的行为而受到刑事处分或者行政处分;③具有法国国籍;④有法学硕士以上学位;⑤经过专门律师知识的教育,并通过两次许可资格考试。取得资格的律师必须在律师事务所、法院、检察院等处实习 3 年,在律师公会正式登记后方可从事律师业务。

德国的律师制度较为复杂,在德国,要想成为一名律师,必须经历以下步骤:第一,首先要取得法官资格。法官资格其实就是法官、检察官、律师、公证人和高级行政官的统一资格,要取得法官任职资格必须经过两次国家考试,并在两次国家考试之间顺利地进行了实习。第一次国家考试,必须在最低学完三年半的大学法律教育课程后进行,考试合格后有两年半的实习期,实习期满后参加第二次国家考试,通过后取得法官资格。第二,取得法官资格的人,要做律师,必须向各州司法行政机关提出申请,经审查合格后取得律师资格。第三,取得律师资格后,要想执业,还必须取得所属法院的许可。只有经过法院的许可,在许可法院的律师名册上登记并领取注册证书,才能在该法院从事律师业务。

■ 二、我国律师制度的产生与发展

我国古代没有现代意义上的律师制度,但曾有律师的萌芽,这些萌芽包括古代的辩护

---

① 在英国,大律师可以为外国人。
② 在英国,律师公会(Barristers' Inn)不同于律师协会(Law Society)。

士、讼师和代理人。现代意义上的律师制度在我国的确立应当是在民国时期,辛亥革命后,南京临时政府仿效德日起草了我国第一部有关律师制度的成文法,即《律师法草案》,由于各种各样原因,该草案未能公布施行。1912 年,北洋政府公布实行《律师暂行章程》,这标志着我国现代意义上的律师制度的产生,《律师暂行章程》所确立的律师制度具有大陆法系的风格,明确地规定了律师的性质是自由职业者,并对资格作出了限制性规定,还确立了行政监督与行业监督双重管理的体制。1922 年,上海成立了律师协会,这是我国最早的律师行业自律组织。1927 年,南京国民政府颁布了《律师章程》,对北洋政府的《律师暂行章程》进行了修改,使律师制度进一步规范化。1935 年,国民政府拟订新的《律师法草案》,于 1940 年送交立法院审议,同年 12 月 24 日通过草案,1941 年公布实施《律师法》,同时公布实行的还有《律师法实施细则》、《律师登录规则》、《律师惩戒规则》等。

中华人民共和国成立后,1954 年第一部宪法中关于"被告人有权获得辩护"的规定,事实上为新中国的律师制度的建立提供了宪法依据,同年颁布的《人民法院组织法》规定:人民法院审判案件,除法律规定的特别情况外,一律公开进行。被告人有权获得辩护,被告人除自己行使辩护权外,还可以委托律师为他辩护。此规定进一步从程序上确立了律师的地位。到了 1957 年,全国 19 个省、直辖市、自治区相继成立了律师协会,律师机构800 多个,专职律师共 2500 多人,兼职律师 300 多人。1957 年到 1978 年,律师制度被取消。1978 年宪法恢复了刑事辩护制度,1979 年颁布的《刑事诉讼法》及《人民法院组织法》又对律师参与刑事辩护作了规定。1980 年 8 月 26 日,全国人大常委会通过并颁布了《中华人民共和国律师暂行条例》,这一条例较为全面地规定了律师制度,从此之后律师行业有了新的发展。

1993 年,司法部根据我国社会主义市场经济发展的要求,结合前期改革实践,提出并报经国务院批准了《关于深化律师工作改革的方案》,较之过去,《方案》在以下两个方面有所突破:第一,对律师的性质进行重新定位,恢复了律师作为社会法律服务的专业人员、律师事务所作为社会法律服务中介机构的一般属性;第二,为合伙制、合作制律师事务所的设立提供了政策依据,此后,大批合伙制、合作制律师事务所在全国各地设立,原来的国办律师事务所也纷纷开始改制,为律师队伍的发展注入了活力,中国律师业的发展从此进入一个新的阶段。1996 年,《中华人民共和国律师法》正式颁布,这标志着具有中国特色的社会主义律师制度基本框架的形成。其后,经过 2001 年和 2007 年以及 2017 年三次修改,我国《律师法》不断改进和完善。

第三节 律师的业务范围

一般来讲,律师的业务范围包括诉讼和非诉讼两大类。

从法律规定上看,《中华人民共和国律师暂行条例》规定的律师业务范围有五项:(1)接受国家、机关事业单位、社会团体、人民公社的聘请,担任法律顾问;(2)接受民事案件当事人的委托,担任代理人参加诉讼;(3)接受刑事案件的被告人的委托或者人民法院的指定,担任辩护人;接受自诉案件自诉人、公诉案件被害人及其近亲属的委托,担任代理人参加诉讼;(4)接受非诉讼事件当事人的委托,提供法律帮助,或者担任代理人,参加调解、仲裁活动;(5)解答关于法律的询问,代写诉讼文书和其他有关法律事务文书。

《中华人民共和国律师法》对律师业务范围作了重新规范,规定律师的业务范围有下列七项:(1)接受自然人、法人或者其他组织的委托,担任法律顾问;(2)接受民事案件、行政案件当事人的委托,担任代理人;(3)接受刑事案件犯罪嫌疑人、被告人的委托或者依法接受法律援助机构的指派,担任辩护人,接受自诉案件自诉人、公诉案件被害人或者其近亲属的委托,担任代理人参加诉讼;(4)接受委托,代理各类诉讼案件的申诉;(5)接受委托,参加调解、仲裁活动;(6)接受委托,提供非诉讼法律服务;(7)解答有关的法律咨询,代写诉讼文书和有关法律事务的其他文书。同《律师暂行条例》相比,《律师法》中的律师业务范围有所扩大,具体表现在:律师可以担任公民的法律顾问,担任行政诉讼案件的诉讼代理人,在刑事诉讼领域申请、控告、申请取保候审,代理各类诉讼案件的申诉等。1996年修正后的《刑事诉讼法》,对律师业务范围作了一定的修改,在刑事诉讼领域,律师在侦查阶段就可以接受聘请介入到刑事案件中去,这一修改不仅增加了律师的业务范围,而且大大提高了律师的作用,对于维护犯罪嫌疑人在侦查阶段的合法权益起到了积极的作用。2012年修正的《刑事诉讼法》又进一步保障了律师的权利,根据现行《刑事诉讼法》,犯罪嫌疑人在被侦查机关第一次讯问后或者采取强制措施之日起,可以聘请律师为其提供法律咨询、代理申诉、控告、申请变更强制措施。犯罪嫌疑人被逮捕的,聘请的律师可以为其申请取保候审。涉及国家秘密的案件,犯罪嫌疑人聘请律师,应当经侦查机关批准。受委托的律师有权向侦查机关了解犯罪嫌疑人涉嫌的罪名,以及当时已查明的该罪主要事实,可以会见在押犯罪嫌疑人,向犯罪嫌疑人了解案件的有关情况,并且律师会见在押的犯罪嫌疑人时不被监听,侦查机关不得派员在场。但危害国家安全犯罪、恐怖活动犯罪、特别重大贿赂案件,在侦查期间辩护律师会见在押的犯罪嫌疑人,应当经侦查机关许可。

在目前的律师实务中,非诉讼业务得到了极大的发展,已经超过了诉讼的数量。非诉讼业务涉及社会经济生活的方方面面,就目前的情况来看,律师的非诉讼业务主要集中在以下几个领域:(1)房地产;(2)证券法律业务;(3)企业的收购、兼并、改制;(4)专利、商标等知识产权业务;(5)反倾销;(6)BOT投融资;(7)信用证业务。随着我国经济的发展,相信律师的非诉讼业务将会越来越多。

第四节　律师执业原则

律师执业原则,是指贯穿律师执业全过程、对律师执业具有普遍指导意义的准则。根据我国律师法的规定,律师的执业原则包括:(1)遵守宪法和法律;(2)恪守律师职业道德和执业纪律;(3)以事实为根据,以法律为准绳;(4)接受国家、社会和当事人监督;(5)律师执业依法受法律保护,任何组织和个人不得侵害律师的合法权益。根据上述法律规定,我们可以把律师执业原则归纳为以下几个:(1)忠于事实和法律的原则;(2)独立执业原则;

（3）恪守律师职业道德和执业纪律的原则。

一、忠于事实和法律的原则

律师是法律工作者，法律是律师执业的基础，而法律又是建立在事实基础之上的，因此，忠于事实和法律当然成为律师执业的首要原则。该原则在律师执业过程中的具体表现为：（1）律师无论是在进行诉讼代理，还是在做非诉讼业务，都只能根据事实和法律进行。在进行诉讼代理过程中，律师不能受公安、法院、检察院关于事实认定和适用法律的影响，律师应当根据证据，认定真实的事实，在此基础上正确应用法律。在非诉讼业务中，律师不能只根据当事人的要求，出具不符合事实和法律的法律意见，应当根据事实和法律出具相应的法律意见。（2）律师忠于事实和法律，要求律师执业在与当事人的利益产生冲突时应当退出代理。律师是受当事人的委托从事律师业务的，而且当事人要向律师支付律师费用，律师应当忠于当事人，律师忠于当事人是要求律师接受委托后，应当尽职尽责，勤勉服务，充分利用合法的手段，最大限度维护当事人的合法权益，绝对不能从事有损于当事人利益的行为。律师忠于当事人并不是要求律师可以不顾事实和法律，只根据当事人的意见来办事。在通常情况下，律师忠于事实和法律，与律师忠于当事人是没有矛盾的，律师只有忠于事实和法律才能为当事人争取到最大的合法利益，这就是忠于当事人。如果有些当事人要求律师不顾事实和法律为其代理，律师应当退出代理。当然，由于律师有保密的义务，在律师退出代理之后，不能将当事人某些违法的事实及做法揭露出来。

二、独立执业原则

独立执业原则，是指律师在执业过程中的具体法律事务不受任何组织和个人的影响和干涉。律师独立执业是由律师自身性质所决定的，大多数国家都将律师定位在自由职业者，虽然我国律师的性质是社会法律工作者，与自由职业者还有一定区别，但这并不影响我国律师独立的从业地位。律师独立执业表现在以下几个方面：（1）律师的执业活动不受公安、法院和检察院的干涉，这里是指律师在执业的过程中不受上述机构意见的影响，至于在程序过程中的具体手续，该得到上述部门许可的还要得到他们的许可。（2）律师从事的具体法律事务，不受司法行政机关、律师协会的影响。司法行政机关、律师协会只负责宏观管理和行业管理，无权左右律师从事的具体法律事务。（3）律师的执业活动不受人大、政协等机构的影响。包括上述机构在内的任何机构和个人对律师都有监督的权利，但这是指对律师违法行为的监督，并不意味着上述机构有权左右律师从事的具体法律事务。（4）律师的从业活动不受所在的律师事务所的影响。律师是独立的，所在律师事务所无权左右律师所从事的具体法律业务。律师事务所可以集思广益，讨论案情，但不能将意见强加给律师，让律师一定要这样做或者那样做。（5）律师职业活动不受当事人的影响。律师接受委托后，应当充分听取当事人的意见，在执业过程中随时与当事人保持联系，履行报告义务，及时将法律事务的进展情况及问题向当事人汇报，并征询当事人的意见。在当事人的意见符合事实和法律规定的情况下，律师要听取当事人的意见，并付诸实施，哪怕此时律师本人有自己认为更好的意见。但是，在当事人的意见不符合事实和法律时，律师应

当指出其中的问题,并向当事人提供符合事实和法律的意见,如果当事人坚持律师要按照当事人的意见办理,律师应当退出办理。

三、恪守律师职业道德和执业纪律原则

律师职业道德,是指律师在执业活动中应当遵循的道德规范,律师不仅要遵守法律,还要恪守律师职业道德,根据我国 1996 年 10 月 6 日颁布的《律师职业道德和执业纪律规范》,律师职业道德内容有:服务于社会主义事业和人民利益;忠于法律和事实;坚持真理、维护正义;道德高尚、廉洁自律;诚实信用、尽职尽责;保守执业秘密;同业互助、公平竞争;勤于学习、提高素质等。

为了规范律师的执业行为,2004 年 3 月 20 日,第五届全国律协第九次常务理事会审议通过了《律师执业行为规范(试行)》。为了进一步贯彻落实《律师法》对律师执业行为的要求,第七届全国律协第二次常务理事会对《律师执业行为规范(试行)》进行了修订,并于2009 年 12 月 27 日审议通过。2011 年 11 月 9 日,中华全国律师协会发布了关于印发《律师执业行为规范》的通知,《律师执业行为规范》的施行,必将进一步推进律师行业的发展。根据《律师执业行为规范》的规定,在执业过程中,律师应当忠于宪法、法律,恪守律师职业道德和执业纪律,应当诚实守信、勤勉尽责,依据事实和法律,维护当事人合法权益,维护法律正确实施,维护社会公平和正义,应当注重职业修养,自觉维护律师行业声誉,应当保守在执业活动中知悉的国家秘密、商业秘密,不得泄露当事人的隐私,应当尊重同行,公平竞争,同业互助等。

律师执业纪律,是指律师在执业过程中的行为规范,它是一种行业规范,违反执业纪律,将受到行业协会的处罚。律师执业纪律主要有:(1)合法的执业纪律,主要是指师必须在律师事务所执业,律师不能同时在两个及以上律师事务所执业,律师不能私自收费等。(2)保密的执业纪律。律师遵守信息保密义务的范围是委托人提供的信息和律师在工作过程中获得的有关委托人的信息。保密义务是无期限的,委托事项结束之后,律师仍有保密义务。但是保密义务不是绝对的,在一定条件下,委托人的信息要被公开和运用。第一种情况是授权披露的,律师为了完成委托事项运用委托人的信息,应视为委托人的默示授权。第二种情况是不经委托人授权的公开,律师为防止委托人进行可能造成死亡或严重人身伤害的刑事违法性可以披露有关信息,律师可以在律师和委托人之间发生的诉讼中运用委托人的保密信息。(3)禁止利益冲突的执业纪律。利益冲突是律师代理委托人从事法律事务时可能出现的影响委托人利益的情形。对委托人的忠诚是律师处理与委托人关系的重要基础,任何影响委托人对律师信托力的行为都需要避免和合理处理,因此,禁止利益冲突成律师执业纪律的重要内容。在律师事务中,可能出现的利益冲突的情形有:①在同一法律事务中同时接受对立的双方当事人的委托;②在同一法律事务中曾在前置程序中代理一方,又在后置程序中接受对方的委托;③在担任法律顾问期间或者顾问合同终止后一段时间内,接受与顾问委托人利益冲突的其他当事人的委托;④律师或其近亲属与委托人之间有商业交易的利益冲突;⑤在同一法律事务中同时接受非对立但存在相互利益冲突的多个当事人的委托。

第五节 律师的类型

在我国,律师划分成不同的类型。

一、专职律师、兼职律师和特邀律师

（一）专职律师

专职律师是指专职从事律师职业的人。要想成为专职律师,必须首先通过国家统一法律职业资格考试取得资格,再加入一个律师事务所,实习满一年后取得专职律师的执业证书。目前在我国专职律师还是大多数,大约占整个律师人数的85%。

（二）兼职律师

兼职律师是指取得律师执业证书,在不脱离本职工作的前提下在律师事务所从事律师工作的人。兼职律师的权利义务同专职律师是一样的。兼职律师是我国特有的,是在专职律师人员不够的历史背景下产生的,今后应当朝着废除兼职律师的方向发展。根据司法部施行的《律师执业管理办法》的规定,兼职律师除拥护中华人民共和国宪法外,还应当具备以下附加条件:①取得律师资格;②在高等院校、科研机构中从事法学教育、研究工作;③所在单位允许从事兼职律师工作;④在律师事务所实习一年;⑤品行良好;⑥符合律师执业的其他规定。

（三）特邀律师

特邀律师是指已经离、退休又在律师事务所从事律师工作的人。特邀律师也是特定的历史产物,我国《律师法》颁布后,特邀律师实际上已经没有存在的法律依据了,但是为了妥善解决历史遗留问题,1996年6月16日司法部颁布了《关于特邀律师注册问题的通知》,到2001年度年检时,终止了特邀律师的注册,这标志着特邀律师的概念在我国已成为历史。

二、公职律师、公司律师、社会律师

（一）公职律师

公职律师,是指依法取得政府律师执业证,享有国家公务员待遇,为所在政府部门提供法律服务的专业人员。随着我国社会经济的发展,对政府的要求越来越高,政府需要面对的法律问题也越来越多,因此,从80年代中期开始,我国律师就陆续开始担任政府部门的法律顾问,政府部门也开始建立自己的专门从事法律事务的部门。但时至今日,真正意义上的公职律师在我国并没有建立起来,在政府部门专门从事法律工作的人员,如果通过了统一法律职业资格考试,想取得律师执业证书,还必须离开政府部门,加入到一个律师事务所,才能取得律师执业证书。想在政府部门工作,一方面享有公务员待遇,一方面又可以取得律师执业证书的可能性是没有的。因此,在我国目前并没有所谓的公职律师。

目前我国和公职律师相似的是军队律师,是我国律师法肯定的一种律师形式。军队

律师是现役军人,其业务范围是:(1)接受军事法院的指定,担任刑事辩护人;(2)为部队首长和机关提供法律服务;(3)代理军队的单位或军人参加地方的诉讼或非诉讼法律事务;(4)配合有关部门对部队进行法制教育、宣传;(5)指导、帮助开展基层法律服务工作;(6)按照我国缔结或者加入的有关国际公约的要求,办理应当由军队律师办理的法律事务;(7)办理在战争或武装斗争时军队的有关法律事务以及需要由军队律师办理的有关事项;(8)办理军队首长交办的法律事务及其他一些特别的法律事务。

（二）公司律师

公司律师是指取得律师执业证书,在公司内部专职从事法律事务的人员。不脱离公司、不加入律师事务所就能取得律师执业证书的公司律师目前在我国还处于试行阶段,其条件为:(1)具有律师资格;(2)具有大学本科以上学历;(3)在申请企业法律事务部门专职从事法律事务工作1年以上;(4)品行良好;(5)所在企业同意其担任公司律师。公司律师仅限于从事其所在企业内部的法律事务,主要业务范围是:(1)对企业的生产经营决策提出法律意见;(2)参与本企业法律文书的起草和修改工作,审核企业规章制度;(3)审查和管理企业合同;(4)对企业违反法律、法规的行为提出纠正的建议,并在企业内部开展法制宣传教育工作;(5)参与企业的谈判;(6)代理本企业的诉讼、仲裁,但刑事诉讼除外;(7)其他应由公司律师承办的法律事务。

（三）社会律师

社会律师就是指取得律师执业证书,在律师事务所从业的律师,包括专职律师和兼职律师。社会律师不像军队律师那样有军人身份,也不像公司律师那样有企业员工的身份,他们是社会法律工作者,没有政府薪水,也没有企业工资,是面向社会提供法律服务,收取律师费用。

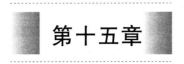

律师资格与律师执业

第一节　律师资格

律师资格,是指从事律师职业应当具备的基本条件。只有取得律师资格的公民才能通过法定的程序取得律师执业证书,从事律师职业,才能享有法律规定的律师权利,才能以律师身份办理律师业务,并承担相应的义务。由于律师职业的专业性很强,律师的服务质量与当事人的利益密切相关。因此,律师必须具备良好的业务素质和职业道德。所以,并不是所有的公民都可以取得律师资格,只有那些具备了一定条件的人,才有可能进入律师的行列。在我国,根据法律规定,取得律师资格实行考试与考核相结合的方法。

一、取得律师资格的条件

（一）考试取得律师资格的条件

取得律师资格应当具备哪些条件,各国因社会制度、法律教育程度、律师职业在社会中的地位和作用的不同而有所区别,但一般要求都比较严格。根据我国《律师法》规定:申请律师执业,应当通过国家统一法律职业资格考试取得法律职业资格。实行国家统一法律职业资格考试前取得的国家统一司法考试合格证书、律师资格凭证,与国家统一法律职业资格证书具有同等效力。以上法律规定说明,在我国,只有取得律师资格、具有律师执业证书的人才能担任律师、从事律师工作。具有律师资格是律师执业的一个前提条件。取得律师资格,必须具备以下两个条件:

1. 学历要求

根据我国《律师法》及相关法律规定,除法律特别规定的以外,取得律师资格,必须参加全国统一法律职业资格考试。而且,并不是所有的人员都可以参加考试。为了确保进入律师行业人员的基本素质,国家统一法律职业资格考试实施办法对参加考试人员的条件作了严格的限制。具体要求如下:具备全日制普通高等学校法学类本科学历并获得学士及以上学位;全日制普通高等学校非法学类本科及以上学历,并获得法律硕士、法学硕士及以上学位;全日制普通高等学校非法学类本科及以上学历并获得相应学位且从事法律工作满三年。

2. 考试要求

我国《律师法》明确规定,国家实行统一法律职业资格考试。取得律师资格,必须经过考试合格,并履行法定的审批手续。

以上两个条件,必须同时具备。只有既符合学历要求,又经过全国统一法律职业资格考试合格者,通过司法行政部门审查、批准,才能取得律师资格。

(二)考核取得律师资格的条件

考虑到某些人由于长期专门从事法律教学、研究工作,或者曾长期从事法律实务,对法学理论及实务均较为熟悉和精通,即使不经过考试,也能达到法定的取得律师资格的条件和标准。因此,我国律师法对此做了特殊的规定。

《律师法》第8条规定:"具有高等院校本科以上学历,在法律服务人员紧缺领域从事专业工作满十五年,具有高级职称或者同等专业水平并具有相应的专业法律知识的人员,申请专职律师执业的,经国务院司法行政部门考核合格,准予执业。具体办法由国务院规定"根据上述法律规定,考核取得律师资格应当具备以下几个条件:

1. 具有高等院校本科以上学历;

2. 在法律服务人员紧缺领域从事专业工作满十五年;

3. 具有高级职称或者同等专业水平;

4. 具有相应的专业法律知识;

5. 申请专职律师执业。

以上五个条件,必须同时具备,经国务院司法行政部门按照规定的条件考核批准,才能取得律师资格。

(三)对法定取得律师资格条件的评析

回顾我国律师制度发展的历史,1980年公布的《中华人民共和国律师暂行条例》明确规定了我国律师的性质、任务、职责、权利、义务、资格条件等,并明确规定国家司法行政机关是律师管理机关,为律师制度的迅速发展提供了法律保障。其中,由于受我国当时实际情况的限制,对取得律师资格的条件规定得比较宽松。主要原因如下:

一是从我国实际出发。一方面,全国需要大量法律人才;另一方面,现有法律人才的数量很少,二者互相矛盾。考虑到律师人员的来源,不可能在较短的时间内通过高等院校毕业生得到满足,因此,对取得律师资格条件的规定不能过高。

二是从律师工作的性质考虑。律师职业专业性很强。作为一名律师,不仅要拥有渊博的法律专业知识,而且还需要有较强的实际业务能力。所以,《律师暂行条例》对取得律师资格条件的规定,特别强调实践性。《律师暂行条例》第11条规定:"热爱中华人民共和国,拥护社会主义制度,有选举权和被选举权的下列公民,经考核合格,可以取得律师资格,担任律师:(1)在高等院校法律专业毕业,并且做过两年以上司法工作、法律教学工作或者法学研究工作的;(2)受过法律专业训练,并且担任过人民法院审判员、人民检察院检察员的;(3)受过高等教育,做过3年以上经济、科技等工作,熟悉本专业以及与本专业有关的法律、法令,并且经过法律专业训练,适合从事律师工作的;(4)其他具有本条例第(1)项或第(2)项所列人员的法律水平,并且有高等学校文化水平,适合从事律师工作的。

以上规定,在当时对律师制度的发展起到了积极的推动作用。但是,随着时间的推移,我国法制的不断健全,上述规定显然已经不适应形势的发展需要。具体体现在以下几个方面:

一是政治条件规定得比较笼统、原则,在实践中难以掌握。

二是业务条件的规定,主要存在以下几个问题:(1)学历要求偏低。既未规定必须具有高等院校毕业的学历,也未规定最低学历;(2)所谓"受过法律专业训练"的要求过于含糊。达到什么程度才算受过法律专业训练未作明确规定,实践中难以掌握执行;(3)对人民法院审判员、人民检察院检察员取得律师资格条件的规定过于宽松;(4)将非法律专业毕业的学历等同于法律专业毕业的学历。

三是通过考核授予律师资格,各地在具体执行时,宽严不一,难以保证律师队伍的质量。

由于《律师暂行条例》的规定,存在上述诸多问题,显然已经不适应我国目前律师制度发展的需要。为了提高律师队伍素质,发挥律师在社会中的作用,有必要对取得律师资格的条件从严规定。因此,1996年我国正式颁布施行的《律师法》对取得律师资格的条件作了严格的规定,即取得律师资格应当经过国家统一的司法考试。具有高等院校法律专业本科以上学历,或者高等院校其他专业本科以上学历具有法律专业知识的人员,经国家司法考试合格的,取得资格。适用前款规定的学历条件确有困难的地方,经国务院司法行政部门审核确定,在一定期限内,可以将学历放宽为高等院校法律专业专科学历。这样规定主要有以下两个方面的特点:

(1)加强了业务条件的要求。我国《律师法》规定,报名参加全国统一司法考试,法律专业报考人员,必须具有高等院校法律专业本科以上学历;非法律专业报考人员,必须具有其他专业本科以上的学历,并且是具有法律专业知识的人员。法律规定严格了学历要求,业务条件要求也提高了。

(2)严格了授予资格的办法。考虑到近来,我国的法学教育已经有了很大的发展,每年高等院校法律专业毕业的学生加上各种业余法律培训人员已形成一支庞大的法律人才队伍,律师队伍也已初具规模。因此,《律师法》明确规定,以"考试"代替"考核"的办法。要想取得律师资格,必须参加全国统一司法考试,考试合格者,由国务院司法行政部门授予律师资格。

从以上法律规定可以看出,我国《律师法》从严规定了取得律师资格的条件,统一了标准,有利于从整体上提高律师队伍的素质,保证律师的质量。

此外,结合我国实际情况,《律师法》第7条规定:"具有高等院校法学本科以上学历,从事法学研究、教学等专业工作并具有高级职称或者具有同等专业水平的人员,申请律师执业的,经国务院司法行政部门按照规定的条件考核批准,授予律师资格。"

2007年10月28日第十届全国人大常委会第三十次会议通过,并于2008年6月1日起施行的《律师法》(修订)第5条第2项规定,申请律师执业,应当具备的条件之一是通过国家统一司法考试。根据司法部发布的《国家司法考试施行办法(试行)》的规定,报名参加司法考试的条件要求是:(1)具有中华人民共和国国籍;(2)拥护《中华人民共和国宪法》,享有选举权与被选举权;(3)具有完全的民事行为能力;(4)符合《法官法》、《检察官法》和《律师法》规定的学历、专业条件;(5)品行良好。

2012年,全国人大常委会再一次对《律师法》进行了修改。根据2012年10月26日第十一届全国人大常委会第二十九次会议通过,并于 2013 年 1 月 1 日起施行的《律师法(修订)》第 5 条第 2 项的规定,申请律师执业,应当具备的条件之一,仍然是通过国家统一司法考试。按照 2014 年司法部发布的国家司法考试报名条件的要求,报名参加司法考试应当具备的条件是:(1)具有中华人民共和国国籍;(2)拥护《中华人民共和国宪法》,享有选举权和被选举权;(3)具有完全民事行为能力;(4)高等学校法律专业本科毕业或者高等学校非法律专业本科毕业并具有法律专业知识;(5)品行良好。普通高等学校 2015 年应届本科毕业生可以报名参加国家司法考试。持香港、澳门、台湾地区或者国外高等学校学历学位证书报名的,其学历学位证书须经教育部留学服务中心认证,符合报考学历学位条件的,可以报名参加国家司法考试。有下列情形之一的人员,不得报名参加国家司法考试,已经办理报名手续的,报名无效:(1)因故意犯罪受过刑事处罚的;(2)曾被国家机关开除公职或者曾被吊销律师执业证、公证员执业证的;(3)被处以二年内不得报名参加国家司法考试期限未满或者被处以终身不得报名参加国家司法考试的;(4)提供虚假证明材料或者以其他形式骗取报名的。

2017 年 9 月 1 日,根据第十二届全国人民代表大会常务委员会第二十九次会议《关于修改〈中华人民共和国法官法〉等八部法律的决定》,全国人大常委会对《律师法》进行了第 3 次修订。此次法律修订,将国家统一司法考试修改为国家统一法律职业资格考试。该法第 5 条的规定,申请律师执业,应当通过国家统一法律职业资格考试取得法律职业资格。实行国家统一法律职业资格考试前取得的国家统一司法考试合格证书、律师资格凭证,与国家统一法律职业资格证书具有同等效力。为了配合国家统一法律职业资格考试制度的施行,2018 年 4 月 28 日,司法部公布施行了《国家统一法律职业资格考试实施办法》。根据《国家统一法律职业资格考试实施办法》的规定,符合以下条件的人员,可以报名参加国家统一法律职业资格考试:(1)具有中华人民共和国国籍;(2)拥护中华人民共和国宪法,享有选举权和被选举权;(3)具有良好的政治、业务素质和道德品行;(4)具有完全民事行为能力;(5)具备全日制普通高等学校法学类本科学历并获得学士及以上学位;全日制普通高等学校非法学类本科及以上学历,并获得法律硕士、法学硕士及以上学位;全日制普通高等学校非法学类本科及以上学历并获得相应学位且从事法律工作满三年。有下列情形之一的人员,不得报名参加国家统一法律职业资格考试:(1)因故意犯罪受过刑事处罚的;(2)曾被开除公职或者曾被吊销律师执业证书、公证员执业证书的;(3)被吊销法律职业资格证书的;(4)被给予二年内不得报名参加国家统一法律职业资格考试(国家司法考试)处理期限未满或者被给予终身不得报名参加国家统一法律职业资格考试(国家司法考试)处理的;(5)因严重失信行为被国家有关单位确定为失信联合惩戒对象并纳入国家信用信息共享平台的;(6)因其他情形被给予终身禁止从事法律职业处理的。有上述规定情形之一的人员,已经办理报名手续的,报名无效;已经参加考试的,考试成绩无效。

统一法律职业资格考试已经程式确定,规模巨大,经验丰富,为律师行业从入口上,在条件上进行了严格的把关。

二、取得律师资格的程序

律师是为社会提供法律服务的执业人员。其在配合国家加强法制,发展社会主义民主和健全社会主义法制方面,居于重要地位,起着重要的作用。同时,社会对律师的要求也越来越高。因此,国家在对律师资格从业务和考核、考试两方面规定了严格条件的同时,还规定了取得律师资格的程序。

根据我国《律师法》的规定,经过考试取得律师资格的程序是:(1)参加全国统一法律职业资格考试合格;(2)由国务院司法行政部门颁发《国家统一法律职业资格证书》。

经过考核取得律师资格的程序为:(1)经过业务考核合格;(2)由所在律师事务所逐级上报;(3)由国务院司法行政部门审查批准,授予律师资格。

三、全国统一司法考试制度

为了保证律师质量,加快律师队伍的发展,1984年,江西省首创全省律师资格统一考试,取得了良好效果。1985年北京等地也举行了类似考试。1986年,司法部在借鉴国外的做法和总结国内各地律师资格考试经验的基础上,作出了实行全国律师资格统一考试的决定,允许品德好,具有法学大专以上学历的公民考试取得律师资格,从此,律师资格考试成为我国律师制度中的一项重要制度改革。

根据司法部关于深化律师工作改革方案和加快律师事业发展的需要,全国律师资格考试自1993年起已由每两年举行一次改为一年一次,并通过进一步改革和完善考试命题、考试组织和考试录取工作,逐步健全和完善适合我国国情,有利选拔合格律师人才的“公平、平等、竞争、择优”的律师资格考试制度。

在2001年以前,我国一直实行全国统一的律师资格考试制度,并且取得了良好的效果。在此期间,与之并行的考试还有全国统一的法官资格考试、检察官资格考试和公证员资格考试。考虑到多种考试同时并存,既浪费社会资源,考试内容也存在差异,通过标准也不统一,通过考试的人员不能达到法律职业一体化的标准。总结历年律师资格、法官资格、检察官资格和公证员资格考试的经验,借鉴国外的做法,例如,德国实行统一的司法考试,参加司法考试的人员范围,比我国现存的全国统一司法考试人员的范围还要宽,即国家行政机关公务员的考试也包括在内。国家立法机关在修改法律时作出决定,国家实行全国统一司法考试制度。

2001年6月30日,九届全国常委会第二十二次会议通过了《关于修改法官法的决定》和《关于修改检察官法的决定》,分别规定:国家对初任法官、检察官和取得律师资格实行统一的司法考试制度,国务院司法行政部门会同最高人民法院、最高人民检察院共同制定司法考试实施办法,由国务院司法行政部门负责实施。2001年7月12日司法部根据全国人大常委会的两个决定,发布了《关于废止〈律师资格考试办法〉的决定》。

2001年7月15日,最高人民法院、最高人民检察院和司法部联合发布公告,确定2001年度最高人民法院的初任法官考试、人民检察院的初任检察官考试和司法部的律师资格考试都不再单独组织,纳入2002年年初举办的首次国家司法考试。国家司法考试的

命题范围原则上依据司法部颁布的 2001 年律师资格考试大纲和最高人民法院、最高人民检察院颁布的初任法官、检察官考试大纲、纲要确定,考试科目和考试内容将根据三家共同制定的考试实施办法做适当调整。

　　2001 年 12 月 30 日,司法部发布公告,确定首次国家司法考试定于 2002 年 3 月 30 日、31 日在全国统一举行,并对考试的其他问题作了具体规定。司法统一考试的报名条件为:(1)具有中华人民共和国国籍;(2)拥护《中华人民共和国宪法》,享有选举权和被选举权;(3)具有完全民事行为能力;(4)符合《法官法》、《检察官法》和《律师法》规定的学历、专业条件,即具有高等院校法律专业本科以上学历,或者高等院校其他专业本科以上学历具有法律专业知识(经司法部依照最高人民法院、最高人民检察院、司法部分别制定的放宽担任初任法官、初任和取得律师资格的学历条件的原则意见审核确定,适用上述学历条件确有困难的地方,在一定期限内,可以将报名的学历条件放宽为高等院校法律专业专科学历);(5)品德良好。

　　自 2002 年全国首次统一的司法考试,我国律师执业资格的取得完成了从参加律师资格考试到统一司法考试的转变。经过两年国家司法考试的实践,2004 年全国统一的国家司法考试在总结前两年考试经验的基础上,对考试时间、试卷分值、参考答案的公布与审查、录取分数线等方面进行了适当调整和完善,基本上形成了统一司法考试的模式。

　　2017 年,新修订的《律师法》将国家统一司法考试命名为国家统一法律职业资格考试。为了规范国家统一 法律职业资格考试工作,2018 年 4 月 25 日司法部部务会议审议通过了《国家统一法律职业资格考试实施办法》,于 2018 年 4 月 28 日公布施行。根据《国家统一法律职业资格考试实施办法》的规定,国家统一法律职业资格考试是国家统一组织的选拔合格法律职业人才的国家考试,应当依法、公平、公正。司法部会同最高人民法院、最高人民检察院等有关部门、单位组成国家统一法律职业资格考试协调委员会,就国家统一法律职业资格考试的重大事项进行协商。国家统一法律职业资格考试由司法部负责实施。《国家统一法律职业资格考试实施办法》除对可以报名和不能报名参加国家统一法律职业资格考试人员的条件作出了明确规定外,还对考试内容、方式方法、对取得法律职业资格人员管理等内容作出了明确具体的规定。

　　根据《国家统一法律职业资格考试实施办法》的规定,国家统一法律职业资格考试实行全国统一命题,每年举行一次,分为客观题考试和主观题考试两部分,综合考查应试人员从事法律职业应当具有的政治素养、业务能力和职业伦理。应试人员客观题考试成绩合格的方可参加主观题考试,客观题考试合格成绩在本年度和下一个考试年度内有效。应试人员有违反考试纪律行为的,由司法行政机关按照有关规定,视其情节、后果,分别给予口头警告、责令离开考场并取消本场考试成绩、确认当年考试成绩无效、二年内不得报名参加国家统一法律职业资格考试的处理;构成故意犯罪的,给予终身不得报名参加国家统一法律职业资格考试的处理。应试人员及其他相关人员有违反治安管理行为的,由公安机关进行处理;构成犯罪的,由司法机关依法追究刑事责任。考试工作人员有违反工作纪律行为的,应当按照有关规定,视其情节、后果给予相应的处分;构成犯罪的,由司法机关依法追究刑事责任。参加国家统一法律职业资格考试成绩合格,且不具有《国家统一法

律职业资格考试实施办法》第10条第1款规定情形的人员,可以按照规定程序申请授予法律职业资格,由司法部颁发法律职业资格证书。以欺骗、贿赂等不正当手段取得法律职业资格证书的,由司法部撤销原授予法律职业资格的决定,注销其法律职业资格证书。取得法律职业资格人员有违反宪法和法律、妨害司法公正、违背职业伦理道德等行为的,由司法行政机关根据司法部有关规定,视其情节、后果,对其给予相应处理。司法行政机关应当将取得法律职业资格人员的有关信息,录入国家法律职业资格管理系统,在司法部官方网站上公布。《国家统一法律职业资格考试实施办法》实施前已取得学籍(考籍)或者已取得相应学历的高等学校法学类专业本科及以上学历毕业生,或者高等学校非法学类专业本科及以上学历毕业生并具有法律专业知识的,可以报名参加国家统一法律职业资格考试。国家统一法律职业资格考试的实施,可以在一定时期内,对艰苦边远和少数民族地区的应试人员,在报名学历条件、考试合格标准等方面适当放宽,对其取得的法律职业资格实行分别管理,具体办法由国家统一法律职业资格考试协调委员会确定。在民族自治地方组织国家统一法律职业资格考试,应试人员可以使用民族语言文字进行考试。香港特别行政区、澳门特别行政区永久性居民中的中国公民和台湾地区居民参加国家统一法律职业资格考试,适用本办法规定。现役军人参加国家统一法律职业资格考试的具体规则,由司法部会同中央军委政法委员会另行规定。

从上述法律规定看,国家非常重视统一法律职业资格考试,对参加考试者的条件要求、考试内容、考试管理等方面规定得越来越严格、规范。该项法律制度的施行,对于推进社会主义法治队伍建设,规范国家统一法律职业资格考试的组织实施,提高国家统一法律职业资格考试选拔法治人才的科学性、权威性具有重要意义。

四、我国律师资格与律师执业的关系

我国从1986年开始,实行全国律师资格统一考试制度。从1988年开始规定实行律师资格与律师执业相分离的制度。所谓律师资格与律师执业相分离,是指从事非律师职业的人可以取得律师资格,取得律师资格的人可以不从事律师职业。

由此可见,取得律师资格只是律师执业的一个前提条件。取得律师资格以后,要从事律师职业,还必须符合法律规定的其他条件,并向主管机关提出执业申请,经主管机关批准并颁发律师执业证书后,才能成为执业律师。结合律师工作的理论与实践,实行律师资格与律师执业相分离制度,主要具有以下几个方面的益处:(1)可以为律师队伍的发展储备一大批具有律师资格的人才;(2)有利于提高律师的素质,加强律师的社会地位与影响。

纵观世界各国,许多国家也实行律师资格与律师执业相分离的制度。例如,德国有关法律规定,执业律师如果担任公职或从事其他不能同时从事律师职业的职务时,其律师资格可以保留。

我国之所以实行律师资格与律师执业相分离制度,是因为律师资格与律师执业可以分离。取得律师资格,说明一个公民已经具备了从事律师职业的基本要求,达到了最低标准。而要从事律师职业还应当具备更高的要求。包括实际工作经验、良好的品德和敬业精神等。

司法实践经验也证明,实行律师资格与律师执业相分离制度,有益于我国律师制度的发展和完善。

第二节　律师执业

一、律师执业的条件

我国《律师法》第5条规定:申请律师执业,应当具备下列条件:(1)拥护中华人民共和国宪法;(2)通过国家统一法律职业资格考试取得法律职业资格;(3)在律师事务所实习满一年;(4)品行良好。实行国家统一法律职业资格考试前取得的国家统一司法考试合格证书、律师资格凭证,与国家统一法律职业资格证书具有同等效力。

根据上述法律规定,从事律师职业必须符合以下几个条件:

(一)拥护中华人民共和国宪法

律师是以维护国家法律的正确实施,维护国家、集体的利益和公民的合法权益为其使命,为国家机关、企事业单位、社会团体和公民提供法律帮助的执业人员。《宪法》是我国的根本大法,拥护中华人民共和国宪法,这是对律师的起码要求。如果不具备这一条件,就不能取得律师执业证书。拥护中华人民共和国宪法,是取得律师执业证书应当具备的最基本的政治条件。

(二)通过国家统一法律职业资格考试

根据我国目前法律规定,除法律规定的特殊情形外,只有通过国家统一法律职业资格考试才能取得律师资格,并且只有取得律师资格,具有律师执业证书的人才能担任律师、从事律师工作。具有律师资格是律师执业的一个前提条件。取得律师资格需要具备一定的条件,这些条件是对准备从事律师职业的人的基本要求和最低标准。符合这些条件只能说明某人具备了担任律师的基础,而取得律师执业证书,则既是取得律师资格的标志,又是律师身份的证明,同时还是司法行政机关对公民从事律师职业、开展律师业务活动的许可。

(三)在律师事务所实习满一年

律师为社会提供法律服务的性质,决定了律师业务的实践性很强。律师不仅需要拥有渊博的法律专业知识,而且需要具有较强的业务实践能力。要达到这一水平,就必须付诸实践。只有通过实践,积累实践经验,才能增长做好律师工作的才干。我国《律师法》第5条第3项规定,申请律师执业,必须在律师事务所实习满一年,正是贯穿了专业知识和实践经验相结合的特点。经过一年的律师业务实习,熟悉业务工作,积累司法经验,具备了律师的素质后,取得律师执业证书,正式从事律师业务工作,才能适应社会对律师工作的要求和需要,才能为社会提供优质的法律服务。

(四)品行良好

品行良好就是指申请取得律师执业证书的人员应当廉洁清正,不贪钱财,谨慎谦虚,

团结协作,礼貌待人。律师作为法律工作者,肩负着维护法律正确实施,维护国家、集体和公民合法权益的重任。律师执业不仅应当遵守宪法和法律,而且应当恪守律师的职业道德和执业纪律。品行良好是模范遵守法律和职业道德的基础。西方国家普遍对执业者的品行作出了严格的规定。

此外,我国《律师法》对不予颁发律师执业证书的情形也作了明确规定。《律师法》第7条规定:"申请人有下列情形之一的,不予颁发律师执业证书:(一)无民事行为能力或者限制民事行为能力的;(二)受过刑事处罚的,但过失犯罪的除外;(三)被开除公职或者被吊销律师、公证员执业证书的。"

二、申请律师执业的程序

我国《律师法》第6条规定:"申请律师执业,应当向设区的市级或者直辖市的区人民政府司法行政部门提出申请,并提交下列材料:(一)国家统一法律职业资格证书;(二)律师协会出具的申请人实习考核合格的材料;(三)申请人的身份证明;(四)律师事务所出具的同意接收申请人的证明。"申请兼职律师执业的,还应当提交所在单位同意申请人兼职从事律师职业的证明。受理申请的部门应当自受理之日起二十日内予以审查,并将审查意见和全部申请材料报送省、自治区、直辖市人民政府司法行政部门。省、自治区、直辖市人民政府司法行政部门应当自收到报送材料之日起十日内予以审核,作出是否准予执业的决定。准予执业的,向申请人颁发律师执业证书;不准予执业的,向申请人书面说明理由。

根据以上法律规定,律师申请领取律师执业证书主要经过以下几个程序:

(一)申请

凡愿意从事律师工作、具有律师资格,符合《律师法》规定执业条件的人员,可写出书面申请书,连同律师资格证明、申请人身份证明的复印件,一起提交到其欲执业的律师事务所,经律师事务所同意后,由律师协会出具申请人实习考核合格的材料,并由申请人所在律师事务所向主管司法行政机关申报。如果是申请兼职从事律师执业的,还应当提交所在单位同意申请人兼职从事律师职业的证明。

(二)审核

申请人的申请,应当向设区的市级或者直辖市的区人民政府司法行政部门提出。受理申请的部门应当自受理之日起二十日内予以审查,并将审查意见和全部申请材料报送省、自治区、直辖市人民政府司法行政部门。省、自治区、直辖市人民政府司法行政部门应当自收到报送材料之日起十日内予以审核,作出是否准予执业的决定。

(三)颁证

根据律师法的规定,省、自治区、直辖市司法行政部门对申请人呈报的有关材料进行审核后,符合《律师法》规定的条件的,准予执业,向申请人颁发律师执业证书;不准予执业的,向申请人书面说明理由。

此外,为了从律师执业入口上严格把关,我国《律师法》第7条、第9条还规定:申请人有下列情形之一的,不予颁发律师执业证书:(一)无民事行为能力或者限制民事行为能力的;(二)受过刑事处罚的,但过失犯罪的除外;(三)被开除公职或者被吊销律师执业证书的。申请人有下列情形之一的,由省、自治区、直辖市人民政府司法行政部门撤销准予执业的决定,并注销被准予执业人员的律师执业证书:(一)申请人以欺诈、贿赂等不正当手段取得律师执业证书的;(二)对不符合本法规定条件的申请人准予执业的。

■ 三、律师执业的限制性规定

我国《律师法》第 10 条规定:律师只能在一个律师事务所执业。律师变更执业机构的,应当申请换发律师执业证书。律师执业不受地域限制。第 11 条规定:公务员不得兼任执业律师。律师担任各级人民代表大会常务委员会组成人员的,任职期间不得从事诉讼代理或者辩护业务。第 13 条规定:没有取得律师执业证书的人员,不得以律师名义从事法律服务业务;除法律另有规定外,不得从事诉讼代理或者辩护业务。以上法律规定,不仅有利于保障法律正确、有效的实施,而且有利于维护当事人的合法权益。

（一）关于禁止律师跨所执业的规定

我国《律师法》第 10 条规定:律师只能在一个律师事务所执业。律师变更执业机构的,应当申请换发律师执业证书。在我国,律师执业的工作机构是律师事务所。律师事务所按照章程组织律师开展业务工作,学习法律和国家政策,总结、交流工作经验。律师承办业务,由律师事务所统一接受委托,与委托人签订书面委托合同,按照国家规定向当事人统一收取费用并如实入账。如果一名律师同时在两个或两个以上律师事务所履行职务,当各律师事务所依据自身享有的职权,同时指派律师办理案件时,由于律师个人的精力有限,不可能同时接受两个或两个以上的委托,也就不可能完成律师事务所分配的任务。因此,从律师开展业务工作的角度出发,律师不宜在两个或两个以上律师事务所履行职务。

从律师事务所对律师进行管理的角度来看,律师事务所与律师之间的关系是领导与被领导的关系,律师属于律师事务所的成员。如果律师在两个或两个以上律师事务所履行职务,势必形成律师与律师事务所之间的多方领导关系,导致几个律师事务所对律师都有领导权,实际上谁都无法领导的局面。而且也不利于律师事务所对律师进行管理。

总之,无论是从现实情况,还是从今后律师工作发展的角度讲,律师都不宜在两个或两个以上律师事务所执业。我国《律师法》在制定过程中,正是考虑到上述情况,因此规定,律师只能在一个律师事务所执业,不能同时在两个以上律师事务所执业。

（二）关于兼职律师的限制性规定

我国《律师法》第 12 条规定:高等院校、科研机构中从事法学教育、研究工作的人员,符合本法第五条规定条件的,经所在单位同意,依照本法第六条规定的程序,可以申请兼职律师执业。《律师法》第 11 条规定:公务员不得兼任执业律师。律师担任各级人民代表大会常务委员会组成人员的,任职期间不得从事诉讼代理或者辩护业务。

所谓兼职律师是指已经取得律师资格,在不脱离本职工作的同时兼做律师工作的人员。《律师暂行条例》第 10 条规定:"取得律师资格的人员不能脱离本职的,可以担任兼职律师。"

兼职律师是我国恢复律师制度初期出现的,哪些人可以担任兼职律师,随着不同时期的要求也有变化。我国当初发展兼职律师的主要原因有以下几个方面:(1)专职律师数量很少,不能满足法律服务的社会需求;(2)国家希望吸收一些法律水平较高的人员,从事律师工作;(3)在法律院校内设立兼职律师事务所,可以使在校学生有实践的基地。

我国《律师暂行条例》确立兼职律师制度,在弥补专职律师的不足、律师结构不合理方面起到了积极作用,但在实践中也出现了一些问题。主要表现在以下几个方面:(1)兼职律师影响专职律师的发展。兼职律师一般都拿国家工资,享受单位的福利待遇,"旱涝保收";(2)有的兼职律师利用职业的关系来办案,影响执业的公正性;(3)有些兼职律师处理不好本职工作与兼职工作的关系,使律师工作与本职工作产生冲突,尤其是一些兼职律师只看重自身的经济利益,而轻视本职工作,致使兼职律师所在单位对兼职律师不满;(4)律师事务所对兼职律师较难管理。

综上所述,一方面兼职律师存在有其自身固有的弊病;另一方面,目前,我国专职律师的发展还远远满足不了社会对律师的需求,还需要兼职律师作补充。因此,在我国1995年的《律师法》立法中,对兼职律师问题存在两种意见:一种认为《律师法》中应当明确规定取消兼职律师;一种认为应当允许兼职律师的发展,但必须在《律师法》中对兼职律师作出严格的限制。考虑到兼职律师问题的复杂性,我国1996年颁布的《律师法》中对兼职律师既没有作肯定性的规定,也没有作否定性的规定,只是作了限制性的规定。即国家机关的现职工作人员不得兼任执业律师。律师担任各级人民代表大会常务委员会组成人员期间,不得执业。1996年的《律师法》之所以这样规定,是因为这些人员的工作性质、职能、职责或任务与律师身份和律师职务活动不相适应。为保证律师依法执行职务,防止行政干预,特作如上限制性法律规定。

2007年新修订的《律师法》对兼职律师作出了明确的规定,即高等院校、科研机构中从事法学教育、研究工作的人员,符合律师法第5条规定的条件,经所在单位同意,依照律师法第6条规定的程序,可以申请兼职律师执业。同时规定,公务员不得兼任执业律师。律师担任各级人民代表大会常务委员会组成人员的,任职期间不得从事诉讼代理或者辩护业务。上述法律规定,宽严相济,符合我国目前实际情况。2012年和2017年修订的《律师法》对兼职律师的规定没有改变。

(三)关于禁止非律师以律师名义执业的规定

在《律师法》的制定过程中,考虑到有的律师事务所为了争夺案源,追求经济效益,不惜让非执业律师人员以本所律师的名义从事法律服务活动,从而损坏了律师的形象,降低了律师的威信。为了制止这种行为,1996年《律师法》第14条对非执业人员以律师名义执业作了严格禁止性的规定。即:没有取得律师执业证书的人员,不得以律师名义执业,不得以牟取经济利益从事诉讼代理或者辩护业务。2007年新修订的《律师法》保留了这项规定,该法第13条规定:没有取得律师执业证书的人员,不得以律师名义从事法律服务业务;除法律另有规定外,不得从事诉讼代理或者辩护业务。2017年新修订的《律师法》对此规定没有改变。

法律作出上述规定主要有以下两个方面的益处:(1)有利于保证律师服务质量。律师

从事的工作专业性很强,非执业律师人员往往不具有这方面的知识和能力,由他们为当事人提供法律服务,不能充分维护委托人的合法权益,不能保证服务质量。而律师大多数经过律师资格考试,有丰富的办案经验,由他们为当事人提供法律服务,能够保证服务质量。(2)有利于反对不正当竞争。律师帮助非执业律师人员以律师名义从事法律服务活动,大多由于非执业律师人员能够给律师带来经济效益。诸如,非执业律师人员有案源,而且标的都比较大,以律师的名义承办案件,收取的诉讼费按比例上交律师事务所后,其余的部分由律师与非执业律师均分,律师出名不出力,且有经济收入。再者,就是非执业律师人员与案件承办人员,存在某种关系,能够使案件胜诉等,这些做法违反了我国《律师法》的有关规定,不利于律师公平竞争。

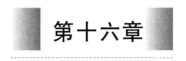

律师工作机构

律师事务所是一个从事法律服务的社会中介组织。律师事务所设立、变更和终止都必须符合规定的条件。我国律师事务所有国资律师事务所合伙律师事务所以及个人律师事务所三种不同的形式,他们的投资主体、设立的条件和承担的责任也各不相同。其中,国资律师事务所难以适应法律服务业在市场中的激烈竞争,将日趋淡化。合伙律师事务所是目前的主要形式。我国律师事务所到国外设立分所以及境外律师事务所在我国设立办事处、开展法律服务的做法,是律师服务业激烈竞争的表现,已是大势所趋,对于促进我国律师业的国际化具有重要的意义。

第一节 律师事务所概述

一、律师事务所的沿革

律师事务所是律师的执业机构。在 20 世纪 50 年代,我国对律师的工作机构沿用前苏联的称谓,即"法律顾问处"。1980 年颁布的《律师暂行条例》仍规定,律师执行职务的工作机构是法律顾问处。实践证明,把律师的工作机构定名为法律顾问处是不够严谨的,更容易与国家机关、社会团体和企事业单位中可能设立的法律顾问处、法律顾问室等其他法律服务机构相混淆,同时也与国际通行的称呼律师事务所不相统一,不利于律师开展对外活动和对外交往,亦不能反映律师工作机构的特点。因此,为适应改革开放的需要,1983 年深圳等地律师工作机构开始更名为律师事务所。1984 年 8 月,全国司法行政工作会议确定法律顾问处改称律师事务所,司法部明确指出,应将"法律顾问处"改称为"律师事务所"。1996 年 5 月 15 日《中华人民共和国律师法》颁布,正式将律师执业机构定名为"律师事务所"。

二、律师事务所的概念

我国《律师法》第 14 条规定:"律师事务所是律师的执业机构。"律师事务所是律师从事业务活动的机构,是律师组织形式之一。任何律师,必须是律师事务所的成员,才能接受当事人的委托,开展律师业务活动。由执业律师组成律师事务所,由律师事务所构成整个律师产业。这是任何国家的律师业在发展过程中无法回避的三个基本环节。从律师到律师事务所,从律师事务所到律师业,在这三者关系中,律师事务所处于凝聚律师人才,开

拓律师业务、经营律师经济、理顺律师分配关系、配置律师资源，从而支撑律师整个行业发展的中心环节。

此外，律师执业产生的法律责任，由律师事务所承担；司法行政机关对律师的监督指导和律师协会对律师的行业管理，是通过对律师事务所的管理来实现和落实的。因此，律师事务所既要接受管理，同时又要管理本所律师，在律师管理工作中具有承上启下的作用。可以说，律师事务所运作的好坏直接影响到律师业务的开展和律师作用的发挥。

三、律师事务所的性质

律师事务所就其本质而言应属人合公司。律师事务所的基本元素是律师，律师事务所的核心也是律师，这不同于以"资合"为成立基础和运行条件的各种公司。律师事务所成立不需要"资合"，律师业务活动的开展和律师事务所的运作依靠的是律师个人的知识和技能以及他在社会中的名望和客户占有率。律师通过向当事人提供服务而获取相应的报酬。律师事务所成立时需要一定的资金，但这种资金只是开办经费，用于律师事务所租房、购置办公用品等。世界各国大都这样。我国律师事务所的三种形式（即国资律师事务所、合伙律师事务所、个人律师事务所）只有形式上的区别，没有本质上的区别，不能用所有制形式来进行区分。律师事务所的性质应界定为市场中介组织，即律师事务所要依法通过资格认定，依据市场规则，建立自律性运行机制，承担相应的经济和法律责任，并接受政府有关部门的管理和监督。

四、律师事务所的名称

关于律师事务所的名称，《律师法》以及司法部于 2010 年 3 月 1 日起实行的《律师事务所名称管理办法》作了详细规定。

律师事务所的名称是经核准设立的，它是执业活动中供公众识别的机构名字和称号，由"省（自治区、直辖市）行政区划地名、字号、律师事务所"三部分内容依次组成。经批准机关核定的律师事务所名称在全国范围内享有专用权。《律师事务所名称管理办法》规定：律师事务所的名称中不得含有下列内容和文字：(1)有损国家利益、社会公共利益或者有损社会主义道德风尚的，不尊重民族、宗教习俗的；(2)政党名称、党政军机关名称、群众组织名称、社会团体名称及其简称；(3)国家名称，重大节日名称，县（市辖区）以上行政区划名称或者地名；(4)外国国家（地区）名称、国际组织名称及其简称；(5)可能对公众造成欺骗或者误解的；(6)汉语拼音字母、外文字母、阿拉伯数字、全部由中文数字组成或者带有排序性质的文字；(7)"中国""中华""全国""国家""国际""中心""集团""联盟"等字样；(8)带有"涉外""金融""证券""专利""房地产"等表明特定业务范围的文字或者与其谐音的文字(9)与已经核准或者预核准的其他律师事务所名称中的字号相同或者近似的；(10)字号中包括已经核准或者预核准的其他律师事务所名称中的字号的；(11)与已经核准在中国内地（大陆）设立代表机构的香港、澳门、台湾地区律师事务所名称中的中文字号相同或者近似的；(12)与已经核准在中国境内设立代表机构的外国律师事务所名称中的中文译文字号相同或者近似的；(13)其他不适当的内容和文字。

律师事务所的名称中的字号由该律师事务所在申请设立时自主选择,字号应当由两个以上汉字组成,但不得使用县(市辖区)以上行政区名称作字号。合伙形式的律师事务所可以使用合伙人的姓名或姓氏的连缀做字号。律师事务所的名称不得转让。律师事务所获准变更名称,或者因终止被注销的,其变更或者被注销前使用的名称,自获准变更或者被注销之日起三年内,省、自治区、直辖市司法行政机关不得核准其他律师事务所使用。擅自使用他人已经核定的律师事务所名称或者有其他侵犯他人律师事务所名称专用权行为的,被侵权人可以向侵权人所在地批准机关要求处理。批准机关应当责令侵权人停止侵权行为,赔偿被侵权人因该侵权行为所遭受的名誉损失。

五、我国律师事务所的法律特征

根据我国的国情状况和现在的法律规定,我国律师事务所和其他社会组织相比,具有以下法律特征:

(1)律师事务所是依照国家法律和有关规定经司法行政机关批准成立的提供法律服务的社会中介组织。律师事务所有自己的名称、章程、场所和律师。律师事务所一经登记,其执业活动受法律保护。我国《律师法》第4条规定:司法行政部门依照本法对律师、律师事务所和律师协会进行监督、指导。根据这条规定,国家司法行政机关对律师事务所实行监督和指导,而不是过去实行的组织领导和业务监督的关系。

(2)律师事务所是从事律师业务的组织。社会上有各种不同的法律服务中介机构,律师事务所是我国法律服务业的重要组成部分,而且数量较多。其他法律服务机构不能以律师事务所的名义开展法律服务活动,不享有律师事务所特有的权利。

(3)律师事务所是律师执业的场所。律师承办各种法律事务均须以律师事务所的名义进行。律师事务所组织领导律师的业务活动,组织律师进行政治学习和业务进修,向有关部门反映律师的建议和意见,统一向委托人收取办案费用等,律师必须在律师事务所统一领导下开展各项律师业务活动。律师因过错给委托人造成损害的,应先由律师事务所承担赔偿责任,律师事务所赔偿后有权向有过错的律师追偿。

(4)律师事务所是自负盈亏、自我发展、自我约束的组织。律师事务所必须独立核算,独立自主地进行业务活动,具有相对独立的自主权。律师事务所独自承担业务活动中形成的法律责任,享有法定的民事权利,并承担相应的民事义务。

(5)律师事务所之间地位平等。律师事务所之间没有隶属关系,法律地位平等,享有的权利和承担的义务相同。律师事务所之间不因性质的不同、规模的大小而影响它们的平等性,国资所、个人所、合伙所之间的地位是平等的,省级、地级、县级司法行政机关管理的律师事务所之间是平等的。主体的平等性是律师行业平等竞争的前提和基础。

六、律师事务所的任务

我国《律师法》第23条规定:"律师事务所应当建立健全执业管理、利益冲突审查、收费与财务管理、投诉查处、年度考核、档案管理等制度,对律师在执业活动中遵守职业道德、执业纪律的情况进行监督。"第24条规定:"律师事务所应当于每年的年度考核后,向

设区的市级或者直辖市的区人民政府司法行政部门提交本所的年度执业情况报告和律师执业考核结果。"

具体说来,律师事务所的任务有以下几项:(1)建立健全相关内部结构和管理制度;(2)监督律师的执业活动(3)统一接受委托,指派律师承办委托事项;(4)向委托人收取费用,管理本所财务;(5)向司法行政机关定期报告业务开展、律师执业考核和财务收支情况;(6)聘任和辞退律师事务所的工作人员;(7)向有关部门反映律师的意见和建议。

七、律师事务所的责任

根据律师法和司法部颁布的《律师事务所管理办法》还有个人律师事务所的规定,无论是国资律师事务所、合伙律师事务所,都应承担下列责任:(1)应当在国家法律规定的范围内开展业务活动,遵守职业道德和执业纪律;(2)不得从事其他任何经营性活动;(3)应当接受司法行政机关和律师协会的监督、指导;(4)应当按规定设立事业发展、执业风险、社会保障和培训等项基金;(5)应当统一接受业务委托,统一收取服务费用,统一入账;(6)应当依据司法行政机关的有关规定,建立健全人事、财务、业务、收费等内部管理制度,并报司法行政机关备案;(7)应当依法纳税;(8)不得以诋毁其他律师事务所或者支付介绍费等不正当手段争揽业务。

八、律师事务所的权利和义务

作为市场经济体制下独立承担法律后果的责任主体,律师事务所享有法律规定的一系列权利,如统一与委托人签订书面委托合同的权利、统一向当事人收取费用的权利等。权利和义务是相对称的,世界上没有无义务的权利,也没有无权利的义务。律师事务所享有法律赋予权利的同时,也负有一定的义务,如按时交纳管理费、会费等各种费用和参加年检的义务、依法纳税的义务等。律师事务所只有依法行使权力和履行义务,才能切实维护当事人的利益,稳固健全的法律秩序。

(一)律师事务所的权利

律师事务所在业务活动中作为一方当事人而存在,根据律师法及其他有关法律、法规的规定,律师事务所享有广泛的权利,例如,有权在自愿组合、民主管理的前提下自行选择组织形式;统一接受当事人的委托并指派律师执行职务等。根据律师法规定,律师事务所主要享有以下权利:

1. 统一接受当事人委托的权利

《律师法》第 25 条第 1 款规定:"律师承办业务,由律师事务所统一接受委托,与委托人签订书面委托合同。"接受委托是指律师事务所接受当事人委托,同意为其提供法律帮助的行为,是律师事务所开展业务活动的第一步。在法律服务合同中,双方当事人分别是当事人与律师事务所。只有律师事务所有权与当事人签订委托合同,然后,其可以指派所内的律师按照合同履行其应当履行的义务。一般说来,律师事务所实行一套规范化的运作程序,由专人负责统一接受当事人的委托。在当事人与律师事务所达成合意的基础上,双方签订委托合同,然后由律师事务所分配给具体的律师承办。

律师不是委托合同的一方主体,只是接受律师事务所的指派,代表律师事务所履行具体的职务行为而已,作为个体的律师无权单独接受当事人的委托。承办律师无论以何种名义从事法律服务,均是一种作为律师事务所的派出人员执行职务的行为,其所有行为均代表律师事务所,受律师事务所章程的管理和约束。

律师事务所接受委托的基本过程是:当事人需要聘请律师时,律师事务所指派律师接待;在了解有关案情以及当事人的要求后,律师认为可以接受委托的,提交律师事务所主任或业务负责人决定是否接受委托;律师事务所主任或业务负责人决定接受委托的,律师事务所与当事人签订委托协议,并指派律师负责办理。

2. 按国家规定统一向当事人收取费用的权利

律师收费制度是国家律师制度中的一项不可缺少的组成部分,也是律师事务所的一项重要权利。律师收费是指律师事务所在接受当事人的委托或者聘请时,按照法律规定或者双方的约定,基于律师事务所为当事人提供的法律服务而向当事人收取一定费用的行为。通常人们将其理解为当事人向律师交费,其实,这是一种误解,我国《律师法》第25条第1款规定了律师事务所应当按照国家规定统一收取费用并如实入账。从律师法的规定中我们可以看出,律师收费中真正的权利主体为律师事务所。律师不得私自收费。

根据《律师法》以及《律师服务收费管理办法》的有关规定,我国律师收费由律师服务费、代委托人支付的费用以及异地办案差旅费三部分构成。律师事务所与委托人签订委托合同后,财务人员应及时按规定的收费标准向委托人收取全部律师费并出具收费票据。应委托人要求,律师事务所应当提供收费说明,写明委托事项、收费金额、计算办法、交付时间以及其他有关事项。根据《律师服务收费管理办法》,律师事务所可以采取计件收费、按标的额比例收费和计时收费等方式收取法律服务费。

律师若受聘担任法律顾问,律师事务所依照受聘合同在规定的标准内收取费用,可以按年度固定收取费用,也可以在收取签约费后按实际工作量收费。按年度固定收费的,律师在为聘方办理简单法律事务时不再收费。为聘方担任民事代理人参加诉讼、调解、仲裁活动的,可按收费标准另行收费。律师到外地办案的,除按规定标准收费外,应由委托人按合理标准负担律师的食宿、交通等费用,或由律师事务所按有关差旅费的规定,向委托人收取食宿、交通等费用。律师为委托人提供服务过程中的所需的鉴定费、翻译费、资料费、文印费、通信费及其他必须开支的费用,应凭报销单据,由委托人支付。非因委托人的原因而办案中止的,委托人要求退还办案费时,律师事务所应根据办案的实际付出进行相应的扣除后,将余额部分退还委托人。

我国目前的律师收费标准应注意与国际接轨。国外的律师收费办法比较灵活,以计时收费为主,个别也采取协议收费或胜诉提成方式。计时收费的标准没有统一的规定,而是按照长期形成的习惯以及当时法律服务市场的行情,由每个律师事务所根据每位律师的资历、能力和执业声誉及社会知名度等自行规定。我国应根据具体情况加以借鉴吸收,比如具体收费额由各律师事务所与委托人协商确定,收费高低应参照律师本人的工作能力、经验、声望、知名度及诉讼难易程度和所需技能的高低、诉讼所花费的时间、诉讼标的额等。这样既可以防止降低收费的不正当竞争,又可以根据律师的实际水平、知名度和案

件的难易程度,适当灵活,有利于激发律师的工作热情,更好地维护当事人的合法权益。

3. 自主用人的权利

律师事务所是一种"人合"组织,律师事务所组织的基本元素是律师,律师事务所的核心也是律师。"人合组织"最大的特点是律师的业务活动开展和律师事务所的运作依靠的是律师本身所具备的法律知识业务技能,因此律师事务所被赋予自主用人的广泛权利,依照国家有关规定,可以自主地录用、惩戒、辞退工作人员。

律师事务所之间的竞争从某种意义上讲是人才的竞争,律师事务所可以根据本所的实际情况,制定一整套人才使用、培训、奖惩等制度,提高律师的办案能力,提高律师事务所的竞争能力。

律师事务所可以根据本所律师的特点,扬长避短地起用律师。例如,有的律师精于分析案件和提出解决方案,但不善言辞,可以作为非讼律师办案;有的律师善于表达和随机应变,可作为诉讼律师办案;有的律师既懂法律又有较高的外语水平,可以办理涉外案件。根据本事务所的知识结构、薄弱环节和发展方向,律师事务所可以决定对本所律师进行多种形式的培训,有条件的律师事务所还可以选派本所律师到国外进修。为鼓励和激发律师的工作积极性,律师事务所可以通过奖勤罚懒、奖优罚劣,鼓励成绩突出的律师,刺激工作业绩较差的律师。在符合有关法律规定的前提下,律师事务所可以自主录用、辞退律师。

(二)律师事务所的义务

律师事务所依法自主地开展业务活动,在享有广泛权利的同时,还应该遵守法律、法规的规定,自觉接受司法行政机关和律师协会的管理和监督。律师事务所主要承担以下义务:

1. 按时缴纳管理费、会费等各种费用和参加年检的义务

律师事务所每年应按时统一向主管司法行政机关上缴管理费、向律师协会缴纳会费。按照国家的法律法规和事务所的发展需要,律师事务所须按照一定比例设立事业发展基金、执业风险基金、社会保险基金、培训基金和法律援助基金等,由律师事务所在每年年终从事务所当年的纯收入中按一定比例提取,由财务人员按专项基金分项统一存入银行,各项基金之间不能互相拆借,也不能挪用。律师事务所必须严格遵守"统一收费、统一支出、统一管理"的规定,以保障律师各项权利的实现。

根据司法部《律师事务所登记管理办法》的规定,律师事务所应当于每年的一季度经所在地县级司法行政机关向设区的市级司法行政机关提交上一年度本所执业情况报告和律师执业考核结果,直辖市的律师事务所的执业情况报告和律师执业考核结果直接向所在地区(县)司法行政机关提交,接受司法行政机关的年度检查考核。具体年度检查考核办法,由司法部规定。律师事务所住所地司法行政机关收到年检材料后应当进行审查,并将年检材料和签署的意见送省、自治区、直辖市司法厅(局)。司法行政机关有权要求律师事务所提交补充材料,要求律师事务所负责人或有关人员说明情况,必要时也可以到律师事务所进行检查。

律师事务所有下列行为之一的,由设区的市级或者直辖市的区人民政府司法行政部

门视其情节给予警告、停业整顿一个月以上六个月以下的处罚,可以处十万元以下的罚款;有违法所得的,没收违法所得;情节特别严重的,由省、自治区、直辖市人民政府司法行政部门吊销律师事务所执业证书:(1)违反规定接受委托、收取费用的;(2)违反法定程序办理变更名称、负责人、章程、合伙协议、住所、合伙人等重大事项的;(3)从事法律服务以外的经营活动的;(4)以诋毁其他律师事务所、律师或者支付介绍费等不正当手段承揽业务的;(5)违反规定接受有利益冲突的案件的;(6)拒绝履行法律援助义务的;(7)向司法行政部门提供虚假材料或者有其他弄虚作假行为的;(8)对本所律师疏于管理,造成严重后果的。

律师事务所因前款违法行为受到处罚的,对其负责人视情节轻重,给予警告或者处二万元以下的罚款。

2007 年《律师法》修改后,在第 22 条规定了律师事务所有下列情形之一的,应当终止:(1)不能保持法定设立条件,经限期整改仍不符合条件的;(2)律师事务所执业证书被依法吊销的;(3)自行决定解散的;(4)法律、行政法规规定应当终止的其他情形。律师事务所终止的,由颁发执业证书的部门注销该律师事务所的执业证书。现行《律师法》对该项法律规定没有改变。

《律师事务所管理办法》进一步规定,律师事务所在终止事由发生后,应当向社会公告,依照有关规定进行清算,依法处置资产分割、债务清偿等事务。因被吊销执业许可证终止的,由作出该处罚决定的司法行政机关向社会公告。因其他情形终止、律师事务所拒不公告的,由设区的市级或者直辖市的区(县)司法行政机关向社会公告。律师事务所自终止事由发生后,不得受理新的业务。律师事务所应当在清算结束后十五日内向所在地设区的市级或者直辖市的区(县)司法行政机关提交注销申请书、清算报告、本所执业许可证以及其他有关材料,由其出具审查意见后连同全部注销申请材料报原审核机关审核,办理注销手续。律师事务所被注销的,其业务档案、财务账簿、本所印章的移管、处置,按照有关规定办理。

2. 依法纳税的义务

我国《律师法》第 25 条第 2 款规定了律师事务所和律师应当依法纳税。纳税是我国税法规定的每个公民和营利性组织的一项法定义务。律师事务所作为律师提供法律服务的执业机构,是与当事人委托关系中的一方主体,依据《律师法》的规定,其享有向委托人统一收费的权利,具有营利性质,因此必须承担纳税的义务。实行统一收案、收费和依法纳税制度是律师事务所加强对律师的管理,防范律师私自收费、超额收费的需要,也是促进国家税收管理和维护律师事务所声誉的需要。

3. 不得进行不正当竞争的义务

我国《律师法》第 26 条规定:"律师事务所和律师不得以诋毁其他律师或者支付介绍费等不正当手段争揽业务。"律师业的不正当竞争,不仅违反律师执业的基本原则,损害竞争对手合法权益,而且会扰乱法律服务的正常秩序,危害律师业的健康发展,损害当事人的合法权益,因此各国律师业都反对不正当竞争。根据《司法部关于反对律师行业不正当竞争行为的若干规定》,下列行为属于不正当竞争行为:(1)通过招聘启事、领导人题写名

称或其他方式,对律师或律师事务所进行不符合实际的宣传;(2)在律师名片上印有律师经历、专业技术职务或其他头衔;(3)借助行政机关或行业管理部门的权力,或通过与某机关、部门联合设立某种形式的机构而对其地区、某部门、某行业或某一种类的法律事务进行垄断;(4)故意诋毁其他律师或律师事务所声誉,争揽业务;(5)无正当理由,以在规定收费标准以下收费为条件吸引客户;(6)采用给予客户或介绍人提取"案件介绍费"或其他好处的方式承揽业务;(7)故意在当事人与其代理律师之间制造纠纷;(8)利用律师兼有的其他身份影响所承办业务的正常处理和审理。

律师和律师事务所在执业过程中必须遵循公平、平等、诚实信用的原则,遵守律师职业道德和执业纪律,遵守律师行业公认的执业准则。律师和律师事务所应当相互监督,发现有不正当竞争行为的,应当向司法行政机关、律师协会反映,律师协会和律师惩戒机构应当对律师和律师事务所的不正当竞争行为予以处罚和惩戒。

4.不得从事法律服务以外的经营活动的义务

此为 2007 年《律师法》新增内容,主要限制了律师事务所的经营范围,加强了对律师事务所的控制。从整体上看,国家在放宽律所组织形式和成立条件的同时,加强了对律所和律师的管理,禁止律所从事法律服务以外的经营活动正是加强管理的体现。现行《律师法》对该项法律规定没有改变。

九、律师事务所的种类

早期的律师事务所大多是个人开业,合伙制是其主要形式,律师事务所一般只有3～5 名律师。20 世纪后期,律师事务所出现了向大型化发展的趋势。英、美等资本主义国家有了突破千人的大型律师事务所。据说美国最大的律师事务所计划到 2010 年发展到拥有 5000 名律师,业务遍布世界各地。律师事务所出现小型化的合伙所和超千人的大型所并存局面,主要由以下原因造成:一是社会法制化程度较高,公民和社会组织在生活和业务中发生纠纷,便有通过法律手段解决纠纷的愿望。因此,一些案情简单,争议不大的法律纠纷,以及大型律师事务所不愿接受的业务,小型的律师事务所足以应付;而一些法律关系复杂,涉及当事人重大利益的纠纷,就必须由大型律师事务所通过律师团队协作,方能胜任代理业务。二是英、美等国律师收费普遍较高,小型合伙所收费相对低廉,适合中低收入阶层聘请律师的需要。三是资本主义国家的律师数量快速增长。据报道,1970 年美国取得律师资格的人数是 27.4 万,1990 年增至 77.7 万,20 世纪 90 年代末增加到 80万。其他资本主义国家的律师数量在 20 世纪末也增加较快。律师人数的增长与经济发展是不可分的,同时,法律服务的需求也大大增加,导致小型的和大型的律师事务所有各自发展的需要了。

根据我国《律师法》的规定,由于组建方式、运行机制、财产关系和法律责任的不同,我国律师事务所有 3 种不同类型。即国资所、合伙所和个人所。以上 3 种不同类别的律师事务所的法律地位、设立宗旨和执业方式相同。在共同设立条件方面,《律师法》第 14 条规定:设立律师事务所应当具备以下条件:(1)有自己的名称、住所和章程;(2)有符合本法规定的律师;(3)设立人应当是具有一定的执业经历,且三年内未受过停止执业处罚的律

师;(4)有符合国家司法行政部门规定数额的资产。但是三种律所在资产归属和债务的承担不同。国资所的资产为国家所有,债务的承担以该所的资产为限承担有限责任。合伙所可以分为普通合伙和特殊的普通合伙,合伙人对债务承担责任。合伙所现在是我国律师事务所的主要形式。个人律师事务所设立人对律所债务承担无限责任。

(一)国资律师事务所

国家出资设立的律师事务所[①],简称国资律师事务所,是指由国家下达编制、拨给经费设立的律师事务所,是律师执业机构之一。我国《律师法》第 20 条规定:"国家出资设立的律师事务所,依法自主开展律师业务,以该律师事务所的全部资产对其债务承担责任。"国外的律师执业机构普遍属于私人开业性质,很少有国家开办的律师执业机构。但就我国来说,由于受政治体制、经济基础以及历史原因等诸多因素的影响,国资所在一定时期内仍然占有一定的比例。

根据司法部《律师事务所管理办法》的规定,国家出资设立的律师事务所,除符合《律师法》规定的一般条件外,应当至少有二名符合《律师法》规定并能够专职执业的律师。需要国家出资设立律师事务所的,由当地县级司法行政机关筹建,申请设立许可前须经所在地县级人民政府有关部门核拨编制、提供经费保障。

国资律师事务所由司法行政机关根据国家需要设立,开办时律师事务所的资产由司法行政机关代表国家投入,国资所作为法人,独立以其全部资产对债务承担有限责任;国资律师事务所包括一次性投入开办资产、不核定编制、核定编制并核拨经费等形式;国资律师事务所独立核算,根据情况分别实行全额管理、差额管理、自收自支三种管理方式。国资律师事务所依法自主开展业务活动,任何机关、团体和个人不得随意调用律师事务所的资金和财产,不得干涉律师依法执业。国资律师事务所自主经营,司法行政机关对其进行指导和监督,而不应干预其业务活动。

国资所依据按劳分配的原则,实行效益浮动工资制。制定律师工资标准、等级时,应当考虑律师的所龄、资历、办理法律事务的质量和数量等因素。国家出资设立的律师事务所应当依照司法行政机关的有关规定,建立、健全人事、财务、业务、收费等内部管理制度,并报司法行政机关备案。国资所应当按规定设立事业发展、执业风险、社会保障和培训等项基金,其在编人员的养老、医疗、住房等问题按国家的有关规定处理。

国资所主任是律师事务所的法定代表人,由本所全体律师在具有三年以上执业经历的本所律师中推选,经设立该所的司法行政机关任命。律师事务所主任对设立该所的司法行政机关负责,并向其报告工作。国资所应当统一接受业务委托,统一收取服务费用,统一入账。国资所及其律师应当履行法律援助义务,依法纳税。国资所解散或因违反法律法规、执业纪律被吊销执业证书的,应当对律师事务所的财产进行清算,其终止时,尚未办结的法律事务,由律师事务所与委托人协商解决;终止后,文件、财务账簿和业务档案应依照有关规定移交司法行政机关保管,印章由司法行政机关收回。

---

① 随着全国范围内于 2000 年开始的国资律师事务所改制的完成,目前绝大部分国资所已经改制为合作制或者合伙制事务所。

国资所具有下列职权：(1)制定律师事务所的发展规划；(2)制定律师事务所的规章制度；(3)决定律师事务所内部机构的设置和分工；(4)决定录用、辞退律师和其他工作人员；(5)决定律师事务所的内部分配；(6)修改律师事务所的章程。

国资所作为计划经济时代的产物，已经完成了它的历史使命，随着国资律师事务所的改制工作的完成，国资律师事务所将退出历史舞台。

(二)合伙律师事务所

1. 合伙律师事务所的概念和条件

合伙律师事务所是世界各国广泛采用的一种律师执业组织形式，是指由律师自愿组合，订立合伙协议，财产归合伙人共有的律师事务所，是依法设立的律师执业机构之一。合伙制律师事务所在西方资本主义国家出现后，由于其机制灵活，适应律师行业的特点，因此，获得了较快的发展。在我国的律师行业发展过程中，合伙所是1994年出现的，合伙制是伴随着律师制度改革的不断深化而产生的。特别是《律师法》和司法部的《合伙律师事务所管理办法》颁布之后，合伙所的发展模式在实践中获得了积极的探索和发展。合伙律师事务所的内部管理机制更加灵活，更富有活力，更能调动律师的积极性，从其开始就显示出强大的生命力，它适应了市场经济的发展规律，在强大的生存压力和风险面前，通过提供更多、更好的法律服务，积极参与竞争，从社会获得了更多的回报。它克服了国资所和合作所的不足，比如确立了按份共有的财产关系，从而合理地解决了"发起人"与其他律师之间的矛盾和分配上的矛盾、解体时财产处理的矛盾等，是合伙律师事务所的律师自愿组合时首先选择的最佳形式；同时，也克服了国资律师事务所在编制和经费以及分配制度上的限制和局限，在新的条件下满足了律师事业的发展需求，具有更大的合理性，而且合伙人对律师事务所具有高度的自主权，因此，合伙律师事务所比国资律师事务所、合作律师事务所更具有吸引力，是一种比较成熟的律师事务所形式。当然，这种律师事务所自身也存在规模比较小，人员比较少，竞争力不强的弱点，还有名为合伙实为单干，对内部财产吃光分光，忽合忽散等不容忽视的不正常现象。要解决这些问题，就必须建立和规范合伙律师事务所的内部运行机制。具体来看，我国《律师法》第15条第1款规定："设立合伙律师事务所，除应当符合本法第十四条的条件外，还应当有三名以上合伙人，设立人应当是具有三年以上执业经历的律师。"并在第2款进一步规定："合伙律师事务所可以采用普通合伙或者特殊的普通合伙形式设立。合伙律师事务所的合伙人按照合伙形式对该律师事务所的债务依法承担责任。"2007年《律师法》修改后，将合伙律所分成普通合伙和特殊的普通合伙两种。普通合伙律师事务所的合伙人对律师事务所的债务承担无限连带责任。特殊的普通合伙律师事务所一个合伙人或者数个合伙人在执业活动中因故意或者重大过失造成律师事务所债务的，应当承担无限责任或者无限连带责任，其他合伙人以其在律师事务所中的财产份额为限承担责任；合伙人在执业活动中非因故意或者重大过失造成的律师事务所债务，由全体合伙人承担无限连带责任。合伙律师事务所可以采用普通合伙或者特殊的普通合伙形式设立。根据《律师事务所管理办法》，设立普通合伙律师事务所，除应当符合本办法第八条规定的条件外，还应当具备下列条件：(1)有书面合伙协议；(2)有三名以上合伙人作为设立人；(3)设立人应当是具有三年以上执业经历并能够专

职执业的律师;(4)有人民币三十万元以上的资产。设立特殊的普通合伙律师事务所,除应当符合本办法第八条规定的条件外,还应当具备下列条件:(1)有书面合伙协议;(2)有二十名以上合伙人作为设立人;(3)设立人应当是具有三年以上执业经历并能够专职执业的律师;(4)有人民币一千万元以上的资产。在合伙律所中,合伙协议应当载明下列内容:(1)合伙人,包括姓名、居住地、身份证号、律师执业经历等;(2)合伙人的出资额及出资方式;(3)合伙人的权利、义务;(4)合伙律师事务所负责人的职责以及产生、变更程序;(5)合伙人会议的职责、议事规则等;(6)合伙人收益分配及债务承担方式;(7)合伙人入伙、退伙及除名的条件和程序;(8)合伙人之间争议的解决方法和程序,违反合伙协议承担的责任;(9)合伙协议的解释、修改程序;(10)其他需要载明的事项。合伙协议由全体合伙人协商一致并签名,自省、自治区、直辖市司法行政机关作出准予设立律师事务所决定之日起生效。合伙人在律师事务所的管理中有着重要的作用,《律师事务所管理办法》对合伙人变更做出了相关规定,明确了合伙人变更包括吸收新合伙人、合伙人退伙、合伙人因法定事由或者经合伙人会议决议被除名。新合伙人应当从专职执业的律师中产生,并具有三年以上执业经历,但司法部另有规定的除外。受到六个月以上停止执业处罚的律师,处罚期满未逾三年的,不得担任合伙人。合伙人退伙、被除名的,律师事务所应当依照法律、本所章程和合伙协议处理相关财产权益、债务承担等事务。已担任合伙人的律师受到六个月以上停止执业处罚的,自处罚决定生效之日起至处罚期满后三年内,不得担任合伙人。合伙律师事务所是建立在合伙律师依法自愿组合、共享权利、共担风险、严格自律基础上的一种职业组织形式,是国际上通行的律师执业形式。我国《律师法》以及《律师事务所管理办法》对合伙制律师事务所的确立以及发展,是我国律师制度改革已经取得的重大进步。

（三）个人律师事务所

律师主要通过本人的知识和能力为社会提供法律服务。个人律师事务所可以说是合伙律师所的进一步发展,而且在国外(如美国、德国、日本、法国、英国)一般都允许设立个人律师事务所。个人律师事务所的主要特征在于:其一,属个人出资、自负盈亏;其二,在财产关系上是个人独有,且具有完全的所有权关系。进一步讲,在分配关系上,除了成本、其他开支和缴纳外,就是个人的合法收入;其三,在经营管理方面,主要采取个人自主决策,个人进行管理经营,进一步也由个人独自承担全部责任和风险。个人律师事务所在我国经历了一个较长的发展过程。

1993年司法部《关于深化律师工作改革的方案》发布后,以个人名字命名的个人律师事务所开始在我国出现。目前每个省均有一至两家个人律师事务所,有的大城市或沿海城市稍多一些,全国个人律师事务所已有几十家。律师法对个人律师事务所没有明确规定。

虽然国家立法对个人律师事务所暂不规定,但设立个人律师事务所的试点仍在继续进行,以不断摸索,积累经验。实际上,有的地方性法规已对个人律师事务所作出了规定。例如,1995年广东省人大常委会通过的《广东省律师执业条例》规定,设立律师事务所,可以以个人开业的形式提出申请,报地级市以上司法行政机关批准设立。1996年海南省人大常委会通过的《海南经济特区律师执业条例》规定,律师依照法律规定,可以个人设立律师事务所;申请设立个人律师事务所的律师,应当具有3年以上的执业经历,对律师事务所的债务承担无限责任。2002年北京和上海两个直辖市也根据有关政策相继开放了个人律师事务所市场。

2007年《律师法》第16条在我国首次确立了个人律所的正式法律地位,明确规定:"设立个人律师事务所,除应符合本法第十四条规定的条件外,设立人还应当是具有五年以上执业经历的律师。设立人对律师事务所的债务承担无限责任。"2008年《律师事务所管理办法》进一步明确了个人律师事务所应有人民币十万元以上的资产。根据2018年修改的《律师事务所管理办法》第11条规定,设立个人律师事务所,除应当符合本办法第八条规定的条件外,还应当具备下列条件:(1)设立人应当是具有五年以上执业经历并能够专职执业的律师;(2)有人民币十万元以上的资产。

从世界范围来看,具有法人资格的律师事务所或者律师公司也是律师事务所的组织形式,对于这种组织形式,我国现行法律没有规定,将来可以借鉴这种组织形式的优点。

处理以上不同种类的律师事务所之间的关系,须基于如下三条原则:一是地位平等原则。即是说,无论是国资律师事务所,合伙律师事务所或个人律师事务所,尽管建制、规模、人数等有所不同,但互相之间的地位是平等的。不存在高低之分,相互之间更不存在隶属关系、领导与被领导关系。二是公平竞争,反对以不正当手段争揽业务的原则。如果吹嘘自己律师事务所的同时采用各种方法贬低其他律师事务所及其律师,则是违反这一原则的。三是应注意团结协作,相互促进。例如,在司法行政机关、律师协会的组织和指导下,经常开展业务交流,总结经验,以提高为社会提供法律服务的质量水平。[①]

■ 十、境外律师事务所在中国设立的办事处

(一)境外律师事务所在中国设立办事处的意义

自1992年6月起,我国开始允许外国及港澳地区的律师事务所在中华人民共和国境内设立办事处。1992年5月26日发布了《关于外国律师事务所在境内设立办事处的暂行规定》。同日,司法部还发布了《外国律师事务所办事处审批、管理工作操作规程》。2002年起实施的《外国律师事务所驻华代表机构管理条例》在此基础上有所改进。允许境外的律师事务所在我国境内设立办事处,有以下几点意义:

(1)有助于加强我国的律师事务所与境外律师事务所的协作与交流,促进我国律师制度的深化改革。我国的律师制度还在发展、完善的过程中,需要吸收外国律师制度的合理因素。我国律师事务所内部的管理及运作经验等,还比较缺乏,允许外国律师事务所到境内开设办事处,能够使我国的律师事务所吸收这些经验。

(2)有助于加快我国律师走向世界的步伐。随着我国改革开放的深入进行和经济实力的增强,我国律师走出国门,到国外开展律师业务势在必行。允许外国律师事务所在我国设立办事处,一方面为我国律师走向国外创造客观条件,另一方面,可以使我国的律师事务所就近学习外国律师事务所的长处,增强竞争的实力,有能力走向国际法律服务市场。

[①]　胡锡庆主编:《中国律师法学》,华东理工大学出版社1997年版,第92~93页。

（3）有助于扩大对外开放和国际经贸交往,改善我国的投资环境。外国投资者到我国投资,目前主要考虑我国的法律环境,考虑投资能否受到有效的保护。所以,法制是否完备、律师服务水平高低,成为国外投资者决策的重要内容。允许外国律师事务所到我国设立办事处,起到改善我国投资环境的作用。

总之,允许境外的律师事务所在我国境内设立办事处,对我国的律师和律师事务所也是一个重大的挑战。我国加入世界贸易组织后,法律服务的开放迟早会到来。由于法治程度、诉讼制度和律师业务素质的不同,中外律师在执业上的冲撞是难以避免的。所以,加强中外律师的交流,才能做到知己知彼,提高执业水平。

（二）国外律师事务所设立办事处的原则

根据《外国律师事务所驻华代表机构管理条例》,外国律师事务所在我国境内设立代表机构,必须遵循以下原则:

1. 应当经国务院司法行政部门许可。

2. 代表机构及其代表从事法律服务活动,应当遵守中国的法律、法规和规章,恪守中国律师职业道德和执业纪律,不得损害中国国家安全和社会公共利益。

（三）外国律师事务所办事处的业务范围

根据《外国律师事务所驻华代表机构管理条例》,代表机构及其代表,只能从事不包括中国法律事务的下列活动:

1. 向当事人提供该外国律师事务所律师已获准从事律师执业业务的国家法律的咨询,以及有关国际条约、国际惯例的咨询;

2. 接受当事人或者中国律师事务所的委托,办理在该外国律师事务所律师已获准从事律师执业业务的国家的法律事务;

3. 代表外国当事人,委托中国律师事务所办理中国法律事务;

4. 通过订立合同与中国律师事务所保持长期的委托关系办理法律事务;

5. 提供有关中国法律环境影响的信息。

代表机构不得聘用中国执业律师;聘用的辅助人员不得为当事人提供法律服务。

十一、国外律师执业机构的分类

国外律师执业机构按照组建的形式,可分为单独开业的律师事务所、合伙性质的律师事务所、具有法人资格的律师事务所。

（一）单独开业的律师事务所

单独开业的律师事务所,是指律师事务所由某一个律师以个人名义独立开办。它们有自己的营业执照、办公地点,独立核算、自负盈亏,独立承担民事责任。日本的法律事务所是律师从事业务的机构,包括共同的法律事务所和单独的法律事务所两类。共同的法律事务所是指由多人投资、经营的律师事务所。多人之间地位平等,不存在雇佣关系,都是投资者和经营者。单独的法律事务所是指由一人投资、经营的律师事务所。在日本,大约有一半左右的法律事务所是单独法律事务所,尤其是在小地方和偏远地区,如宫崎县和富山县全部都是单独法律事务所。日本的法律事务所规模不大,多数法律事务所都是住

宅兼事务所,或者是在某个建筑物租一点房间,面积大多在 20 到 50 平方米之间。一般只有 2～5 名律师,即使是共同法律事务所,大多也在 10 人以下。

在英国,大律师是不允许合伙开业的,但是它们可以共同使用统一办公场所,这一办公场所在英格兰和威尔士被称为律师事务室。律师办公室的办公费用,包括房租、电话费、水电费、卫生费等以及职员的工资,由使用该办公场所的大律师共同分担。

在美国,各州都允许律师在取得律师资格并通过有关个人情况调查后,单独开业。美国的事务所"联合",也是指几个独立开业的律师保留自己律师事务所的名称,独立承办业务,独立承担民事责任,只是在形式上有共同的办公场所,按协议分担办公费。这种"联合"仅仅是开展业务的"手段",律师相互之间或者律师与各事务所之间并不承担连带责任。所以,他们仍属于单独开业的律师事务所。

(二)合伙性质的律师事务所

合伙性质的律师事务所则是指两个或两个以上的律师按照约定组建律师事务所,分配收益和承担民事法律责任。由于律师行业的特殊性,各国法律对于组建合伙性质的律师事务所都进行了专门规定。

1. 合伙律师事务所的组建

在法国,有关法律和法令规定,合伙人除了订立书面合伙协议外,还应该提交律师委员会批准,委员会可以在一个月内要求修改,期限届满,协议即告生效。在德国,律师组建合伙律师事务所不需要将合伙协议提交审查或取得他们自己理事会的批准。合伙人的组成既可以是在同一级别法院开展业务的律师,也可以是在不同级别法院开展业务的律师。关于合伙律师事务所的规模,小的一般有 2～5 人,大的可以达到几十人甚至上百人。

2. 合伙律师事务所报酬的分配

世界各国对于合伙人所雇用的人员,包括受雇用的律师、秘书、打字员、管理员,大多以工资形式付给报酬,所给工资可能是计时,也可能是计件。而对于合伙人则采用预支和年终利润分红等方式分配报酬。在德国,除了付给员工工资和奖金外,合伙人的利润分配比例一般是根据合伙人当年工作成绩决定。在加拿大,合伙人按月预分利润,年终决算。合伙人的利润分配办法及合伙人的利润分配比例,由全体合伙人推选的委员会负责拟定。

3. 合伙律师事务所民事责任的承担

合伙律师事务所民事责任的承担对合伙性质的律师事务所来讲,合伙人之间都要共担风险,相互负有连带责任。在法国,虽然有关法律允许合伙人之间共同开展业务,但在实践中,每位律师仍然保持着较强的独立性,他们单独对客户负责,即使这样他们也要共担风险,相互间负有连带责任。在美国,全体合伙人共同分担每个合伙人的个人责任,也就是说,每一个合伙人都要对该律师事务所的全部责任承担无限责任,包括对其他合伙人在执业过程中的失职行为。

4. 合伙律师事务所的行政管理

合伙律师事务所的行政管理一般分为两种情况:一是重大问题由全体合伙人集体讨论决定;二是日常工作由全体合伙人从合伙人中推选一人或几人,也可以雇用专门的行政管理人员负责管理工作。在德国,大型的合伙律师事务所的最高管理机构是合伙人大会,

大会选出5～7人组成主席团负责日常重大决策。在加拿大这种机构被称为管理委员会，负责管理事务所的日常事务，管理委员会向全体合伙人负责。随着合伙律师事务所的日益膨大，日常管理业务的不断增多，越来越多的合伙律师事务所聘用专门的行政管理人员负责管理工作。在一些小型合伙律师事务所中，由于事务相对较少，一般都是由合伙人推选的人员来负责行政管理工作。

（三）具有法人资格的律师事务所

随着各国律师业的发展，律师事务所之间的竞争也开始变得激烈起来，一些律师事务所为增强实力，不断吸收精明能干的、具有各方面专业知识的新成员加入，使得这个律师事务所的机构变得非常庞大。据有关资料介绍，在美国和英国都已经出现了超过千人的超大型律师事务所和律师公司。这些大型的律师事务机构，不仅在国内开展业务，而且通过在世界各地设立分支机构的方式，把业务范围拓展到国外，形成了律师业的国际化竞争局面。这种大型的律师服务机构，在比利时称为"民事公司"，在法国称为"专业民事公司"。这种律师服务机构一般讲都是非商业性的公司，公司内部按照专业分成刑事、民事、金融、国际贸易、海商海事、知识产权、劳工、房地产、商标专利、版权公司组建等部门，使律师服务趋向专业化。这种非商业性的公司具有法人资格，公司以法人名义接受当事人的委托，律师也不是以个人名义，而是以公司法人的名义开展业务。律师费用由公司以法人名义统一收取，然后根据一定原则分配给组成人员。律师在执业过程中的民事责任也由公司承担，公司组成人员与公司之间具有连带赔偿义务。这是具有法人资格的律师事务所与合伙性质的律师事务所的本质区别。在德国，也有一些大型的律师事务所，但法律绝不允许他们设立分支机构。总之，随着律师业的日益国际化，这种具有法人资格的律师公司也将随之不断增加。[①]

除上述分类外，根据律师执业机构的性质，律师执业机构可分为国有律师事务所、集体性质的律师事务所和私人性质的律师事务所；根据律师从事业务的范围，可分为综合性律师事务所和专业性律师事务所。

第二节　律师事务所的设立、变更和终止

我国地域辽阔，各地经济发展不平衡，对律师的需求量也不同。有的边远贫困地区，对律师的需求很少，而在经济较发达地区，社会对律师的需要又是供不应求。因此，成立律师事务所不宜一刀切，应当贯彻因地制宜、按需设置的原则。关于律师事务所的成立和终止，我国已经具备了相对完备的法律法规来加以规范。一方面，通过法律明文规定律师事务所的设立条件，从实体上对律师事务所的成立条件加以严格限制；另一方面，通过法律法规规定了设立律师事务所的登记程序，从程序上对律师事务所的成立作了严格限制。

目前，关于律师事务所的成立和终止问题，相关的法律法规主要是：《律师法》以及司

---

① 阎志明主编：《中外律师制度》，中国人民公安大学出版社1998年版，第244～248页。

法部发布的《律师事务所管理办法》

一、律师事务所的设立

律师事务所的设立,是指律师根据法定条件和程序依法申请、并由司法行政机关依法审批成立律师执业机构的活动。我国《律师法》对于律师执业机构的设立及其变更和终止的条件和程序作出了严格的规定。

我国律师工作机构建立初期是按照行政区划设立的,每一个区、县、县级市设立一个法律顾问处(见 1980 年颁布的《中华人民共和国律师暂行条例》第 14 条规定)。随着律师制度的深入改革,律师工作机构的建立突破了这个规定的限制,每一个区、县、县级市可以设置几个律师事务所,这样可以引进必要的竞争机制,也是健全和加强法制建设的需要。

(一)设立律师事务所的条件

根据我国《律师法》第 14 条规定,设立律师事务所要求具备以下 5 个方面的条件:

1. 有自己的名称

设立律师事务所应将拟定名称报司法部审核,经核定的名称在全国范围内享有专用权。律师事务所只能有一个名称,律师事务所的字号应当是汉字,民族自治地方的律师事务所可以使用本民族自治地方通用的民族文字,但也应有汉字名称。律师事务所根据业务需要可以使用外文名称,但外文名称应与中文名称的意思相同或发音相同。

2. 有自己的住所

设立律师事务所必须有固定的执业场所,在申请设立时应当提供相应的文本。住所是律师的执业场所,是保证律师正常开展业务活动的基本条件。律师执业会见当事人、办理接案登记手续等活动,一般情况下,应当在执业场所进行。执业场所变更时必须重新登记。目前,许多地方对律师事务所的执业场所有具体的要求,设立律师事务所,执业场所必须要达到当地司法行政机关规定的要求。

3. 有符合要求的设立人

设立人是律师事务所的创设人员,在律所的设立以及其后的经营管理中均具有十分重要的地位。《律师法》规定设立人应当是律师,而且从严要求,需为具有一定执业经历,且三年内没有受过停止执业处罚。

4. 有符合规定数量的具有律师资格的专职律师和辅助人员

律师是律师事务所的主体,是开展一切业务活动的先决条件。律师行业实行执业资格审查制,执业人员必须要具有律师资格,同时还要求具有一定的执业年限,律师执业年限在许多地方已有具体的要求,以保证设立律师事务所后能够正常开展业务活动。设立合伙律师事务所要有 3 名以上具有律师资格的专职律师。此外,律师事务所还必须有自己的专职财会人员。

5. 有符合法定数量的开办资金

开办资金是设立律师事务所和保证律师事务所正常开展业务活动不可缺少的物质条件,也是律师事务所承担债务的物质基础,是独立承担民事责任,取信社会的必要条件。不论是何种类型的律师事务所,设立时均必须具有法律规定的必要数额的资产,其中包括

流动资金和固定资产。《律师法》规定,设立律师事务所必须有符合国务院司法行政部门规定数额的资产。

6. 有律师事务所自己的章程

律师事务所的章程是调整、规范律师事务所内部关系的准则。章程应当包括下列内容:①律师事务所的名称和住所。②律师事务所的宗旨。③律师事务所的组织形式;律师事务所党组织的设置形式、地位作用、职责权限、参与本所决策、管理的工作机制和党建工作保障措施。④设立资产的数额和来源。⑤律师事务所负责人的职责以及产生、变更程序。⑥律师事务所决策、管理机构的设置、职责。⑦本所律师的权利与义务。⑧律师事务所有关执业、收费、财务、分配等主要管理制度。⑨律师事务所解散的事由、程序以及清算办法。⑩律师事务所章程的解释、修改程序。此外,还应当写明其他需要说明的事项。设立合伙律师事务所的,其章程还应当载明合伙人的姓名、出资额及出资方式。

(二)律师事务所设立的一般程序

《律师法》第18条规定:"设立律师事务所,应当向设区的市级或者直辖市的区人民政府司法行政部门提出申请,受理申请的部门应当自受理之日起二十日内予以审查,并将审查意见和全部申请材料报送省、自治区、直辖市人民政府司法行政部门。省、自治区、直辖市人民政府司法行政部门应当自收到报送材料之日起十日内予以审核,作出是否准予设立的决定。准予设立的,向申请人颁发律师事务所执业证书;不准予设立的,向申请人书面说明理由。"由此可见,律师事务所的审核机关为省、自治区、直辖市以上人民政府司法行政部门,其他任何单位、部门无权审核。登记是司法行政机关对律师行业进行监督和管理的重要手段,是律师事务所申请成立的法定程序。登记的程序一般为受理、审查、核准、发照和公告。

1. 受理

设立律师事务所,应当向设区的市、直辖市的区人民政府司法行政部门提出申请。并提交以下材料:①设立申请书。②律师事务所的名称、章程。③律师的名单、简历、身份证明、律师执业证书,律师事务所负责人人选。④住所证明和资产证明。设立合伙律所,还应该提交合伙协议。

2. 审查

设区的市以及直辖市的区人民政府司法行政部门应当自受理之日起二十日内对材料进行审查,审查材料是否真实、合法、有效、完整。审查阶段,登记机关可以要求申请人补充有关材料。对申请设立的律师事务所,登记机关应当进行实地检查,保证符合执业要求。最后应该将审查意见和全部申请材料报送省、自治区、直辖市人民政府司法行政部门。

3. 核准

省、自治区、直辖市人民政府司法行政部门应当在收到报送材料之日起十日内进行审核,作出是否准予设立的决定。准予设立的,向申请人颁发律师事务所执业证书;不准予设立的,向申请人书面说明理由。申请人对不予登记不服的,可以在收到不予登记的决定书之日起15日内,向上一级司法行政机关申请复议。对于复议决定不服的,可以在收到复议决定之日起 15 日内,向人民法院提起诉讼,也可以直接向人民法院提起行政诉讼。

4. 发照

对于核准成立的律师事务所,登记机关就下列事项进行核实并作开业登记:律师事务所名称、章程、执业场所、负责人、组织形式、开办资金、从业人员。然后颁发律师事务所执业证。

5. 公告

公告是指登记机关将以核准成立的律师事务所的主要登记事项向社会公布。公告具有确立律师事务所依法成立的法律效力,增加律师事务所的透明度,有利于维护律师事务所合法权益,维护律师行业的执业秩序,有利于置律师事务所于社会的监督之下,维护当事人的合法权益。

(三)律师事务所设立分所

1986 年,司法部在《关于法律服务机构若干问题的暂行规定》中曾规定法律顾问处不得设立分支机构,但随着形势的发展变化,这一规定与社会对律师服务的需求愈来愈不相适应。因此,1991 年司法部又在《关于律师工作进一步改革的意见》中规定,允许大中城市专业律师事务所在征得当地司法厅(局)同意的情况下,到经济开发区、保税区设立分所。大中城市律师事务所,经司法厅(局)同意,可以到老少边穷地区设立分所。1993 年司法部《关于律师改革的方案》鼓励和推动律师事务所打破地域界限,跨省、跨地区设立分支机构,同时经过试点和严格审批后,允许有条件的律师事务所在国外、境外设立分支机构。

1994 年 7 月,司法部颁发的《律师事务所设立分所管理办法》对律师事务所设立分所的条件作了具体规定。1996 年 12 月 30 日司法部颁发了《律师事务所分所登记管理办法》,对律师事务所设立分所的条件和程序作了重新界定。2007 年《律师法》修订,进一步严格了律所分所的设立条件。2017 年《律师法》修订,对该项法律规定没有改变。

根据《律师法》第 19 条的规定,成立三年以上并具有二十名以上执业律师的合伙律师事务所。在本所以外的区域或境外设立分支机构。对于在经济欠发达的地区和少数民族地区以及乡镇地区设立律师事务所分所,国家是予以提倡和鼓励的。根据分所的设立地点不同,分所可以分为国内分所和驻外分所。驻外分所是律师事务所在国外设立的分支机构,包括在我国的港、澳、台地区设立的分支机构。这里所指分所为内分所。

《律师法》第 19 条规定:"成立三年以上并具有二十名以上执业律师的合伙律师事务所,可以设立分所。设立分所,须经拟设立分所所在地的省、自治区、直辖市人民政府司法行政部门审核。申请设立分所的,依照本法第十八条规定的程序办理。合伙律师事务所对其分所的债务承担责任。"本条法律规定对律师事务所在国内设立分所的程序和法律责任的承担等方面作出了明确规定。根据此项规定,设立分所必经的程序是:

(1)设立分所的条件。律师事务所在国内设立分所,除了必须为合伙所外,还应同时具备以下条件:①有符合《律师事务所名称管理办法》规定的名称;②有自己的住所;③有 3 名以上律师事务所派驻的专职律师;④有人民币 30 万元以上的资产;⑤分所负责人应当是具有 3 年以上的执业经历并能够专职执业,且在担任负责人前 3 年内未受过停止执

业处罚的律师。律师事务所到经济欠发达的市、县设立分所的,派驻律师条件可以降至1至2名;资产条件可以降至人民币10万元。具体适用地区由省、自治区、直辖市司法行政机关确定。律师事务所及其分所受到停业整顿处罚期限未满的,该所不得申请设立分所;律师事务所的分所受到吊销执业许可证处罚的,该所自分所受到处罚之日起2年内不得申请设立分所。

(2)登记程序。申办分所的律师事务所应当向分所所在地(市、区)司法局提交下列材料:①设立分所申请书;②本所基本情况,本所设立许可机关为其出具的符合《律师法》第19条和《律师事务所管理办法》第33条规定条件的证明;③本所执业许可证复印件,本所章程和合伙协议;④拟在分所执业的律师的名单、简历、身份证明和律师执业证书复印件;⑤拟任分所负责人的人选及基本情况,该人选执业许可机关为其出具的符合本《律师事务所管理办法》第34条第1款第5项规定条件的证明;⑥分所的名称,分所住所证明和资产证明;⑦本所制定的分所管理办法。申请设立分所时,申请人应当如实填报《律师事务所分所设立申请登记表》。

(3)核准。根据《律师事务所管理办法》第36条规定:"律师事务所申请设立分所,由拟设立分所所在地设区的市级或者直辖市区(县)司法行政机关受理并进行初审,报省、自治区、直辖市司法行政机关审核,决定是否准予设立分所。具体程序按照本办法第二十条、第二十一条、第二十二条的规定办理。准许设立分所的,由设立许可机关向申请人颁发律师事务所分所执业许可证。"据此,省、自治区、直辖市司法行政机关应当自收到受理申请机关报送的审查意见和全部申请材料之日起10日内予以审核,作出是否准予设立律师事务所的决定。准予设立的,应当自决定之日起10日内向申请人颁发律师事务所分所执业许可证。不准予设立的,应当向申请人书面说明理由。

(4)监督。律师事务所受所在地的司法行政机关监督。派驻分所的专职律师,由分所所在地的司法行政机关颁发新的律师执业证。律师事务所分所聘请的当地的专职律师和兼职律师执业证由分所所在地的司法行政机关颁发。律师事务所分所的业务活动不受行政区域、行业的限制。律师事务所分所变更登记事项时,需要向原核准成立分所的登记机关办理变更登记。解散时,应交回分所执业许可证、公章和律师的执业证,并办理注销登记。律师事务所分所的债务,由律师事务所承担全部责任。

二、律师事务所的变更和终止

我国《律师法》第21条规定:"律师事务所变更名称、负责人、章程、合伙协议的,应当报原审核部门批准。律师事务所变更住所、合伙人的,应当自变更之日起十五日内报原审核部门备案。"可见,律师事务所变更名称、负责人、章程以及合伙协议时,必须得到原审核部门的批准,变更登记;变更住所和合伙人则无需批准,只需备案即可。变更登记由登记机关向社会公告。

(一)律师事务所的变更

律师事务所的变更是指律师事务所在业务活动过程中,改变其设立时原登记事项并报原审核部门批准、备案的活动。律师事务所拥有自己特有的名称、住所和章程等,享有自己的名誉权,独立承担法律责任,它的设立经过省以上司法行政机关严格审查,因此,律师事务所需要变更这些事项时,为了让社会知晓和便于司法行政机关监督,律师事务所必须报请原审核机关批准。律师事务所变更登记的,应当写明申请书,说明变更的事项、变更的理由以及变更后的情况,并报请原审核部门批准。

(二)律师事务所的终止

律师事务所的终止,是指律师事务所在业务活动中,因发生了特定的原因,报经原批准机关或者原批准机关决定停止、解散律师事务所的活动。根据《律师法》第22条规定,律师事务所终止的原因有以下几种:①不能保持法定设立条件,经限期整改后仍不符合条件的。②律师事务所执业证书被依法吊销的。③自行决定解散的。④法律、行政法规规定应当终止的其他情形,比如律师事务所领取《律师事务所执业许可证》后,满六个月未开展业务活动或停止业务活动满一年的,视同停业。

根据《律师事务所管理办法》的规定,律师事务所在终止事由发生后,不得受理新的业务,应当向社会公告,依照有关规定进行清算,依法处置资产分割、债务清偿等事务。律师事务所应当在清算结束后15日内向所在地设区的市级或者直辖市的区(县)司法行政机关提交注销申请书、清算报告、本所执业许可证以及其他有关材料,由其出具审查意见后连同全部注销申请材料报原审核机关审核,办理注销手续。律师事务所拒不履行公告、清算义务的,由设区的市级或者直辖市的区(县)司法行政机关向社会公告后,可以直接报原审核机关办理注销手续。律师事务所被注销后的债权、债务由律师事务所的设立人、合伙人承担。

第三节　律师事务所的运行

律师事务所的管理制度是依据国家的法律、政策、律师协会章程、本所章程的要求,以及实践经验和各所实际需要而制定的管理制度,由律师事务所内部管理制度与外部管理制度两部分组成,律师事务所的内部管理包括业务管理制度、人事管理制度以及财务管理制度等;外部管理制度主要是指司法行政机关的行政管理制度。

一、律师事务所的内部管理制度

(一)业务管理制度

律师开展律师业务是律师事务所的核心工作,所有的活动都必须围绕这个中心,因此律师事务所内部需要建立一整套科学合理的业务管理制度,使各项律师工作能高质量、高效率地展开,是事务所的生存和发展的关键。但是由于各律师事务所属性、运作模式不同,其内部管理存在较大差异,目前大致相同的内部管理制度主要包括:统一收费、收案制度、案件讨论制度、请示汇报制度,工作总结制度以及归档制度。下面简要介绍主要的制度。

1. 收案制度

收案,是指律师事务所接受当事人的委托,同意办理某一项法律事务的行为。它是律师事务所开展业务的第一步。任何案件,都必须经过律师事务所的统一接受,不允许律师以个人名义收案。律师事务所对于符合收案条件的,应予收案,并办理委托手续,进行立案登记,填写立案卡片。凡由律师事务所接受的案件,以主任的名义指派律师承办。并且,应当由专人负责收案,即由专人负责接待当事人,问明案件的基本情况和有关证据,将符合收案条件的案件,向律师事务所主任汇报,由主任审查批准。同时,尽量满足指名要求也是收案制度的基本原则之一。即如果当事人认为某个律师比较适合于自己的法律事务,要求委托的,律师事务所应尽量予以满足。当事人所指名的律师因特殊情况确实不能接受委托的,应向当事人说明原因,并指派合适的律师。

2. 案件讨论汇报制度

案件讨论制度,是指律师事务所制定的,对律师个人提交的重大、疑难、复杂案件进行共同研究、集思广益,形成倾向性处理意见,帮助承办律师做出决定的制度。通过讨论,可以发挥集体智慧,防止发生偏差,保证律师能够为社会提供优质的法律服务,确保办案质量,是律师维护法律的正确实施和当事人合法权益的重要措施,同时也有利于律师之间取长补短、互相学习,有助于提高全体律师的业务水平和实际工作能力,对于排除来自某些机关和个人的干扰也具有意义。

律师承办案件,往往是律师的一种个人行为。由于律师业务复杂,对于一些难度较大的案件,个别律师的知识水平难以保证办案质量。律师在承办业务中,还会遇到一些来自机关或个人的干扰或阻碍,使业务工作难以进行。对于这些问题,最好的解决途径,是依靠集体力量,寻找办理案件的方法,即将案件提交律师事务所集体讨论,研究解决方案。遇到这种情况时,承办律师应及时向律师事务所主任或主管副主任汇报,由主任或主管副主任决定是否召开全体律师或部分律师会议进行讨论。

律师事务所可以定期或不定期地召开骨干会议或进行业务学习,对律师提交的案件予以讨论。讨论时,首先由承办律师客观、全面地介绍案情,提出需要研究解决的问题。然后由事务所主任或副主任主持讨论,参加会议的律师充分发表意见,甚至可以展开辩论,进行深入分析。讨论结束后,按照少数服从多数的原则确定办理案件的方案或步骤。对于不同意见允许保留。承办律师原则上应服从集体讨论作出的方案。对专业性很强的重大、疑难案件,为了保证案件讨论制度的实施效果,律师事务所还可以聘请法学界的专家、学者参加,听取他们对案件的看法,以利于形成正确的意见[①],所需费用由律师事务所从本案的收费中支付。

律师在执业过程中,时常会遇到重大、复杂的问题,例如,涉及政治性的案件;涉及群体性纠纷的案件;涉及宗教问题的案件等。这些案件政策性强、影响大,为了正确处理这些案件,律师应及时向律师事务所主任或副主任汇报、请示。律师事务所的领导人也应定期或不定期地听取每名律师履行职务的汇报。另外,律师事务所在一些重大问题上,如内

---

① 谭世贵主编:《律师法学》,法律出版社 1997 年版,第 72 页。

部管理机制改革、业务开拓计划等,应及时向司法行政机关和律师协会请示汇报,争取得到指导和监督。这对保证律师事务所的健康发展,不断前进至关重要。

3. 案件归档管理制度

律师业务归档,是律师进行业务活动的真实记录,反映律师维护国家法律正确实施,维护委托人合法权益的情况,体现律师的基本职能和社会作用。归档制度即要求律师在办结承办的案件后要及时做好总结,写出结案报告,以便总结业务实践经验的制度。律师业务文书材料应在结案或事务办结后 3 个月内整理立卷。律师档案的管理必须严格按照《律师业务档案管理办法》进行整理、入档。

(1)基本要求。律师业务档案分为诉讼、非诉讼和涉外三类。诉讼类包括刑事辩护(含刑事代理)、民事诉讼代理、行政诉讼代理三种;非诉讼类包括法律顾问、仲裁代理、咨询、咨询代书、其他非诉讼业务五种;涉外类是与外国有关的法律业务。

律师业务档案按年度和一案一卷、一卷一号的原则立卷。除不同律师事务所律师合办的法律事务外,两个以上的律师共同承办同一案件或同一法律事务一般应当合并立卷。律师承办跨年度的业务,应在办结的那一年立卷。律师担任常年法律顾问,应做到一单位一卷。律师承办业务中使用的各种证明材料、往来公文、谈话笔录等,都必须用钢笔书写、签发,要做到字体整齐、清晰。建立业务档案,应做到全面、及时、认真。

律师在接受委托并开始承担法律事务时,就应同时注意收集保存有关材料,进行立卷的准备工作。在法律事务办理完毕后,应全面整理、检查办理该项法律事务的全部文书材料,补齐遗漏的材料,去掉不必立卷归档的材料。对已提交给人民法院、仲裁机构或有关部门的证明材料,承办律师应将其副本或复印件入卷归档。对不能附卷归档的实物证据,承办律师应将其照片及证物的名称、数量、规格、特征、保管处所、质量检查证明等记载入卷归档。律师业务档案应按照案卷封面、卷内目录、案卷材料、备考表、卷底的顺序排列,卷内档案材料应按照诉讼程序的客观进程和时间顺序排列。

(2)归档手续。根据司法部的有关规定和实际做法,归档一般按下列程序进行:①律师业务文书材料应在结案或事务办结后 3 个月内整理立卷。装订成册后,由承办人根据司法部、国家档案局制定的《律师业务档案管理办法》的有关规定提出保管期限,经律师事务所主任审阅盖章后,移交档案管理人员,并办理移交手续。②档案管理人员接收档案时应严格审查,凡不符合立卷规定要求的,一律退回立卷人重新整理;待合格后,办理移交手续。③涉及国家机密和个人隐私的律师业务案卷均列为密卷,确定密级,在归档时应在档案封面上加盖密卷章。④随卷归档的录音带、录像带等声像档案,应在每盘磁带上注明当事人的姓名、内容、档案编号、录制人、录制时间等,逐盘登记造册归档。

(3)档案管理。律师档案是律师从事业务活动的真实记录,是国家重要的专业档案,具有重要的参考利用价值,保管好律师业务档案,是律师事务所的重要任务。

律师事务所应当配备专职或兼职档案管理人员,有条件的应逐步设立档案机构,负责律师业务档案的集中统一管理。

律师事务所档案管理机构或人员的职责是:①收集、整理、保管和统计本所的档案和有关资料,确保档案的完整和安全;②积极开展档案的利用工作,为律师开展业务提供服

务;③指导、督促、检查律师对律师业务文书材料的立卷归档;④进行档案鉴定,并按国家有关规定向同级档案馆移交档案;⑤接受司法行政机关和地方档案管理部门的业务指导、监督和检查,定期汇报档案工作情况;⑥完成领导交办的有关档案工作的其他任务。

档案员必须妥善保管好业务档案,借阅业务档案须经主管主任批准,当事人要求查阅业务档案的,须经主管主任批准。档案员在管理档案中得知的情况要注意保密,不得泄露。通过归档管理,有利于总结经验和为以后办理类似案件提供参考;有利于律师业务管理制度的健全和完善,是律师事务所的重要任务。

(二)人事管理制度

人事管理制度是律师事务所内部管理制度的重要组成部分。律师事务所的基本元素是律师,律师事务所的核心也是律师,并且律师事务所之间的竞争从根本上取决于律师的素质、取决于每一个律师潜能的最大限度发挥。由此,加强律师事务所内部的人事管理就成为一个律师事务所得以发展壮大的重要保证。目前,我们国家的律师事务所在人事管理制度上还比较薄弱,需要进一步加强。

(三)财务管理制度

律师事务所的财务管理制度包括收费管理制度、资产管理制度、分配制度等。从总体上来说,我国律师事务所的内部财务制度还不规范,如有的律师事务所存在乱收费的现象,有的律师事务所分配制度混乱等。现代化的律师事务所需要科学、规范化的财务管理制度,而这些正是我国广大律师事务所努力的方向。实行科学的分配和奖惩制度,有利于充分发挥律师的主观能动性,有利于提高律师事务所的竞争能力,也有利于提高律师的思想素质和业务能力。律师事务所的财务管理的具体内容包括资金筹集,资产管理,收入管理,支出管理,结余和分配,财务报告和财务评价。律师事务所按照国家的有关规定,在坚持按劳分配原则的前提下,根据本所实际及律师资历、办理律师事务的数量和质量等因素,确定本所的分配方法。律师事务所依照国家的有关规定,建立本所的会计制度,如实行会计核算,客观、真实地反映本所的财务状况。律师事务所向本所工作人员公开财务,开展财务审计,接受律师和其他工作人员的监督。律师事务所须定期向主管部门报送年度财务报告和年度财务审计报告,接受财务检查和监督。

(四)律师事务所主任负责制

实行主任负责制,是各律师事务所的制度之一。主任是律师事务所的法定代表人,负责执行律师会议的决议和管理律师事务所的日常事务。目前,律师事务所主任的产生方式主要是民主选举。国资律师事务所主任除民主选举外还采用任命方式,其原因在于国资律师事务所的主任代表国家管理事务所,管理的好坏直接关系国家利益。民主选举主任的机构是各律师事务所的决策机构,通常采取少数服从多数的表决方式。合伙律师事务所的主任一般从合伙人中产生,但也有例外。律师事务所主任的任期通常为 3 年,但律师事务所的决策机构有权根据律师的提议,对任职期间在工作上有重大失误或明显不称职的主任,经决策机构 2/3 以上多数成员同意,作出罢免决定或向设立机关提出罢免的建议。

律师事务所主任的主要职责是:(1)主持律师事务所的日常工作,负责本所的思想政治工作以及律师职业道德或执业纪律的教育和检查;(2)监督管理本所各项规章制度的执行情况;(3)组织本所法律服务质量的自查和对法律顾问单位的回访及重大疑难案件的集体讨论;(4)聘用和解聘业务部门的负责人;(5)主持本所的各种会议;(6)批准一般性的财务开支;(7)在紧急情况下,对重大事务作出临时决定等。

（五）律师培训制度

对律师进行业务培训,是律师事务所的一项重要任务。律师事务所必须建立所内律师业务培训制度,对律师进行经常性的业务培训,以提高律师的业务素质。

（六）工作总结制度

即要求律师在办结承办的案件后要及时做好总结,写出结案报告,以便总结业务实践经验的制度。坚持一案一总结,能够找出成功或者失误的原因,有利于积累经验,改进工作;组织律师进行专题总结和年终总结,对业务活动及时和定期开展总结,从实践中吸取经验有利于提高律师的素质和业务能力,从而促进律师业务深入开展,优化法律服务。应当作为一项制度确立下来。工作总结的内容,包括承办各类业务的典型经验,存在问题,其中包括政治思想、执业纪律、工作作风、工作方法等方面。业务总结可以进行季度或半年小结,年终进行全面总结。

二、律师事务所的外部管理制度

我国《律师法》第 4 条明确规定:"司法行政部门依照本法对律师、律师事务所和律师协会进行监督、指导。"按照职责分工,国务院司法行政部门即司法部是主管全国律师工作的职能部门,县级以上地方各级人民政府司法行政部门是主管本行政区域的律师工作的职能部门,它们各自依照法律、法规、规章的规定以及职权分工,直接对律师事务所实施行政管理。律师事务所的行政管理主要包括登记管理制度、年检制度、法律责任以及惩戒制度等。

司法行政机关对律师事务所的监督除了正常的行政管理外,应当着眼于从宏观上为律师事务所的发展培育良好的发展环境,通过制定适当的政策以及提供更有效的市场服务信息等途径,从整体上维护、规范律师业,促进律师事务所乃至整个律师业健康有序的发展。

三、国资所、合伙所和个人所的运行机制

下面分别阐述我国律师事务所的三种类型,即国资所、个人所和合伙所的不同于彼此的独有的运行方式。《律师法》以及《律师事务所管理办法》对三种律师事务所的运行机制做出相应规定。

（一）国资所的运行机制

由于国资所是由国家出资设立的,设立它的司法行政机关就有权介入律师事务所的内部管理。财政经费上的保证和支持:《律师事务所管理办法》第 12 条以及第 19 条规定,需要国家出资设立律师事务所的,由当地县级司法行政机关筹建,申请设立许可前须经所在地县级人民政府有关部门核拨编制、提供经费保障。设立国家出资设立的律师事务所,

应当提交所在地县级人民政府有关部门出具的核拨编制、提供经费保障的批件。涉及管理上的权限:《律师事务所管理办法》第15条规定,国家出资设立的律师事务所的负责人,由本所律师推选,经所在地县级司法行政机关同意。第51条还规定,国家出资设立的律师事务所应当按照规定为聘用的律师和辅助人员办理失业、养老、医疗等社会保险。第54条规定,律师事务所的负责人负责对律师事务所的业务活动和内部事务进行管理,对外代表律师事务所,依法承担对律师事务所违法行为的管理责任。律师会议为国家出资设立的律师事务所的决策机构,国资所应当建立律师会议制度,对律师事务所实行民主管理。律师会议是由国资所的全体律师参加的,属于国资所内部的民主管理机构。律师事务所内部的重大事务,律师事务所的主任应当提交律师会议讨论。

(二)合伙所的运行机制

合伙律师事务所的人员组成,有三个部分。一是合伙律师,二是聘用律师,三是其他工作人员。合伙律师是律师事务所的"股东",他们比聘用律师、其他工作人员享有更多的权利,承担更多的义务,是合伙律师事务所中最主要的人员。聘用律师指通过签订合同的方式被律师事务所聘用,从事律师业务工作的律师。他们与律师事务所之间是一种雇佣与被雇佣的关系,他们根据聘用合同在合伙律师事务所享受权利、承担义务。其他工作人员,是指被合伙律师事务所聘用来从事非律师业务工作的人员,如会计、司机、打字员等。合伙律师事务所应当根据国家的有关规定,为聘用人员办理养老保险、医疗保险。

合伙律师事务所实行民主管理。由全体合伙人组成、由律师事务所主任召集的合伙人会议,是合伙律师事务所的"权力机关",决定律师事务所的重大问题。合伙所的主任是合伙人会议决议的执行人,他管理律师事务所的日常事务,对外代表律师事务所。合伙所应当按照国家的有关规定,建立内部管理制度。这些制度包括人事、财务、业务、收费等方面。合伙所制定这些制度后,应当报所在地的司法行政机关备案。合伙所应当按规定设立事业发展、执业风险、社会保障和培训等项基金。

(三)个人所的运行机制

个人所虽然在设立和运行上较为灵活,但是仍然必须遵守律师事务所设立、管理以及运行方面的一般规定,接受司法行政部门的统一领导和管理。个人律师事务所设立人是该所的负责人,个人律师事务所的重大决策应当充分听取聘用律师的意见。除此,设立人应当是具有五年以上执业经历的律师,对债务承担无限责任。

四、美国律师事务所的运行机制

美国是世界上律师业最发达的国家之一,美国律师在历经一二百年的发展后形成了一个非常独特而重要的社会阶层,并且建立了一套比较完善的管理制度。美国的律师制度和律师事务所的运行机制对正面临改革和发展的我国律师事务所不无借鉴作用,以下将着重介绍美国律师事务所的管理制度。

美国律师事务所在组织形式上,基本采取合伙开业或个人开业。美国合伙律师事务所主要依据合伙法设立,律师事务所无需纳税,但合伙人须承担无限责任。美国律师事务所积百年之经验,有着较为严谨的管理方法。

首先,在管理体制方面。美国合伙律师事务所一般都采用合伙人民主管理的制度。合伙人会议是美国律师事务所的最高权力机构,其主要职能是审议、决策事务所的政策性问题和重大事务。事务所的日常管理,一般由合伙人推举资深合伙人作为执行合伙人或组成管理委员会负责,任期两年,此外还成立若干专业委员会,对律师业务实施指导和管理。另外,许多大事务所还聘请一些行政、财务等管理专家组成管理委员会或聘任为行政主管,负责事务所日常行政事务的管理。

其次,在人员管理方面。事务所一般由高级合伙人、合伙人、雇用律师以及行政、文秘等辅助人员组成。合伙律师除创办人外,一般均由雇用律师在符合一定条件的情况下经规定程序转化发展而来。合伙人除享有参与管理和决策的权利外,还可参与该年度利益的分配。美国合伙所并非简单地依据合伙人每年为该所创收的多少确定分配数额,而是综合各因素制定出规范的衡量标准和参照数据,一般包括四个方面:(1)该合伙人当年度办理业务的有效工作时间;(2)该合伙人当年度为律师事务所发展客户的成绩;(3)该合伙人所辖的专业部或分支机构及其助理律师当年度办理业务的收益;(4)该合伙人服务于事务所的年限。然后由管理委员会根据一定的公式进行计算,划分评定出每位合伙人的等级以及在该所可供分配的收益中所占的份额。由此,合伙人的等级和实际分配额并不是固定的,而是每年都会有调整和变动。除合伙人外,美国律师事务所对非合伙律师和行政、文秘辅助人员采取两种不同的支付方式,如属于处理公共事务的,由事务所或分支机构统一聘用和管理,其酬劳列入公共费用开支;如属服务于个别合伙律师的,则由合伙人支付其报酬。在业务管理方面,美国律师事务所的工作特点之一是分工精细,专业化强。事务所一般均实行统一收案制度,然后根据该案的性质及难易程度分派给有关专业部或擅长此专业的律师承办,并不是谁招揽的客户谁承办。在遇较大较疑难的法律事务时,事务所一般都根据专业部的分工及律师的分工采用流水作业的方式予以办理。美国律师事务所普遍采用现代化的办公手段,不仅在日常文字、信息、档案处理和通讯方面采用先进的科技手段,而且利用全球性的信息系统,迅速调取各种法律文件、判例和各种有关信息,普遍建立供本所内部使用的档案软件系统,包括业务、客户、人员和财务管理系统,从而大大提高了律师的工作效率。

最后,在财务管理方面。美国每个律师事务所根据每位律师的资历、能力和社会知名度自行规定律师的收费标准,一般实行统一收费,由承办律师计费,再由事务所财务部门统一向客户收取。事务所建有严格的计费审查制度,如计费不合理或偏高,审查人有权调整压缩。美国合伙律师事务所的年度收入,除掉开支的所得,从合伙人红利中提取一定比例的收入作为事务所备用金,一般为25%,由事务所统一掌管使用,主要用于支付来年的公共办公用房、设施的开支,公用的非合伙律师及各类辅助、行政人员的工资、律师保险以及合伙律师预支的生活费用,以保证律师事务所的正常业务运转和公共费用开支。

此外,在对律师行业的管理方面,美国基本采取的是法院管理和律师协会管理的模式,政府机构没有管理律师的职能。美国各州法院对律师的管理主要包括对律师资格的管理和对律师的执业登记和惩戒管理。各州律师协会主要负责对律师执业的再教育和再培训,负责律师业研讨与交流,规范律师执业行为准则并对律师违纪惩戒提出初步意见等。

第十七章 律师管理

第一节 律师管理体制

一、司法行政机关的管理

我国现行律师管理体制的形成经历了一个较长的历史进程,80 年代初我国实行的是单一的司法行政管理体制。90 年代初期律师机构改革实行司法行政机关管理为主,律师协会行业管理为辅的律师管理体制。1993 年司法部《关于深化律师工作改革的方案》中提出,建立司法行政机关的行政管理与律师协会行业管理相结合的管理体制,经过一个时期的实践后,逐步向司法行政机关宏观管理下的律师协会行业管理体制过渡。这种两结合的管理体制,被 1996 年颁布的律师法确定下来。我国 1996 年《律师法》第 4 条规定:国务院司法行政机关对律师事务所和律师协会进行监督和指导。2007 年新修订的《律师法》第 4 条规定:司法行政部门依照律师法对律师、律师事务所和律师协会进行监督、指导。2017 年新修订的《律师法》对此项规定没有改变。根据以上法律规定,各级司法行政机关都设有专门机构对律师工作进行监督指导。司法部设有律师司;省、自治区、直辖市司法厅(局)设律师管理处;地、市司法局(处)和县、区司法局设律师管理科。

根据《律师法》和司法部颁布的有关规章的规定,司法行政机关对律师工作实行宏观管理,其主要职责是:(1)制定律师行业发展规划,起草和制定有关律师工作的法律草案、法规草案和规章制度;(2)批准律师事务所及其分支机构的设立;(3)负责律师资格的授予和撤销;(4)负责执业律师的年检注册登记;(5)加强律师机构的组织建设和思想政治工作。

司法行政机关对律师机构的管理职能主要体现在以下几个方面:(1)核发律师事务所执业证书;(2)审批律师事务所的变更和解散;(3)审查律师事务所的年检报告;(4)对律师事务所进行处罚。

司法行政机关对律师的管理职能主要体现在以下几个方面:(1)授予律师资格;(2)颁发律师执业证书;(3)评审律师专业职称;(4)负责律师执业证书的注册工作;(5)对律师进行惩戒等。①

---

① 陈光中主编:《公证与律师制度》,北京大学出版社 2000 年版,第 204～206 页。

　　为了规范律师执业许可,保障律师依法执业,加强对律师执业行为的监督和管理,根据 2007 年新修订的《律师法》和其他有关法律、法规的规定,2008 年 5 月 28 日司法部部务会议审议通过了《律师执业管理办法》,该办法于 2008 年 7 月 18 日以第 112 号令发布施行。2016 年 9 月 18 日,司法部以第 134 号令对《律师执业管理办法》进行了修订,自 2016 年 11 月 1 日起开始施行。

　　根据《律师执业管理办法》的规定,县级司法行政机关对其执业机构在本行政区域的律师的执业活动进行日常监督管理,履行下列职责:(1)检查、监督律师在执业活动中遵守法律、法规、规章和职业道德、执业纪律的情况;(2)受理对律师的举报和投诉;(3)监督律师履行行政处罚和实行整改的情况;(4)掌握律师事务所对律师执业年度考核的情况;(5)司法部和省、自治区、直辖市司法行政机关规定的其他职责。县级司法行政机关在开展日常监督管理过程中,发现、查实律师在执业活动中存在问题的,应当对其进行警示谈话,责令改正,并对其整改情况进行监督;对律师的违法行为认为依法应当给予行政处罚的,应当向上一级司法行政机关提出处罚建议;认为需要给予行业惩戒的,移送律师协会处理。

　　设区的市级司法行政机关履行下列监督管理职责:(1)掌握本行政区域律师队伍建设和发展情况,制定加强律师队伍建设的措施和办法;(2)指导、监督下一级司法行政机关对律师执业的日常监督管理工作,组织开展对律师执业的专项检查或者专项考核工作,指导对律师重大投诉案件的查处工作;(3)对律师进行表彰;(4)依法定职权对律师的违法行为实施行政处罚;对依法应当给予吊销律师执业证书处罚的,向上一级司法行政机关提出处罚建议;(5)对律师事务所的律师执业年度考核结果实行备案监督;(6)受理、审查律师执业、变更执业机构、执业证书注销申请事项;(7)建立律师执业档案,负责有关律师执业许可、变更、注销等信息的公开工作;(8)法律、法规、规章规定的其他职责。直辖市的区(县)司法行政机关负有上述规定的有关职责。

　　省、自治区、直辖市司法行政机关履行下列监督管理职责:(1)掌握、评估本行政区域律师队伍建设情况和总体执业水平,制定律师队伍的发展规划和有关政策,制定加强律师执业管理的规范性文件;(2)监督、指导下级司法行政机关对律师执业的监督管理工作,组织、指导对律师执业的专项检查或者专项考核工作;(3)组织对律师的表彰活动;(4)依法对律师的严重违法行为实施吊销律师执业证书的处罚,监督、指导下一级司法行政机关的行政处罚工作,办理有关行政复议和申诉案件;(5)办理律师执业核准、变更执业机构核准和执业证书注销事项;(6)负责有关本行政区域律师队伍、执业情况、管理事务等重大信息的公开工作;(7)法律、法规、规章规定的其他职责。

　　《律师执业管理办法》还规定,各级司法行政机关及其工作人员对律师执业实施监督管理,不得妨碍律师依法执业,不得侵害律师的合法权益,不得索取或者收受律师的财物,不得谋取其他利益。司法行政机关应当加强对实施律师执业许可和日常监督管理活动的层级监督,按照规定建立有关工作的统计、请示、报告、督办等制度。负责律师执业许可实施、律师执业年度考核结果备案或者奖励、处罚的司法行政机关,应当及时将有关许可决定、备案情况、奖惩情况通报下级司法行政机关,并报送上一级司法行政机关。司法行政

机关应当加强对律师协会的指导、监督,支持律师协会依照《律师法》和协会章程、行业规范对律师执业活动实行行业自律,建立健全行政管理与行业自律相结合的协调、协作机制。各级司法行政机关应当定期将本行政区域律师队伍建设、执业活动情况的统计资料、年度管理工作总结报送上一级司法行政机关。司法行政机关工作人员在律师执业许可和实施监督管理活动中,滥用职权、玩忽职守,构成犯罪的,依法追究刑事责任;尚不构成犯罪的,依法给予行政处分。

二、律师协会的行业管理

在西方国家律师实行行会管理,律师组织对律师管理起着非常重要的作用,许多国家的律师协会是非自愿性组织,律师是律师协会的当然会员,在我国,实行律师协会行业管理曾是一个有争议的敏感话题。

我国《律师暂行条例》规定:"为维护律师的合法权益,交流工作经验,促进律师工作的开展,增进国内外法律工作者的联系,建立律师协会。"律师协会并不具有管理律师工作的职能,实质上只不过是律师联谊性质的社团,难以实现律师协会章程赋予它的职责。在司法实践中,有的律师协会与同级司法厅(局)内的律师管理机构合署办公,一套人马,两块牌子,实际上成了司法厅(局)的内部职能机构,根本不具有相对独立的职权,形同虚设。而且司法行政部门和律师协会中的大多数人思想上也认为,律师协会只是司法行政机关管理律师的助手。在 1992 年召开的第一次全国地方律师协会会长会议上,会长们还认为根据我国国情建立起来的律师体制,最基本的一条就是坚持党对律师工作的领导,把律师工作直接置于国家司法行政机关的组织领导和业务监督之下,律师协会的工作范围是《律师暂行条例》第 19 条和《中华全国律师协会章程》规定的职责,律师协会要根据律师协会的性质,在法定的工作范围内充分发挥党和政府联系广大律师的桥梁和纽带作用。1992 年 2 月的《中国律师》上发表一篇题为《建立有中国特色的社会主义的律师协会》的文章认为"在我国,根据我国律师工作的实际,律师协会承担着司法行政机关管理律师工作的助手的作用"。因而,尽管在理论界有的学者认为,要解决国家管理律师存在的弊端,应对律师工作实行行业管理,但始终孤掌难鸣。随着律师体制改革的深入,改革律师工作的管理体制势在必行,1993 年第二次全国律师协会会长会议上,司法部领导讲话指出"各级司法行政机关要加强对律师协会的工作指导,要支持律师协会的工作,要充分发挥各级律师协会的职能作用","司法行政机关不能把律师协会看成是分庭抗礼的异军,而应当把律师协会看成是自己的得力合作者。1993 年司法部《关于深化律师工作改革的方案》中提出,建立司法行政机关的行政管理与律师协会行业管理相结合的管理体制,经过一个时期的实践后,逐步向司法行政机关宏观管理下的律师协会行业管理体制过渡。

司法实践证明,在我国实行律师协会的行业管理是非常必要的,具体理由如下:(1)律师行业管理是适应社会主义市场经济发展的需要。在市场经济体制中,律师组织作为向社会提供法律服务的中介机构,有两个基本的特点:一是自主性,二是自律性。这两个特点决定了采用司法行政机关无所不包地、具体管理律师工作的行政管理方式,既不符合律师工作的特点,影响律师事业的发展,又使司法行政机关的精力过多集中于具体事务而不能更好地行使监督指导律师工作的职能。(2)律师行业管理与律师组织形式相适应。律师体制的改革,使原有的国家统包律师的局面被打破,律师机构形成了多层次、多形式、多种类设置的局面,1993 年提出建立"两不四自"律师事务所,即不要国家经费、不占国家编制、自愿组合、自收自支、自我发展、自我约束的自律性律师事务所。新的律师组织形式需要与之相适应的管理体制,而律师协会作为律师的自律组织,对律师工作实行行业管理直接掌握律师的工作规律,能适时指导律师工作,并且律师协会由执业律师组成,更贴近律师和律师事务所,了解律师的情况和需要,能制定切合实际、行之有效的规章制度,促进律师行业的自律,切实保护律师的合法权益,更好地为律师和律师事务所服务。同时还可以有效地克服行政管理模式的弊病。既符合律师工作特点,又与律师体制改革的要求相适应。(3)律师行业管理有利于与国外律师界的沟通和交流。实行律师协会行业管理,有利于加强律师的对外联系,适应与国际接轨的需要。

　　同时也应当注意到,律师协会要想担负起自身的职能,必须要加强自身建设。主要应当从以下几个方面入手:(1)加强思想建设。律师协会对律师实行行业管理,绝不是管理职能和管理权力的简单转移。而具有更深刻、更长远的意义,是律师制度的深刻变革。同时我国律师协会行业管理又不同于西方国家律师协会行会管理,我们不能照搬国外的模式。因而,从事律师协会工作的同志必须认真学习、领会邓小平同志关于建设有中国特色社会主义理论,以及十四大提出的在我国建立社会主义市场经济体制的论述,提高认识、转变观念,勇于探索符合中国国情的律师协会对律师进行行业管理的规律和方法。(2)加强组织建设。一是解决律师协会与司法行政机关合署办公的问题。通过司法行政机关与人事部门协商,争取拨给律师协会单独的人员编制。二是要改善和加强律师协会的领导班子。各省、自治区、直辖市律师协会都应有专职的会长、副会长和秘书长。律师协会的领导成员应从执业律师中选举产生。执业律师担任主要领导,能够体现出它的优势。1995 年第三次全国律师代表大会选举新一届全国律师协会理事会,并产生了新一届全部由执业律师担任的全国律师协会领导班子。三是在律师协会内部进行人事改革,实行聘任制。形成激励与约束相结合的内部机制,建立起一支精干、高素质的律师协会队伍。四是要进一步做好律师协会会费的收费管理工作。并积极争取行政拨款和创收,以保证律师协会开展业务活动所必需的经费支出。(3)加强制度建设。要求全国和各地方律师协会根据各自的实际情况,在行政、人事、财务和业务管理等方面制定一整套切实可行的规章制度,使律师协会工作走上规范化的轨道。以保证律师协会的正常工作秩序。进而保证律师协会任务的顺利完成。[①]

---

① 肖胜喜主编:《律师与公证制度及实务》,中国政法大学出版社 1999 年版,第 99～101 页。

第二节 律师协会

一、律师协会简述

根据我国《律师法》第43条、第45条的规定,从性质上说,律师协会是社会团体法人,是律师的自治组织。全国设立中华全国律师协会,省、自治区、直辖市设立地方律师协会,设区的市根据需要可以设立地方律师协会。律师、律师事务所应当加入所在地的地方律师协会。加入地方律师协会的律师、律师事务所,同时是全国律师协会的会员。律师协会会员享有律师协会章程规定的权利,履行律师协会章程规定的义务。因此,凡是中华人民共和国的律师,均为中华全国律师协会的会员;各省、自治区、直辖市的律师协会,均为中华全国律师协会的团体会员。

根据我国《律师法》第46条的规定,律师协会的基本职责是:

1. 保障律师依法执业,维护律师的合法权益;
2. 总结、交流律师工作经验;
3. 制定行业规范和惩戒规则;
4. 组织律师业务培训和职业道德、执业纪律教育,对律师的执业活动进行考核;
5. 组织管理申请律师执业人员的实习活动,对实习人员进行考核;
6. 对律师、律师事务所实施奖励和惩戒;
7. 受理对律师的投诉或者举报,调解律师执业活动中发生的纠纷,受理律师的申诉;
8. 法律、行政法规、规章以及律师协会章程规定的其他职责。

此外,我国《律师法》还规定,律师协会制定的行业规范和惩戒规则,不得与有关法律、行政法规、规章相抵触。

二、律师协会的设置

我国的律师协会分为两级,全国设立中华全国律师协会;省、自治区、直辖市设立地方律师协会,设区的市根据需要也可以设立地方律师协会。

（一）中华全国律师协会

中华全国律师协会是依法设立的社会团体法人,是律师的自律性组织,依法对律师实行行业管理,并受司法行政部门的监督、指导。下一级律师协会接受上一级律师协会的指导。

中华全国律师协会成立于1986年7月。1986年7月5日至7日,第一次全国律师代表大会在北京召开,大会通过了《中华全国律师协会章程》,选举产生了中华全国律师协会的领导机构,正式成立了中华全国律师协会。第四次全国律师代表大会于1999年4月26日至28日在北京召开,来自全国各地的301位律师代表和其他各界特邀人士参加了这次会议。在这次代表大会上,通过了全国统一的《律师协会章程》,选举产生了新一届全国律师协会理事会、常务理事会。大会还审议通过了第三届全国律师协会的工作报告和财务报告,并对律师工作改革和发展的思路、任务与措施进行了研讨。2002 年 5 月 21 日第五次全国律师代表大会对《律师协会章程》进行了修订。此后,《中华全国律师协会章程》经历了 2008 年 10 月 27 日第七次全国律师代表大会修订,2011 年 12 月 25 日第八次全国律师代表大会修订,2016 年 3 月 31 日第九次全国律师代表大会修订,2018 年 7 月 1 日第九届全国律师代表大会第二次会议修订,2021 年 10 月 14 日第十次全国律师代表大会修订。

（二）地方律师协会

我国《律师法》第 43 条 2 款规定,全国设立中华全国律师协会;省、自治区、直辖市设立地方律师协会,设区的市根据需要可以设立地方律师协会。《中华全国律师协会章程》第 2 条也规定,中华全国律师协会是由律师、律师事务所组成的社会团体法人,是全国性的律师自律性组织,依法对律师实施管理。目前在我国,全国设立中华全国律师协会,省、自治区、直辖市设立省、自治区、直辖市律师协会,新疆生产建设兵团设立新疆生产建设兵团律师协会,设区的市（自治州、盟）根据需要可以设立市（州、盟）律师协会。省、自治区、直辖市律师协会根据需要可以设立分会。目前,我国除台湾省外,各省、自治区、直辖市都成立了律师协会,并配备了数量不等的专职工作人员,各项工作也陆续开展起来。

根据我国《律师法》第 44 条的规定,全国律师协会章程由全国会员代表大会制定,报国务院司法行政部门备案。地方律师协会章程由地方会员代表大会制定,报同级司法行政部门备案。地方律师协会章程不得与全国律师协会章程相抵触。

三、律师协会的宗旨和职责

《中华全国律师协会章程》第 3 条第 1 款规定,律师协会的宗旨如下:坚持以习近平新时代中国特色社会主义思想为指导,学习贯彻习近平法治思想,坚持中国共产党领导,团结带领会员高举中国特色社会主义伟大旗帜,增强政治意识、大局意识、核心意识、看齐意识,坚定中国特色社会主义道路自信、理论自信、制度自信、文化自信,坚决维护习近平总书记党中央的核心、全党的核心地位,坚决维护党中央权威和集中统一领导,坚持正确政治方向,忠实履行中国特色社会主义法治工作队伍的职责使命,加强律师队伍思想政治建设,把拥护中国共产党领导、拥护社会主义法治作为律师从业的基本要求,增强广大律师走中国特色社会主义法治道路的自觉性和坚定性,忠于宪法和法律,维护当事人合法权益,维护法律正确实施,维护社会公平和正义,依法依规诚信执业,认真履行社会责任,为深入推进全面依法治国、建设中国特色社会主义法治体系、建设社会主义法治国家,推进国家治理体系和治理能力现代化,把我国建设成为富强民主文明和谐美丽的社会主义现代化强国,实现中华民族伟大复兴的中国梦而奋斗。同时,第 2 款规定,本会遵守宪法、法律、法规和国家政策,践行社会主义核心价值观,弘扬爱国主义精神,遵守社会道德风尚,自觉加强诚信自律建设。此外,该章程第 4 条规定,本会坚持中国共产党的全面领导,根据中国共产党章程的规定,设立中国共产党的组织,开展党的活动,为党组织的活动提供必要条件。

根据《中华全国律师协会章程》第 7 条的规定,律师协会履行下列职责:

1.加强律师行业管理,规范律师执业行为;

2.保障律师依法执业,维护律师的合法权益;

3.总结、交流律师工作经验;

4.制定行业规范和惩戒规则;

5.组织律师业务培训和职业道德、执业纪律教育,对律师的执业活动进行考核;

6.组织管理申请律师执业人员的实习活动,对实习人员进行考核;

7.对律师、律师事务所实施奖励和惩戒;

8.受理对律师的投诉或者举报,调解律师执业活动中发生的纠纷;

9.法律、行政法规和规章规定的其他职责。

■ 四、律师协会的组织机构

律师协会的组织机构包括律师代表大会、律师协会理事会、律师协会常务理事会、律师协会执行机构和律师协会专业委员会等。

(一)律师代表大会

律师代表大会是律师协会的最高权力机构。代表由个人会员组成。全国律师代表大会每届四年。因特殊情况需提前或延期换届的,须由常务理事会表决通过。全国律师代表大会必须有三分之二以上的代表出席方能召开,其决议须经到会代表半数以上表决通过方能生效。

全国律师代表大会代表由省、自治区、直辖市律师协会从个人会员中选举或推举产生。各省、自治区、直辖市律师协会中担任会长的执业律师为全国律师代表大会的当然代表。根据需要,协会可以邀请有关人士作为特邀代表参加全国律师代表大会。

代表应当出席律师代表大会,并行使下列职权:(1)在代表大会上行使审议权、表决权、提案权、提议权、选举权和被选举权;(2)联系会员、反映会员呼声,维护会员权益;(3)章程规定的其他职权。

全国律师代表大会的职权是:

1.制定修改本会章程;

2.讨论并决定本会的工作方针和任务;

3.审议本会理事会的工作报告、财务报告和监事会工作报告;

4.选举、罢免理事、监事;

5.制定和修改会费标准;

6.决定终止事宜;

7.审议大会主席团提出的其他事宜。

(二)律师协会理事会

理事会由全国律师代表大会选举产生,是全国律师代表大会的常设机构,对全国律师代表大会负责。理事会任期四年。理事会成员应从具有良好的职业道德,较高的业务水平,执业三年以上,具有奉献精神,热心律师行业公益活动的执业律师代表中选举产生。

理事应当履行诚信和勤勉义务,维护本会利益,接受代表对其履行职责的监督和合理建议。理事会全体会议选举会长、副会长及常务理事若干名组成常务理事会。常务理事人数不得超过理事人数的三分之一,每届常务理事的更新应不少于三分之一。本会设会长一名,副会长若干名,每届任期四年。会长可以连选连任,但连续任期不得超过两届。副会长可以连选连任,但连任一般不超过两届。理事会认为必要时,可以增选或罢免常务理事。根据工作需要,理事会可聘请名誉会长和顾问若干名。理事会会议每年至少举行一次。情况特殊的,可采用通讯形式召开。理事会由会长召集和主持,会长因特殊原因不能履行职务的,由会长指定的副会长召集和主持。

理事会的职权是:

1.执行全国律师代表大会的决议;

2.选举和罢免会长、副会长、常务理事;

3.筹备召开全国律师代表大会;

4.向全国律师代表大会报告工作和财务状况;

5.在全国律师代表大会闭会期间,讨论决定重大事项;

6.增补或更换理事;

7.审议、批准常务理事会的年度工作报告和财务报告;

8.决定办事机构、分支机构、代表机构和实体机构的设立、变更和注销;

9.根据工作需要,决定聘请名誉会长和顾问;

10.其他应由理事会履行的职责。

(三)律师协会的常务理事会

常务理事会在理事会闭会期间主持本会工作,对理事会负责,一般三个月举行一次会议,按照理事会的决议研究、决定、部署本会的工作,情况特殊的,可采用通讯形式召开。常务理事会实行会长办公会议制度,会长办公会议由会长、副会长组成,由会长定期召集开会。会长办公会议负责督促、落实常务理事会决议和决定。地方律师协会会长、副会长、常务理事、秘书长名单应报上一级律师协会备案。

常务理事会行使下列职权:

1.执行全国律师代表大会的决议;

2.筹备召开全国律师代表大会;

3.在全国律师代表大会闭会期间,讨论决定重大事项;

4.增补或更换理事;

5.决定办事机构、分支机构、代表机构和实体机构的设立、变更和注销;

6.根据工作需要,决定聘请名誉会长和顾问。

(四)律师协会的会长和副会长

律师协会设会长一名,副会长若干名,会长为本会法定代表人。因特殊情况,经会长委托、理事会同意,报业务主管单位审查并经社团登记管理机关批准后,可以由副会长担任法定代表人。法定代表人代表本会签署有关重要文件,并且不得兼任其他团体法定代表人。副会长协助会长开展工作。必要时,可受会长委托,召集、主持理事会、常务理事会

会议。会长、副会长应当具备下列条件：(1)拥护中国共产党领导，拥护社会主义法治，坚持党的路线、方针、政策，具有良好的政治素质；(2)执业十年以上，在业内具有较高的影响力；(3)最高任职年龄一般不超过七十周岁；(4)身体健康，能坚持正常工作；(5)无法律法规规章和行业规范禁止任职的其他情形。

会长行使下列职权：

1.主持律师代表大会；

2.召集和主持理事会、常务理事会；

3.检查全国律师代表大会、理事会、常务理事会决议的落实情况；

4.行使理事会授予的其他职权。

（五）律师协会的监事会

律师协会的监事会由全国律师代表大会选举产生，是全国律师代表大会的监督机构，对全国律师代表大会负责。监事会与理事会任期相同。监事会设监事长一名，副监事长若干名。监事会全体会议推举产生监事长、副监事长。监事长和副监事长可以连选连任，但连任不得超过两届。监事应从具有良好的政治素质和职业道德，较高业务水平，执业十年以上，年龄一般不超过七十周岁，坚持原则、公道正派的执业律师代表中选举产生。监事应当遵守有关法律法规和本会章程，忠实、勤勉履行职责。本会的会长、副会长、常务理事、理事和财务管理人员不得兼任监事。监事会每年至少举行一次会议。监事会由监事长召集和主持，监事长因特殊原因不能履行职务的，由监事长指定的副监事长召集和主持。监事会会议须有三分之二以上监事出席方能召开，其决议须经到会监事半数以上通过方为有效。

监事会的职责如下：

1.监督理事会、常务理事会执行全国律师代表大会决议的情况。

2.监督理事、常务理事履行职责的情况，对严重违反本会章程或者全国律师代表大会决议的人员提出罢免建议；

3.检查本会财务报告，监督会费的收缴使用情况，监督预算执行及重大事项的财务收支情况；

4.指派监事列席理事会、常务理事会会议，并对决议事项提出质询或建议；

5.监督专门委员会、专业委员会履行职责的情况；

6.对理事、常务理事、财务管理人员损害本会利益的行为，要求其及时予以纠正；

7.全国律师代表大会授权其履行的其他监督职责。

（六）律师协会的秘书处

律师协会设秘书处，负责具体落实律师代表大会、理事会、常务理事会的各项决议、决定，承担律师协会的日常工作。律师协会秘书处设秘书长一人，副秘书长若干人。秘书长由常务理事会聘任，副秘书长由秘书长提名，常务理事会决定。秘书长在常务理事会的授权范围内，领导秘书处开展工作。秘书长、副秘书长列席理事会议、常务理事会议、会长办公会议。

秘书长主要履行下列职责：

1.主持秘书处日常工作；

2.组织实施律师代表大会、理事会、常务理事会的各项决议；

3.拟定秘书处机构设置方案；

4.制定、实施秘书处各项规章制度；

5.向常务理事会提请聘任或解聘副秘书长；

6.完成律师代表大会、理事会、常务理事会、会长交办的其他工作；

7.协调与司法行政等机关的关系。

（七）律师协会专门委员会和专业委员会

专门委员会是律师协会履行职责的专门工作机构。律师协会应当设立维护律师执业合法权益委员会、律师纪律委员会、规章制度委员会、财务委员会等。经常务理事会决定，可以设立其他专门委员会。

律师协会可以设立若干专业委员会。各委员会设主任一人，副主任若干人和委员若干人。专业委员会的设置、调整和主任、副主任人选由常务理事会决定。专业委员会按照专业委员会活动规则，组织开展理论研究和业务交流活动，起草律师有关业务规范。常务理事会可以聘请专家、学者和有关领导担任专业委员会的顾问。

五、律师协会会员的权利和义务

根据我国《律师法》和《律师协会章程》的规定，律师协会会员分为团体会员和个人会员。取得律师执业证书的律师，为律师协会的个人会员。依法批准设立的律师事务所为律师协会的团体会员，下一级律师协会为上一级律师协会的团体会员。个人会员是中国共产党党员的，应当履行党员义务，享有党员权利，自觉接受党组织的监督，弘扬伟大建党精神。符合设立党组织条件的团体会员应当根据中国共产党章程的规定，设立党的组织，开展党的活动，加强党的建设。

（一）个人会员的权利和义务

根据《律师协会章程》第9条的规定，个人会员主要享有以下权利：

1. 享有表决权、选举权和被选举权；

2. 享有依法执业保障权；

3. 参加律师协会组织的学习和培训；

4. 参加律师协会组织的专业研究和经验交流活动；

5. 享受律师协会举办的福利；

6. 使用律师协会的图书、资料、网络和信息资源；

7. 提出立法、司法和行政执法的意见和建议；

8. 对律师协会的工作进行监督，提出批评和建议；

9. 通过律师协会向有关部门反映意见。

根据《律师协会章程》第10条的规定，个人会员主要需要履行以下义务：

1. 遵守律师协会章程，执行律师协会决议；

2. 遵守律师执业行为规范,遵守律师行业规范和准则;

3. 接受律师协会的指导、监督和管理;

4. 承担律师协会委托的工作,履行律师协会规定的法律援助义务;

5. 自觉维护律师职业声誉,维护会员间的团结;

6. 承担本会委托的工作;

7. 按规定交纳会费。

（二）团体会员的权利和义务

根据《律师协会章程》第 11 条的规定,团体会员主要享有以下权利:

1. 参加律师协会举办的会议和其他活动;

2. 使用律师协会的信息资源;

3. 对律师协会工作进行民主监督,提出意见和建议。

根据《律师协会章程》第 12 条的规定,团体会员主要需要履行以下义务:

1.遵守本会章程;

2.遵守本会的行业规范,执行本会决议;

3.教育律师遵守律师执业行为规范;

4.组织律师参加本会的各项活动;

5.制定、完善内部规章制度;

6.为律师行使权利、履行义务提供必要条件;

7.组织和参加律师执业责任保险;

8.对实习律师加强管理;

9.对律师的执业活动进行考核;

10.按规定交纳会费;

11.承担本会委托的工作。

此外,还需要注意的是,根据《律师协会章程》的规定,个人会员应当在本人执业注册所在地的省、自治区、直辖市律师协会办理会员登记手续。个人会员到异地执业办理转所、变更执业登记时,必须到新执业地律师协会办理会员关系转移手续,提交原登记地的律师协会出具的会员关系转移证明并填写会员登记表。

六、奖励与惩戒

根据《律师协会章程》的规定,律师协会可以对团体会员、个人会员进行奖励和处分。对会员的奖励和惩戒规则,由律师协会理事会制定。

（一）奖励

会员有下列情形之一的,由律师协会给予奖励:

1. 在民主与法制建设中作出突出贡献的;

2. 在维护国家和人民利益方面作出重大贡献的;

3. 成功办理在全国或本地区有重大影响的案件,成绩显著的;

4. 对完善立法和司法工作起到推动作用,为律师事业的改革发展作出突出贡献的;

5. 推进律师行业党建工作成绩突出的；

6. 其他应予奖励的情形。

（二）惩戒

地方律师协会依据本会惩戒规则对会员有下列行为之一的，应当给予行业纪律处分：

1. 违反《律师法》和其他法律法规规定的；

2. 违反本章程和律师行业规范的；

3. 严重违反社会公共道德，损害律师职业形象和信誉的；

4. 违反律师职业道德和执业纪律的；

5. 其他应受处分的违纪行为。

此外，需要注意的是，对于会员的违法违纪行为，律师协会有权建议有处罚权的行政部门给予行政处罚。个人会员是中国共产党党员的，或者团体会员设立党的组织的，律师协会应当建议其所属党组织依纪依规处理。律师协会作出处分决定前，应认真听取当事人的申辩。作出中止会员权利、取消会员资格的处分决定前，当事人有要求听证的权利。当事人要求听证的，律师协会应当组织听证。会员因违法违纪受到司法行政部门停止执业处罚的，在停止执业期间，不享有律师协会的选举权、被选举权等会员权利。律师协会可以调解会员间的纠纷、会员与当事人的纠纷。

七、律师协会经费的收缴和使用

律师协会的经费来源包括下面四项：一是财政拨款；二是会员缴纳的会费；三是社会捐赠的款项；四是其他合法收入。

（一）律师协会会费的收缴

根据《律师协会章程》的规定，会员必须履行缴纳会费的义务。各省、自治区、直辖市律师协会向本地区会员收缴会费，中华全国律师协会向各省、自治区、直辖市律师协会收缴会费。对截留、拖欠律师协会会费的下级律师协会及其会员可给予通报批评的处罚。各省、自治区、直辖市律师协会按定额收缴会费，具体收缴会费的标准和收缴方式由省、自治区、直辖市根据本地区实际情况确定。地方律师协会确定的会费标准，报中华全国律师协会备案。地方律师协会负责为上一级律师协会收缴当地律师会费。各省、自治区、直辖市律师协会向中华全国律师协会交纳会费的数额，由中华全国律师协会理事会根据国家规定的标准和各地律师人数、业务发展状况、业务总收入等确定。会费按年度收缴，会员必须于每年登记注册前交纳会费。各省、自治区、直辖市律师协会应于每年六月三十日前向中华全国律师协会交纳会费。各级律师协会应加强对会费的收缴和管理，制定会费的预、决算计划，单独建立会费收支账目，每年将会费收支情况提交有资格的审计师事务所审计，并将审计结果向理事会报告，接受会员的监督。

（二）律师协会会费的用途

《律师协会章程》规定，本会建立严格的财务管理制度，保证会计资料合法、真实、准确、完整。本会配备具有专业资格的会计人员。会计不得兼任出纳。会计人员必须进行会计核算，实行会计监督。会计人员调动工作或者离职时，必须与接管人员办清交接手

续。本会的资产管理必须执行国家规定的财务管理制度,接受全国律师代表大会和有关部门的监督。资产来源属于国家拨款或者社会捐赠、资助的,必须接受审计机关的监督,并将有关情况以适当方式向社会公布。本会换届或者更换法定代表人之前必须进行财务审计。本会经费必须用于本章程规定的业务范围和事业的发展,不得在会员中分配。本会的资产,任何单位、个人不得侵占、私分和挪用。本会终止后的剩余财产,在业务主管单位和社团登记管理机关的监督下,按照国家有关规定,用于发展与本会宗旨相关的事业。

根据《律师协会章程》第 47 条的规定,律师协会的会费应当主要用于下列用途:

1. 工作和业务研讨会议支出;

2. 律师协会执行机构的各项支出;

3. 开展律师国内和国际交流活动;

4. 进行律师舆论宣传;

5. 律师专门委员会、专业委员会活动的开展;

6. 维护律师合法权益、奖惩会员;

7. 为会员提供学习资料和培训;

8. 对特殊困难会员给予补助;

9. 会员福利事业;

10. 党的建设工作;

11. 经常务理事会通过的其他必要支出。

会费收支具体管理办法由中华全国律师协会制定,报有关部门备案。

第十八章　律师的权利与义务

第一节　律师的权利

　　律师的权利,是指法律赋予律师或当事人授予律师所具有的一定的权能。包括律师在执行职务时依法实施一定行为的可能性和限度;律师可以依法请求他人为一定行为或不为一定行为的范围;以及律师权益受到侵犯时,请求有关机关保护的可能性。律师在依法执业过程中主要享有以下几方面的权利。

一、阅卷权

　　我国《律师法》第 34 条规定:律师担任辩护人的,自人民检察院对案件审查起诉之日起,有权查阅、摘抄、复制本案的案卷材料。

　　所谓律师阅卷权,是指律师参加诉讼活动,依照诉讼法律的规定,享有收集、查阅与所承办案件有关的材料的权利。律师的阅卷权主要包括以下具体内容:

　　1. 律师查阅卷宗材料的范围。律师阅卷权的行使是受法律规定的范围限制的。具体包括以下两个方面的内容:(1)律师只能查阅所承办案件的卷宗材料,即只有律师与案件当事人建立了委托代理关系,或者已受人民法院指定担任辩护人或代理人后,才能查阅本案案件材料。反之,如果律师未与本案当事人办理委托手续或者未接受法院指定,则无权查阅本案的卷宗材料。(2)律师查阅本案的卷宗材料是有限制的,即不包括审判委员会和合议庭的笔录,以及事关他案线索的材料。

　　2. 律师阅卷的方式。根据法律规定,律师不仅可以查阅卷宗材料,而且还可以摘抄、复制。摘抄、复制的材料应存入律师事务所档案。律师摘抄案卷材料应当注意,要忠实全文,不能断章取义。司法实践中,有些法院只允许律师摘抄案卷材料,不允许律师复制案卷材料的做法是错误的。

　　3. 律师阅卷权行使的保障。律师行使阅卷权,拥有案卷材料的司法机关,应当给律师阅卷提供方便。无论是法院还是检察院,都应当为律师阅卷提供必要的场所。从律师方面讲,也应当遵守法律规定,保守在阅卷中接触到的国家机密、商业秘密和个人隐私。案卷材料阅读完毕后,应当及时交还司法机关保管,不得擅自将案卷材料带出。

　　在律师阅卷权行使方面,有以下两个问题值得注意,一是 1996 年我国《刑事诉讼法》修改后,刑事诉讼中律师介入案件的时间提前了,其中,涉及律师阅卷范围的问题应当引

起重视。我国1996年《刑事诉讼法》第36条规定,辩护律师自人民检察院对案件审查起诉之日起,可以查阅、摘抄、复制本案的诉讼文书、技术性鉴定材料。由上述规定可见,律师在审查起诉阶段所能查阅到的案卷材料仅限于诉讼文书、技术性鉴定材料。而有关犯罪嫌疑人的讯问笔录和其他相关的证据材料都不在查阅之列,这样无疑会使辩护律师所了解的情况受到很大限制;不利于律师更有效地履行职务,保护当事人的合法权益。综观国外的法律规定,以德国为例,德国《刑事诉讼法》第147条规定:"在程序的任何一个阶段,都不允许拒绝辩护人查阅对被告人的讯问笔录,查阅准许他或者假如提出要求时必须准许他在场的法院调查活动笔录,查阅鉴定人的鉴定。"由此可见,在这一阶段,律师阅卷权的行使范围应当放宽。二是根据1996年修改的《刑事诉讼法》的规定,在刑事诉讼中,律师在审判阶段阅卷范围也是比较狭窄的。我国1996年《刑事诉讼法》第36条规定,辩护律师自人民法院受理案件之日起,可以查阅、摘抄、复制本案所指控的犯罪事实的材料。该法第150条规定,人民法院对提起公诉的案件进行审查后,对于起诉书中有明确指控犯罪事实并且附有证据目录、证人名单和主要证据复印件或者照片的,应当决定开庭审判。以上法律规定说明,虽然根据《律师法》的规定,在审判阶段律师有权查阅、摘抄、复制与案件有关的所有材料,但是,律师能查阅到的案卷材料也是有限的,即仅限于人民检察院向人民法院提供的内容。律师阅卷范围的狭窄,不利于律师有效地履行职务,保护当事人的合法权益。从当时的情况看,应当说,我国第一次修改《刑事诉讼法》对律师阅卷权的规定是有限制的,是不完善的,是需要立法修改完善的。

2012年我国第二次修订《刑事诉讼法》,对1996年《刑事诉讼法》规定的内容作了改变。2012年修订的《刑事诉讼法》第38条规定:辩护律师自人民检察院对案件审查起诉之日起,可以查阅、摘抄、复制本案的案卷材料。其他辩护人经人民法院、人民检察院许可,也可以查阅、摘抄、复制上述材料。根据上述法律规定,辩护律师不仅阅卷的时间提前了,而且阅卷的范围也扩大了。立法有关律师阅卷权规定的改变,既有利于律师有效地履行职务,也有利于对当事人合法权益的保护。2018年我国第三次修订《刑事诉讼法》,对2012年法律规定的内容没有改变。

二、调查取证权

根据我国《律师法》第35条规定:受委托的律师根据案情的需要,可以申请人民检察院、人民法院收集、调取证据或者申请人民法院通知证人出庭作证。律师自行调查取证的,凭律师执业证书和律师事务所证明,可以向有关单位或者个人调查与承办法律事务有关的情况。

律师调查取证权,是指律师承办法律事务,可以向有关单位或个人调查与承办法律事务有关的情况。调查取证权是律师依法享有的重要权利之一,也是律师执业的保障。

从律师工作实践看,律师不论办理刑事、民事、行政案件,还是参加非诉讼法律事务活动,作为代理人或者辩护人,为了了解案情,经常需要向政府机关、社会团体或向个人调查取证。我国1980年颁布的《律师暂行条例》第7条曾规定:"律师参加诉讼活动,有权依照有关规定,向有关单位、个人调查。"1981年最高人民法院、最高人民检察院、公安部、司法部发出的《关于律师参加诉讼的几项具体规定的联合通知》进一步明确规定："律师参加诉讼(包括调解、仲裁活动),可以持法律顾问处介绍信向有关单位、个人进行访问,查阅本案案情,有关单位、个人应当给予支持。"这两项规定,是律师在诉讼调解、仲裁活动中行使调查取证权的法律依据。1996年《律师法》第31条规定:"律师承办法律事务,经有关单位或者个人同意,可以向他们调查情况。"应该看到,《律师法》在律师调查取证权范围的规定上作出了重大突破,即只要律师承办法律事务,无论是否涉诉,都可以行使调查取证权。但是,我国《律师法》并未就如何保障律师行使调查取证权作出具体规定,反而在法律强制力上有所减弱。立法中"经有关单位或者个人同意,可以向他们调查情况"的规定,不但没有解决司法实践中律师调查取证难的问题,即许多单位和个人不配合律师调查的现状,反而加剧了律师调查取证的困难程度。因为我国《律师法》为"有关单位和个人"不接受调查,不出证提供了一条合法的法律依据,即只要不同意就可以了。这条规定可以说是立法的遗憾。

　　应该看到,一方面,随着审判方式改革的不断深入,庭审方式已经由职权主义的纠问式诉讼转变为抗辩式诉讼。在抗辩式诉讼中,控、辩双方的积极性、主动性得到充分发挥,律师也担负着证明自己诉讼主张的责任,在庭审中由配角变成了主角。这种庭审方式的改变,意味着律师对诉讼进程的推动将发挥更重要的作用。同时,也对律师提出了更高的要求,即律师不能再像过去那样,仅靠查阅案卷材料,会见当事人就可以参加庭审,必须进行大量的调查取证工作,才能较好地履行答辩或辩护职责。另一方面,律师在开展非诉讼法律事务活动中,向有关单位和个人调查取证的要求也是比较迫切的。因为在非诉讼法律事务活动中,往往无"卷"可阅,更需要律师的多方查证。如到房地产管理部门查阅房产过户手续、买卖契约、房地产的确权过程;到工商管理部门查阅企业的经营范围、资信状况;到银行查阅企业的资金状况及流向等等。因此,律师调查取证权规定的不完善,将直接影响律师依法开展业务活动。

　　鉴于上述原因,2007年新修订的《律师法》对律师调查取证权的内容作了修订,具体主要体现在以下两个方面:一是规定律师自行调查取证的,凭律师执业证书和律师事务所证明,就可以向有关单位或者个人调查与承办法律事务有关的情况,取消了1996年《律师法》规定中的"经有关单位或者个人同意"的内容;二是规定受委托的律师根据案情的需要,可以申请人民检察院、人民法院收集、调取证据或者申请人民法院通知证人出庭作证。以上法律规定,扩大了律师调查取证权行使的范围和权限,落实了权利行使保障机制,使权利的行使真正落到了实处。2017年我国修改《律师法》,对律师调查取证权的法律规定没有改变。

■ 三、同被限制人身自由的人会见和通信的权利

　　我国《律师法》第33条规定:律师担任辩护人的,有权持律师执业证书、律师事务所证明和委托书或者法律援助公函,依照刑事诉讼法的规定会见在押或者被监视居住的犯罪嫌疑人、被告人。辩护律师会见犯罪嫌疑人、被告人时不被监听。

　　根据我国法律规定,被限制人身自由的人包括两类:一类是指在人民检察院提起公诉

前，即在侦查和审查起诉阶段被限制人身自由的人，这类人被称作犯罪嫌疑人；另一类是指在人民检察院提起公诉后，即在审判阶段，被限制人身自由的人，这类人被称为被告人。根据1996年修改的《刑事诉讼法》的规定，犯罪嫌疑人在被侦查机关第一次讯问或者采取强制措施后，可以聘请律师为其提供法律咨询、代理申诉、控告，犯罪嫌疑人被逮捕的，聘请的律师可以为其申请取保候审。律师可以会见在押的犯罪嫌疑人，向犯罪嫌疑人了解有关案件情况。律师会见在押的犯罪嫌疑人，侦查机关根据案件情况和需要可以派员在场。涉及国家秘密的案件，律师会见在押的犯罪嫌疑人，应当经侦查机关批准。从上述法律规定可以看出，在接受委托的情况下，律师在犯罪嫌疑人被侦查机关采取强制措施限制人身自由后即可与其会见，了解情况，提供法律咨询、代理申诉、控告；代为申请取保候审。但这时律师还不是以辩护人的身份出现的，而仅仅是提供法律帮助。

根据我国1996年《刑事诉讼法》第33条的规定，公诉案件自案件移送审查起诉之日起，犯罪嫌疑人有权委托辩护人。2012年我国第二次修改《刑事诉讼法》，对律师担任辩护人同被限制人身自由的人会见和通信的权利又进一步进行了修改，作出了明确规定。新修订的《刑事诉讼法》第33条规定：犯罪嫌疑人自被侦查机关第一次讯问或者采取强制措施之日起，有权委托辩护人；在侦查期间，只能委托律师作为辩护人。被告人有权随时委托辩护人。侦查机关在第一次讯问犯罪嫌疑人或者对犯罪嫌疑人采取强制措施的时候，应当告知犯罪嫌疑人有权委托辩护人。人民检察院自收到移送审查起诉的案件材料之日起三日以内，应当告知犯罪嫌疑人有权委托辩护人。人民法院自受理案件之日起三日以内，应当告知被告人有权委托辩护人。犯罪嫌疑人、被告人在押期间要求委托辩护人的，人民法院、人民检察院和公安机关应当及时转达其要求。犯罪嫌疑人、被告人在押的，也可以由其监护人、近亲属代为委托辩护人。辩护人接受犯罪嫌疑人、被告人委托后，应当及时告知办理案件的机关。该法第36条规定：辩护律师在侦查期间可以为犯罪嫌疑人提供法律帮助；代理申诉、控告；申请变更强制措施；向侦查机关了解犯罪嫌疑人涉嫌的罪名和案件有关情况，提出意见。该法第37条规定：辩护律师可以同在押的犯罪嫌疑人、被告人会见和通信。其他辩护人经人民法院、人民检察院许可，也可以同在押的犯罪嫌疑人、被告人会见和通信。辩护律师持律师执业证书、律师事务所证明和委托书或者法律援助公函要求会见在押的犯罪嫌疑人、被告人的，看守所应当及时安排会见，至迟不得超过48小时。危害国家安全犯罪、恐怖活动犯罪、特别重大贿赂犯罪案件，在侦查期间辩护律师会见在押的犯罪嫌疑人，应当经侦查机关许可。上述案件，侦查机关应当事先通知看守所。辩护律师会见在押的犯罪嫌疑人、被告人，可以了解案件有关情况，提供法律咨询等；自案件移送审查起诉之日起，可以向犯罪嫌疑人、被告人核实有关证据。辩护律师会见犯罪嫌疑人、被告人时不被监听。2018年我国第三次修订《刑事诉讼法》，对上述法律规定的内容没有改变。

根据我国法律及相关规范性文件的规定，律师同被限制人身自由的人会见权利的行使主要包括以下内容：(1)担任刑事案件辩护人的律师，可以凭律师执业证书、律师事务所证明和委托书或者法律援助公函，在看守所或其他监管场所（以下合称看管场所）会见被告人。(2)每次律师会见，是一人还是二人，由律师事务所决定。(3)律师会见在押被告人,看管场所应当给予方便,指定适当的会见房间。对于必须实行戒护的,看管人员要注意方式,尽量避免增加被告人谈话的顾虑;会见后也不要追问被告人与律师谈话的内容。(4)律师会见在押被告人时,要提高警惕,严防被告人逃跑、行凶、自杀等事件的发生。会见结束,应当按照看管场所规定的手续,将被告人交看管人员收监。

从世界各国的法律规定看,律师在刑事诉讼中,同被限制人身自由的人会见的权利,是各国立法都赋予律师行使的一项重要权利。例如,日本刑事诉讼法规定,律师担任辩护人时,有权在没有见证人参加的情况下,同身体受到拘禁的被告人或被疑人会见,或接受文件和物件。德国刑事诉讼法亦规定,被指控人,即使是不能自由行动的,允许与辩护人进行书面、口头往来。鉴于此,我国 2007 年、2012 年和 2017 年修订的《律师法》都规定,律师会见犯罪嫌疑人、被告人,不被监听。但是,需要注意的是,我国目前还存在律师会见难的问题,律师权利的行使并没有得到根本的保障,迫切需要立法进一步的完善。

四、出席法庭、参与诉讼的权利

我国《律师法》第 36 条规定:律师担任诉讼代理人或者辩护人的,其辩论或者辩护的权利依法受到保障。根据以上法律规定,在诉讼中,当事人有权利委托律师进行代理和辩护。为适应律师在不同诉讼阶段执行职务的需要,法律赋予律师在不同诉讼阶段享有相应的诉讼权利。在法庭审理阶段,律师主要享有下列权利:

1. 发问权。在法庭审理过程中,律师经审判长许可,有权直接向证人、鉴定人、勘验人或者被告人发问。根据我国刑事诉讼法规定,只要律师发问的内容正当,程序合法,法庭应当准许,不应任意限制或制止。被问的人有义务对律师提出的询问据实回答。但是,审判长认为律师发问的内容与案件无关的,应当制止。法庭对于律师发问的情况应当记录在卷。

2. 对当庭宣读或出示的物证、书证等发表自己意见的权利。根据《刑事诉讼法》的规定,辩护律师对法庭出示的物证、宣读的未到庭证人的证言笔录、鉴定人的鉴定结论、勘验笔录和其他作为证据的文书有发表意见、提出异议的权利。作为审判人员,应在程序上给予保证。

3. 提出新证据的权利。根据《刑事诉讼法》第 197 条规定,法庭审理过程中,当事人和辩护人、诉讼代理人有权申请通知新的证人到庭,调取新的物证,申请重新鉴定或者勘验。公诉人、当事人和辩护人、诉讼代理人可以申请法庭通知有专门知识的人出庭,就鉴定人作出的鉴定意见提出意见。法庭对于上述申请,应当作出是否同意的决定。我国《民事诉讼法》也有同样的规定。

4. 辩论权和辩护权。我国《律师法》规定:律师担任诉讼代理人或者辩护人,其辩论或者辩护的权利应当依法受到保障。我国诉讼法对于辩论原则和辩护原则也都分别作了专门的规定。辩论原则主要是指双方当事人在人民法院的主持下,有权就案件的事实和争议的问题,各自陈述自己的主张和根据,互相进行辩驳和论证。辩护原则是指辩护律师在法庭辩论阶段,有权发表辩护意见,根据事实和法律提出证明被告人无罪、罪轻或者减轻、免除刑事责任的材料和意见,维护被告人的合法权益。

在我国目前司法实践中,有些司法人员,尤其是人民法院的审判员,不重视当事人和律师的辩论权和辩护权,经常以时间、环境为借口,甚至凭主观的好恶,随便剥夺律师的辩论权、辩护权,其结果不但侵害了律师和当事人诉讼权利,而且为不公正裁判埋下隐患,应当引以为戒。

此外,辩护律师对法庭的不正当询问有拒绝回答的权利。律师发现在侦查、起诉或审判期间,被告人合法权益受到侵害时,有权在法庭上或向有关机关陈述事实、出具证据材料。

五、律师拒绝辩护、代理权

律师作为辩护人参加诉讼,是基于当事人的委托,因此,法律就委托关系规定了委托人享有的权利和被委托律师履行的义务。我国《律师法》第 32 条规定:委托人可以拒绝已委托的律师为其继续辩护或者代理,同时可以另行委托律师担任辩护人或者代理人。律师接受委托后,无正当理由的,不得拒绝辩护或者代理。但是,委托事项违法、委托人利用律师提供的服务从事违法活动或者委托人故意隐瞒与案件有关的重要事实的,律师有权拒绝辩护或者代理。以上法律规定说明,律师在有"正当理由"的情况下,是可以拒绝辩护或代理的,即律师享有拒绝辩护、代理权。《律师法》第 32 条明文规定了拒绝理由,具体内容如下:(1)委托事项违法。委托事项违法,是指委托人委托律师进行的非诉讼或诉讼活动的内容违反法律规定,例如,刑事案件被告人委托律师代理向司法人员行贿,以求得定罪量刑对自己有利。在这种情况下,辩护律师不但可以拒绝被告人违法行为的委托,也可以此为由拒绝为被告人继续辩护。(2)委托人利用律师提供的服务从事违法活动。这种情形主要发生在非诉讼法律事务的代理中,例如,委托人向律师详细了解我国税法知识是为了偷税漏税,在这种情况下,律师当然可以拒绝代理,拒绝继续提供法律服务。(3)委托人隐瞒与案件有关的重要事实。委托人隐瞒与案件有关的重要事实,会使代理或辩护律师在诉讼中处于不利的境地,甚至在法庭上出现尴尬局面。律师为当事人提供法律服务的原则是以事实为根据,以法律为准绳。委托人隐瞒与案件有关的重要事实,律师的代理或辩护活动再进行下去,于法无据,在这种情况下,法律规定律师有权拒绝代理或辩护,是非常正确的。

当然,律师是向社会提供法律服务的专业人员,当事人找到律师寻求帮助,一般都是陷于法律的困境,作为律师应当及时有效地提供优质服务,而不能轻易拒绝。所以,无论是在接受委托时或在接受委托后,律师都应该进行充分的调查研究,并努力劝服委托人放弃违法行为,只有在无法制止和劝服的情况下,才能够行使拒绝辩护、代理权。

六、律师在执业活动中的人身权利

我国《律师法》第 37 条规定:律师在执业活动中的人身权利不受侵犯。人身权利是宪法平等赋予每个公民的基本权利,作为中华人民共和国公民的律师,当然享有人身自由、人格尊严,生命权和健康权不受非法侵犯的权利。从这个角度讲,《律师法》作为国家的部门法,行业法,没有必要单独对保护律师的人身权利作出特别规定。法律之所以作出这样

的规定,是符合我国国情,具有特殊的历史原因的。因为在我国律师的人身权还不能得到保障。

例如,1995 年,全国发生了数起严重侵犯律师人身权利的案件。河北省鸡泽县律师事务所律师任上飞在赴湖南醴陵执行职务过程中,被醴陵市王坊乡联盟村农民江孝明绑架并扣为人质,任律师被非法拘禁后,遭到非人的折磨,后经多方营救,直到 7 月 30 日在被非法拘禁 122 天后,获得解救。1995 年 5 月 8 日,湖南省衡阳市衡东县法院,以玩忽职守罪判处衡阳市南方律师事务所律师彭杰有期徒刑三年,而原因却是因彭杰律师担任涉嫌杀人的犯罪嫌疑人杨水光辩护人期间,被告人杨水光与看守所一监管人员内外勾结,在彭杰律师会见他时,趁另一看守人员擅离职守之机脱逃。彭杰律师本不构成犯罪,但仍被羁押 259 天,判处有期徒刑三年。1995 年 4 月 10 日,山西省临汾市律师事务所主任马海旺律师接受一女当事人委托,为其离婚案件担任诉讼代理人。5 月 18 日,当事人的丈夫白玉仁纠集五六个人到律师事务所对马律师实施暴力殴打,白玉仁还用手抠伤马律师眼睛,致使马海旺律师右眼失明,眼睑严重下垂,造成重伤。1995 年 6 月 17 日,吉林省通化市抚松律师事务所律师张松民在辉南县人民法院参加民事诉讼代理时,因对所代理的案件提出了与办案人员不一致的意见,由此发生争议,在争吵中,张律师被该院办案人员打得鼻青眼肿,并被该法院以妨碍公务为名拘留 15 天等。上述案件,只不过是 1995 年发生的几起典型重大的律师人身权利受到侵害的情况,但我们可以看到,这种来自执法人员、当事人和社会的不法侵害,已严重地侵犯了律师作为公民的基本权利,使律师依法执业失去安全保障。分析这些案件发生的原因,主要是因为对方当事人和其他人员法制观念淡薄;个别执法人员素质不高,以及社会上还存在着对律师工作的偏见。同时还应看到,对侵害律师合法权益的违法、犯罪分子打击、处理不够得力,是造成侵犯律师权益的重要原因。

为此,我国 1996 年在制定《律师法》时,着重考虑了关于律师权益的保护,尤其是律师人身权利的保护。1996 年《律师法》专门规定:"律师在执业活动中的人身权利不受侵犯。"2007 年新修订的《律师法》保留了 1996 年《律师法》的规定。2012 年我国再一次修改《律师法》,在保留规定"律师在执业活动中的人身权利不受侵犯"的基础上,又增加规定:律师在参与诉讼活动中涉嫌犯罪的,侦查机关应当及时通知其所在的律师事务所或者所属的律师协会;被依法拘留、逮捕的,侦查机关应当依照刑事诉讼法的规定通知该律师的家属。2017 年我国第三次修订《律师法》时,在第 37 条明确规定:律师在执业活动中的人身权利不受侵犯。律师在法庭上发表的代理、辩护意见不受法律追究。但是,发表危害国家安全、恶意诽谤他人、严重扰乱法庭秩序的言论除外。律师在参与诉讼活动中涉嫌犯罪的,侦查机关应当及时通知其所在的律师事务所或者所属的律师协会;被依法拘留、逮捕的,侦查机关应当依照刑事诉讼法的规定通知该律师的家属。上述法律规定,为律师在执业活动中人身权利的保护提供了保障。

第二节　律师的义务

律师的义务,是指律师依法应为或不为一定行为的范围和限度。律师依法执业享有一定的权利,也必须履行一定的义务。明确律师应当履行的法定义务,对保证律师依法执业,维护委托人的合法权益,宣传社会主义法制,树立律师的高尚形象,具有十分重要的作用。根据我国《律师法》和其他诉讼法律及相关的规范性法律文件的规定,律师在执业活动中主要应当履行以下义务:

一、依法维护当事人的合法权益

依法维护当事人的合法权益,是指律师一经接受当事人的委托和法院的指定,就有责任依法执行职务,根据事实和法律,为当事人提供法律服务,维护当事人的合法权益。我国《律师法》第 30 条规定:律师担任诉讼法律事务代理人或者非诉讼法律事务代理人的,应当在受委托的权限内,维护委托人的合法权益。第 31 条规定:律师担任辩护人的,应当根据事实和法律,提出犯罪嫌疑人、被告人无罪、罪轻或者减轻、免除其刑事责任的材料和意见,维护犯罪嫌疑人、被告人的合法权益。

依法维护当事人的合法权益,是律师进行业务活动的法定职责。依照法律规定和律师职业道德与执业纪律的规定,律师在开展业务活动过程中必须热情勤勉,诚实信用,尽职尽责地为当事人提供法律帮助,积极履行为有经济困难的当事人提供法律援助的义务,努力满足当事人的正当要求,维护当事人的合法权益。法定的律师职责和义务的规定,能够保障律师切实、合法、有效地维护当事人的合法权益。

二、保守职务秘密的义务

我国《律师法》第 38 条规定:律师应当保守在执业活动中知悉的国家秘密、商业秘密,不得泄露当事人的隐私。律师保守职业秘密的强制性义务规定,是由律师的职业特点决定的。律师和当事人的关系是一种合同关系,这种合同关系建立的基础是双方之间相互信赖。如果律师将委托人的秘密告诉别人,必然使委托人处于困境,而且委托人也会对律师产生不信任感,律师和当事人之间委托合同存在的基础就会丧失。

世界各国法律都对律师的保密义务作出了明确的规定。例如,日本《律师道德》第 26 条规定:"律师应严守因接受案件委托而得知的委托人的秘密。"日本《律师法》第 23 条规定:"律师或曾任律师的人,有权利和义务保守由其职务上所得知的秘密。"违反者将被追究法律责任。日本《刑法》134 条规定:"律师或担任过这些职务的人,无故泄露由于处理业务而知悉的他人的秘密的,处 6 个月以下拘役或两万日元以下罚金。"意大利《律师和检察官法》第 13 条规定:"律师和检察官不得被要求在任何类型的审判中交待他们因职务原因而被告知或了解到的情况。"等等。

我国在 1996 年《律师法》颁布前,相关的法律法规也曾有类似规定,例如,根据《民事诉讼法》有关规定,代理诉讼的律师,可以依照规定查阅与本案有关的材料,可以向有关组织和公民调查、收集证据。对于涉及国家机密和个人隐私的材料,应当依照法律规定保密。最高人民法院、最高人民检察院、公安部和司法部 1981 年联合发出的《关于律师参加诉讼的几项具体规定的联合通知》中规定:"律师对于阅卷中接触到的国家机密和个人隐私,应当保守秘密。"司法部 1993 年发布的《律师职业道德和执业纪律》中规定了严格保守职务秘密,不得泄露在执行职务中得知的委托人的隐私、秘密和委托人不愿公开的其他事实和材料等内容。1996 年《律师法》第 32 条规定:"律师应当保守在执业活动中知悉的国家秘密和当事人的商业秘密,不得泄露当事人的隐私。"2007 年和 2012 年新修订的《律师法》保留了该项法律规定的内容。遗憾的是,我国法律在规定律师保密义务的同时,没有赋予律师免予作证的权利。从而使律师可能处于被动之中。2017 年我国第三次修订《律师法》,该法第 38 条规定:律师应当保守在执业活动中知悉的国家秘密、商业秘密,不得泄露当事人的隐私。律师对在执业活动中知悉的委托人和其他人不愿泄露的有关情况和信息,应当予以保密。但是,委托人或者其他人准备或者正在实施危害国家安全、公共安全以及严重危害他人人身安全的犯罪事实和信息除外。

三、律师不得在同一案件中担任双方当事人的代理人

我国《律师法》第 30 条规定:律师担任诉讼法律事务代理人或者非诉讼法律事务代理人的,应当在受委托的权限内,维护委托人的合法权益。第 31 条规定:律师担任辩护人的,应当根据事实和法律,提出犯罪嫌疑人、被告人无罪、罪轻或者减轻、免除其刑事责任的材料和意见,维护犯罪嫌疑人、被告人的合法权益。

律师代理公民、法人或其他组织参加诉讼或非诉讼活动,对正确及时有效地解决案件有重要的作用。但是,应当注意到,一方当事人之所以向人民法院提起诉讼,委托律师作为其诉讼代理人,是因为同对方当事人之间存在着某种权利、义务冲突。委托律师的目的,是为了通过律师的帮助,取得有利于委托人的证据,帮助人民法院查明案件事实,使案件得到正确、及时、彻底的解决,使自身的合法权益得到维护。如果律师接受同一案件原被告双方当事人的委托,或利益冲突双方当事人的委托,参加诉讼或非诉讼活动,由于双方当事人之间在利益上存在着矛盾冲突,代理律师在履行职责的时候,为了维护一方的利益,就有可能会损害另一方的利益,反之亦然。在法庭辩论中就会出现代理律师自己同自己辩论的情况,使律师处于自相矛盾的地位。因此 1996 年《律师法》第 34 条规定:"律师不得在同一案件中,为双方当事人担任代理人。"2007 年修订的《律师法》保留了 1996 年《律师法》的规定内容,并在此基础上作出了进一步的规定。2007 年修订的《律师法》第 39 条规定:律师不得在同一案件中为双方当事人担任代理人,不得代理与本人或者其近亲属有利益冲突的法律事务。2012 年和 2017 年新修订的《律师法》对上述法律规定没有改变。以上法律规定,对于律师取信于委托人,依法开展业务活动,维护委托人的合法权益提供了保障。

■ 四、律师不得私自接受委托、收取钱物的义务

我国《律师法》第 25 条规定：律师承办业务，由律师事务所统一接受委托，与委托人签订书面委托合同，按照国家规定统一收取费用并如实入账。律师事务所和律师应当依法纳税。我国《律师法》第 40 条第 1 项亦规定：律师在执业活动中，不得私自接受委托、收取费用，接受委托人的财物或者其他利益。

根据上述法律规定，律师事务所受理案件应当指派专人负责，接待当事人，问明案件的基本情况后，符合收案条件的，应当向律师事务所主任汇报，经审查批准，由律师事务所统一收案。凡是经过律师事务所主任审批决定受理的案件，由律师事务所主任指派律师承办。案件一经受理，即应与委托人签订书面委托合同，办理委托手续，立案登记，填写收案卡片，并且统一收取费用。对于指名委托律师的，律师事务所应当根据实际条件，尽量满足委托人的要求。法律作出这样的规定，主要是为了加强行业管理，避免乱收案和乱收费，导致不正当竞争行为的出现。

律师在执业活动中，除不得私自接受委托、收取费用外，也不得在正常业务收费之外，接受委托人的财物或者其他利益。由于我们国家现行的律师收费标准是几年前制订的，采取的低收费原则，虽然目前许多律师事务所在实际操作中已经突破了现行的标准，但也有的案件收费仍是偏低，作为承办案件的律师，有的律师认为自己付出的劳动很多，而与得到的报酬不成比例，所以在实际工作中，极少数律师在律师事务所正常业务收费外，利用当事人急于成功的心理巧立名目，向当事人索要钱财物，这是绝对不允许的。也有的当事人在案件办完后，为感谢律师付出的努力和辛劳，而向律师赠送财物的，在这种情况下，律师应树立廉洁观念，婉言谢绝当事人的赠送，否则就违背了法律和律师的执业纪律。

■ 五、不得利用提供法律服务的便利牟取当事人争议的权益或者接受对方当事人财物的义务

我国《律师法》第 40 条第 1 项、第 2 项、第 3 项规定：律师在执业活动中不得有下列行为：私自接受委托、收取费用，接受委托人的财物或者其他利益；利用提供法律服务的便利牟取当事人争议的权益；接受对方当事人的财物或者其他利益，与对方当事人或者第三人恶意串通，侵害委托人的权益。

公民、法人或者其他组织在遇到法律问题时，委托律师为自己代理或者辩护，这种行为本身就包含着对律师的信任和依赖，他们向律师事务所支付律师费，与律师事务所签订委托代理合同。作为律师方，接受委托、收取当事人付给的劳动报酬，理所应当全心全意为当事人服务。应该积极努力收取证据、准备资料，充分利用自己的法律知识使当事人尽量减少损失，或获取最大的利益，任何损害或可能威胁当事人利益的行为都应该被禁止。因此，我国《律师法》规定，律师在执业活动中不得利用提供法律服务的便利牟取当事人争议的权益，或者接受对方当事人的财物。以上法律规定包含几个方面的内容：(1)不得利用提供法律服务的便利牟取当事人争议的权益。要求律师对当事人之间争议的权益应当"超然物外"，不为所动，不能利用提供法律服务、了解内幕和双方弱点之机，为自己牟取利

益。(2)不得接受对方当事人的财物。在法律纠纷中,双方当事人之间存在利益冲突,律师在执行职务中,虽然不能非法阻止和干预对方当事人及其代理人为维护自身合法权益而进行的正常活动,但也不能与对方当事人联系太多,甚至收受对方当事人的财物。因为对方当事人向与有利益冲突的对方当事人的律师赠送财物,势必是想让对方律师在办理法律事务的过程中高抬贵手,不对己方严加审查和要求,从而使之获得利益,更有甚者可能是想与己方律师串通起来,共同坑害己方当事人,牟取非法利益。这种行为是绝对不允许的。(3)不得与对方当事人或者第三人恶意串通,侵害委托人的权益。

六、律师在处理与法官、检察官、仲裁员等人员关系上所负的义务

律师依法执业,参加诉讼活动,必然要接触司法机关工作人员,为了禁止律师利用不正当方式和手段影响司法机关的执法人员。我国《律师法》第 40 条第 4 项、第 5 项规定:律师不得违反规定会见法官、检察官、仲裁员以及其他有关工作人员;律师不得向法官、检察官、仲裁员以及其他有关工作人员行贿,介绍贿赂或者指使、诱导当事人行贿,或者以其他不正当方式影响法官、检察官、仲裁员以及其他有关工作人员依法办理案件。

律师在开展业务活动过程中,无论是接受当事人的委托人,还是受人民法院的指派,为当事人提供法律帮助,都应当凭借自身具有的法律知识和技能,以及维护国家法律正确实施的责任感,为当事人提供法律帮助,维护当事人的合法权益。而不能把"打官司"变成"打关系",采取不正当手段,接触法官、检察官、仲裁员和其他相关工作人员;或者指使诱导当事人采取请客送礼、行贿等不正当手段,对法官、检察官、仲裁员和其他相关工作人员等进行拉拢腐蚀,从而损害律师的形象,毒害我国执法队伍。作为参与国家法律施行的一方主体,律师应当自爱自律,杜绝与司法、行政人员的不正当接触,从而维护律师高尚廉洁的形象,维护整个国家司法、行政部门的执业风范。

七、关于证据方面所负的义务

我国《律师法》第 40 条第 6 项规定,律师在执业活动中不得故意提供虚假证据或者威胁、利诱他人提供虚假证据,妨碍对方当事人合法取得证据。证据是指能够证明案件真实情况的一切事实。我国刑事诉讼法规定,对一切案件的判处都要求证据确实充分,要重证据,重调查研究,不轻信口供。只有被告人供述,没有其他证据的,不能认定被告人有罪和处以刑罚;没有被告人供述,证据充分确实的,也可以认定被告人有罪和处以刑罚。民事诉讼法也规定,当事人对自己提出的主张,有责任提供证据。以上法律规定说明,证据在案件审理中占有重要的地位,人民法院审理案件,主要是依据证据确定案件事实,以保证法律正确实施。在司法实践中,律师依法开展业务活动也离不开证据。因此,律师应当对证据予以足够的重视。

由于证据是决定案件胜诉与败诉的关键。因此,司法实践中,有的律师为了达到胜诉的目的,不惜向有关机关和部门提供虚假证据,隐瞒事实。例如,帮助当事人伪造对己方有利的补充合同,向注册登记机关隐瞒当事人的资金状况等。有的律师威胁、利诱他人提供虚假证明,隐瞒事实。例如,暗示当事人制造假遗嘱;威胁贪污嫌疑人单位下属财务人

员出具合理支取钱款的证据,否则便打击报复等。还有的律师千方百计妨碍对方当事人合法取得证据,如采取威胁利诱的方式,让某些知情人拒绝作证,或提前到有关单位部门调取毁灭证据,致使对方处于不利境地。上述执业律师的行为是错误的、违法的和有害的,因为出具伪证,或者隐瞒重要事实,可能导致错误裁判。因此,我国《律师法》和《律师执业管理办法》都明确规定,禁止施行上述行为,并且进一步规定律师从事违法行为,构成犯罪的,应依法追究刑事责任。

八、不得扰乱法庭、仲裁庭秩序,不得干扰诉讼、仲裁活动的正常进行

在我国,人民法院代表国家行使审判权,主持和指挥诉讼进行。具体到一个案件,就是由承办该案的合议庭主持、指挥诉讼的进行和继续,整个诉讼过程,都必须依据法律的规定,有序地进行,尤其在开庭阶段,审判人员要宣布法庭纪律,要求每一个参与诉讼的人和旁听群众遵守。例如,不许喧闹、起哄、扰乱法庭,未经审判长同意不许发问,未经允许不得拍照、录像等等。作为重要的诉讼参与人,律师本身就应是精通法律,明辨是非的法律工作者,就更应该带头维护法庭纪律,维护合议庭的尊严,不能对法官采用侮辱性语言,或因为自己的意见与合议庭意见不同,就哄闹法庭,或挑动当事人扰乱庭审秩序。

作为解决经济、劳动纠纷的仲裁庭也是如此,仲裁庭的组成与法院合议庭有所不同,它更多地体现了当事人的意志,但如果选择了仲裁这种方式,就应相信它的公平、维护它的权威。如果发现仲裁员存在某些情况,可能不公正断案的时候,可以依法采取申请回避和申诉等措施,而律师自己不能或挑动当事人在仲裁庭上对仲裁员侮辱、谩骂、扰乱秩序。

我国诉讼形式采用的是职权主义,法官在审判中处于主导地位,他主持整个庭审活动。代理或辩护律师向对方当事人发问、质证证据、申请重新鉴定,调取新的证据等,都要通过法官的同意,这样就容易产生冲突,发生矛盾,在这种情况下,作为律师应当冷静考虑,迂回进取达到目的,而不能采取扰乱法庭、干扰诉讼活动进行的方法。否则就会损害国家司法机关的庄严形象,也影响了自身声誉,带来不利后果。所以,《律师法》第40条第8项规定,律师在执业活动中不得扰乱法庭、仲裁庭秩序,干扰诉讼、仲裁活动的正常进行。

九、曾担任法官、检察官的律师,从人民法院、人民检察院离任后二年内,不得担任诉讼代理人或者辩护人

曾经担任过法官、检察官,在离任后从事律师职业的人员,如果很快担任诉讼代理人或者辩护人,很容易接触到自己工作过的部门及其人员,容易先入为主,不利于保证执法的公正性,也难以消除对方当事人的思想疑虑。因为律师曾在法院、检察院工作过,和法院、检察院的人员比较熟悉,有的案件甚至可能就是从前的同事介绍的。如果允许这种情形存在,将不利于律师制度的发展,因为找律师办案的人,可能考虑的主要是这种特殊关系,才委托律师进行代理或辩护,在具体代理案件过程中,委托人就会对律师有不正当的要求和期望,既贬低了律师的学识水平,又可能导致律师违法违纪,是非常有害的。从另一个角度看,如果允许曾任检察官、法官的律师马上担任诉讼代理人或辩护人,也难以保

证他为了胜诉或争取有利条件而利用旧日的关系,拉拢腐蚀现任的法官、检察官,这同样是对国家执法队伍的一种危害。所以,我国《律师法》第41条规定:"曾担任法官、检察官的律师,从人民法院、人民检察院离任后二年内,不得担任诉讼代理人或者辩护人。"

此外,2007年新修订的《律师法》第40条第7项还规定,律师在执业活动中不得煽动、教唆当事人采取扰乱公共秩序、危害公共安全等非法手段解决争议。第42条规定:律师、律师事务所应当按照国家规定履行法律援助义务,为受援人提供符合标准的法律服务,维护受援人的合法权益。2012年和2017年修订的《律师法》对上述法律规定没有改变。上述法律规定,对律师执业提出了新的要求。

第三节　律师权利的保障

我国《律师法》第36条规定:律师担任诉讼代理人或者辩护人的,其辩论或者辩护的权利依法受到保障。从目前的实际情况看,我国律师制度虽然有了较大的发展,但是,存在的问题也比较多,法律虽然规定律师依法执业的辩论权和辩护权应当依法得到保障,但是,并没有规定相应的保障措施。相反,《刑法》第306条的规定,一直是悬在律师头上的一把利剑,使律师在执业活动中,稍不留神即面临被刺中的危险。[①] 律师享有的法定权利,是律师依法执业的法律保障。我国目前的法律规定中,设定律师应当承担的义务比较多,赋予律师的权利比较少,不利于律师依法为当事人提供法律帮助,需要立法予以改革完善。结合国外立法和司法实践经验,本文认为,在刑事诉讼中,我国法律应当规定赋予律师有限制的司法豁免权,以保障律师依法执业。

一、赋予律师有限制司法豁免权的必要性

在刑事诉讼中,赋予律师有限制的司法豁免权是由律师的法定职责决定的。法国学者雅克·阿墨兰认为,发言的豁免权不是律师的特权,而是辩护职责的自然补偿。律师职业是高尚的职业,这一职业不仅要求具有丰富的法律知识和司法实践经验,而且要求律师具有高度的责任感。同时,这一职业也是具有高度责任风险的职业。我国律师法以及其他规范性文件中,对律师享有的权利和应当履行的义务作出了明确的规定,对保障律师依法执业起到了一定的保障作用,但是,没有赋予律师有限制的司法豁免权,应当认为是立法的缺失,不利于律师依法履行职责,维护委托人的合法权益。从我国目前的实际情况看,赋予律师有限制司法豁免权,无论从立法角度出发,还是从司法实践需要看,都是十分必要的。

首先,从立法角度分析。随着社会经济的发展,律师在人们的生活中占有越来越重要

---

① 我国《刑法》第306条规定:在刑事诉讼中,辩护人、诉讼代理人毁灭、伪造证据,帮助当事人毁灭、伪造证据,威胁、引诱证人违背事实改变证言或者作伪证的,处三年以下有期徒刑或者拘役;情节严重的,处三年以上七年以下有期徒刑。

的地位,发挥了越来越重要的作用。律师在执业过程中发挥重要作用的前提,是律师依法执行职务时的合法权益受法律保护。对此,我国《律师法》第 3 条作出了明确的规定,即律师依法执业受法律保护,任何组织和个人不得侵害律师的合法权益。这项法律规定包含了以下两方面的内容:一是律师执业必须依法;二是律师依法执业受法律保护。法律的规定,使律师依法执业具有了一定的独立性,即律师开展业务只对事实和法律负责。但是,法律的这一规定过于原则,缺乏可操作性,导致司法实践中执行难。律师在执业过程中合法权益受到侵害的情形不断发生,《刑法》第 306 条的规定,更使律师开展刑事辩护业务举步维艰,造成全国在一段时期内,刑事辩护业务锐减。《刑法》第 306 条的规定,阻碍了刑事辩护业务的发展,从立法上应当予以取消。

其次,从司法实践情况分析。我国律师的地位并未得到真正确立,律师的作用并未得到真正的发挥。在司法实践中,律师依法执业的合法权益难以得到保障。主要有以下两方面的原因:一是受传统习惯、势力的影响,部分群众,甚至一些领导干部和一些司法人员,对律师工作的性质不甚了解,对律师执业抱有成见,认为律师是欺上瞒下、包揽诉讼的"讼客",对律师工作不但不支持,反而出难题。二是个别司法人员素质较低,在诉讼过程中,无视法律赋予律师的权利,无理斥责律师,责令依法辩护的律师停止辩护,甚至责令律师退出法庭,对律师依法开展的业务活动横加干涉。

再次,从国外的立法情况看,世界上许多国家的法律中,对律师辩护的豁免权都作出了明确的规定。美国相关法律规定,律师依法执行职务时,除了严重危及国家安全的行为之外,享有拒绝作证的权利,即豁免作证义务。日本法律规定,律师在刑事辩护中享有司法豁免权,律师在法庭上的辩护不受法律追究,即使律师在证据不足的情况下,为一位有罪的人做无罪辩护,也不能追究律师的刑事责任。律师或曾任律师的人,对由于受业务委托而得知的有关他人的业务的事实,可以拒绝作证。英格兰和威尔士《律师出庭规则》也规定,在通常情况下,律师对在他出庭时的言论享有豁免权。[①] 以上各国法律规定说明,律师在刑事诉讼中的豁免权得到了各个国家的承认。

二、律师刑事辩护豁免权的内容

在法律中规定律师的司法豁免权,主要是为了保障刑事诉讼的顺利进行,依法维护被告人的合法权益。律师刑事辩护豁免权主要应当包含以下内容:

一是法庭言论豁免权,即律师在刑事辩护中发表的言论不受法律追究。在刑事辩护中,赋予律师言论不受追究的豁免权,可以使律师在发表辩护意见时,免除后顾之忧,提出有利于被告人的辩护意见,更好地维护被告人的合法权益。

二是拒绝作证权,即律师因执行职务而获知的委托人的秘密,有权拒绝作证,负有保密义务。律师在依法履行职责过程中,委托人出于对律师的信任,会将案情如实向律师陈述,其中,可能会涉及当事人的个人隐私或者商业秘密,律师如果泄露这些职务秘密,就会失去获得委托人信任的基础,会使委托人处于困境,委托人的合法权益将会无法被有效保

---

① 王丽:《律师应有刑事责任豁免权》,载《中国律师》2001 年第 3 期。

护,从长远的角度讲,不利于律师作用的发挥。[①]

三是人身保护权,即律师的人身自由、人身权利不受侵犯。目前,在司法实践中,律师的人身权经常会受到侵害,使律师在依法履行职务时心有余悸。法律规定律师在依法履行职务时,人身权利不受侵犯,即不受拘传、拘留、逮捕等,有利于律师依法履行职责,为委托人提供优质的法律服务。

从 2007 年修订的《律师法》看,立法对律师法庭言论豁免权和律师人身保护权作出了规定,主要体现在《律师法》第 37 条,即律师在执业活动中的人身权利不受侵犯。律师在法庭上发表的代理、辩护意见不受法律追究。但是,发表危害国家安全、恶意诽谤他人、严重扰乱法庭秩序的言论除外。律师在参与诉讼活动中因涉嫌犯罪被依法拘留、逮捕的,拘留、逮捕机关应当在拘留、逮捕实施后的二十四小时内通知该律师的家属、所在的律师事务所以及所属的律师协会。上述法律规定,应当说是立法完善的一大进步。但是,遗憾的是,法律并没有对律师的拒绝作证权作出明确的规定。2012 年修订的《律师法》对上述法律规定未作改变。2017 年修订的《律师法》第 37 条规定:律师在执业活动中的人身权利不受侵犯。律师在法庭上发表的代理、辩护意见不受法律追究。但是,发表危害国家安全、恶意诽谤他人、严重扰乱法庭秩序的言论除外。律师在参与诉讼活动中涉嫌犯罪的,侦查机关应当及时通知其所在的律师事务所或者所属的律师协会;被依法拘留、逮捕的,侦查机关应当依照刑事诉讼法的规定通知该律师的家属。

需要注意的是,法律赋予律师司法豁免权的同时,应当取消我国《刑法》第 306 条的规定。因为我国《刑法》第 307 条已经对一般主体的伪证罪和妨碍作证罪作出了规定,在《刑法》第 306 条中,又对辩护律师作出类似的规定,既不符合立法经济的原则,也属于立法对律师的歧视和不信任。

法律规定律师的司法豁免权,目的是保障律师依法执业,但是,也应当防止片面强调律师的司法豁免权,而导致律师的权利滥用。因此,对律师的司法豁免权也应当予以一定的限制。具体主要体现在以下两个方面:

一是律师只有在依法履行职务时才享有司法豁免权。律师职业比较特殊,律师在开展业务活动中,可能会接触到国家机密、商业秘密和个人隐私,以及委托人涉及违法犯罪的事实。对于由于职务行为获悉的上述情况,律师享有拒绝作证的权利。反之,如果不是因为律师的职务行为,而是在履行法定职责之外,律师作为一名普通的公民,获知上述事实,尤其是被告人的犯罪事实,则不享有司法豁免权,负有作证的义务。

二是在某些情况下,律师不享有司法豁免权。刑事案件复杂多样,有些刑事案件,不仅侵害了某些特定的权利人的合法权益,而且还可能危害国家安全,影响社会稳定。如果无限制的强调律师的司法豁免权,就可能会给国家、社会和广大人民群众造成无可挽回的损失。因此,赋予律师司法豁免权应当有所限制,以下几种情况下,不应当赋予律师司法豁免权:(1)律师获悉的被告人的犯罪事实危及国家安全的,例如,预谋叛逃、预谋袭击来

[①] 解江凌:《刑事诉讼中律师的证言拒绝权》,载陈卫东主编:《司法公正与律师辩护》,中国检察出版社 2002 年版,第 391 页。

访的其他国家的领导人等;(2)律师获悉的被告人的犯罪事实可能会影响社会安定的,例如,预谋在机场、铁路等地放火、爆炸等;(3)被告人将要实施的犯罪行为会危害人民群众生命安全的,例如,预谋图谋杀人、投毒等。

国外一些国家的法律虽然规定了律师的司法豁免权,但是,法律也有一些限制性的规定。例如,英格兰和威尔士的《出庭律师行为规则》第 133 条规定,出庭律师出庭时,在任何时候都必须对法院保持应有的礼貌。比利时《司法法典》第 445 条规定,如果律师在其口头发言或向法院提交的诉讼文书中,恶意地攻击君主政体,攻击比利时宪法和法律,审理案件的法院或法庭可以命令他的书记员就此提出报告,并将此事提交有关律师隶属的律师协会理事会处理。在荷兰,对于以口头发言或以其他任何方式蔑视法庭、轻慢或辱骂诉讼当事人或证人的律师,首席法官可以给予警告和批评。[①]《美国律师职业行为规则》第 16 条规定,在律师有理由地认为有必要的情况下,可以公开案情,主要包括以下两种情况:(1)为了防止委托人实施犯罪行为,律师认为这一行为可能导致人身伤亡;(2)在律师与委托人发生争议时,律师为了自身的利益准备起诉、应诉或者因代表当事人而受到刑事指控、民事起诉时,律师为了替自己辩解。

■ 三、赋予律师有限制的司法豁免权的价值利益

从我国目前的法律规定和司法实践来看,在刑事诉讼中,律师的执业风险比较大,因此应尽快完善立法,赋予律师有限制的司法豁免权。立法中确定此项法律制度,主要可以带来以下几方面的价值利益:

一是有利于消除法律之间的矛盾,切实保障律师依法执行职务。我国《律师法》虽然规定了律师依法执行职务受法律保护,但是,同时《刑法》中又规定了以律师作为特殊主体的伪证罪。并且,在伪证罪中使用了"引诱"一词。中华民族的语言文化含义很丰富,引诱一词包含两层含义:其一是诱导,多指引诱别人做坏事;其二是诱惑,指经不起金钱的诱惑。[②] 根据以上解释,引诱含义很模糊,但是结果很明确。在司法实践中,只要律师介入刑事诉讼,犯罪嫌疑人或被告人做了坏事,司法机关就可以抓住律师说的某一句话,认为律师对委托人进行了"引诱"而追究律师的刑事责任。从法律规定看,一方面律师法规定保护律师依法执业,另一方面,刑法又为律师依法执业设置了障碍,使律师依法执业失去法律保障,处于随时被追究的地位,导致司法实践中,许多律师担心自己在辩护过程中遭遇不幸,而远离刑事辩护业务。赋予律师有限制的司法豁免权,可以使律师依法执业获得法律保障,减轻律师的思想压力和精神负担,更好地为委托人提供法律帮助。

二是有利于理顺律师与司法人员之间的关系,保证法律的正确实施。根据我国法律规定,律师在刑事诉讼中是独立的法律主体,其不是被告人的代言人或传声筒。虽然律师

---

① [法]色阿勒—皮埃尔·拉格特、[英]帕特里克·拉登著,陈庚生译:《西欧国家的律师制度》吉林人民出版社 1991 年版,第 174 页。

② 中国社会科学院语言研究所词典编辑室编:《现代汉语词典》,商务印书馆 1998 年版,第 1504 页。

的职能与司法人员的职能不同,但是,实施法律的根本目的是一样的,都是为了保证法律的正确实施,维护委托人的合法权益。在司法实践中,个别司法人员对律师的性质缺乏必要的认识,对律师职业抱有偏见,在案件审理中,无视律师的权利,在法庭上无理斥责律师,随意责令律师退出法庭,有些律师甚至被以"伪造证据罪""妨碍作证罪"等罪名拘留、逮捕,以至于被判刑。这种情况屡屡发生,导致律师与司法人员关系紧张,司法人员认为律师是鸡蛋里挑骨头扰乱诉讼的进行;律师则认为司法人员借机报复律师。其根本原因在于法律制度不健全。赋予律师有限制的司法豁免权,加强法律对律师执业的保护力度,理顺律师与司法人员的关系,确立律师独立的诉讼地位,将有利于律师依法执业。

三是赋予律师在法庭辩护中的言论豁免权,有利于审判工作顺利进行。有些学者认为,赋予律师有限制的司法豁免权,会导致律师权利过大,以至于导致权利滥用。实际上,这种担心没有必要。因为赋予律师言论豁免权,只是表明律师在法庭上,为了维护委托人的合法权益,发表的言论不受追究,目的是使律师打消顾虑,尽职尽责地畅所欲言,维护委托人的合法权益。但是,如果律师弄虚作假,与委托人串通作伪证等,实施不法行为,扰乱诉讼的正常进行,则应当受到法律追究。关于律师在法庭辩护中的言论豁免权,新修订的《律师法》已经作出了明确的规定,应当说是立法的一大进步。

四是在特殊情况下赋予律师拒绝作证权,从长远利益来看,利大于弊。在司法实践中,赋予律师在履行职务时获悉的商业秘密和个人隐私的免证权,比较容易得到普遍的认同。但是,对于律师在履行职务过程中,从被告人处知悉的尚未被司法机关发现的犯罪事实,享有拒证权,有些学者持有异议。实际上,从长远角度讲,应当是利大于弊。一方面律师在法庭上对履行职务过程中获悉的被告人的犯罪事实出庭作证,会导致辩护律师的身份混乱、职责矛盾。辩护律师的职责是维护被告人的合法权益,如果律师出庭作证,则与其应履行的职责相矛盾。如果律师在法庭上作证,律师既是辩护人,又是证人,会导致身份混乱。另一方面如果律师出庭作证,虽然就某一个具体的案件,被告人受到了应有的惩罚,但是,委托人也将失去对律师信任,在以后的辩护活动中,委托人将不愿意或者不敢再将案件事实如实向律师陈述,以至于不委托律师,这将不利于被告人合法权益的维护,也不利于律师制度的发展。

需要注意的是,2018年我国新修改的《刑事诉讼法》对辩护律师的保密义务进一步作出了明确的规定。该法第48条规定:辩护律师对在执业活动中知悉的委托人的有关情况和信息,有权予以保密。但是,辩护律师在执业活动中知悉委托人或者其他人准备或者正在实施危害国家安全、公共安全以及严重危害他人人身安全的犯罪的,应当及时告知司法机关。

该法第49条规定:辩护人、诉讼代理人认为公安机关、人民检察院、人民法院及其工作人员阻碍其依法行使诉讼权利的,有权向同级或者上一级人民检察院申诉或者控告。人民检察院对申诉或者控告应当及时进行审查,情况属实的,通知有关机关予以纠正。上述法律规定,丰富和完善了律师司法豁免权的内容,法律的施行将有利于律师权利的保障,也利于当事人合法权益的维护。

第十九章　律师收费与法律援助

第一节　律师收费

一、律师收费制度的历史以及现状

我国律师收费制度,基本上可以分为两个大的阶段。

第一阶段,2006 年中华人民共和国司法部和国家发展和改革委员会颁布的《律师服务收费管理办法》之前。

在此期间,在规范律师收费方面起主要作用的主要是 1990 年 2 月司法部、财政部发布的《律师业务收费管理办法》及《律师收费标准》,还有 1997 年 3 月国家计划委员会、司法部发布的《律师服务收费管理暂行办法》。

《律师业务收费管理办法》及《律师收费标准》明确规定:律师业务收费由律师事务所统一收取,律师不得私自收费;律师业务具体收费数额的确定,应当考虑律师承办业务的繁简程度、时间长短、标的大小、律师专业职务等级、委托人指定等因素,在收费标准范围内确定。同时还对律师计件收费、计时收费、固定收费、以标的额的比例收费、协商收费等收费方式及适用的业务范围作了具体规定。

虽然表面上看这两个规定对律师的收费进行了规制,但深层的缺陷立即显现出来:(1)收费标准太低。这两个规定是在计划经济时代制定的,当时律师属于国家干部并且领取财政工资,因此律师收费的标准就遵从了一种低标准原则:解答法律咨询的收费标准为每件 1～5 元,刑事案件每件 30～150 元,民事案件每件 70～150 元。但是随着时代的发展,律师事务所逐渐变成合伙制,形成了一种自负盈亏的模式,律师费成为律师的主要收入来源。在这种情况下,原来的收费标准就严重阻碍了律师业的发展,甚至阻碍了律师的生存,更谈不上什么服务质量了。(2)收费标准单一。采取了按案件的性质进行收费,而不按律师的办案质量来判断,造成了优秀的律师和其他律师在收入上没有什么差别,从而严重地打击了优秀律师的工作积极性。(3)收费方式单一。此两规定虽然列出了多种收费方式,但是实践中刑事案件主要是计件收费,民事案件主要是按标的额比例收取,协商收费和按时间收费的方式基本上很少见。另外风险代理也被排除在规定之外。

为了改变这种情况,司法部和计划委员会在 1997 年颁布了《律师服务收费管理暂行办法》。此规定在一定程度上对律师收费制度进行了改革,使其更趋完善,但是全国统一的律师收费标准却没有紧跟这个规定出台,导致了全国仍然实行 1990 年的收费标准。在这段时间里,市场上收费相当混乱,律师在实践中常常用协商制收费来避免收费过低的情况。但是在司法实践中也出现过法院判定律师与当事人协商收费过高,严重背离1990年的标准。

2000年司法部和计划委员会又规定在统一收费标准没有出台之前,各地区按照当地的经济和律师业的发展情况自行规定收费标准。一时间,各地标准纷纷出台,稍显混乱。

第二阶段,2006年《律师服务收费管理办法》出台之后。

该办法在2006年12月1日开始实行,其对我国律师行业收费制度有了很大的完善,主要体现在以下几点创新之中:(1)明确律师服务收费应当遵循公开公平、诚实信用和便民利民的原则。(2)严格规范律师服务收费环节和收费程序。(3)完善律师收费争议解决机制。(4)进一步加强律师收费的监督检查。

为了推进律师事业高质量发展,更好地满足新时代人民群众法律服务需求,2021年12月28日,司法部、国家发展和改革委员会、国家市场监督管理总局印发了《关于进一步规范律师服务收费的意见》的通知,《关于进一步规范律师服务收费的意见》(以下简称《收费意见》)的施行,对于规范律师服务收费制度具有重要意义。

二、《律师收费制度管理办法》的具体内容

根据《律师服务收费管理办法》(以下简称为《办法》),其主要内容有:

(一)适用的对象

《办法》第2条:"依照《中华人民共和国律师法》设立的律师事务所和获准执业的律师,为委托人提供法律服务的收费行为适用本办法。"此办法规定了只要律所或律师提供法律服务收费就当然适用。主体不但包括律师、律所,而且还有进行委托的当事人,这样才能将所有与此次法律服务有关的当事人的利益完善保护。

(二)律师服务收费的原则

《办法》第3条明确规定:"律师服务收费遵循公开公平、自愿有偿、诚实信用的原则。律师事务所应当便民利民,加强内部管理,降低服务成本,为委托人提供方便优质的法律服务。"该条规定了一个总的原则,就是要在提供优质服务的基础上遵循公平诚信原则,避免律师费的过分虚高,便民利民。为了体现便民利民原则,对于生活经济上确实有困难又不属于法律援助范围的公民,律师事务所可以酌情减收或免收律师服务费。

并且《办法》还规定了当政府制定收费标准的时候,应当广泛听取各方的意见,必要的时候还可以进行听证。这就更加充分地体现出民意,制定出一种让律师和委托人都能接受的收费标准。

(三)律师服务收费的标准

律师服务收费实行政府指导价和市场调节价两种标准。

1. 政府指导价

以下几种案件适用政府指导价:(1)代理民事诉讼案件;(2)代理行政诉讼案件;(3)代理国家赔偿案件;(4)为刑事案件犯罪嫌疑人提供法律咨询、代理申诉和控告、申请取保候审,担任被告人的辩护人或自诉人、被害人的诉讼代理人;(5)代理各类诉讼案件的申诉。

政府指导价的制定必须由特定的机关进行制定,并且履行特定的手续。指导价的基准价和浮动幅度由各省、自治区、直辖市人民政府价格主管部门会同同级司法行政部门制定。在制定律师收费的具体实施办法时,还需报国家发展改革委和司法部备案。

2. 市场调节价

除了上述五种案件,其他的案件适用市场调节价,实质即是律师事务所和委托人协商确定。而且市场调节也不是凭空协商,主要要考虑以下几个因素:(1)耗费的工作时间;(2)法律事务的难易程度;(3)委托人的承受能力;(4)律师可能承担的风险和责任;(5)律师的社会信誉和工作水平等。

遵循上述各种条件,律所和委托人能在公平诚信的基础上达到一种双赢的状态。

(四)律师服务收费的方式

《办法》中明确规定了不涉及财产关系的事务一般用计件收费,涉及财产关系的事务可以按标的额比例收费,同时也可以在所有案件中使用计时收费方式。通过丰富的收费方式,委托人可以选择出最适合自己案件的收费方式获得高质量的法律服务,达到最大的经济效率。同时律所也可以用不同的收费方式进行公平的竞争,充分激发律师的积极性。

同时该《办法》中还首次明确提出了风险代理的方式。双方当事人在适用政府指导价的时候仍然可以使用这种风险代理方式收费。所谓的风险代理其实质就是一种特殊的委托代理关系,代理人先为委托人办理代理事项,并且之前的所有费用均由代理人垫付,当案件胜诉并且委托人实际得到了委托合同中约定的预设结果时(通常是已得到实际执行),委托人按照标的的一定比例付给代理人作为报酬。但是一旦案件败诉或者委托人不能实际得到委托预设的结果,则代理人不但得不到任何报酬,而且连预先垫付的费用也无法收回。这种方式对双方当事人都存在较大的风险,因此叫风险代理。

由于这种风险代理有一定的特殊性,为了保护双方当事人的利益,保证法律服务收费的公平正义,《办法》对风险代理做出了一系列的限制。以下几种案件禁止使用风险代理收费方式:(1)婚姻、继承案件;(2)请求给予社会保险待遇或者最低生活保障待遇的;(3)请求给付赡养费、抚养费、扶养费、抚恤金、救济金、工伤赔偿的;(4)请求支付劳动报酬的;(5)刑事诉讼案件;(6)行政诉讼案件;(7)国家赔偿案件;(8)群体性诉讼案件等。

为了规范风险代理收费制度,《收费意见》对风险代理的适用范围、代理约定事项、代理收费金额、风险代理告知和提示机制等进一步作出了严格的规定。涉及风险代理的适用范围,《收费意见》规定,严格禁止刑事诉讼案件、行政诉讼案件、国家赔偿案件、群体性诉讼案件、婚姻继承案件,以及请求给予社会保险待遇、最低生活保障待遇、赡养费、抚养费、扶养费、抚恤金、救济金、工伤赔偿、劳动报酬的案件实行或者变相实行风险代理。

(五)律师服务收费的构成

律师收费由三部分组成:律师服务费、代委托人支付的费用和异地办案差旅费。

(1)律师服务费:主要是就律师提供法律服务应得到的约定报酬。(2)代委托人支付的费用:主要是在提供法律服务过程中代委托人支付的诉讼费、仲裁费、鉴定费、公证费和查档费。这部分费用是应当由委托人自行承担的,实践中可以由律师事务所预先垫付,之后再由委托人另行交付。(3)异地办案差旅费:这是由于案件有时需要到外地进行诉讼活动和调查取证,从而产生的差旅费用。这种费用需要律师事务所在派律师出差之前向委托人提出费用概算,经双方协商一致签字确认。待出差结束后,由律所向委托人提供实际费用清单和相应的有效凭证。不出示有效凭证的,委托人有权拒绝支付费用。

除了以上三种费用外,律师事务所不得向委托人收取其他任何费用。并且这三种费用也必须由律师事务所统一收取,律师不得私自向委托人收取任何费用。而且律师事务所与委托人签订合同后,不得单方变更收费项目或者提高收费数额。如确需变更的,律师事务所必须事先征得委托人的书面同意。

《收费意见》进一步规定,律师事务所应当加强对收费合同或者委托合同中收费条款的审核把关,除律师服务费、代委托人支付的费用、异地办案差旅费外,严禁以向司法人员、仲裁员疏通关系等为由收取所谓的"办案费""顾问费"等任何其他费用。律师事务所在提供法律服务过程中代委托人支付的诉讼费、仲裁费、鉴定费、公证费、查档费、保全费、翻译费等费用,不属于律师服务费,由委托人另行支付。律师事务所应当向委托人提供律师服务收费清单,包括律师服务费、代委托人支付的费用以及异地办案差旅费,其中代委托人支付的费用及异地办案差旅费应当提供有效凭证。律师事务所应当建立健全收案管理、收费管理、财务管理、专用业务文书、档案管理等内部管理制度,确保律师业务全面登记、全程留痕。

(六)违反律师收费标准的责任和相应的解决方法

政府价格主管部门对律师及律师事务所的收费进行行政监督,各级司法行政部门对律师及律师事务所的法律服务活动进行监督检查。并且,当律师事务所违反这些规定时,两个行政机关可以对他们进行相应的行政处罚。

法律为了更好地保护公民、法人和其他组织的利益,还赋予了其充分的解决问题的权利,一共有五种解决方式:(1)认为律师事务所或律师存在价格违法行为,可以通过函件、电话、来访等形式,向价格主管部门、司法行政部门或者律师协会举报、投诉;(2)委托人也可以和律师事务所协商解决;(3)委托人还可以提请律师事务所所在地的律师协会、司法行政部门和价格主管部门调解处理;(4)申请仲裁;(5)向人民法院进行起诉。

同时《办法》还明确提出要制定《律师服务收费争议调解办法》。目前,争议调解办法正在由全国律协起草制订,下一步要加快进度,在充分论证的基础上争取早日出台,促进律师服务收费争议更加规范有序地解决。

涉及律师服务收费争议的解决,《收费意见》进一步规定,应当健全律师服务收费争议解决机制。因律师服务收费发生争议的,律师事务所和当事人可以协商解决。协商不成的,双方可以提请律师事务所所在设区的市或者直辖市的区(县)律师协会进行调解。设区的市或者直辖市的区(县)律师协会应当成立律师服务收费争议调解委员会,制定律师服务收费争议调解规则,依法依规开展调解。

第二节　法律援助

一、法律援助的概念

法律援助，英文是"legal aid"，又称为法律救助、法律救济，但是以法律援助的译法最为广泛。对于法律援助这个概念，不同的学者从不同的角度都进行过界定，因此学界没有一个统一的概念。英国《简明不列颠百科全书》表述为："法律援助是在免费或收费很少的情况下，对需要专业性法律帮助的穷人所给予的帮助。"现行的 1998 年英国《法律援助法案》规定，法律援助制度是指为了那些由于经济困难而无力负担法律咨询、扶助和代理费的人提供公共基金的制度。日本的《法律援助法纲要（草案）》中，第一章总则第 2 条规定："本法所称法律援助，是指就有关法律纠纷、法律事务对被援助者提供法律服务以及费用的援助。"我国学者有相关的论述，张耕主编的《法律援助制度比较研究》一书对法律援助界定为："法律援助制度，是指国家在司法制度运行的各个环节和各个层次上，对因经济困难及其他因素而难以通过通常意义上的法律救济手段保障自身基本社会权利的弱者，减免收费提供法律帮助的一项法律保障制度"。

法律援助的概念分为广义和狭义两种。广义的法律援助是指国家实施的，对生活困难和处于不利处境的人提供减免费用的全方位的法律服务（包括诉讼和非诉）。狭义的法律援助仅仅指律师基于慈善，对生活贫困的人提供免费的法律服务。

在当今社会中，法律援助已经成为一种必不可少的保护司法人权的制度。其实质就是贯彻"法律面前人人平等"原则，首先从最基本的形式上保证所有人都可以得到专业的法律服务，并且依靠这种服务来维护自身的合法权益。法律援助制度使法律得到公正和平等的实施，是现代文明进步的重要标志。

2003 年国务院正式颁布了《法律援助条例》，将法律援助定义为：通过国家设立的法律援助机构的统一指导和协调，所有的法律援助人员和志愿者为经济困难的公民或特定案件的当事人，提供减、免收费的法律服务帮助，以保护其合法权益得以实现的一项法律保障制度。

2022 年 1 月 1 日起施行的《中华人民共和国法律援助法》第 2 条规定，法律援助，是国家建立的为经济困难公民和符合法定条件的其他当事人无偿提供法律咨询、代理、刑事辩护等法律服务的制度，是公共法律服务体系的组成部分。

二、法律援助的历史沿革

法律援助制度最早起源于 1495 年的英国，当时承认穷人享有以其身份免交诉讼费的权利。最早期，法律援助只不过是一种慈善行为，为那些需要法律服务但却缺乏经济基础的人提供法律上的帮助。在此期间，法律援助仍然是一种民间行为。但是随着资本主义人权观念的发展，法律援助开始演变成为一种国家责任。二战之后，此制度逐渐成熟。在

法律社会化的推动下,法律援助制度得到了规范化,订立了专门的法律法规,并且援助经费也较从前大大增长。

目前在世界上已经有150多个国家的宪法和法律把法律援助制度作为保障公民权利的基本原则,并且还在一些国际法律条约中得到了确认。《公民权利和政治权利国际公约》第14条规定:"出庭受审并亲自替自己辩护或经由他自己所选择的法律援助进行辩护;如果他没有法律援助,要通知他享有这种权利;在司法利益有此需要的案件中,为他指定法律援助,而在他没有足够能力偿付法律援助的案件中,不要他自己付费。"可见法律援助的广泛程度。

我国1979年后的刑事、民事诉讼法、律师暂行条例中都可以看到带有法律援助的条款。1997年,我国司法部法律援助中心正式成立。在此期间,虽然上述法律都规定了一些法律援助条款,但是都存在过于原则的问题。直到2003年国务院《法律援助条例》出台,才对我国法律援助制度作出了一个比较完善和系统的规定。为了规范和促进法律援助工作,保障公民和有关当事人的合法权益,保障法律正确实施,维护社会公平正义,2021年8月20日,十三届全国人大常委会第三十次会议表决通过了《中华人民共和国法律援助法》(以下简称《法律援助法》),该法分为七章总计71条,法律的颁布施行,必将进一步促进法律援助制度的发展。

三、法律援助的意义

建立完善的法律援助制度对于发挥社会主义优越性,建设和谐社会,提供较高的社会保障发挥着重大的作用。具体来说主要有以下几点意义:

1. 保障公民的基本权利,实现法律面前人人平等

"法律面前人人平等"已经成为一种普遍认可的法律原则,我国的宪法也予以确认。其主要含义是不仅仅要保证法律实质的平等,并且要保证形式上的平等,要赋予公民实现合法权益平等权利,从而真正达到实质平等。法律援助制度恰恰可以保障有经济困难的人得到法律服务,从而达到法律面前人人平等。

2. 保证司法公正的实现

我国提出努力建立和谐社会,和谐社会最重要的一个组成部分就是社会公正,而司法公正又恰恰是社会公正的重要体现方式。建立法律援助制度是为了切实保障每个诉讼当事人都能得到法律的保护,从而维护了国家的司法公正。

3. 有利于精神文明的建设

法律援助要求所有法律工作者为保护困难当事人的正当利益,不计较自身利益,而且要始终保持一种主持社会正义的使命感。这对提高我国司法队伍的职业道德有重大意义。

四、我国法律援助的具体制度

(一)法律援助的责任主体

现代社会保障的特点之一是以国家为首要主体,强调国家责任。法律援助也是社会

保障的主要组成部分,因此其也必定是国家的责任。从法律援助的本质上来讲,法律援助的实施是受国家法律保护并以国家强制力为后盾的一种国家义务行为,国家通过立法赋予了公民种种权利,而这些权利的表现方式就是国家的各种法律、法规。这些法律、法规上的公民权利,如何在现实中得以实现,即若要不使这些法定的公民权利仅写在纸上,好看而不中用,还需要国家在法律的实施过程中,切实地帮助公民加以实现。特别是当公民在行使这些权利的过程中因为经济困难而不能及时排除危害自己权利的不法行为时,国家有义务为该公民提供法律援助。也唯有通过法律援助,才可能切实保障公民这些权利真正得到实现。

《法律援助法》第 4 条规定:"县级以上人民政府应当将法律援助工作纳入国民经济和社会发展规划、基本公共服务体系,保障法律援助事业与经济社会协调发展。县级以上人民政府应当健全法律援助保障体系,将法律援助相关经费列入本级政府预算,建立动态调整机制,保障法律援助工作需要,促进法律援助均衡发展。"第 5 条规定:"国务院司法行政部门指导、监督全国的法律援助工作。县级以上地方人民政府司法行政部门指导、监督本行政区域的法律援助工作。县级以上人民政府其他有关部门依照各自职责,为法律援助工作提供支持和保障。"

(二)法律援助的机构和实施主体

法律援助的机构,是指负责受理、审查法律援助申请,指派或者安排人员为符合法律规定的公民提供法律、司法方面帮助的部门、机关等。法律援助的实施主体是指实际履行法律援助职能,操作承办具体法律援助事项和案件的服务人员。法律援助机构和实施主体在实践中直接接触受援助的当事人,是整个法律援助中最重要的一个环节。法律援助的实施主体主要包括:律师事务所,律师,法律援助机构的工作人员,公证人员,其他具备法律素养的志愿者。

根据《法律援助法》的规定,法律援助机构和实施主体如下:

(1)县级以上人民政府司法行政部门应当设立法律援助机构。法律援助机构负责组织实施法律援助工作,受理、审查法律援助申请,指派律师、基层法律服务工作者、法律援助志愿者等法律援助人员提供法律援助,支付法律援助补贴。

(2)法律援助机构根据工作需要,可以安排本机构具有律师资格或者法律职业资格的工作人员提供法律援助,可以设置法律援助工作站或者联络点,就近受理法律援助申请。

(3)法律援助机构可以在人民法院、人民检察院和看守所等场所派驻值班律师,依法为没有辩护人的犯罪嫌疑人、被告人提供法律援助。

(4)司法行政部门可以通过政府采购等方式,择优选择律师事务所等法律服务机构为受援人提供法律援助。

(5)律师事务所、基层法律服务所、律师、基层法律服务工作者负有依法提供法律援助的义务。律师事务所、基层法律服务所应当支持和保障本所律师、基层法律服务工作者履行法律援助义务。

(6)国家鼓励和规范法律援助志愿服务;支持符合条件的个人作为法律援助志愿者,依法提供法律援助。高等院校、科研机构可以组织从事法学教育、研究工作的人员和法学专业学生作为法律援助志愿者，在司法行政部门指导下，为当事人提供法律咨询、代拟法律文书等法律援助。

(7)国家建立健全法律服务资源依法跨区域流动机制，鼓励和支持律师事务所、律师、法律援助志愿者等在法律服务资源相对短缺地区提供法律援助。

(三)法律援助的资金

上文已经论述过，法律援助是国家的一项责任，所以资金也必定将由国家承担。

《法律援助法》第4条第2款规定："县级以上人民政府应当健全法律援助保障体系，将法律援助相关经费列入本级政府预算，建立动态调整机制，保障法律援助工作需要，促进法律援助均衡发展。"第8条规定："国家鼓励和支持群团组织、事业单位、社会组织在司法行政部门指导下，依法提供法律援助。"从上述法条中可以明确看出，我国法律援助的资金主要还是来源于政府的财政拨款，这也符合了法律援助是国家责任这一根本性质。同时政府也大力倡导和鼓励社会团体、社会组织、公民个人进行支持，使法律援助专项基金能够发挥吸纳社会捐助的功能，广泛募集社会资金和其他资源支持法律援助，特别是在支持贫困地区法律援助工作中发挥特殊作用。

同时，国家应该对法律援助的资金实行严格的监控，严禁组织或个人对此项资金的侵吞、挪用。一经查处，立即对直接负责人员给予行政处分，并且在情节严重的情况下必然追究刑事责任。对此，《法律援助法》第61条规定，侵占、私分、挪用法律援助经费的，由设立该法律援助机构的司法行政部门责令限期改正；有违法所得的，责令退还或者没收违法所得；对直接负责的主管人员和其他直接责任人员，依法给予处分。

(四)法律援助的形式

法律援助的形式，是指法律援助的表现方式。根据《法律援助法》第22条规定：法律援助机构可以组织法律援助人员依法提供下列形式的法律援助服务：(1)法律咨询；(2)代拟法律文书；(3)刑事辩护与代理；(4)民事案件、行政案件、国家赔偿案件的诉讼代理及非诉讼代理；(5)值班律师法律帮助；(6)劳动争议调解与仲裁代理；(7)法律、法规、规章规定的其他形式。该法第23条进一步规定，法律援助机构应当通过服务窗口、电话、网络等多种方式提供法律咨询服务；提示当事人享有依法申请法律援助的权利，并告知申请法律援助的条件和程序。

(五)法律援助的范围

法律援助的范围，是指法律援助包括什么案件、什么情况。对于这个范围，不同的国家有不同的规定。有的国家对于法律援助的范围相当广泛，涉及民事、行政、刑事、非诉案件。例如英国法中几乎包含了一切案件，但是有的国家只规定某类案件。

根据我国《法律援助法》的规定，涉及法律援助的范围，主要体现在以下几个方面：

1.指派法律援助的情形

《法律援助法》第25条规定，刑事案件的犯罪嫌疑人、被告人属于下列人员之一，没有委托辩护人的，人民法院、人民检察院、公安机关应当通知法律援助机构指派律师担任辩护人：(1)未成年人；(2)视力、听力、言语残疾人；(3)不能完全辨认自己行为的成年人；(4)可能被判处无期徒刑、死刑的人；(5)申请法律援助的死刑复核案件被告人；(6)缺席审判

案件的被告人;(7)法律法规规定的其他人员。其他适用普通程序审理的刑事案件,被告人没有委托辩护人的,人民法院可以通知法律援助机构指派律师担任辩护人。

《法律援助法》第26条和第28条进一步规定:(1)对可能被判处无期徒刑、死刑的人,以及死刑复核案件的被告人,法律援助机构收到人民法院、人民检察院、公安机关通知后,应当指派具有三年以上相关执业经历的律师担任辩护人。(2)强制医疗案件的被申请人或者被告人没有委托诉讼代理人的,人民法院应当通知法律援助机构指派律师为其提供法律援助。

2.经济困难申请法律援助的情形

《法律援助法》第31条规定,下列事项的当事人,因经济困难没有委托代理人的,可以向法律援助机构申请法律援助:(1)依法请求国家赔偿;(2)请求给予社会保险待遇或者社会救助;(3)请求发给抚恤金;(4)请求给付赡养费、抚养费、扶养费;(5)请求确认劳动关系或者支付劳动报酬;(6)请求认定公民无民事行为能力或者限制民事行为能力;(7)请求工伤事故、交通事故、食品药品安全事故、医疗事故人身损害赔偿;(8)请求环境污染、生态破坏损害赔偿;(9)法律、法规、规章规定的其他情形。

《法律援助法》第24条、第29条、第33条、第34条进一步规定:(1)刑事案件的犯罪嫌疑人、被告人因经济困难或者其他原因没有委托辩护人的,本人及其近亲属可以向法律援助机构申请法律援助。(2)刑事公诉案件的被害人及其法定代理人或者近亲属,刑事自诉案件的自诉人及其法定代理人,刑事附带民事诉讼案件的原告人及其法定代理人,因经济困难没有委托诉讼代理人的,可以向法律援助机构申请法律援助。(3)当事人不服司法机关生效裁判或者决定提出申诉或者申请再审,人民法院决定、裁定再审或者人民检察院提出抗诉,因经济困难没有委托辩护人或者诉讼代理人的,本人及其近亲属可以向法律援助机构申请法律援助。

经济困难的标准,由省、自治区、直辖市人民政府根据本行政区域经济发展状况和法律援助工作需要确定,并实行动态调整。

3.不受经济困难限制申请法律援助的情形

《法律援助法》第32条规定,有下列情形之一,当事人申请法律援助的,不受经济困难条件的限制:(1)英雄烈士近亲属为维护英雄烈士的人格权益;(2)因见义勇为行为主张相关民事权益;(3)再审改判无罪请求国家赔偿;(4)遭受虐待、遗弃或者家庭暴力的受害人主张相关权益;(5)法律、法规、规章规定的其他情形。

■ 五、法律援助的重要程序

(一)法律援助的申请

法律援助的申请,是指需要获得法律援助的人要向法律援助机构提出请求,说明原因和事件的情况。这是法律援助程序启动的最初条件。根据《法律援助法》的规定,人民法院、人民检察院、公安机关办理刑事案件,发现有本法第25条第1款、第28条规定情形的,应当在3日内通知法律援助机构指派律师。法律援助机构收到通知后,应当在3日内指派律师并通知人民法院、人民检察院、公安机关。人民法院、人民检察院、公安机关和有关部门在办理案件或者相关事务中,应当及时告知有关当事人有权依法申请法律援助。对诉讼事项的法律援助,由申请人向办案机关所在地的法律援助机构提出申请;对非诉讼事项的法律援助,由申请人向争议处理机关所在地或者事由发生地的法律援助机构提出申请。无民事行为能力人或者限制民事行为能力人需要法律援助的,可以由其法定代理人代为提出申请。法定代理人侵犯无民事行为能力人、限制民事行为能力人合法权益的,其他法定代理人或者近亲属可以代为提出法律援助申请。被羁押的犯罪嫌疑人、被告人、服刑人员,以及强制隔离戒毒人员,可以由其法定代理人或者近亲属代为提出法律援助申请。

(二)法律援助的审查

法律援助机构在收到当事人的申请之后,应当及时对相关材料进行实质审查,确定当事人是否符合法律援助的条件。审查主要包括两方面:首先是当事人的经济困难是否真实,其次是申请的案件是否属于《法律援助法》规定的援助案件范围。法律援助机构在审查过程中还可以要求当事人提供必要的补充说明,并且有权向有关机关和单位进行查证。

根据《法律援助法》的规定,申请人提交的申请材料不齐全的,法律援助机构应当一次性告知申请人需要补充的材料或者要求申请人作出说明。申请人未按要求补充材料或者作出说明的,视为撤回申请。因经济困难申请法律援助的,申请人应当如实说明经济困难状况。法律援助机构核查申请人的经济困难状况,可以通过信息共享查询,或者由申请人进行个人诚信承诺。法律援助机构开展核查工作,有关部门、单位、村民委员会、居民委员会和个人应当予以配合。法律援助申请人有材料证明属于下列人员之一的,免予核查经济困难状况:(1)无固定生活来源的未成年人、老年人、残疾人等特定群体;(2)社会救助、司法救助或者优抚对象;(3)申请支付劳动报酬或者请求工伤事故人身损害赔偿的进城务工人员;(4)法律、法规、规章规定的其他人员。

(三)法律援助的决定

根据《法律援助法》的规定,法律援助机构应当自收到法律援助申请之日起 7 日内进行审查,作出是否给予法律援助的决定。决定给予法律援助的,应当自作出决定之日起 3 日内指派法律援助人员为受援人提供法律援助;决定不给予法律援助的,应当书面告知申请人,并说明理由。法律援助机构收到法律援助申请后,发现有下列情形之一的,可以决定先行提供法律援助:(1)距法定时效或者期限届满不足 7 日,需要及时提起诉讼或者申请仲裁、行政复议;(2)需要立即申请财产保全、证据保全或者先予执行;(3)法律、法规、规章规定的其他情形。法律援助机构先行提供法律援助的,受援人应当及时补办有关手续,补充有关材料。

(四)法律援助人员的职责和补贴

根据《法律援助法》的规定,法律援助人员应当依法履行职责,及时为受援人提供符合标准的法律援助服务,维护受援人的合法权益。法律援助人员接受指派后,无正当理由不得拒绝、拖延或者终止提供法律援助服务。法律援助人员应当按照规定向受援人通报法律援助事项办理情况,不得损害受援人合法权益。法律援助人员应当恪守职业道德和执业纪律,不得向受援人收取任何财物。受援人应当向法律援助人员如实陈述与法律援助

事项有关的情况，及时提供证据材料，协助、配合办理法律援助事项。法律援助机构、法律援助人员对提供法律援助过程中知悉的国家秘密、商业秘密和个人隐私应当予以保密。

法律援助机构应当依照有关规定及时向法律援助人员支付法律援助补贴。法律援助补贴的标准，由省、自治区、直辖市人民政府司法行政部门会同同级财政部门，根据当地经济发展水平和法律援助的服务类型、承办成本、基本劳务费用等确定，并实行动态调整。法律援助补贴免征增值税和个人所得税。

同时，法律还规定，法律援助机构为老年人、残疾人提供法律援助服务的，应当根据实际情况提供无障碍设施设备和服务。

（五）法律援助的终止

法律援助是一种无偿性质的帮助，而且是一种国家义务，所以一旦审批成功，就不允许援助的提供者随意中断该项援助。但是我们亦不可完全否认当事人双方意思表示真实的协商解除。

《法律援助法》第48条规定，有下列情形之一的，法律援助机构应当作出终止法律援助的决定：（1）受援人以欺骗或者其他不正当手段获得法律援助；（2）受援人故意隐瞒与案件有关的重要事实或者提供虚假证据；（3）受援人利用法律援助从事违法活动；（4）受援人的经济状况发生变化，不再符合法律援助条件；（5）案件终止审理或者已经被撤销；（6）受援人自行委托律师或者其他代理人；（7）受援人有正当理由要求终止法律援助；（8）法律法规规定的其他情形。法律援助人员发现有前款规定情形的，应当及时向法律援助机构报告。

（六）不予援助和终止援助的救济

根据《法律援助法》的规定，申请人、受援人对法律援助机构不予法律援助、终止法律援助的决定有异议的，可以向设立该法律援助机构的司法行政部门提出。司法行政部门应当自收到异议之日起5日内进行审查，作出维持法律援助机构决定或者责令法律援助机构改正的决定。申请人、受援人对司法行政部门维持法律援助机构决定不服的，可以依法申请行政复议或者提起行政诉讼。法律援助事项办理结束后，法律援助人员应当及时向法律援助机构报告，提交有关法律文书的副本或者复印件、办理情况报告等材料。

（七）法律援助的保障

根据《法律援助法》的规定，对法律援助的保障主要体现在以下几个方面：（1）国家加强法律援助信息化建设，促进司法行政部门与司法机关及其他有关部门实现信息共享和工作协同。（2）法律援助机构应当依照有关规定及时向法律援助人员支付法律援助补贴。（3）人民法院应当根据情况对受援人缓收、减收或者免收诉讼费用；对法律援助人员复制相关材料等费用予以免收或者减收。（4）公证机构、司法鉴定机构应当对受援人减收或者免收公证费、鉴定费。（5）县级以上人民政府司法行政部门应当有计划地对法律援助人员进行培训，提高法律援助人员的专业素质和服务能力。

（八）法律援助的监督

根据《法律援助法》的规定，对法律援助的监督主要体现在以下几个方面：（1）受援人有权向法律援助机构、法律援助人员了解法律援助事项办理情况；法律援助机构、法律援

助人员未依法履行职责的,受援人可以向司法行政部门投诉,并可以请求法律援助机构更换法律援助人员。(2)司法行政部门应当建立法律援助工作投诉查处制度;接到投诉后,应当依照有关规定受理和调查处理,并及时向投诉人告知处理结果。(3)司法行政部门应当加强对法律援助服务的监督,制定法律援助服务质量标准,通过第三方评估等方式定期进行质量考核。(4)司法行政部门、法律援助机构应当建立法律援助信息公开制度,定期向社会公布法律援助资金使用、案件办理、质量考核结果等情况,接受社会监督。(5)法律援助机构应当综合运用庭审旁听、案卷检查、5征询司法机关意见和回访受援人等措施,督促法律援助人员提升服务质量。(6)律师协会应当将律师事务所、律师履行法律援助义务的情况纳入年度考核内容,对拒不履行或者怠于履行法律援助义务的律师事务所、律师,依照有关规定进行惩戒。

(九)法律援助的法律责任

1.法律援助机构及其工作人员的法律责任

《法律援助法》第61条规定,法律援助机构及其工作人员有下列情形之一的,由设立该法律援助机构的司法行政部门责令限期改正;有违法所得的,责令退还或者没收违法所得;对直接负责的主管人员和其他直接责任人员,依法给予处分:(1)拒绝为符合法律援助条件的人员提供法律援助,或者故意为不符合法律援助条件的人员提供法律援助。(2)指派不符合本法规定的人员提供法律援助;(3)收取受援人财物;(4)从事有偿法律服务;(5)侵占、私分、挪用法律援助经费;(6)泄露法律援助过程中知悉的国家秘密、商业秘密和个人隐私;(7)法律法规规定的其他情形。

2.律师事务所和基层法律服务所的法律责任

《法律援助法》第62条规定,律师事务所、基层法律服务所有下列情形之一的,由司法行政部门依法给予处罚:(1)无正当理由拒绝接受法律援助机构指派;(2)接受指派后,不及时安排本所律师、基层法律服务工作者办理法律援助事项或者拒绝为本所律师、基层法律服务工作者办理法律援助事项提供支持和保障;(3)纵容或者放任本所律师、基层法律服务工作者怠于履行法律援助义务或者擅自终止提供法律援助;(4)法律法规规定的其他情形。

3.律师、基层法律服务工作者的法律责任

《法律援助法》第63条规定,律师、基层法律服务工作者有下列情形之一的,由司法行政部门依法给予处罚:(1)无正当理由拒绝履行法律援助义务或者怠于履行法律援助义务;(2)擅自终止提供法律援助;(3)收取受援人财物;(4)泄露法律援助过程中知悉的国家秘密、商业秘密和个人隐私;(5)法律法规规定的其他情形。此外,《法律援助法》还规定,受援人以欺骗或者其他不正当手段获得法律援助的,由司法行政部门责令其支付已实施法律援助的费用,并处三千元以下罚款。违反本法规定,冒用法律援助名义提供法律服务并谋取利益的,由司法行政部门责令改正,没收违法所得,并处违法所得一倍以上三倍以下罚款。国家机关及其工作人员在法律援助工作中滥用职权、玩忽职守、徇私舞弊的,对直接负责的主管人员和其他直接责任人员,依法给予处分。违反本法规定,构成犯罪的,依法追究刑事责任。

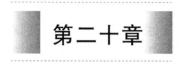 律师职业规范
与法律责任

第一节　律师职业道德

一、律师职业道德的概念及特征

（一）律师职业道德的概念

律师职业道德是指律师职业者在进行律师执业、履行工作职责的时候必须遵守的道德准则。首先，律师职业道德是在长期的律师职业实践中总结建立起来的，是对执业纪律、守则、习惯在原则层面上的总结。其次，律师职业道德贯穿于整个律师的执业活动中，为律师执业活动指明了方向，是其内在精神本源所在。

（二）律师职业道德的特点

（1）律师职业道德是整个社会道德的一个重要组成部分，是社会道德在律师行业的映像。社会道德是律师职业道德的重要基础，二者本质上是完全统一的。当社会道德具体规制到律师行业，并产生相应特点的道德规范就形成了律师职业规范。与社会道德特点相同，整个律师职业道德不仅调整律师的执业行为，并且还调整律师的内心思想，内容相当广泛。

（2）律师职业道德对一国的法治建设起到了重要的作用。首先，律师占据了整个法律从业者中的一大部分，并且与当事人有着最频繁的接触，对当事人的法治观念以及维权意识的增长起到了至关重要的推进作用。其次，当事人把实现自身利益的权利交给律师，律师直接代理当事人进行各项法律行为，为保障当事人的利益起到了不可替代的重大作用。最后，律师直接参与案件的整个审理过程，以其专业知识帮助当事人提出有力的证据和正当的法律诉求，间接地帮助法官正确公正地适用法律、审理案件。

（3）律师职业道德的范围相当广泛。首先，律师职业道德不仅规范律师执业者的相关执业行为，并且还规范律师执业者的内心思想。这是因为一切行为都是内心意志的体现。因此从事物的根源本质入手去调整律师执业行为。其次，律师职业道德不仅规范律师执业者的法律相关执业行为，并且还规范一些非执业行为。职业信誉在律师执业行为中起到了至关重要的作用，因此不管律师是否在法律执业行为中，都应该注重自身的社会形象，处处都以律师职业道德标准严格要求自己。曾经有位著名的法学家说过："如果说法律公正是律师职业的第一生命，那么良好的职业道德则是律师职业的第二生命。"

（4）律师职业道德包含了自律性和强制性的特点。一般而言,道德规范是不具有强制性的,是不需要有国家强制力来保证加以实现的,其主要是通过人们的自身荣辱观念,以及社会各界的舆论发挥着作用。律师职业道德也具有同样的特性,律师首先应当自觉遵守这些优良素质和高尚品格。但是我们也必须同时注意到,由于律师是法律从业者,一旦违反相关道德,将会对国家政治经济造成重大损害。因此,大多数国家都在相关法律中明确规定了律师职业道德,这就使其同时具备了法律规范的强制效力。如有违反者,不但将受到舆论的谴责,而且还会受到专门机关给予的相应处罚。

二、律师职业道德的具体内容

（一）律师职业道德的普遍内容

各国的律师职业道德都因各国的法律制度和法律文化的不同而呈现出不同的特点,但是还是包含一些普遍的内容:

1. 重视勤勉地为当事人服务,不得任意拒绝、终止代理;

2. 为当事人保密,即保守因其职务所得知的当事人的秘密;

3. 不得实施与委托人利益相冲突的行为;

4. 从业清廉、不贪贿赂,不得收取额外酬金,不得私自收案收费;

5. 不得与法官、检察官等司法人员进行非正常的接触;

6. 不得以广告招揽客户或进行不当的自我宣传;

7. 不得兼职从事营利性工作;

8. 注重信义、恭谦有礼,遵守法庭纪律,公平对待对方当事人及其律师;

9. 不得伪造事实或者唆使他人作伪证。

（二）我国律师职业道德的内容

根据 2004 年 3 月 20 日第五届中华全国律师协会第九次常务理事会审议通过试行,并于 2009 年 12 月 27 日第二次修订的《律师执业行为规范》的规定,我国律师应当依法遵守以下几方面的执业基本行为规范:

1. 律师应当忠实于宪法、法律,恪守律师职业道德和执业纪律;

2. 律师应当诚实守信,勤勉尽责,依据事实和法律,维护当事人合法权益,维护法律正确实施,维护社会公平和正义;

3. 律师应当注重职业修养,自觉维护律师行业声誉;

4. 律师应当保守在执业活动中知悉的国家秘密、商业秘密,不得泄露当事人的隐私,律师对在执业活动中知悉的委托人和其他人不愿泄露的情况和信息,应当予以保密,但是,委托人或者其他人准备或者正在实施的危害国家安全、公共安全以及其他严重危害他人人身、财产安全的犯罪事实和信息除外;

5. 律师应当尊重同行,公平竞争,同业互助。

第二节　律师执业纪律

一、律师执业纪律概念和作用

律师的执业纪律,是指律师在进行执业活动中必须遵守的具体行为规则。律师职业道德与律师执业纪律是相互交融在一起的,两者都是执业行为规范。但不同的是,律师职业道德表现出一种基础本源和高度概括的特点,通常是纲领性文字,是律师执业纪律的确立依据。而律师职业纪律是细化了的行为准则,深入到律师执业活动中的方方面面,体现具体的权利义务性规范或禁止性规范,明显的强制特性也使律师执业纪律与相应的处罚联系得更加紧密。此二者相辅相成,互相促进,从而进一步地维护好律师业的社会信誉,使律师业的前途更加光明。

二、律师执业纪律的内容

在我国,关于律师执业纪律,现行最新的生效规范是 2009 年修订的《律师执业行为规范》。根据其内容,我国律师执业纪律主要包括以下内容:

(一)律师与委托人、当事人关系方面

1. 律师应当与委托人就委托事项范围、内容、权限、费用、期限等进行协商,经协商达成一致后,由律师事务所与委托人签署委托协议。

2. 律师应当充分运用专业知识,依照法律和委托协议完成委托事项,维护委托人或者当事人的合法权益。

3. 律师应当建立律师业务档案,保存完整的工作记录。律师应谨慎保管委托人或当事人提供的证据原件、原物、音像资料底版以及其他材料。

4. 律师接受委托后,无正当理由不得拒绝辩护或者代理,或以其他方式终止委托。委托事项违法、委托人利用律师提供的服务从事违法活动或者委托人故意隐瞒与案件有关的重要事实的,律师有权告知委托人并要求其整改,有权拒绝辩护或者代理,或以其他方式终止委托,并有权就已经履行事务取得律师费。

5. 律师根据委托人提供的事实和证据,依据法律规定进行分析,向委托人提出分析性意见。律师的辩护、代理意见未被采纳,不属于虚假承诺。

6.律师和律师事务所不得利用提供法律服务的便利,牟取当事人争议的权益。不得违法与委托人就争议的权益产生经济上的联系,不得与委托人约定将争议标的物出售给自己;不得委托他人为自己或为自己的近亲属收购、租赁委托人与他人发生争议的标的物。律师事务所可以依法与当事人或委托人签订以回收款项或标的物为前提按照一定比例收取货币或实物作为律师费用的协议。

7. 律师事务所应当建立利益冲突审查制度。律师事务所在接受委托之前,应当进行利益冲突审查并作出是否接受委托决定。办理委托事务的律师与委托人之间存在利害关

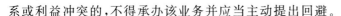

系或利益冲突的,不得承办该业务并应当主动提出回避。

8.律师事务所可以与委托人签订书面保管协议,妥善保管委托人财产,严格履行保管协议。律师事务所受委托保管委托人财产时,应当将委托人财产与律师事务所的财产、律师个人财产严格分离。

9.当出现下列情况时,律师事务所应当终止委托关系:(1)委托人提出终止委托协议的;(2)律师受到吊销执业证书或者停止执业处罚的,经过协商,委托人不同意更换律师的;(3)当发现有本规范第50条规定的利益冲突情形的;(4)受委托律师因健康状况不适合继续履行委托协议的,经过协商,委托人不同意更换律师的;(5)继续履行委托协议违反法律、法规、规章或者本规范的。

10.当出现下列情况时,经提示委托人不予纠正的,律师事务所可以解除委托协议:(1)委托人利用律师提供的法律服务从事违法犯罪活动的;(2)委托人要求律师完成无法实现或者不合理的目标的;(3)委托人没有履行委托合同义务的;(4)在事先无法预见的前提下,律师向委托人提供法律服务将会给律师带来不合理的费用负担,或给律师造成难以承受的、不合理的困难的;(5)其他合法的理由的。

11.律师事务所依上述两条规定终止代理或者解除委托的,委托人与律师事务所协商解除协议的,委托人单方终止委托代理协议的,律师事务所有权收取已提供服务部分的费用。

(二)律师与执业机构关系方面

1.律师变更执业机构时应当维护委托人及原律师事务所的利益;律师事务所在接受转入律师时,不得损害原律师事务所的利益。

2.律师与委托人发生纠纷的,律师事务所的解决方案应当充分尊重律师本人的意见,律师应当服从律师事务所解决纠纷的决议。

3.律师事务所是律师的执业机构。律师事务所对本所执业律师负有教育、管理和监督的职责。

4.律师事务所应当建立健全执业管理、利益冲突审查、收费与财务管理、投诉查处、年度考核、档案管理、劳动合同管理等制度,对律师在执业活动中遵守职业道德、执业纪律的情况进行监督。

5.律师事务所应当定期组织律师开展时事政治、业务学习,总结交流执业经验,提高律师执业水平。

6.律师事务所应当认真指导申请律师执业实习人员实习,如实出具实习鉴定材料和相关证明材料。

7.律师事务所有义务对律师、申请律师执业实习人员在业务及职业道德等方面进行管理。

(三)律师与同行之间的关系方面

1.提倡律师和律师事务所之间同业互助、相互尊重。

2.律师和律师事务所不得在公众场合及传媒上发表贬低、诋毁、损害同行声誉的言论。

3. 在庭审或谈判过程中各方律师应互相尊重,不得使用挖苦、讽刺或者侮辱性的语言。

4. 律师和律师事务所在与行政机关、行业管理部门、企业、司法机关及司法人员、其他律师或律师事务所的接触中,禁止为各种不正当竞争行为。不正当竞争行为是指律师和律师事务所为了推广业务,违反自愿、平等、诚信原则和律师执业行为规范,违反法律服务市场及律师行业公认的行业准则,采用不正当手段与同行进行业务竞争,毁损其他律师及律师事务所名誉或其他合法权益的行为。

5. 律师或律师事务所不得擅自或非法使用社会专有名称或知名度较高的名称以及代表其名称的标志、图形文字、代号以"混淆、误导"委托人。不得伪造或者冒用法律服务荣誉称号。使用已获得的律师以及律师事务所法律服务荣誉称号的应当注明获得时间和期限。不得变造已获得的荣誉称号用于广告宣传。原有律师事务所已撤销的,其原取得的荣誉称号不得继续使用。

(四)律师代理参与诉讼和仲裁的行为方面

1. 律师应当依法调查取证。律师不得向司法机关或者仲裁机构提交明知是虚假的证据。

2. 律师作为证人出庭作证的,不得再接受委托担任该案的辩护人或者代理人出庭。

3. 律师担任辩护人、代理人参加法庭、仲裁庭审理,应当按照规定穿着律师出庭服装,佩戴律师出庭徽章,注重律师职业形象。

4. 律师在法庭或仲裁庭发言时应当举止庄重、大方,用词文明、得体。

(五)律师与法庭及司法人员关系方面

1. 律师应当遵守法庭、仲裁庭纪律,遵守出庭时间、举证时限、提交法律文书期限及其他程序性规定。

2. 在开庭审理过程中,律师应当尊重法庭、仲裁庭。

3. 律师在执业过程中,因对事实真假、证据真伪及法律适用是否正确而与诉讼相对方意见不一致的,或者为了向案件承办人提交新证据的,与案件承办人接触和交换意见应当在司法机关内指定场所。

4. 律师在办案过程中,不得与所承办案件有关的司法、仲裁人员私下接触。

5. 律师不得贿赂司法机关和仲裁机构人员,不得以许诺回报或者提供其他利益(包括物质利益和非物质形态的利益)等方式,与承办案件的司法、仲裁人员进行交易。

律师不得介绍贿赂或者指使、诱导当事人行贿。

(六)律师在业务推广中的行为方面

1. 律师和律师事务所推广律师业务,应当遵守平等、诚信原则,遵守律师职业道德和执业纪律,遵守律师行业公认的行业准则,公平竞争。律师和律师事务所应当通过提高自身综合素质、提高法律服务质量、加强自身业务竞争能力的途径,开展、推广律师业务。

2. 律师可以通过简介等方式介绍自己的业务领域和专业特长。可以通过发表学术论文、案例分析、专题解答、授课等活动,以普及法律并宣传自己的专业领域。可以通过举办

或者参加各种形式的专题、专业研讨会,以宣传自己的专业特长。还可以以自己或者律师事务所的名义参加各种社会公益活动。

3. 律师和律师事务所不能以有悖于律师使命、有损律师形象的方式制作广告,不能采用一般商业广告的艺术夸张手段制作广告。

4. 律师在执业广告中不得出现违反所属律师协会有关律师执业广告管理规定的内容。

5. 律师和律师事务所不能进行歪曲事实或法律实质,或可能会使公众产生对律师不合理期望的宣传。

6. 律师和律师事务所可以宣传所从事的某一专业法律服务领域,但不能自我声明或暗示其被公认或证明为某一专业领域的专家。不能进行律师之间、律师事务所之间的比较宣传。

(七)律师和律师事务所与律师协会的关系方面

1.律师和律师事务所应当遵守律师协会制定的律师行业规范和规则。律师和律师事务所享有律师协会章程规定的权利,承担律师协会章程规定的义务。

2.律师应当参加、完成律师协会组织的律师业务学习及考核。

3.律师参加国际性律师组织并成为其会员的,以及以中国律师身份参加境外会议等活动的,应当报律师协会备案。

4.律师和律师事务所因执业行为成为刑、民事被告,或者受到行政机关调查、处罚的,应当向律师协会书面报告。

5.律师应当积极参加律师协会组织的律师业务研究活动,完成律师协会布置的业务研究任务,参加律师协会组织的公益活动。

6.律师应当妥善处理律师执业中发生的纠纷,履行经律师协会调解达成的调解协议。

7.律师应当执行律师协会就律师执业纠纷作出的处理决定。

律师应当履行律师协会依照法律、法规、规章及律师协会章程、规则作出的处分决定。

8.律师应当按时缴纳会费。

需要注意的是,2017年1月8日第九届全国律师协会常务理事会第二次会议审议通过了《律师执业行为规范修正案》,主要增加了两项内容:一是在《律师执业行为规范》第二条后增加一条,作为第三条:"律师应当把拥护中国共产党领导、拥护社会主义法治作为从业的基本要求"。二是在《律师执业行为规范》第六条中增加一款作为第二款:"律师不得利用律师身份和以律师事务所名义炒作个案,攻击社会主义制度,从事危害国家安全活动,不得利用律师身份煽动、教唆、组织有关利益群体,干扰、破坏正常社会秩序,不得利用律师身份教唆、指使当事人串供、伪造证据,干扰正常司法活动"。该修正案已于2017年3月20日开始施行。

第三节　律师法律责任

一、律师法律责任概念

律师法律责任,是指律师以及律师事务所在进行法律执业过程中,因违反各种法律规定以及各项合同规定所引起的法律责任。按照所违反的法律规定的性质,通常分为律师的民事、行政、刑事法律责任。下面我们将要分别叙述此三种责任。

二、律师民事法律责任

(一)律师民事法律责任概述

律师民事法律责任,是指律师在违反法律规定或者因过错给当事人造成损失时,应当承担的法律责任。在我国现行的《律师法》第54条规定:"律师违法执业或者因过错给当事人造成损失的,由其所在的律师事务所承担赔偿责任。律师事务所赔偿后,可以向有故意或者重大过失行为的律师追偿。"分析此条可以看出两点主要内容,首先,承担民事法律责任的主体是律师事务所,只不过是在当律师故意或者重大过失时,律师事务所才可以向律师进行追偿。其次,律师事务所只有在律师执业活动中违法执业时才承担责任。违法执业包括违反法律规定和职业道德的具体规定执业行为。

《律师法》规定了律师民事法律责任有利于对当事人的合法权益进行全面的保护、也有利于督促律师在执业过程尽职尽责、严格依法办事,有助于律师行业在社会中建立起良好的社会信誉与形象。

(二)律师民事法律责任的构成要件

根据我国《律师法》和《民法典》的相关规定,可以将律师民事法律责任的构成要件归纳为以下几点:

(1)赔偿责任的主体。因为当事人是和律师事务所签订委托代理协议,律师在具体的案件中是以律师事务所的名义进行法律执业行为,所以民事赔偿责任的主体是律师事务所。只不过在律师是故意或者重大过失的情况下,律师事务所可以向律师进行追偿。

(2)律师有违法执业行为。《律师法》规定律师违法执业才导致民事法律责任的产生。具体来说是指违反法律规定、律师职业道德、律师执业规范、委托代理合同。当由于非违反上述各项内容而使当事人受到损失的,不产生民事法律赔偿责任。

(3)律师在执业过程中有过错。根据民法的理论基础,一般侵权行为必须具备主观过错,没有过错就不承担赔偿责任。过错主要包括主观故意和主观过失。

(4)当事人受到经济损失。律师民事法律责任的主要目的是保护当事人利益,挽回当事人受到的经济损失,恢复到损害发生前的状态。如果没有经济损失,也就没有民事赔偿的必要。但这并不是说律师违法执业没有给当事人造成经济损失就不承担任何责任,只不过是在这种情况下,律师或者律师事务所只承担行政处罚,而不承担民事责任。

(5)损害行为与经济损失之间有因果关系。这主要是防止当事人主观臆断,胡乱要求律师事务所承担赔偿责任。

(三)导致律师民事法律责任的具体原因

根据《民法典》和《律师执业行为规范》的相关规定,结合一般的实践情形,有以下几个原因可能导致民事赔偿责任:

1. 律师超越代理权限。

2. 遗失重要证据而导致举证不能或证据失败。

3. 出具错误的律师文书。

4. 应当收集的证据,由于律师的原因而没有及时收集,使证据湮灭。

5. 诉讼时效由于律师的原因而超过法定期间。

6. 律师严重不负责任草率处理案件的,律师未及时告知当事人诉讼权利造成当事人丧失某些诉讼权利导致损失的。

7. 与第三者恶意串通,损害委托人利益等等。

三、律师行政法律责任

(一)律师行政责任的概念

律师行政法律责任,是指律师或者律师事务所在进行法律执业行为中,违反有关律师管理方面的各种规定,承担的由司法行政机关给予的行政处罚责任。

(二)律师行政法律责任的种类

根据司法部 2010 年新颁布的《律师和律师事务所违法行为处罚办法》(以下简称《处罚办法》),可以将律师行政法律责任根据责任主体的不同分为两种:

(1)对律师违法行为实施行政处罚的种类有:警告;罚款;没收违法所得;停止执业;吊销执业证书。

(2)对律师事务所违法行为实施行政处罚的种类有:警告;罚款没收违法所得;停业整顿;吊销执业证书。

(三)引起行政法律责任的事项

《律师法》和《律师和律师事务所违法行为处罚办法》对导致律师行政法律责任的事项作出了明确的规定。

1. 律师应承担行政处罚的行为

(1)根据《律师法》第 47 条的规定,律师有下列行为之一的,由设区的市级或者直辖市的区人民政府司法行政部门给予警告,可以处 5000 元以下的罚款;有违法所得的,没收违法所得;情节严重的,给予停止执业三个月以下的处罚:

①同时在两个以上律师事务所执业的;

②以不正当手段承揽业务的;

③在同一案件中为双方当事人担任代理人,或者代理与本人及其近亲属有利益冲突的法律事务的;

④从人民法院、人民检察院离任后二年内担任诉讼代理人或者辩护人的;

⑤拒绝履行法律援助义务的。

同时,根据《处罚办法》的规定,下列情形属于《律师法》第四十七条第一项规定的律师"同时在两个以上律师事务所执业的"违法行为:

①在律师事务所执业的同时又在其他律师事务所或者社会法律服务机构执业的;

②在获准变更执业机构前以拟变更律师事务所律师的名义承办业务,或者在获准变更后仍以原所在律师事务所律师的名义承办业务的。

下列情形属于《律师法》第47条第2项规定的律师"以不正当手段承揽业务的"违法行为:

①以误导、利诱、威胁或者作虚假承诺等方式承揽业务的;

②以支付介绍费、给予回扣、许诺提供利益等方式承揽业务的;

③以对本人及所在律师事务所进行不真实、不适当宣传或者诋毁其他律师、律师事务所声誉等方式承揽业务的;

④在律师事务所住所以外设立办公室、接待室承揽业务的。

下列情形属于《律师法》第47条第3项规定的律师"在同一案件中为双方当事人担任代理人,或者代理与本人及其近亲属有利益冲突的法律事务的"违法行为:

①在同一民事诉讼、行政诉讼或者非诉讼法律事务中同时为有利益冲突的当事人担任代理人或者提供相关法律服务的;

②在同一刑事案件中同时为被告人和被害人担任辩护人、代理人,或者同时为二名以上的犯罪嫌疑人、被告人担任辩护人的;

③担任法律顾问期间,为与顾问单位有利益冲突的当事人提供法律服务的;

④曾担任法官、检察官的律师,以代理人、辩护人的身份承办原任职法院、检察院办理过的案件的;

⑤曾经担任仲裁员或者仍在担任仲裁员的律师,以代理人身份承办本人原任职或者现任职的仲裁机构办理的案件的。

曾经担任法官、检察官的律师,从人民法院、人民检察院离任后二年内,担任诉讼代理人、辩护人或者以其他方式参与所在律师事务所承办的诉讼法律事务的,属于《律师法》第47条第4项规定的"从人民法院、人民检察院离任后二年内担任诉讼代理人或者辩护人的"违法行为。

此外,下列情形属于《律师法》第47条第5项规定的律师"拒绝履行法律援助义务的"违法行为:

①无正当理由拒绝接受律师事务所或者法律援助机构指派的法律援助案件的;

②接受指派后,懈怠履行或者擅自停止履行法律援助职责的。

(2)根据《律师法》第48条,律师有下列行为之一的,由设区的市级或者直辖市的区人民政府司法行政部门给予警告,可以处一万元以下的罚款;有违法所得的,没收违法所得;情节严重的,给予停止执业三个月以上六个月以下的处罚:

①私自接受委托、收取费用,接受委托人财物或者其他利益的;

②接受委托后,无正当理由,拒绝辩护或者代理,不按时出庭参加诉讼或者仲裁的;

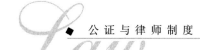
③利用提供法律服务的便利牟取当事人争议的权益的;

④泄露商业秘密或者个人隐私的。

同时,根据《处罚办法》的规定,下列情形属于《律师法》第48条第1项规定的律师"私自接受委托、收取费用,接受委托人财物或者其他利益的"违法行为:

①违反统一接受委托规定或者在被处以停止执业期间,私自接受委托,承办法律事务的;

②违反收费管理规定,私自收取、使用、侵占律师服务费以及律师异地办案差旅费用的;

③在律师事务所统一收费外又向委托人索要其他费用、财物或者获取其他利益的;

④向法律援助受援人索要费用或者接受受援人的财物或者其他利益的。

律师接受委托后,除有下列情形之外,拒绝辩护或者代理,不按时出庭参加诉讼或者仲裁的,属于《律师法》第48条第2项规定的违法行为:

①委托事项违法,或者委托人利用律师提供的法律服务从事违法活动的;

②委托人故意隐瞒与案件有关的重要事实或者提供虚假、伪造的证据材料的;

③委托人不履行委托合同约定义务的;

④律师因患严重疾病或者受到停止执业以上行政处罚的;

⑤其他依法可以拒绝辩护、代理的。

下列情形属于《律师法》第48条第3项规定的律师"利用提供法律服务的便利牟取当事人争议的权益的"违法行为:

①采用诱导、欺骗、胁迫、敲诈等手段获取当事人与他人争议的财物、权益的;

②指使、诱导当事人将争议的财物、权益转让、出售、租赁给他人,并从中获取利益的。

律师未经委托人或者其他当事人的授权或者同意,在承办案件的过程中或者结束后,擅自披露、散布在执业中知悉的委托人或者其他当事人的商业秘密、个人隐私或者其他不愿泄露的情况和信息的,属于《律师法》第四十八条第四项规定的"泄露商业秘密或者个人隐私的"违法行为。

(3)根据《律师法》第49条,律师有下列行为之一的,由设区的市级或者直辖市的区人民政府司法行政部门给予停止执业六个月以上一年以下的处罚,可以处五万元以下的罚款;有违法所得的,没收违法所得;情节严重的,由省、自治区、直辖市人民政府司法行政部门吊销其律师执业证书;构成犯罪的,依法追究刑事责任:

①违反规定会见法官、检察官、仲裁员以及其他有关工作人员,或者以其他不正当方式影响依法办理案件的;

②向法官、检察官、仲裁员以及其他有关工作人员行贿,介绍贿赂或者指使、诱导当事人行贿的;

③向司法行政部门提供虚假材料或者有其他弄虚作假行为的;

④故意提供虚假证据或者威胁、利诱他人提供虚假证据,妨碍对方当事人合法取得证据的;

⑤接受对方当事人财物或者其他利益,与对方当事人或者第三人恶意串通,侵害委托

人权益的；

⑥扰乱法庭、仲裁庭秩序，干扰诉讼、仲裁活动的正常进行的；

⑦煽动、教唆当事人采取扰乱公共秩序、危害公共安全等非法手段解决争议的；

⑧发表危害国家安全、恶意诽谤他人、严重扰乱法庭秩序的言论的；

⑨泄露国家秘密的。

律师因故意犯罪受到刑事处罚的，由省、自治区、直辖市人民政府司法行政部门吊销其律师执业证书。

同时，根据《处罚办法》的规定，下列情形属于《律师法》第49条第1项规定的律师"违反规定会见法官、检察官、仲裁员以及其他有关工作人员，或者以其他不正当方式影响依法办理案件的"违法行为：

①在承办代理、辩护业务期间，以影响案件办理结果为目的，在非工作时间、非工作场所会见法官、检察官、仲裁员或者其他有关工作人员的；

②利用与法官、检察官、仲裁员或者其他有关工作人员的特殊关系，影响依法办理案件的；

③以对案件进行歪曲、不实、有误导性的宣传或者诋毁有关办案机关和工作人员以及对方当事人声誉等方式，影响依法办理案件的。

下列情形属于《律师法》第49条第2项规定的律师"向法官、检察官、仲裁员以及其他有关工作人员行贿，介绍贿赂或者指使、诱导当事人行贿的"违法行为：

①利用承办案件的法官、检察官、仲裁员以及其他工作人员或者其近亲属举办婚丧喜庆事宜等时机，以向其馈赠礼品、金钱、有价证券等方式行贿的；

②以装修住宅、报销个人费用、资助旅游娱乐等方式向法官、检察官、仲裁员以及其他工作人员行贿的；

③以提供交通工具、通信工具、住房或者其他物品等方式向法官、检察官、仲裁员以及其他工作人员行贿的；

④以影响案件办理结果为目的，直接向法官、检察官、仲裁员以及其他工作人员行贿、介绍贿赂或者指使、诱导当事人行贿的。

下列情形属于《律师法》第49条第3项规定的律师"向司法行政部门提供虚假材料或者有其他弄虚作假行为的"违法行为：

①在司法行政机关实施检查、监督工作中，向其隐瞒真实情况，拒不提供或者提供不实、虚假材料，或者隐匿、毁灭、伪造证据材料的；

②在参加律师执业年度考核、执业评价、评先创优活动中，提供不实、虚假、伪造的材料或者有其他弄虚作假行为的；

③在申请变更执业机构、办理执业终止、注销等手续时，提供不实、虚假、伪造的材料的。

下列情形属于《律师法》第49条第4项规定的律师"故意提供虚假证据或者威胁、利诱他人提供虚假证据，妨碍对方当事人合法取得证据的"违法行为：

①故意向司法机关、行政机关或者仲裁机构提交虚假证据，或者指使、威胁、利诱他人

提供虚假证据的；

②指示或者帮助委托人或者他人伪造、隐匿、毁灭证据，指使或者帮助犯罪嫌疑人、被告人串供，威胁、利诱证人不作证或者作伪证的；

③妨碍对方当事人及其代理人、辩护人合法取证的，或者阻止他人向案件承办机关或者对方当事人提供证据的。

下列情形属于《律师法》第 49 条第 5 项规定的律师"接受对方当事人财物或者其他利益，与对方当事人或者第三人恶意串通，侵害委托人权益的"违法行为：

①向对方当事人或者第三人提供不利于委托人的信息或者证据材料的；

②与对方当事人或者第三人恶意串通、暗中配合，妨碍委托人合法行使权利的；

③接受对方当事人财物或者其他利益，故意延误、懈怠或者不依法履行代理、辩护职责，给委托人及委托事项的办理造成不利影响和损失的。

下列情形属于《律师法》第 49 条第 6 项规定的律师"扰乱法庭、仲裁庭秩序，干扰诉讼、仲裁活动的正常进行的"违法行为：

①在法庭、仲裁庭上发表或者指使、诱导委托人发表扰乱诉讼、仲裁活动正常进行的言论的；

②阻止委托人或者其他诉讼参与人出庭，致使诉讼、仲裁活动不能正常进行的；

③煽动、教唆他人扰乱法庭、仲裁庭秩序的；

④无正当理由，当庭拒绝辩护、代理，拒绝签收司法文书或者拒绝在有关诉讼文书上签署意见的。

下列情形属于《律师法》第 49 条第 7 项规定的律师"煽动、教唆当事人采取扰乱公共秩序、危害公共安全等非法手段解决争议的"违法行为：

①煽动、教唆当事人采取非法集会、游行示威，聚众扰乱公共场所秩序、交通秩序，围堵、冲击国家机关等非法手段表达诉求，妨害国家机关及其工作人员依法履行职责，抗拒执法活动或者判决执行的；

②利用媒体或者其他方式，煽动、教唆当事人以扰乱公共秩序、危害公共安全等手段干扰诉讼、仲裁及行政执法活动正常进行的。

下列情形属于《律师法》第 49 条第 8 项规定的律师"发表危害国家安全、恶意诽谤他人、严重扰乱法庭秩序的言论的"违法行为：

①在承办代理、辩护业务期间，发表、散布危害国家安全，恶意诽谤法官、检察官、仲裁员及对方当事人、第三人，严重扰乱法庭秩序的言论的；

②在执业期间，发表、制作、传播危害国家安全的言论、信息、音像制品或者支持、参与、实施以危害国家安全为目的活动的。

律师违反保密义务规定，故意或者过失泄露在执业中知悉的国家秘密的，属于《律师法》第 49 条第 9 项规定的"泄露国家秘密的"违法行为。

2. 律师事务所应承担行政处罚的行为

根据《律师法》第 50 条的规定，律师事务所有下列行为之一的，由设区的市级或者直辖市的区人民政府司法行政部门视其情节给予警告、停业整顿一个月以上六个月以下的

处罚,可以处十万元以下的罚款;有违法所得的,没收违法所得;情节特别严重的,由省、自治区、直辖市人民政府司法行政部门吊销律师事务所执业证书:

①违反规定接受委托、收取费用的;

②违反法定程序办理变更名称、负责人、章程、合伙协议、住所、合伙人等重大事项的;

③从事法律服务以外的经营活动的;

④以诋毁其他律师事务所、律师或者支付介绍费等不正当手段承揽业务的;

⑤违反规定接受有利益冲突的案件的;

⑥拒绝履行法律援助义务的;

⑦向司法行政部门提供虚假材料或者有其他弄虚作假行为的;

⑧对本所律师疏于管理,造成严重后果的。

律师事务所因前款违法行为受到处罚的,对其负责人视情节轻重,给予警告或者处二万元以下的罚款。同时,《处罚办法》规定,下列情形属于《律师法》第50条第1项规定的律师事务所"违反规定接受委托、收取费用的"违法行为:

①违反规定不以律师事务所名义统一接受委托、统一收取律师服务费和律师异地办案差旅费,不向委托人出具有效收费凭证的;

②向委托人索要或者接受规定、合同约定之外的费用、财物或者其他利益的;

③纵容或者放任本所律师有本办法第10条规定的违法行为的。

下列情形属于《律师法》第50条第2项规定的律师事务所"违反法定程序办理变更名称、负责人、章程、合伙协议、住所、合伙人等重大事项的"违法行为:

①不按规定程序办理律师事务所名称、负责人、章程、合伙协议、住所、合伙人、组织形式等事项变更报批或者备案的;

②不按规定的条件和程序发展合伙人,办理合伙人退伙、除名或者推选律师事务所负责人的;

③不按规定程序办理律师事务所分立、合并,设立分所,或者终止、清算、注销事宜的。

下列情形属于《律师法》第50条第5项规定的律师事务所"从事法律服务以外的经营活动的"违法行为:

①以独资、与他人合资或者委托持股方式兴办企业,并委派律师担任企业法定代表人或者总经理职务的;

②从事与法律服务无关的中介服务或者其他经营性活动的。

律师事务所从事或者纵容、放任本所律师从事本办法第六条规定的违法行为的,属于《律师法》第50条第4项规定的律师事务所"以诋毁其他律师事务所、律师或者支付介绍费等不正当手段承揽业务的"违法行为。

下列情形属于《律师法》第50条第5项规定的律师事务所"违反规定接受有利益冲突的案件的"违法行为:

①指派本所律师担任同一诉讼案件的原告、被告代理人,或者同一刑事案件被告人辩护人、被害人代理人的;

②未按规定对委托事项进行利益冲突审查,指派律师同时或者先后为有利益冲突的

非诉讼法律事务各方当事人担任代理人或者提供相关法律服务的；

③明知本所律师及其近亲属同委托事项有利益冲突，仍指派该律师担任代理人、辩护人或者提供相关法律服务的；

④纵容或者放任本所律师有本办法第7条规定的违法行为的。

下列情形属于《律师法》第50条第6项规定的律师事务所"拒绝履行法律援助义务的"违法行为：

①无正当理由拒绝接受法律援助机构指派的法律援助案件的；

②接受指派后，不按规定及时安排本所律师承办法律援助案件或者拒绝为法律援助案件的办理提供条件和便利的；

③纵容或者放任本所律师有本办法第9条规定的违法行为的。

下列情形属于《律师法》第50条第7项规定的律师事务所"向司法行政部门提供虚假材料或者有其他弄虚作假行为的"违法行为：

①在司法行政机关实施检查、监督工作时，故意隐瞒真实情况，拒不提供有关材料或者提供不实、虚假的材料，或者隐匿、毁灭、伪造证据材料的；

②在参加律师事务所年度检查考核、执业评价、评先创优活动中，提供不实、虚假、伪造的材料或者有其他弄虚作假行为的；

③在办理律师事务所重大事项变更、设立分所、分立、合并或者终止、清算、注销的过程中，提供不实、虚假、伪造的证明材料或者有其他弄虚作假行为的。

另外，有下列情形之一，造成严重后果和恶劣影响，属于《律师法》第50条第8项规定的律师事务所"对本所律师疏于管理，造成严重后果的"违法行为：

①不按规定建立健全内部管理制度，日常管理松懈、混乱，造成律师事务所无法正常运转的；

②不按规定对律师执业活动实行有效监督，或者纵容、祖护、包庇本所律师从事违法违纪活动，造成严重后果的；

③纵容或者放任律师在本所被处以停业整顿期间或者律师被处以停止执业期间继续执业的；

④不按规定接受年度检查考核，或者经年度检查考核被评定为"不合格"的；

⑤不按规定建立劳动合同制度，不依法为聘用律师和辅助人员办理失业、养老、医疗等社会保险的；

⑥有其他违法违规行为，造成严重后果的。

（四）对律师行政处罚的程序以及救济

有行政处罚权的主体是司法行政机关，当然在特殊情况下，司法行政机关也可以委托律师协会进行调查，然后向司法行政机关提供司法处罚建议。行政主体，应当立案调查，全面、客观、公正地查明事实，收集证据。在正式作出行政处罚之前应当告知律师或者律师事务所处罚的事实，理由，依据，以及他们应有的权利。律师和律师事务所可以进行申辩，或者要求提起听证。

四、律师刑事法律责任

（一）律师刑事法律责任概念

律师刑事法律责任，是指律师在进行执业活动中，违反了刑事法律规定，而应承担刑事责任。具体分析有以下几个特点：

（1）律师刑事责任的主体不仅仅包括律师个人，而且还包含律师事务所，刑事法律规定的单位犯罪是可以适用于律师事务所的。

（2）律师刑事责任必须是在律师执业过程中的行为引起的。因为如果律师是在非执业过程中违反刑事法律规定，那么其只能是个人犯罪，承担的只是一般主体刑事责任。只有执业行为触犯刑法才能导致律师刑事责任。

（二）引起律师刑事法律责任的行为

《律师法》第49条规定，律师有下列行为之一的，由设区的市级或者直辖市的区人民政府司法行政部门给予停止执业六个月以上一年以下的处罚，可以处五万元以下的罚款；有违法所得的，没收违法所得；情节严重的，由省、自治区、直辖市人民政府司法行政部门吊销其律师执业证书；构成犯罪的，依法追究刑事责任：

（1）违反规定会见法官、检察官、仲裁员以及其他有关工作人员，或者以其他不正当方式影响依法办理案件的；

（2）向法官、检察官、仲裁员以及其他有关工作人员行贿，介绍贿赂或者指使、诱导当事人行贿的；

（3）向司法行政部门提供虚假材料或者有其他弄虚作假行为的；

（4）故意提供虚假证据或者威胁、利诱他人提供虚假证据，妨碍对方当事人合法取得证据的；

（5）接受对方当事人财物或者其他利益，与对方当事人或者第三人恶意串通，侵害委托人权益的；

（6）扰乱法庭、仲裁庭秩序，干扰诉讼、仲裁活动的正常进行的；

（7）煽动、教唆当事人采取扰乱公共秩序、危害公共安全等非法手段解决争议的；

（8）发表危害国家安全、恶意诽谤他人、严重扰乱法庭秩序的言论的；

（9）泄露国家秘密的。

律师因故意犯罪受到刑事处罚的，由省、自治区、直辖市人民政府司法行政部门吊销其律师执业证书。

由此可以看出，律师刑事法律责任与行政法律责的联系是相当紧密的，仅当违反相关规定到达了相当严重的程度，行政责任便会衍生出刑事法律责任。其可能涉及以下几种犯罪：

（1）泄露国家秘密罪。我国《刑法》第398条中规定泄露国家秘密的犯罪主体仅是国家机关工作人员，但是由于律师从事法律服务工作，接触国家秘密的机会较多，因此《律师法》给予律师更多的保密义务，一旦违反造成严重损失则构成泄露国家秘密罪。

（2）行贿罪和介绍贿赂罪。我国刑法规定个人行贿和单位行贿两个行贿主体。因此这就可以明确地看出律师和律师事务所都可以被课以此项刑事法律责任。

（3）故意或过失提供虚假证明文件。该罪的犯罪主体也可以是单位和个人。需要注意的是，如果索取或收受贿赂后进行此行为，要加重处罚力度，即按一罪加重处罚。

第二十一章　刑事诉讼中的律师辩护与代理

第一节　刑事诉讼中的律师辩护

一、刑事诉讼律师辩护概述

（一）辩护制度的概念和意义

1. 辩护制度的概念

辩护制度，是指法律规定的关于辩护权的内容、行使方式、辩护的种类、原则、程序以及辩护人的范围、责任、权利义务等一系列规范的总称。保障犯罪嫌疑人、被告人的辩护权是辩护制度的核心和宗旨，它是宪法保障基本人权在刑事诉讼领域中的具体表现。

辩护和辩护权含义的理解是掌握辩护制度内涵的基础。刑事诉讼中的辩护，是指犯罪嫌疑人、被告人及其辩护人根据事实和法律，针对刑事控诉和刑事追诉，为证明犯罪嫌疑人、被告人无罪、减轻，或者应当或可以从轻、减轻，免除刑事处罚，维护犯罪嫌疑人、被告人合法权益所进行的一系列诉讼行为。辩护职能与控诉职能、审判职能共同构成刑事诉讼的三大基本职能。在现代刑事诉讼中，辩护职能不仅被公认，而且有日益强化的趋势。辩护权，是指为了保障犯罪嫌疑人、被告人的合法权益，法律赋予犯罪嫌疑人、被告人针对刑事追诉和控诉而进行解释、反驳的权利。辩护权是宪法规定的犯罪嫌疑人、被告人的基本权利。从消极方面讲，任何组织和个人不得以任何理由、任何形式，对辩护权加以剥夺或侵犯。从积极方面讲，公安司法机关也有义务保障犯罪嫌疑人、被告人的辩护权。辩护权行使的方式主要有：第一，自行辩护，是指犯罪嫌疑人、被告人针对刑事追诉和控诉而自行进行辩护、反驳的一种方式，自行辩护适用于整个诉讼过程，是犯罪嫌疑人、被告人行使辩护权的主要方式。第二，委托辩护，是指犯罪嫌疑人、被告人为了更好地行使自己的辩护权，委托律师、监护人、亲友等有资格担当辩护人的公民帮助自己进行辩护的权利。我国《刑事诉讼法》第34条第1款规定：犯罪嫌疑人自被侦查机关第一次讯问或者采取了强制措施之日起，有权委托辩护人，在侦查期间只能委托律师作为辩护人，被告人随时有权委托辩护人。第三，指定辩护，是指出现法律规定的情形时，人民法院为没有委托辩护人的刑事被告人指定承担法律援助义务的律师为其提供辩护。犯罪嫌疑人、被告人因经济困难或者其他原因没有委托辩护人的，本人及其近亲属可以向法律援助机构提出申请。对符合法律援助条件的，法律援助机构应当指派律师为其提供辩护。犯罪嫌疑人、被告人是盲、聋、哑人，或者是尚未完全丧失辨认或控制自己行为的精神病人，没有委托辩护人

的,人民法院、人民检察院和公安机关应当通知法律援助机构指派律师为其提供辩护。犯罪嫌疑人、被告人可能被判处无期徒刑、死刑,没有委托辩护人的,人民法院、人民检察院和公安机关应当通知法律援助机构指派律师为其提供辩护。

2. 辩护制度的意义

辩护制度,是一国刑事司法制度的重要组成部分。辩护职能与控诉职能、审判职能共同构成刑事诉讼的三大职能。三大职能必须充分发挥才能使刑事诉讼的目的和任务达到,缺少其中任何一项职能的充分发挥都必然导致刑事诉讼的无意义,甚至严重损害公民个人或者国家的利益。在控诉、审判职能公权力强大的背景下,辩护职能的加强,辩护制度的健全和完善是保障人权和追求刑事诉讼目的的必由之路。具体来说,辩护制度有以下几方面意义:

(1)有利于保障和维护犯罪嫌疑人、被告人有针对刑事控诉证明自己无罪或者罪轻或者有减轻、从轻免除刑事责任的权利。犯罪嫌疑人、被告人及其辩护人利用证明自己无罪或者罪轻或者有减轻、从轻、免除刑事责任的材料,针对控诉进行辩解和反驳,从而维护自己的合法权益。具体来讲,犯罪嫌疑人、被告人的辩解和反驳对于防止无罪定有罪或者轻罚重判,防止刑讯逼供、非法取证等程序违法现象都有十分重要的作用。

(2)有利于公安司法机关客观、公正、全面地了解案情,正确运用法律,公正处理案件。在刑事诉讼中,控诉职能的目的是证实犯罪嫌疑人、被告人有罪而提出控告。而辩护的职能是为了证明犯罪嫌疑人、被告人无罪、罪轻,或者有减轻、从轻、免除刑事责任的情节。因此二者的地位决定了他们考虑案件的角度是不同的。在实践中,控诉方的地位很容易造成先入为主的看法,使得最终证明的事实不客观,运用的法律不正确,而犯罪嫌疑人、被告人对控诉的内容进行充分的辩解和反驳,有利于纠正控诉方的错误,使公安司法机关在全面客观了解事实基础上,正确运用法律。

(3)有利于进行法制宣传和教育。一方面,充分赋予犯罪嫌疑人、被告人辩护权,有利于犯罪嫌疑人、被告人认罪伏法,达到刑罚一般预防与特殊预防的作用。另一方面,通过犯罪嫌疑人、被告人的辩解和反驳,也有利于人民群众正确认识案件的真相,纠正传统的"重罚"思想,增强群众的法制观念和法制意识。

(二)辩护人的范围

辩护人,是指接受犯罪嫌疑人、被告人的委托或者人民法院的指定,帮助犯罪嫌疑人、被告人行使辩护权的人。根据《刑事诉讼法》第33条的规定:可以担当辩护人的人员包括以下几种:(1)律师。是指依法取得律师资格并且领取律师执业证书,为社会提供法律服务的人员。律师具备法律专业知识,有丰富的辩护经验,有利于犯罪嫌疑人、被告人合法权益的保障。(2)人民团体或者犯罪嫌疑人、被告人所在单位推荐的人。一方面,由于人民团体或者犯罪嫌疑人、被告人所在单位推荐的人一般对犯罪嫌疑人、被告人有保障其权利的职责或与其有一定关系,因此会尽力为犯罪嫌疑人、被告人辩护。另一方面,由于目前律师队伍人数较少的国情,由人民团体或者犯罪嫌疑人、被告人所在单位推荐的人担当辩护人也是切合实际的。(3)犯罪嫌疑人、被告人的监护人、亲友。犯罪嫌疑人、被告人的监护人、亲友担任辩护人有利于清除犯罪嫌疑人、被告人思想的顾虑,从而使辩护人能够

全面客观地为犯罪嫌疑人、被告人辩护,以维护其合法权益。

另外,法律还规定,某些人在某种情况下不得担任辩护人。如《律师法》第41条规定:"曾经担任法官、检察官的律师,从人民法院、人民检察院离任后二年内,不得担任诉讼代理人或者辩护人。"《刑事诉讼法》第33条第2款、第3款规定:"正在被执行刑罚或者被依法剥夺、限制人身自由的人,不能担任辩护人。被开除公职和被吊销律师、公证员执业证书的人,不得担任辩护人,但系犯罪嫌疑人、被告人的监护人、近亲属的除外。"

二、辩护律师的地位和律师辩护的作用

(一) 辩护律师的地位

辩护律师是为犯罪嫌疑人、被告人辩护的法律专业人员,他有不同于其他辩护人的特点,根据我国刑事诉讼法和律师法的有关规定,辩护律师的独立地位体现在:

(1)律师依法履行辩护职责,开展辩护工作,不受非法干涉和约束。第一,律师依法进行辩护,不受犯罪嫌疑人、被告人的约束。虽然辩护律师进行辩护的目的是维护犯罪嫌疑人、被告人的合法权益,是接受犯罪嫌疑人、被告人委托担任其辩护人,但是辩护律师并非受其操纵和约束,完全按照犯罪嫌疑人、被告人的意志进行活动,辩护律师只服从于事实和法律,在证据判断、事实认定的基础之上,在法律规范框架内提出证明犯罪嫌疑人、被告人无罪、罪轻,或者有减轻、从轻、免除其刑事责任的材料。当然,辩护律师不受犯罪嫌疑人、被告人的约束,并不是说可以忽略犯罪嫌疑人、被告人的作用,辩护律师必须建立在充分听取犯罪嫌疑人、被告人的意见和陈述的基础上进行证据的收集和法律的适用等一系列工作,并且辩护律师工作的最终目的,应是维护犯罪嫌疑人、被告人的合法权益。第二,律师依法进行辩护,不受公诉方的非法干涉。在刑事案件中最突出的特点之一,就是辩护律师辩护职能与代表国家的公诉方的控诉职能的对立性。为了达到刑事诉讼目的的实现,惩罚犯罪,又保障犯罪嫌疑人、被告人的合法权益,必须保障辩护方与公诉方权利义务的对等性,双方各自独立,各司其职。检察院虽具有法律监督职能,但除非有违法行为,辩护律师在进行辩护活动中不受其非法干涉,辩护律师有权利维护其合法权益。第三,辩护律师依法进行诉讼活动,也不受审判人员的非法干涉和约束。审判人员虽然对诉讼的进行起着主导性的作用,并且有作出裁判的权力。但这并不是说审判人员可以干涉辩护律师的工作,相反,审判人员必须充分保障辩护律师诉讼权利的行使。律师对于审判人员非法干涉其诉讼活动和侵犯其合法权益的行为也有权要求纠正和进行控告。

(2)辩护律师依据法律赋予的诉讼权利,进行独立的辩护工作。根据我国刑事诉讼法等相关法律的规定,辩护律师可以不必经检察院或法院的批准,查阅、摘抄、复制本案的诉讼材料;可以同在押的犯罪嫌疑人、被告人会见和通信。而其他辩护人要进行上述行为必须经检察院或法院许可。另外,调查取证权也是辩护律师的特有权利,其他辩护人无此项权利。因此辩护律师在刑事诉讼案中有着独立的诉讼地位,享有相对充分的诉讼权利。

(二) 律师辩护的作用

由于辩护律师享有独立的诉讼地位,相对充分的诉讼权利,因此辩护律师在刑事诉讼当中发挥着特有的作用:

（1）由于犯罪嫌疑人、被告人的特殊身份和能力上的限制，使犯罪嫌疑人、被告人不可能全面、客观、充分地为自己辩护。第一，虽然犯罪嫌疑人、被告人对自己是否实施犯罪行为最为清楚，并且最有动力为自己辩护，但是由于其是被追诉对象的特殊身份，致使犯罪嫌疑人、被告人，或者由于害怕辩解被认为是认罪态度不好而从重处罚而不敢为自己辩护，或者由于害怕受到刑事处罚而故意不如实供述。第二，在刑事诉讼过程中，犯罪嫌疑人、被告人往往由于被采取刑事强制措施而致使人身自由受到一定限制，而且无法亲自收集有利于自己的证据资料，从而丧失了自行辩护的客观基础。第三，由于大多数犯罪嫌疑人、被告人缺乏法律专业知识，不清楚自己享有哪些诉讼上的权利和义务，因而若自行辩护很容易对自身合法权益的保护不充分。基于上述犯罪嫌疑人、被告人自行辩护的局限性，由辩护律师进行辩护将很好地弥补上述缺陷，最大限度地维护犯罪嫌疑人、被告人的合法权益。

（2）辩护律师的特殊能力、独特地位决定了由律师进行辩护的合理性。第一，律师是专业的法律工作者，对法律规定有着全面充分的理解，能够清楚地剖析各种行为及其法律意义。又由于律师有着丰富的办案实践经验，因而律师辩护有利于维护犯罪嫌疑人、被告人的合法权益。第二，辩护律师享有广泛的诉讼权利，有权不经检察院或法院批准，查阅、摘抄、复制诉讼材料，有权同在押的犯罪嫌疑人、被告人会见和通信，并且有权调查取证，这就保证了辩护律师能够充分为犯罪嫌疑人、被告人进行辩护。第三，由于律师是提供法律服务的特殊职业群体，其行为直接涉及当事人的财产或者人身权利，因此法律对律师的行为有法律上的约束机制。如我国律师法规定，律师不得私自接受委托，私自向委托人收取费用，律师接受委托后，无正当理由不得拒绝辩护。律师执业必须恪守职业道德和执业纪律，否则要承担法律责任。这些规定使得律师不仅享有广泛的诉讼权利，而且也使得其必须接受监督和约束，使犯罪嫌疑人、被告人的利益能够得到更好的保护。

因此，基于犯罪嫌疑人、被告人自行辩护的局限性，以及律师辩护的特殊优势，律师辩护在刑事辩护中起着重要的作用。

■ 三、辩护律师的权利和义务

根据刑事诉讼法、律师法等相关法律规定，律师担任辩护人主要享有以下权利：

（1）接受委托担任辩护人的权利。根据《刑事诉讼法》第 33 条的规定，律师可以接受委托担任辩护人。律师作为提供法律服务的专业人员当然可以接受委托担任辩护人，并且律师进行辩护工作不受任何国家机关、社会团体和个人的非法干涉，辩护律师在合法执业活动中的人身权利不受侵犯。

（2）查阅、摘抄、复制有关材料的权利。《刑事诉讼法》第 40 条规定："辩护律师自人民检察院对案件审查起诉之日起，可以查阅、摘抄、复制本案的案卷材料。"这里的案卷材料包括案件的诉讼文书和证据材料，但不包括合议庭、审判委员会的讨论记录，以及其他依法不公开的材料。诉讼文书包括立案决定书、拘留证、批准逮捕决定书、逮捕决定书、逮捕证、搜查证、起诉意见书等为采取强制措施和其他侦查措施以及立案和提请审查起诉而制作的程序性文书。

(3)收集与本案有关的材料的权利。证据是人民法院裁判的事实根据,法律必须充分保障辩护律师调查取证的权利。当然,由于刑事诉讼的特有规律,调查取证是一项严格遵循法律程序的活动,并且在调查取证过程中直接涉及他人、社会或者国家的利益,因此法律仅赋予辩护律师以调查取证权,其他辩护人不能享有,并且,即使辩护律师行使该项权利,也必须受到严格的程序约束。《刑事诉讼法》第43条规定:"辩护律师经证人或者其他有关单位和个人同意,可以向他们收集与本案有关的材料,也可以申请人民检察院、人民法院收集调取证据,或者申请人民法院通知证人出庭作证。""辩护律师经人民检察院或者人民法院许可,并且经被害人或者其近亲属、被害人提供的证人同意,可以向他们收集与本案有关的材料。"

(4)同在押犯罪嫌疑人、被告人会见和通信的权利。《刑事诉讼法》第39条规定:"辩护律师可以同在押的犯罪嫌疑人、被告人会见和通信。"据此,同在押的犯罪嫌疑人、被告人会见和通信的权利在侦查阶段、审查起诉阶段和审判阶段辩护律师均能行使。

(5)参加法庭调查和法庭辩护权。具体包括以下权利:①在开庭3日以前接到开庭通知书的权利。《刑事诉讼法》第187条规定,人民法院在决定开庭审理后,至迟在开庭3日之前将出庭通知书送达辩护律师。②质证权。根据《刑事诉讼法》第194条、195条规定,辩护人经审判长许可,可以对证人、鉴定人发问。辩护人有权对当庭出示物证、当庭宣读的作为证据的文书发表意见。③申请通知新的证人到庭、调取新的物证、申请重新鉴定或者勘验的权利。根据《刑事诉讼法》第197条规定,上述申请是否准许,由法庭作出决定。④辩论权。根据《刑事诉讼法》第198条规定,经审判长许可辩护律师可以对证据和案件情况发表意见,并且与控诉互相辩论。

(6)代理申诉、上诉权。经被告人同意,辩护律师可以对第一审尚未发生法律效力的判决或者裁定提出上诉。辩护律师也有权代理犯罪嫌疑人、被告人提出申诉。

(7)对于人民法院、人民检察院或者公安机关采取强制措施超过法定期限的,辩护人有权要求解除强制措施。

(8)拒绝辩护的权利。《律师法》第32条规定:"委托事项违法,委托人利用律师提供的服务从事违法活动或者委托人隐瞒事实的,律师有权拒绝辩护。"

辩护律师在刑事案件中的义务主要有:

(1)辩护律师有义务根据事实和法律,提出证明犯罪嫌疑人、被告人无罪、罪轻或者从轻减轻、免除其刑事责任的材料和意见,维护犯罪嫌疑人、被告人的合法权益。

(2)辩护律师不得帮助犯罪嫌疑人、被告人隐匿、毁灭、伪造证据或者串供,不得威胁、引诱证人改变证言或者作伪证,以及进行其他干扰司法机关诉讼活动的行为。

(3)辩护律师不得私自接受委托,私自向委托人收取费用和财物。

(4)辩护律师接受委托后,无正当理由的,不得拒绝辩护。

(5)辩护律师应当保守在执行活动中知悉的国家秘密和当事人的商业秘密,不得泄露当事人的隐私。

(6)辩护律师在执业活动中,应当遵守有关规定,不得扰乱法庭秩序,干扰诉讼活动的正常进行。

（7）律师不得违反规定会见法官、检察官，影响案件的公正进行，律师不得向法官、检察官请客送礼或者行贿，或者指使、引诱当事人行贿。

■ 四、侦查阶段律师的辩护

（一）侦查阶段律师辩护的概念和意义

1. 侦查阶段律师辩护的概念

侦查阶段的律师辩护，是指律师在刑事诉讼的侦查阶段接受犯罪嫌疑人的委托，为其提供法律咨询、代理申诉控告、申请取保候审等活动。有些学者认为侦查阶段的律师辩护属于刑事法律帮助，我们认为，所谓刑事法律帮助仍属于刑事辩护活动，是律师在侦查阶段帮助犯罪嫌疑人行使辩护权的一种形式。1996 年 3 月我国对刑事诉讼法中的辩护制度作了重大修改，规定了犯罪嫌疑人在被侦查机关第一次讯问后或采取强制措施之日起，即可以聘请律师为其提供法律服务。允许律师在侦查阶段提供法律服务，有利于保障犯罪嫌疑人、被告人的辩护权益。

2. 侦查阶段律师辩护的意义

一方面，在侦查阶段，由于犯罪嫌疑人往往被采取强制措施，人身自由受到一定限制，并且它们一般缺乏法律知识，由律师为其提供法律咨询，可以使犯罪嫌疑人明确自己行为的性质和法律意义，明确自己在刑事诉讼中的权利和义务。另一方面，律师在侦查阶段介入刑事诉讼，有利于防止刑讯逼供、非法取证等违反法律程序和侵犯犯罪嫌疑人合法权益的违法行为。

（二）侦查阶段律师辩护的内容

我国《刑事诉讼法》第 34 条规定：犯罪嫌疑人在被侦查机关第一次讯问时或者采取强制措施之日起有权委托辩护人，在侦查期间只能委托律师作为辩护人。犯罪嫌疑人被逮捕的，聘请的律师可以为其申请取保候审。据此，侦查阶段律师辩护的内容主要包括：

1. 为犯罪嫌疑人提供法律咨询

犯罪嫌疑人虽然是案件的当事人，但是由于诉讼的结果与其有直接的利害关系，并且他们中的大多数不具备相应的法律知识，因此犯罪嫌疑人往往不清楚自己的行为有何法律意义，是否属于犯罪，属于何罪，将会有什么惩罚措施，是否属于依法从轻、减轻或者免除处罚的情形，这些问题对于大多数犯罪嫌疑人来说都是很难明确的。律师作为法律专业人士，就可以针对犯罪嫌疑人的叙述帮助犯罪嫌疑人了解自己行为的法律意义，从而使犯罪嫌疑人做出正确的辩护选择。

2. 代理犯罪嫌疑人提出申诉和控告

在刑事侦查过程中，为了获得充分的证据，尽快结案，办案人员往往采取侵犯犯罪嫌疑人人身和财产权利的违法行为，如刑讯逼供、人身侮辱、超期羁押等等。律师可以向有关部门提出申诉和控告，维护犯罪嫌疑人的合法权益。

3. 为被逮捕的犯罪嫌疑人申请取保候审

根据刑事诉讼法的相关规定，出现下列情形时，律师可以为犯罪嫌疑人申请取保候审：（1）可能判处管制、拘役或者独立适用附加刑的；（2）可能判处有期徒刑以上刑罚，采取

取保候审,不致发生社会危险性的;(3)患有严重疾病、生活不能自理,怀孕或者正在哺乳自己婴儿的妇女,采取取保候审不致发生社会危险性的;(4)羁押期届满,案件尚未办结,需要采取取保候审的。

(三)侦查阶段律师辩护的程序

根据刑事诉讼法关于律师在侦查阶段参与刑事诉讼活动的规定等法律法规的有关规定,在侦查阶段律师辩护工作的程序主要包括:

(1)申请批准聘请律师程序:犯罪嫌疑人在被侦查机关第一次讯问后或采取强制措施之日起,侦查机关有告知其有聘请律师提供法律帮助的权利。在告知犯罪嫌疑人有权聘请律师提供法律帮助后,犯罪嫌疑人提出聘请要求的,犯罪嫌疑人可以自己委托辩护律师,在押的,也可以由其监护人、近亲属代为委托辩护律师。犯罪嫌疑人委托辩护律师的请求可以书面提出,也可以口头提出。口头提出的,公安机关应当制作笔录,由犯罪嫌疑人签名、捺指印。

(2)聘请程序:犯罪嫌疑人可以自己聘请律师,也可以委托其监护人、近亲属代为聘请;犯罪嫌疑人是未成年人或者盲、聋、哑人的,可以由其法定代理人聘请;在押的犯罪嫌疑人如果提出聘请律师的,看守机关应当及时将其请求转达给办案部门,办案部门应当及时向其所委托的辩护律师或者所在的律师事务所转达该项请求。犯罪嫌疑人仅有聘请律师的要求,但提不出具体对象,办案部门应当及时通知犯罪嫌疑人的监护人、近亲属代为委托辩护律师。犯罪嫌疑人无监护人或近亲属的,办案部门应当及时通知当地律师协会或者司法行政机关为其推荐辩护律师。

(3)律师会见犯罪嫌疑人的程序:对于危害国家安全犯罪、恐怖活动犯罪、特别重大贿赂犯罪案件,律师会见在押的犯罪嫌疑人,应当经侦查机关许可。对于除此之外的案件,律师会见在押的犯罪嫌疑人,不需要经过侦查机关批准,并且侦查机关不可以监听以及派员在场。律师提出会见犯罪嫌疑人的,侦查机关应当在48小时内安排会见,对于危害国家安全犯罪、恐怖活动犯罪、特别重大贿赂犯罪案件案件,律师提出会见犯罪嫌疑人的,应当在收到律师申请后48小时内,报经县级以上公安机关负责人批准,作出许可或者不许可的决定。除有碍侦查或者可能泄露国家秘密的情形外,应当作出许可决定。律师会见在押犯罪嫌疑人时,应当遵守监管场所的规定,律师询问犯罪嫌疑人的内容,应限于了解犯罪嫌疑人有关案件的情况。

(4)为逮捕的犯罪嫌疑人申请取保候审的程序:被逮捕的犯罪嫌疑人符合取保候审的法定条件的,并有符合条件的保证人或者按规定缴纳保证金的,律师可以向侦查机关为其申请取保候审。

五、起诉阶段的律师辩护

(一)起诉阶段律师辩护人资格的取得:

根据《刑事诉讼法》第33条规定,犯罪嫌疑人、被告人除自行行使辩护权以外,还可以委托1至2名律师作为辩护人。在起诉阶段,律师在时间上必须自案件移送审查起诉阶段之日起,才可担任犯罪嫌疑人的辩护人。

（二）辩护律师起诉阶段的工作

根据法律规定和司法实践，律师在起诉阶段的工作主要包括阅卷、会见犯罪嫌疑人、调查取证以及最后形成辩护意见等工作。

1.查阅、摘抄、复制本案的案卷材料

根据《刑事诉讼法》第 40 条的规定，案件自审查起诉之日起，辩护律师可以查阅、摘抄、复制本案的案卷材料。这里的案卷材料包括案件的诉讼文书和证据材料，但不包括合议庭、审判委员会的讨论记录，以及其他依法不公开的材料。诉讼文书包括立案决定书、拘留证、批准逮捕决定书、逮捕决定书、逮捕证、搜查证、起诉意见书等为采取强制措施和其他侦查措施以及立案和提请审查起诉而制作的程序性文书。通过对案件诉讼文书、证据材料的查阅，可以了解被指控犯罪的性质，诉讼材料的来源及内容，有无法定从轻减轻或免除刑罚的情节等问题，从而找出控方认定事实和适用法律方面的漏洞，初步形成辩护的基本思路。此外，关于律师行使阅卷权的程序问题，人民检察院《刑事诉讼规则》第 49 条规定，辩护律师或者经过许可的其他辩护人到人民检察院查阅、摘抄、复制本案的案卷材料，由负责案件管理的部门及时安排，由办案部门提供案卷材料。因办案部门工作等原因无法及时安排的，应当向辩护人说明，并自即日起三个工作日以内安排辩护人阅卷，办案部门应当予以配合。人民检察院应当为辩护人查阅、摘抄、复制案卷材料设置专门的场所或者电子卷宗阅卷终端设备。必要时，人民检察院可以派员在场协助。辩护人复制案卷材料可以采取复印、拍照、扫描、刻录等方式，人民检察院不收取费用。

2.会见在押的犯罪嫌疑人

根据《刑事诉讼法》第 39 条规定："辩护律师可以同在押的犯罪嫌疑人、被告人会见和通信。"会见在押的犯罪嫌疑人对于辩护律师进一步了解案件的真实情况，犯罪嫌疑人对指控罪名的意见，从而确定正确的辩护思路和充分维护犯罪嫌疑人的合法权益都是有重要作用的。律师会见犯罪嫌疑人的具体工作包括：

（1）会见前的准备工作。律师在会见犯罪嫌疑人前应该首先通过阅卷等手段了解指控的罪名、分析本案诉讼文书和技术性鉴定材料的内容，理出头绪，发现问题，从而在此基础上拟定谈话提纲。只有在会见前做好充分的准备工作，才能有针对性地听取犯罪嫌疑人的陈述和针对整理出的事实或程序上的问题向犯罪嫌疑人询问。

（2）听取犯罪嫌疑人对案件情况的陈述和对被指控罪名的意见。犯罪嫌疑人对自己是否犯罪最为清楚，犯罪嫌疑人的如实陈述是律师确定辩护思路，开展辩护工作的基础和关键。这就需要辩护律师表明自己的身份和作用，使犯罪嫌疑人充分信任自己。充分听取犯罪嫌疑人对被指控罪名的意见和辩解，也有助于辩护律师了解是否存在从轻、减轻或免除刑事责任的法定情形，从而为收集有关证据打好基础。由于犯罪嫌疑人对自己行为法律意义的不了解，这就需要辩护律师对犯罪嫌疑人作充分、全面地说明和提示。

（3）告知犯罪嫌疑人在诉讼过程中所享有的实体和程序上的权利。如有权申请取保候审的权利，申请回避的权利，对办案人员刑讯逼供、人身侮辱等行为进行申诉控告的权利。

根据《刑事诉讼法》第 39 条的规定,辩护律师在整个审查起诉阶段都可以同在押的犯罪嫌疑人会见,并且人民检察院不得监听或派人员在场。辩护律师会见在押的犯罪嫌疑人,由看守部门指定地点并做出相应安排。看守部门应对律师会见在押犯罪嫌疑人提供必要的方便,不得以任何借口推托或阻挠、干扰会见的进行。会见结束后,应将讯问笔录交给犯罪嫌疑人核对无误后签名。

3. 调查取证

根据我国《刑事诉讼法》的有关规定,辩护律师经证人或其他有关单位和个人同意可以向他们收集与案件有关的材料,也可以申请人民检察院或人民法院收集、调取证据。向被害人或其近亲属、被害人提供的证人调查收集证据,必须经上述人员同意并经人民检察院许可。调查取证权是辩护律师特有的一项权利,它对于查明案件事实,保障犯罪嫌疑人合法权益起着至关重要的作用。

辩护律师调查取证的内容主要包括:(1)可证明犯罪嫌疑人无罪、罪轻或者是有法定、酌定从轻、减轻或者免除处罚的证据材料;(2)可证明控诉方证据不具客观性、关联性、合法性的证据材料;(3)可证明办案人员侵犯犯罪嫌疑人合法权益的证据材料。

辩护律师不得隐瞒事实,伪造证据,严禁以引诱、威胁、欺骗等非法方法收集证据。同时在收集证据的过程中,律师也要有自我保护意识,采取一定措施,如应由两名以上律师进行调查取证工作,调查所得可能涉及影响案件的定性、定罪等证据材料及时提请办案人员审查等等。

4. 向检察院提出辩护意见

辩护律师在经过阅卷、会见犯罪嫌疑人、调查取证等工作后,会提出犯罪嫌疑人无罪、罪轻或者具有法定、酌定从轻、减轻或者免除处罚的证据材料,或者证明认定事实不清,证据不足,适用法律不适当的意见。人民检察院应当听取犯罪嫌疑人委托的辩护律师的意见。

■ 六、审判阶段的律师辩护

(一)审判阶段律师辩护资格的取得

1. 接受委托成为辩护人

《刑事诉讼法》第 34 条规定,人民法院自受理案件之日起 3 天以内,应当告知被告人有权委托辩护人。被告人可以自己委托辩护人,也可以由其法定代理人、亲属或者所在单位为其委托辩护人。

2. 接受指定成为辩护人

指定辩护是当刑事案件进入审判阶段,在遇有法定情形时,人民法院指定辩护人为被告人进行的辩护。据此,律师接受指定成为辩护人必须符合一定条件。时间上,只适用于刑事案件的审判阶段;主体上,只限于依法承担法律义务的律师;适用情形上,只限于出现以下情形:(1)犯罪嫌疑人、被告人因经济困难或其他原因没有委托辩护人的;(2)犯罪嫌疑人、被告人是盲、聋、哑人,或者是尚未完全丧失辨认或者控制自己行为能力的精神病人,没有委托辩护人的;(3)犯罪嫌疑人、被告人可能被判处无期徒刑、死刑,没有委托辩护人的。

（二）辩护律师在开庭前的工作

律师在开庭前做好充分的准备工作，对律师辩护工作的实际效果起着至关重要的作用。律师在开庭前的工作主要包括：查阅所指控犯罪事实的材料，会见被告人，调查取证，拟定辩护词等。关于这些工作的基本内容和程序已在上一个问题中论述，下面强调几点在开庭前准备工作中特别需要注意的问题：

1. 阅卷

根据《刑事诉讼法》第 40 条的规定，律师自人民法院受理案件之日起，可以查阅、摘抄、复制本案的案卷的材料。所谓案卷材料，主要是指有明确指控犯罪事实的起诉书、相关证据的目录、证人名单和主要证据的复印件或照片。审阅起诉书，辩护律师应当注意起诉书中所指控的犯罪事实与被告人陈述的事实是否一致，公诉方对案件性质的认定是否准确，所适用的法律是否恰当，通过分析上述问题从而为有针对性地制定辩护方案打下必要的基础。查阅相关的证据，辩护律师应当注意下列问题：①证据材料的来源、形式、内容是否客观、合法；②证据材料自身、证据材料与证据材料之间是否存在矛盾；③证据材料在整个证据体系上的证明价值以及整个证据体系是否存在缺陷。审判机关认定事实的主要依据就是证据，辩护律师通过认真、仔细分析指控材料中的证据，在整个辩护工作中起着不可替代的作用。

2. 会见被告人

在辩护阶段，由于辩护律师已经查阅过起诉书和有关指控犯罪事实的材料，对案件已有初步了解。因此律师在此阶段需要有针对性地询问被告人对于起诉书和相关证据材料的意见和看法，与被告人交流辩护方案和要点，协商律师与被告人在开庭审理过程中的分工和协调。

3. 调查核实相关证据材料

辩护律师在辩护阶段调查核实证据，应当建立在查阅控方提供的证据材料和起诉书上，针对上述材料调查核实相关证据。

4. 确定辩护方案，撰写辩护材料

在经过查阅案件有关材料、会见被告人、调查核实相关证据材料后，辩护律师就要确定辩护方案，撰写辩护材料。辩护律师确定辩护方案时，一定要结合案件事实和法律规定，明确辩护的目的，是做无罪辩护还是做罪轻辩护，这一点在实践中很重要。撰写辩护材料时应当从事实、程序、法律适用等方面充分论证，抓住重点，观点明确。

（三）辩护律师在法庭审判中的工作

法庭审判包括开庭、法庭调查、法庭辩论、被告人最后陈述、评议和宣判等五个阶段，在各个阶段中辩护律师的工作也有所不同。

1. 律师在开庭阶段的工作

在开庭阶段，律师的主要工作是注意从程序上保护被告人的诉讼权利，包括：（1）注意合议庭组成是否符合法律规定，如果不符合，应要求法庭纠正；（2）注意审判员、书记员、翻译人员、公诉人员中是否存在回避情形，如果存在，协助被告人提出回避申请；（3）注意法庭是否向被告人告知其在法庭审理中的诉讼权利，告知是否全面充分。如果未告知或不

全面充分,可以要求法庭告知或补充;(4)注意有关证人是否到庭。当遇到有利于被告人的证人没有到庭,应向法庭提出申请到庭或者请求延期审理。

2. 律师在法庭调查阶段的工作

法庭调查阶段是控辩双方举证、质证的重要阶段,辩护律师在这一阶段的主要工作即是举出对被告方有利的证据,发现控方证据上的漏洞,为进行辩护创造条件。具体来讲,辩护律师应做好以下工作:(1)公诉人、自诉人宣读的起诉书或自诉书,尤其注意指控的内容是否有变化,从而抓住辩护重点,调整辩护工作。(2)注意被告人、被害人针对起诉书指控的犯罪所进行的陈述与所举证据的关系,是否存在矛盾,是否是有因果关系。(3)由法庭出示证明被告人无罪、罪轻或者从轻减轻免除处罚的证据,对辩方证人提问。(4)对控方出示的物证、控方证人的证言,以及鉴定结论、勘验笔录等证据发表意见,指出其中存在的客观性、关联性及合法性等方面的问题。(5)遇到公诉人损害被告人正当利益的情况,如在公诉人对被告人发问时的诱供等等,辩护律师有权建议审判长予以纠正。

3. 律师在法庭辩论阶段的工作

一是注意听取控诉方(包括控诉人、自诉人、被害人、代理人)和其他被告人及其辩护人的发言,总结归纳其表述内容,与本方的辩护意见进行比对,并结合法庭调查对自己的辩护意见作相应调整。

二是发表辩护词。辩护应针对起诉书的指控罪行,围绕案件事实、证据、法律适用,以及有关程序问题进行辩护。做到重点突出,条理清晰,充分论理。

三是与控方展开辩论。与控方辩论是律师辩护工作在法庭上的集中体现,辩护律师应抓住控方在事实认定、法律适用及程序上的漏洞,抓住重点,反驳控方的观点。另一方面,通过与控方辩论,进一步论证辩方观点。

4. 律师在被告人最后陈述阶段的工作

被告人的最后陈述权是我国法律赋予被告人的一项基本诉讼权利。辩护律师在此阶段的工作是充分维护被告人此项权利的行使,当出现被告人最后陈述权被剥夺或侵犯的情况时,应要求法庭保障被告人这一权利。

5. 律师在评议审判阶段的工作

在此阶段辩护律师的主要工作是认真听取判决内容,向被告人进行解释,询问被告人对判决的意见,告知被告人上诉方式和期限等。

(四)辩护律师在二审程序中的工作

一是针对一审中事实认定、法律适用或判处刑罚中的错误提出上诉状。

二是总结一审中的经验教训,针对一审中存在的问题有针对性地会见被告人,查阅案卷,调查取证。

三是撰写辩护词。在分析判决、总结经验、重新会见被告人、查阅案卷、调查取证的基础上,针对一审中存在的问题充分、全面表达辩护意见。

(五)辩护律师在审判监督程序中的工作

对于已发生法律效力的判决或裁定,罪犯及其法定代理人、近亲属可以向人民法院或者人民检察院提出申诉。律师可以代理各类诉讼案件的申诉,因此,当刑事判决裁定确有

错误时,律师可以接受委托提起申诉。

第二节　刑事诉讼中的律师代理

一、刑事诉讼代理概述

（一）刑事诉讼代理的概念和特征

刑事诉讼代理,是指在刑事诉讼中,律师或者其他依法可以担任代理人的公民接受刑事公诉案件被害人及其法定代理人或者近亲属、自诉案件的自诉人及其法定代理人、附带民事诉讼的当事人及其法定代理人的委托,在受托权限内,代理参加诉讼,为被代理人提供法律帮助的活动。刑事诉讼代理具有以下特征:(1)被代理人是公诉案件的被害人及其法定代理人或近亲属、自诉案件的自诉人及其法定代理人、附带民事诉讼的当事人及其法定代理人;(2)代理人是律师、人民团体或者当事人所在单位推荐的人,当事人的亲友等。正在被执行刑罚或者依法被剥夺、限制人身自由的人不得担任代理人;(3)代理人必须在被代理人授权范围内活动,超越代理权范围的活动无效;(4)接受委托的时间。公诉案件的被害人及其法定代理人或者近亲属,附带民事诉讼的当事人及其法定代理人,自案件移送审查起诉之日起,有权委托诉讼代理人。自诉案件的自诉人及其法定代理人、附带民诉讼的当事人及其法定代理人,有权随时委托诉讼代理人。

（二）刑事诉讼代理的种类

根据代理案件性质不同,刑事诉讼代理可分为公诉案件被害人的委托代理、自诉案件自诉人的委托代理和附带民事诉讼当事人的委托代理。

根据代理权限范围的不同,刑事诉讼代理可分为一般代理和特别代理。在一般代理中,代理人只能代理行使被代理人授权的一般诉讼行为。如收集证据、撰写诉讼文书、进行辩论等。而关涉被代理人实体处分权的行为,如承认、变更、放弃诉讼请求等则无权行使。而特别代理代理权范围要大于一般代理,代理人不仅可以行使一般诉讼权利,还可以行使被代理人的某些实体处分权。

二、律师代理刑事诉讼的地位和作用

律师作为被代理人的委托代理人,只能在其授权范围内行使代理权,律师的法律地位从属于被代理人的法律地位。

由律师代理刑事诉讼,主要具有两方面的意义和作用:(1)律师担任刑事诉讼代理人有利于维护当事人的合法权益。在刑事诉讼中,被害人、自诉人等往往可能丧失诉讼能力或者不能充分行使诉讼权利,律师可以运用自己的法律知识和实践经验弥补被害人、自诉人在诉讼能力和法律知识上的不足,维护他们的合法权益。(2)律师担任刑事诉讼代理人有利于司法机关对刑事案件作出正确处理。律师是具有一定法律知识和法律实践经验的人,律师通过调查取证、举证质证,进行辩论等诉讼行为,可以使司法机关在全面了解案

情、认定事实的基础上，正确适用法律，作出正确处理。

三、公诉案件的律师代理

（一）公诉案件律师代理的概念

刑事公诉案件的律师代理，是指律师接受公诉案件中的被害人及法定代理人或者近亲属的委托，在代理权限内以代理人的身份参与刑事诉讼，维护被害人合法权益的诉讼活动。

公诉案件律师代理主要有两个特征：（1）律师担任公诉案件被害人诉讼代理人的目的是维护受害人的合法权益。虽然追究被告人的刑事责任也是被害人的主观目的之一，但代理律师与代表国家行使控诉职能的公诉机关的职责不同，被害人及其代理律师无权起诉或者撤诉，律师的主要工作只是帮助被害人行使诉讼权利。（2）律师代理活动不受被害人意志约束。律师虽然是接受委托代理受害人行使刑事诉讼权利，但这并不是说律师应当受被害人的意志约束。律师在代理活动中必须以事实为根据，以法律为准绳，忠实于事实和法律规定。

（二）公诉案件代理律师的诉讼权利

公诉案件代理律师的诉讼权利来源于两部分：一部分是《刑事诉讼法》、《律师法》等法律法规赋予律师的特定权利，如查阅案卷材料权、调查取证权等；另一部分诉讼权利则来源于被害人的授权，被害人可以将法律规定的被害人所享有的诉讼权利全部或部分的授权代理律师。

根据刑事诉讼法等相关法律规定，被害人所享有的诉讼权利包括：

1. 对审判人员、检察人员、侦查人员侵犯其诉讼权利和人身侮辱的行为，有权提出控告。

2. 遇有法定情形，有权申请有关人员回避，对驳回申请回避的决定，有权申请复议。

3. 在审查起诉中，被害人有权对案件事实的认定和法律适用提出意见，人民检察院应当予以听取。

4. 对人民检察院决定不起诉的案件，被害人不服，可以向上一级人民检察院申诉，请求提起公诉，人民检察院应当将复查结果告知被害人，对于人民检察院维持不起诉决定的，被害人可以申诉，也可以不经申诉，直接向人民法院起诉。

5. 对于有证据证明对被害人侵犯的人身、财产权利的行为应当依法追究刑事责任，而公安机关或人民检察院不予追究的案件，被害人有权向人民法院提起自诉。

6. 在法庭调查阶段，有权就起诉书指控的犯罪事实进行陈述，有权向被告人、证人、鉴定人发问，有权对公诉人向法庭出示的物证、书证、宣读的书面证言及其他证据发表意见，有权申请通知新证人到庭，并就书证、宣读的书面证言及其他证据发表意见，有权申请调取新的物证，申请重新鉴定或勘验。

7. 在法庭辩论阶段，有权对证据和案件情况发表意见，并与公诉人、其他当事人、辩护人相互辩论。

8. 被害人不服人民法院的第一审判决裁定的，有权提请人民检察院抗诉，人民检察

院应将是否抗诉的决定告知被害人。

9. 对已经发生法律效力的判决裁定,有权向人民法院或人民检察院提出申诉,要求人民法院或人民检察院重新处理。

（三）公诉案件律师代理的具体工作

1. 审查收案

根据《刑事诉讼法》第 46 条规定,公诉案件的被害人及其法定代理人或者近亲属,自案件移送审查起诉之日起,有权委托诉讼代理人。因此有权委托诉讼代理人的时间是在案件移送审查起诉之日起;另外,律师在审查收案过程中,也应明确代理权限问题,对涉及实体权利处分的诉讼权利必须经被害人特别授权。

2. 出庭前的准备工作

代理律师在出庭前的准备工作主要包括:（1）与被害人及其法定代理人或近亲属交谈了解案件情况,听取他们对案件的意见;（2）查阅案卷。查阅案卷过程中要特别注意起诉书的内容,注意检察机关对犯罪嫌疑人或被告人的犯罪性质认定是否准确,证据是否充分,法律适用是否正确;（3）调查取证。代理律师应在听取被害人陈述和查阅案卷的基础上,向有关单位、个人进行调查取证;（4）撰写代理词。代理词应充分揭露被告人的犯罪行为,特别是因被告人的犯罪行为对被害人及其近亲属造成的严重危害,提出对被告人适用法律的意见。

3. 出庭参加诉讼

在刑事诉讼中,由于被害人可能因受犯罪行为致伤、致残,因此代理律师可以经被害人授权代理出庭参加诉讼。在法庭调查过程中,律师应注意公诉人和审判人员对被告人的询问,公诉人、辩护人出示或宣读的证据以及对证人的询问,及时调整代理意见。代理律师也可以向被告人、证人、鉴定人发问,对证据进行质证。在出庭辩论阶段,辩护律师应认真发表代理词,全面阐述代理意见。当出现与公诉人意见不一致时,可以与公诉人相互辩论,并将分歧意见以书面形式提交法庭。

4. 宣判后的工作

在判决宣判后,代理律师应当征询委托人对一审判决的意见,如委托人对一审判决不服,代理律师可以应委托人的要求,在收到判决书 5 日内代为向人民检察院提交抗诉申请书。

■ 四、自诉案件的律师代理

（一）自诉案件律师代理的概念

根据《刑事诉讼法》及相关法律解释规定,自诉案件包括下列案件:（1）告诉才处理的案件,包括侮辱案、诽谤案、暴力干涉他人婚姻自由案、虐待案、普通侵占案。（2）被害人有证据证明的轻微刑事案件,包括故意伤害罪（轻伤）、重婚案、遗弃案、妨害通信自由案;非法侵入他人住宅案、生产销售伪劣商品案（严重危害社会秩序和国家利益的除外）;侵犯知识产权案件（严重危害社会秩序和国家利益的除外）;以及侵犯公民人身权利、民主权利和侵犯财产权的,对被告人可以判处三年有期徒刑以下的刑罚的其他轻微刑事案件。（3）

被害人有证据证明对被告人侵犯自己人身、财产权利的行为应当依法追究刑事责任,而公安机关或人民检察院不予追究被告人刑事责任的案件。对于上述案件,被害人或者他的法定代理人、近亲属可以直接向人民法院起诉,要求追究被告人刑事责任。自诉案件由人民法院直接受理,不需要经过侦查和提起公诉,可以调解、和解,并且在自诉案件中,被告人可以对自诉人提起反诉。据此,自诉案件的律师代理,即是指律师接受自诉案件自诉人或反诉人的委托,在代理权限内以被代理人的名义进行的诉讼活动。

自诉案件的律师代理分为两种:一是律师接受自诉人的委托,担任自诉人的代理人;二是律师接受反诉人的委托,担任反诉人的代理人。

(二)自诉案件代理律师的诉讼权利

自诉案件代理律师的诉讼权利来源于两部分:一部分是《刑事诉讼法》、《律师法》等法律法规赋予律师的特定权利,如查阅案卷材料权、调查取证权等;另一部分诉讼权利则来源于自诉人或反诉人的授权,自诉人或反诉人可以将法律规定的自诉人或反诉人所享有的诉讼权利全部或部分的授予代理律师。

根据刑事诉讼法等相关法律规定,自诉人或反诉人所享有的诉讼权利包括:

1. 对审判人员、检察人员、侦查人员侵犯其诉讼权利和人身侮辱的行为,有权提出控告;

2. 遇有法定情形,有权申请有关人员回避,对驳回申请回避的决定,有权申请复议;

3. 经审判长许可,有向被告人发问、质证的权利,有参加法庭辩论的权利;

4. 自诉人或反诉人由于对方的犯罪行为而遭受物质损失的,有担起附带民事诉讼的权利;

5. 有同对方和解或撤诉的权利;

6. 如果不服一审判决和裁定的,有在法定期间内提起上诉的权利。

(三)自诉案件律师代理的具体工作

1. 审查收案

根据《刑事诉讼法》第46条的规定,自诉案件的自诉人及其法定代理人有权随时委托诉讼代理人。因此律师可以随时接受自诉人的委托。另外,律师在审查收案的过程中,要注意如下几个问题:(1)委托人是否是自诉案件的被害人,或者法定代理人或者其近亲属;(2)被告人的行为是否构成犯罪;(3)是否属于刑事诉讼法规定的自诉案件的范围;(4)是一般授权还是特别授权,如涉及自诉人的实体权利,如变更、放弃诉讼请求、和解等,必须要经特别授权。

2. 调查证据,提起诉讼

律师在接受委托后,应积极协助自诉人履行举证责任。由于自诉案件是自诉人直接向人民法院提起诉讼,自诉人要承担举证责任。因此律师协助调查取证工作就尤为重要。此外,如果尚未起诉,代理律师可以接受委托,撰写刑事自诉状,享有管辖权的人民法院提起诉讼。

3. 开庭前的准备工作

在开庭前,代理律师应向自诉人充分说明其享有的诉讼权利。代理律师应充分听取自诉人对案件处理的意见和诉讼请求,积极协助自诉人调查取证。在上述基础上,撰写代理词,对事实认定和法律适用作深入分析。

4.出庭参加诉讼

在法庭调查过程中,代理律师应协助或代理自诉人控诉犯罪,并出示或宣读证据证实犯罪。经审判长许可,代理律师可以向被告人、证人、鉴定人发问。在出庭辩论阶段,代理律师应发表代理词,与被告人及其辩护律师展开辩论,论证被告应依法承担刑事责任的事实和法律依据。另外,因自诉案件的特殊性质,代理律师的另一项重要工作就是配合法庭调解,或者积极参与被告人和解。达成调解或和解协议有利于双方矛盾的真正化解。

5.判决宣判后的工作

人民法院在作出一审判决裁定后,代理律师应征求委托人的意见,如果自诉人不服,代理律师应告知和协助自诉人提起上诉。

■ 五、刑事附带民事诉讼的律师代理

(一)刑事附带民事诉讼律师代理的概念

根据《刑事诉讼法》第101条的规定,刑事附带民事诉讼,是指在刑事诉讼过程中,被害人由于被告人的犯罪行为而遭受物质损失所提起的诉讼。据此,提起附带民事诉讼必须具备以下条件:(1)以刑事诉讼的存在为前提,附带民事诉讼必须在刑事诉讼过程中提出。如果未在刑事诉讼过程中提出或者刑事诉讼已经终结,只能提起单独的民事诉讼。(2)被告人的犯罪行为对被害人造成了物质损失。首先,被告人的行为已经构成犯罪;其次,被害人所遭受的是物质损失。对被害人精神上的损害不能提起附带民事诉讼请求赔偿。

刑事附带民事诉讼律师代理,则是指律师接受被害人的委托,以代理人的身份参与附带民事诉讼所进行的诉讼活动。

(二)律师担任刑事附带民事诉讼代理人的具体工作

律师担任刑事附带民事诉讼的代理人可分为两类:一是担任附带民事诉讼原告人的代理人;另一类是担任附带民事诉讼的被告人的代理人。

1.律师担任附带民事诉讼原告人的代理人

(1)审查收案。根据刑事诉讼法的规定,律师接受公诉案件被害人及其法定代理人、自诉案件自诉人及其法定代理人的委托,即取得了附带民事诉讼原告人的代理人资格。律师在接受委托前应审查提起附带民事诉讼的条件是否具备,只有具备提起附带民事诉讼的条件,才可接受委托成为附带民事诉讼原告人的代理人。

(2)接受委托后的工作:一是撰写附带民事诉讼起诉状,提起附带民事诉讼;二是调查取证。由于附带民事诉讼案件民事诉讼的性质,原告的调查取证就尤为重要。三是为保证判决的顺利执行,律师可以建议或帮助原告向人民法院申请财产保全。四是参加法庭审理,协助委托人参加调解。五是判决宣判后,告知并协助委托人对附带民事诉讼部分提起诉讼。

2. 律师担任附带民事诉讼被告人的代理人

根据刑事诉讼法的有关规定,律师接受公诉案件附带民事诉讼被告人及其法定代理人,或者自诉案件附带民事诉讼被告人及其法定代理人的委托,即取得了附带民事诉讼被告人的代理人资格。代理律师接受委托后,应当帮助被告人撰写附带民事答辩状,在法庭审理中有权提出证据进行辩论,请求调解。在宣判后,有权就附带民事诉讼部分提起上诉。

第二十二章　民事诉讼中的律师代理

第一节　民事诉讼律师代理概述

一、民事诉讼律师代理的概念和特征

民事诉讼律师代理,是指律师接受当事人的委托,为了维护当事人的合法权益,以被代理人的名义,在代理权限范围内代理当事人进行民事诉讼的行为。民事诉讼律师代理主要有以下几个特征:

1. 代理人必须符合法定条件

根据我国《民事诉讼法》的规定,民事诉讼中的被代理人只能是具有民事诉讼当事人资格的原告、被告、第三人。只有民事诉讼当事人及其法定代理人有权委托律师代理民事诉讼。

2. 代理律师必须以被代理人的名义进行诉讼行为

在民事诉讼中,代理律师不承担当事人之间的实体权利义务,只享有被代理人授权的诉讼权利,代理当事人进行诉讼行为。因此代理律师本身不是独立的诉讼主体,只能以被代理人的名义进行诉讼行为。

3. 代理律师必须在代理权限内进行诉讼行为

首先,律师必须接受被代理人的委托才能代理进行诉讼行为。其次,代理律师只能在代理权限范围内进行诉讼行为。在民事诉讼中,当事人将自己的实体处分权(如承认、变更、放弃诉讼请求的权利、进行和解、提起反诉、上诉的权利)授予代理律师,必须经过特别授权。否则代理律师不得在诉讼中代为行使当事人的上述诉讼权利。

4. 代理行为所产生的法律后果由被代理人承担

由于代理律师是在代理权限内以被代理人名义进行民事诉讼行为,因此,代理行为所产生的法律后果由被代理人承担。

5. 律师代理民事诉讼具有专业性

律师一般具有更为丰富的法律专业知识和实践经验,因此律师代理民事诉讼有利于更充分地维护当事人的合法权益。

二、律师代理民事诉讼的地位和作用

（一）律师代理民事诉讼的法律地位

在民事诉讼中，律师的代理权来源于委托人的授权，在代理权限内以被代理人的名义进行诉讼行为。律师进行诉讼行为的目的就是为了维护当事人的合法权益。因此，代理人应当受当事人意志的约束，其诉讼行为不得违背当事人的意愿。另一方面，律师在民事诉讼中又具有一定的独立性，对于委托事项违法、委托人利用律师提供的服务从事违法活动或者委托人故意隐瞒与案件有关的重要事实的，律师有权拒绝代理。

（二）律师代理民事诉讼的作用

律师接受当事人的委托代理民事诉讼具有重要的作用，具体表现在：

1. 有利于更好地维护当事人的合法权益

首先，律师是具备法律专业知识和丰富实践经验的专业人员。律师依法具有一些特殊的诉讼权利，如调查取证权等等。这些优势使律师能够客观分析案件事实，寻找适用的法律依据。其次，在实际生活中，有些当事人由于诉讼行为能力的限制无法亲自进行诉讼，如当事人是未成年人或者是精神病患者。或者有些当事人由于生病、年老等原因无法亲自到庭参加诉讼，律师代理参加诉讼能够弥补这一缺陷。再次，由于当事人与案件的直接利害关系，导致有些情况下当事人不敢辩论，不敢运用法律手段保护自己的合法权益，律师代理诉讼能够以客观、中立的角度最大限度地保护当事人的合法权益。

2. 有助于人民法院正确处理民事案件

当事人是案件的直接利害关系人，他们最有动力去收集有利于自己的证据和找出有利于自己的法律依据。律师作为当事人合法权益的有力维护者，运用自己特殊的诉讼权利（如调查取证权、查阅案卷权等）和法律专业知识为当事人调查收集证据，有利于人民法院查明案件事实。同样，律师根据自己的法律知识和实践经验提出适用法律的意见也有利于人民法院正确适用法律，做出正确裁判。

3. 有利于当事人和其他公民法律意识的提高

律师在整个民事诉讼活动中运用法律专业知识和实践经验有力地保护当事人的合法权益，能够使当事人和其他公民的法律知识得到增强，法律意识得到提高。

三、律师代理民事诉讼的权利和义务

（一）律师代理民事诉讼的权利

律师代理民事诉讼的权利来源于两个，一方面来源于法律对律师的授权，另一方面来源于当事人的委托授权。

根据《民事诉讼法》、《律师法》等相关法律法规的规定，律师代理民事诉讼主要享有以下几项权利：

1. 律师的执业活动不受非法干涉，在执业活动中人身权利不受侵犯。

2. 庭上言论豁免权。律师在法庭上发表的代理、辩护意见不受法律追究。但是，发表危害国家安全、恶意诽谤他人、严重扰乱法庭秩序的言论除外。

3. 律师在参与诉讼活动中因涉嫌犯罪被依法拘留、逮捕的，拘留、逮捕机关应在拘留、逮捕实施后二十四小时内通知该律师的家属、所在的律师事务所以及所属律师协会。

4. 查阅、摘抄、复制案卷材料权。受委托的律师自案件被人民法院受理之日起，有权查阅、摘抄、复制与案卷有关的所有材料。

5. 调查取证权。律师可以自行调查收集证据，也可以在必要时申请人民法院进行调查，申请人民法院通知证人出庭作证。

6. 参加庭审权。在法庭审理中，经审判长许可，有权向证人、鉴定人、勘验人发问，有权要求重新进行鉴定或勘验，有权进行辩论。

7. 拒绝代理权。对于委托事项违法，委托人利用律师提供的服务从事违法活动或者委托人故意隐瞒与案件有关的重要事实的，代理律师有权拒绝代理。

律师接受当事人委托授权而享有的诉讼权利则取决于当事人的授权范围。代理律师只能在当事人授权范围内行使诉讼权利。

(二)律师代理民事诉讼的义务

根据我国《民事诉讼法》、《律师法》的有关规定，代理律师的义务主要有：

1. 必须忠于事实和法律；

2. 保守当事人的个人隐私和商业秘密国家秘密，但委托人或者其他人准备或者正在实施的危害国家安全、公共安全以及其他严重危害他人人身、财产安全的犯罪事实和信息除外。

3. 不得故意提供虚假证据，隐瞒事实；

4. 遵守法庭纪律和秩序。

四、代理律师民事诉讼的范围

(一)律师代理民事诉讼的案件范围

根据《民事诉讼法》、《律师法》的有关规定，凡是符合人民法院民事诉讼立案标准的案件，律师均可以接受委托进行代理。人民法院受理的民事诉讼案件，是指公民之间、法人之间、其他组织之间以及它们相互之间因财产关系和人身关系提起的民事诉讼案件，这些案件具体包括：

1. 财产关系方面的诉讼案件：如涉及财产所有权的案件、债权债务案件等；

2. 人身关系方面的诉讼案件：如姓名权案件、健康权案件、名誉权案件、肖像权案件、宣告失踪或死亡案件、认定公民无行为能力或限制行为能力案件等；

3. 婚姻家庭方面的诉讼案件：如婚姻身份关系案件、收养关系案件、监护关系案件等；

4. 继承关系方面的诉讼案件；

5. 知识产权方面的诉讼案件：如著作权案件、专利权案件、发明发现权案件、商标权案件等；

6. 合同纠纷案件：如买卖合同纠纷案件、赠与合同纠纷案件、借款合同纠纷案件、租赁合同纠纷案件、融资租赁合同纠纷案件、承揽合同纠纷案件、建设工程合同纠纷案件、运输合同纠纷案件、科技合同纠纷案件等；

7. 房地产纠纷方面的诉讼案件：如房地产开发、经营、销售、管理纠纷案件；

8. 申请破产方面的诉讼案件；

9. 海事、海商纠纷案件；

10. 劳动关系纠纷方面的诉讼案件：如因履行劳动合同发生争议的案件等；

11. 其他与财产关系和人身关系有关的纠纷诉讼案件：如认定财产无主案件、选民资格案件、公示催告案件、督促程序案件等。

以上案件，律师均可以接受当事人委托而担任其代理人。但是以下情况不属于律师代理民事诉讼的案件范围：

1. 争议由人民法院以外的部门处理的，不属于司法程序解决的，如单位内部调整、分配房屋中发生的纠纷问题等等。

2. 当事人之间的争议必须先经过其他机关处理，人民法院不能直接受理的案件。如劳动争议案件必须先经劳动争议仲裁机关的仲裁。

3. 在一定时期内不得诉请人民法院解决的案件。如《民法典》第1082条关于"女方在怀孕期间、分娩后一年内或终止妊娠后六个月内，男方不得提出离婚"的规定。

（二）律师代理民事诉讼的对象范围

根据我国民事诉讼法的相关规定，有权委托律师作为诉讼代理人的，只能是当事人及其法定代理人。具体包括：

（1）原告。原告是指认为自己的民事权益或者其管理支配的民事权益受到侵害而与他人发生争议后，为了保护自己的合法权益，以自己的名义向人民法院提起诉讼的人。

（2）被告。被告是指被原告诉称侵犯了原告的民事权益，或者与原告发生民事权益争议，而被人民法院传唤应诉的人。

（3）共同诉讼人。共同诉讼人是指原、被告一方或双方为二人以上的共同诉讼的当事人，原告两人以上成为共同原告，被告两人以上成为共同被告。诉讼标的是共同的，成为必要的共同诉讼人；诉讼标的是同一种类的，成为普通的共同诉讼人。

（4）诉讼代表人。诉讼代表人是指当事人一方人数众多，由当事人推选代表全体当事人进行诉讼的人。

（5）第三人。第三人是指对他人争议的诉讼标的有独立的请求权，或者虽无独立的请求权，但案件的处理结果与其有法律上的利害关系，而参加到原告、被告已经开始的诉讼中进行诉讼的人。以对他人之间的诉讼标的是否具有独立请求权为标准，第三人分为有独立请求权的第三人和无独立请求权的第三人。

（6）法定代理人。法定代理人是指法律规定的，当当事人为无行为能力或限制行为能力时，代理当事人进行民事诉讼的人。

第二节　律师代理民事诉讼的工作程序和方法

一、审查收案

（一）审查

律师在接受委托前应审查以下几项内容，以便确定该案是否能被人民法院受理，只有能被人民法院受理，律师才有代理进行民事诉讼的必要。

（1）委托人是否具有起诉权。即委托人是否与本案有直接利害关系，是否有明确的被告、具体的诉讼请求、事实、根据和证据材料。

（2）案件是否属于人民法院主管。如合同双方当事人自愿达成书面仲裁协议向仲裁机构申请仲裁的，应由仲裁机关进行仲裁，不得向人民法院起诉。又如单位内部调整、分配房屋中发生的纠纷问题也不得向法院提起民事诉讼。

（3）案件是否须经其他机构处理法院才能受理。如劳动争议案件是否经过了劳动争议仲裁机构的仲裁。

（4）案件是否超过诉讼时效。根据我国民法典的规定，超过诉讼时效，当事人就丧失了胜诉权，虽然说立案不受影响，但是当事人没有胜诉的可能。

（5）是否属于在一定时间内不得起诉的案件。如婚姻案件中，女方在怀孕期间、分娩后一年内或终止妊娠后六个月内，男方不得提出离婚；判决不准离婚和调解和好的离婚案件，判决、调解维持收养关系的案件，没有新情况、新理由，原告在六个月内又起诉的，不予受理。

上述案件，律师不应接受委托代理诉讼。

（二）签订委托代理合同

委托代理合同是委托人与律师事务所之间设立、变更、终止委托代理关系的协议，它是律师代理民事诉讼的依据。委托代理合同的主要内容包括：（1）委托人的名称、住所、联系方式；（2）律师事务所指派律师的姓名、住址、联系方式；（3）委托代理事项；（4）代理权限范围，代理权限要明确具体，代为承认、放弃、变更诉讼请求、进行和解、提出反诉或者上诉必须经过委托人的特别授权；（5）双方的权利义务；（6）代理权的有效期限；（7）代理费数额，交费方式、时间。

（三）出具授权委托书

授权委托书是委托人单方向承办律师出具的授予其代理权限的法律文书。我国民事诉讼法规定：授权委托书的内容一般包括委托人的名称、接受委托的律师事务所和被指派的律师的姓名、委托的事项及授权的权限范围、代理有效期限等。委托他人代为诉讼，必须向人民法院提交委托人签名盖章的授权委托书。当事人向人民法院提交的授权委托书，应当在开庭审理前送交人民法院。

在委托代理合同和授权委托书中，最核心的内容当属代理权限，代理律师必须在代理

权限范围内进行诉讼活动,超越代理权限而进行的诉讼活动无效。根据民事诉讼法规定,律师的代理权限分为一般代理和特殊代理。

1. 一般代理

一般代理是指律师只能代理行使一般性的程序性诉讼权利,而不能处分当事人的实体权益。一般代理的权限包括:代为起诉、应诉,申请回避,申请诉讼保全,申请人民法院调取证据,申请鉴定,申请重新鉴定、勘验,以及参加开庭举证、质证、辩论等等。

2. 特别代理

特别代理是指律师不仅能代理行使程序性诉讼权利,也可以在诉讼中对当事人的实体权益进行处分。特别代理的内容包括承认、放弃、变更诉讼请求,进行和解,提起反诉或者上诉等。

授权委托书和委托代理合同中的代理权限应当明确具体,仅写"全权代理"而无具体授权的,诉讼代理人无权代为承认、放弃、变更诉讼请求,进行和解,提起反诉或者上诉。

二、代理起诉或应诉

(一)代理原告起诉

律师接受尚未提起诉讼的当事人的授权后,首先要做的就是代理起诉工作,只有符合起诉的条件,人民法院才予以受理。律师代理起诉工作主要有以下内容:

(1)代写起诉状。起诉状是起诉的形式要件,当事人要想提起民事诉讼必须向法院提交民事诉讼状,起诉状的内容决定着起诉是否能够受理以及诉讼的目的是否能够实现,因此代理律师必须向委托人了解案情,调查取证,在此基础之上认真书写起诉状。起诉状的内容主要有:①当事人的姓名、性别、年龄、民族、职业、工作单位和住址,法人或者其他组织的名称和法定代表人或主要负责人的姓名、职务。②诉讼请求和所根据的事实和理由。诉讼请求要明确、具体、合法,以便人民法院确定审判保护的对象和范围。事实理由部分应当写明纠纷的来由、发展,双方争执的民事权益的内容和焦点,有哪些证据能够证明上述事实。③证据和证据来源,证人姓名和住址,证据包括物证、书证、视听资料和其他证据。如果是证人证言,须注明证人的姓名和住所。证据来源是指获取证据的地点、时间和方法。起诉状还要写明收受起诉状的人民法院的名称和起诉的年、月、日,并由起诉人签名或盖章。

(2)确定管辖法院,提交起诉状。律师应根据案件的情况和法律关于管辖的规定,确定该案件应由哪一级、哪一个人民法院管辖。在书写完起诉状和确定管辖法院以后,协助当事人向人民法院提交起诉状。

(二)代理被告应诉

律师接受被告的委托,首先要做好代理应诉工作。代理应诉工作主要有以下内容:

(1)认真研究起诉状。被告在接到起诉状后,首先要对起诉状进行研究,分析认定原告与被告间是否有法律上的利害关系,起诉状中事实叙述是否有误,理由是否充分,法律依据是否正确,以便提出答辩状。

(2)代写答辩状。《民事诉讼法》第 128 条规定:"人民法院应在立案之日起 5 日内将

起诉状副本发送被告;被告应当在收到之日起15日内提出答辩状。"因此,被告在收到原告的起诉状后,应在法定期限内,针对原告提出的诉讼请求及事实理由,向人民法院提交答辩状。

(3)代写反诉状。被告如果认为本方可以向对方提出一种独立的反请求,以抵消或者吞并原告提起的诉讼请求,就可以向人民法院提起反诉。提起反诉的方式,可以随同答辩状提起,也可以另行用反诉状提起。反诉状应写明反诉的事实、反诉的根据和理由。

(4)审查受理此案的人民法院是否享有管辖权。如果认为受理此案的人民法院不享有管辖权,应当在答辩期间向人民法院提出管辖权异议。人民法院对被告提出的管辖权异议,应当进行审查。经审查,该异议成立的,裁定将案件移送给有管辖权的人民法院审理;异议不成立的,应裁定驳回,对裁定不服的,代理律师应协助被告向上一级人民法院提起上诉。

■ 三、开庭前的准备工作

开庭前的准备工作对于案件的代理效果和当事人诉讼目的达到具有基础性作用。准备工作做得好坏也是检验律师业务素质的标准。律师在出庭前应做好以下几项工作:

1. 向委托人了解案情,与委托人交流意见

委托人是案件的当事人,代理律师应仔细听取委托人对案件事实的叙述和意见,以便确定案件的法律事实,明确法律关系,固定争议焦点。另外,代理律师应向委托人了解相关的证据线索,以便调查收集证据。

2. 查阅案卷材料

根据《民事诉讼法》、《律师法》等法律规定,律师有权查阅、摘抄、复制与本案有关的材料,律师通过阅卷可以全面客观地了解案情,针对对方的观点做相应的准备工作。律师查阅的本案有关材料通常包括:原告的起诉状、被告的答辩状、双方当事人的举证材料、法院调查的证据材料和鉴定结论等。在阅卷的过程中,代理律师应着重注意对方对案件事实的陈述和适用法律的意见,确定双方争议的焦点,以便使代理工作更有针对性。

3. 调查、收集证据

当事人对自己提出的诉讼请求所依据的事实或者反驳对方诉讼请求所依据的事实有责任提出证据加以证明。没有证据或证据不足以证明当事人的事实主张的,由负有举证责任的当事人承担不利后果。因此,举证责任是当事人所负担的一项重要诉讼义务。代理律师必须全面地调查收集相关的证据材料才能完成己方的举证责任,支持己方的主张。搜集证据的范围因案件类型的不同而不同。如合同纠纷,要围绕着合同的签订,合同的主要内容(包括标的、数量、质量、价款或酬金、履行期限、履行地点),以及双方履行情况等方面去收集证据。离婚案件,要围绕着婚姻基础、婚前感情、婚后感情、离婚理由、双方责任等方面去收集证据,等等。代理律师收集证据的方法主要有两种,一是向委托人调查收集证据,一是向有关单位和个人调查收集证据。

①向委托人调查收集证据。委托人一般据有案件的相关证据,如合同书信等等,因此律师向委托人收集证据是一种重要的调查收集证据的形式。在向委托人收集证据的过程

中应要求委托人如实陈述,毫无保留地提供有关证据,不仅要提供对自己有利的证据,也要提供对自己不利的证据,这样才便于代理律师全面客观地了解案情。如果委托人故意隐瞒与案件有关的重要事实,代理律师有权拒绝代理。

②向有关单位和个人调查收集证据。根据《民事诉讼法》、《律师法》的有关规定,律师向有关单位和个人调查收集证据,有关单位和个人应给予支持和配合。律师在调查过程中应携带律师事务所的介绍信并出示律师执业证。律师应当全面、准确地记录调查内容,制作的调查笔录由调查对象签名或盖章。另外,对在举证期限内,因客观原因无法收集的证据,代理律师可以申请人民法院调查收集。申请人民法院调查收集证据,应向法院提交申请书,说明调查目的、对象以及申请调查的原因。代理律师还可以申请人民法院通知证人出庭作证。

4. 代为申请财产或行为保全、证据保全或先予执行

包括:①申请财产或行为保全。律师在接受委托后,如果认为由于对方当事人的行为或者其他原因,使判决难以执行或造成其他损害,可以建议当事人提出财产保全或行为保全的申请。代理律师在申请财产保全过程中应注意提出财产保全的时机、财产保全的范围,在此基础上向人民法院提交财产保全申请。②申请证据保全。对于证据可能灭失或者以后难以取得的情况,代理律师应向人民法院申请保全证据。③申请先予执行。律师代理的追索赡养费、抚养费、抚育费、抚恤金、劳动报酬或医疗费用等案件,如果不先予执行将严重影响当事人生产生活的,可以建议当事人向人民法院提出先予执行的申请。当事人决定提出的,代理律师应代写先予执行申请书并送交人民法院。

5. 参与庭前调解

调解贯穿于民事诉讼的各个阶段,调解结案对于纠纷的真正解决有着重要作用,代理律师应促进双方当事人达成调解协议。在调解过程中代理律师应注意以下问题:①应在委托人自愿的前提下做调解工作,不能损害委托人的正当利益;②应当在查明事实,分清是非的基础上进行调解。

6. 撰写代理词

代理词是代理律师在完成阅卷、调查收集证据等工作的基础上对案件事实和法律适用问题所持观点的书面概括。它有助于全面系统地阐述代理律师对案件的看法和意见,有助于人民法院全面了解案情,做出正确的裁判。代理词主要分为三大部分:①开头部分。开头部分应写明代理人出庭的法律依据,接受谁的委托,担任谁的诉讼代理人等情况;②正文部分。正文部分是代理词的核心部分。正文部分应写明案件的事实情况和法律依据。针对双方争议的焦点表明自己的观点。正文部分内容要重点突出,做到有针对性和说服力;③结尾部分。结尾部分是对自己的观点和理由的结论性表述,向法庭提出具体、明确的处理意见。

四、出席一审法庭参加诉讼

经过庭审前阅卷、调查取证等准备工作后,代理律师即应按时出庭,参加庭审,代理出庭是律师代理工作的集中表现。根据《民事诉讼法》的规定,人民法院开庭审理第一审案

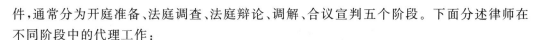

件,通常分为开庭准备、法庭调查、法庭辩论、调解、合议宣判五个阶段。下面分述律师在不同阶段中的代理工作:

1. 开庭准备阶段的代理工作

在此阶段,律师需要做好以下几项工作:(1)注意合议庭人员组成是否合法。(2)协助当事人申请回避。代理律师应向当事人说明可以申请回避的主体范围以及可以申请回避的法定情形,协助当事人提出回避申请。对于人民法院作出的不回避决定不服的,律师应告知并协助当事人申请复议。(3)注意案件的有关证人、鉴定人是否到庭。如果在开庭时发现法庭并未通知本方申请通知的证人、鉴定人出庭,代理律师应向法庭提出通知参加的申请。

2. 法庭调查阶段的代理工作

法庭调查阶段是双方当事人陈述案情,出示证据,相互质证的过程。代理律师在此阶段应协助当事人陈述案情,出示证据,并对对方出示的证据进行质证。代理律师在法庭调查阶段的主要工作有:

(1)协助委托人陈述案情,出示证据。代理律师协助委托人陈述案情应尊重案件事实和委托人的意愿,客观全面地陈述案件事实,不应捏造事实或者言辞过激,刺激对方当事人。在出示证据的过程中应依据证据的不同种类采取不同方法,书证、物证应出示原件,不能出示原件应向法庭说明情况,出示复印件、复制品。对于证人无法出庭作证的情况,经法庭许可,可以宣读证人证言。

(2)听取双方当事人的陈述。认真听取本方和对方当事人的陈述,固定争议焦点,发现对方陈述的矛盾和疑点,以便及时调整代理工作。

(3)对证据进行质证。质证,即对证据的客观性、关联性、合法性进行质疑和辩驳。对于证据的不同种类,质证的方式也有不同:对物证、书证,应注意发现证据是否真实,与本案的关系。如无法确定证据的真实性,可以申请法庭进行鉴定。对于证人证言、当事人陈述,应在询问对方当事人、证人的过程中注意发现陈述的矛盾之处。对于视听资料,除应审查证据的真实性外,还应注意取得该证据的方法是否合法,是否属于偷拍偷录,是否侵犯国家、社会利益和他人的合法权益。对于鉴定结论、勘验笔录,可以从鉴定、勘验人资格、鉴定勘验方法等方面进行质证。

3. 法庭辩论阶段的代理工作

在法庭辩论阶段,代理律师应通过发表代理词和与对方辩论,来表明对本案处理的主张的观点,反驳对方当事人的不正确、不合理的主张和观点,促使法庭正确认定事实适用法律。法庭辩论阶段代理律师应注意的问题有以下几点:(1)律师阐明自己观点和反驳对方观点都应依据法庭已经查明的事实和已经审核认定的证据。不能捏造事实,逻辑混乱。(2)律师发表自己观点,要重点突出,言简意赅,避免过分冗长拖沓。(3)律师在发言的过程中,不应语言过激,更不应带有侮辱性语言,感情用事,这样会使双方关系更为僵化,不利于达成调解和纠纷的最终解决。

4. 法庭调解阶段的代理工作

法庭辩论终结以后,案件事实已基本明晰,法律责任也亦相对明确,因此在判决前进

行调解就更具可行性。代理律师在此阶段的主要工作包括：

（1）向委托人说明有关调解的法律规定。如调解书的效力，调解书与裁判书具有同等的法律效力，当事人不得随意反悔，调解书送达前一方前反悔的，人民法院将依法判决；委托人认为调解书确有错误的，只能通过申请再审和申诉解决。

（2）协助委托人进行调解。因为虽然案件事实和双方法律责任已基本明确，但为了纠纷得到更好的解决，律师应劝导委托人在其自愿的前提下达成调解协议。

（3）监督法庭调解。人民法院进行调解必须遵守自愿、合法原则，如果调解有违自愿合法原则，代理律师应请求法院及时判决。

5. 法院宣判后的工作

人民法院宣判以后，律师应认真研究分析判决结果，并对委托人进行详细说明。如果委托人对裁判无异议的，代理工作即告结束；如果代理律师认为裁判有错误的，应向委托人说明其有上诉的权利，委托人决定上诉的，律师可以接受委托继续代理上诉；如果认为裁判合法合理，委托人却坚持上诉，代理律师应向委托人说明上诉后的可能结果，促使其服从裁判。

■ 五、二审程序中的律师代理

1. 代写上诉状或答辩状

律师在接受委托人委托成为代理人以后，应认真研究一审判决书、裁定书、向委托人了解其对裁判的意见，在此基础上找出一审判决中事实认定、适用法律或程序中的问题，代写上诉状或答辩状。

2. 出庭前的准备工作

二审出庭前的准备工作内容同一审的准备工作内容相似，即与委托人谈话，调查取证，阅卷等等，但在调查取证过程中，应注意发掘新线索，收集新证据。

3. 参加二审审理

对于上诉案件，人民法院可以开庭审理也可以径行判决。第二审人民法院开庭审理的，代理律师应紧紧围绕上诉人提出的上诉范围进行阐明或辩驳。另外应注意双方当事人提出的新事实、新证据。第二审法院经过阅卷、调查和询问当事人后，认为案件事实清楚、适用法律正确，或者只是适用法律错误的案件，可以径行判决。径行判决不同于书面审理，合议庭仍应询问当事人，听取当事人陈述。因此代理律师应及时提交代理意见，协助委托人阐明自己的看法。

第二审人民法院宣判后，该判决即发生法律效力，当事人不得上诉。如果委托人认为判决仍有错误，代理律师应告知委托人可以通过申请再审或者申诉途径解决。

第二十三章　行政诉讼中的律师代理

第一节　行政诉讼律师代理概述

一、行政诉讼代理的概念、种类以及意义

（一）行政诉讼代理的概念

我国《行政诉讼法》规定："公民、法人或者其他组织认为行政机关和行政机关工作人员的具体行政行为侵犯其合法权益，有权依照本法向人民法院提起诉讼。"这即是我们通常所说的行政诉讼。并且根据《中华人民共和国律师法》中的第 28 条规定律师的执业范围："律师接受行政案件当事人的委托，担任代理人，参加行政诉讼。"因此，行政诉讼代理是指根据法律规定、人民法院的指定或者当事人的委托，以被代理人的名义为被代理人进行行政诉讼行为的活动。

（二）行政诉讼代理的种类

根据《行政诉讼法》的规定，行政诉讼代理可以分为法定代理、指定代理、委托代理三类：

（1）法定代理。是指法律明确规定的代理。《行政诉讼法》第 30 条规定："没有诉讼行为能力的公民，由其法定代理人代为诉讼。"从此条规定可以清晰地看出，法定代理权是直接根据法律规定产生的，并非取决于当事人意思表示的授权。这与其他的法定代理是相同的，是根据民法上的监护制度而产生的，主要有三种情况：某种身份关系、由于自愿而发生的某种抚养义务、基于人道主义而产生的社会保障措施。法定代理的目的是保护无诉讼行为能力人的利益。

（2）指定代理。是指人民法院为无诉讼行为能力的当事人指定的代理。《行政诉讼法》第 30 条还规定："法定代理人互相推诿代理责任的，由人民法院指定其中一人代为诉讼。"指定代理是建立在法定代理之上的制度，当法定代理人互相推诿之时，人民法院应当在法定代理人之中指定诉讼代理人。

（3）委托代理。是指当事人或者法定代理人委托代理人进行诉讼行为。《行政诉讼法》第 31 条规定："下列人员可以被委托为诉讼代理人：（一）律师、基层法律服务工作者；（二）当事人的近亲属或者工作人员；（三）当事人所在社区、单位以及有关社会团体推荐的公民。"这种代理是根据当事人的意思表示而产生，类似于民法上的代理。

（三）行政诉讼代理的意义

1. 律师代理行政诉讼，有利于维护行政相对人的合法权益

与行政诉讼中的被告（行政机关）相比，原告一般是相对处于弱者地位，受到损害的合法权益需要通过行政诉讼来予以救济。律师对于行政诉讼中的各种相关规定都较为熟悉，因此他们可以弥补当事人在经验和能力上的不足。一方面维护了当事人的合法权益，同时也增强了当事人的行政法律意识。

2. 律师代理行政诉讼，有利于监督行政机关的行政行为

虽然在改革开放之后，我国的法治建设速度相当快，但是行政机关依法行政的意识仍然不强。在这种情况下，律师代理行政机关参加行政诉讼，一方面可以维护行政主体的利益，树立行政主体的权威，另一更重要的方面是纠正行政机关的违法行为，提高其依法行政的能力。

3. 律师代理行政诉讼，有利于人民法院依法审判

由于行政诉讼的被告是行政主体，通常拥有较大的行政权力，所以有可能对法院的司法权造成一定的影响。如果当事人再缺乏掌握证据的能力，这就更可能使法院偏向行政主体。但律师经过搜集证据，可以明确地指出行政主体的具体行政行为是否违反法律规定，侵犯相对人的合法权益，为法院合法审判，提高审判效率提供了帮助。

二、行政诉讼的特点

1. 原告或者被告的地位是恒定的

在行政诉讼中，原被告的位置是确定的。原告一定是行政相对人，即认为自身合法权益受到了行政机关及其工作人员的具体行政行为侵害的人。被告则一定是作出具体行政行为的行政主体。

2. 被代理人的诉讼权利是不同的

在行政管理中，双方当事人的地位是完全不平等的，行政相对人完全处于弱势地位。因此在行政诉讼中，为了保护相对人的利益，保障双方当事人在行政诉讼中的平等，行政诉讼法限制了行政主体的行政诉讼权利，例如行政主体即被告没有起诉权、反诉权和在行政诉讼中收集证据的权利。所以，被告的诉讼代理人的诉讼权利也当然是受到限制的。

3. 举证责任由被告承担

在行政诉讼中，被告负有举证责任，被告必须证明具体行政行为的合法性，否则将承担败诉的责任。被告的代理人也应当代理其承担这一责任。

4. 行政诉讼代理涉及的法律规范的范围相当广泛

行政主体作出具体行政行为的依据可能是法律、行政法规、行政规章、地方规章、各项决定命令。因为国家进行行政管理所涉及的范围相当广泛，可以说触及社会生活的方方面面，所以作出行政行为的依据的数量也是不可估量的。在今后的行政执法中，必然会增加更多的相关规定，所以律师则必须对这些规定予以熟悉，才能更好地保护当事人的利益。

第二节　行政诉讼代理律师的诉讼权利和义务

一、行政诉讼中原告代理人的诉讼权利义务

（一）行政诉讼原告代理人的诉讼权利

根据行政诉讼法以及律师法的相关规定，诉讼权利有：

1. 律师依法执业受法律保护。

2. 律师在法庭上发表的代理意见不受法律追究。但是发表危害国家安全、恶意诽谤他人、严重扰乱法庭秩序的言论除外。

3. 委托事项违法，委托人利用律师提供的服务从事违法活动或者委托人故意隐瞒与案件有关的重要事实的，律师有权拒绝代理。

4. 律师参加诉讼活动，依照诉讼法律的规定，可以查阅、摘抄、复制与本案有关的材料，出席法庭，参与诉讼，以及享有诉讼法律规定的其他权利。

5. 律师承办法律事务，可以向有关单位和个人调查情况。

6. 律师在执业活动中的人身权利不受侵犯。

7. 代理诉讼的律师，可以依照规定查阅、摘抄、复制本案有关材料，可以向有关组织和公民调查，收集证据。必要时，可以申请人民法院收集、调取证据或者申请人民法院通知证人出庭作证。对涉及国家秘密和个人隐私的材料，应当依照法律规定保密。

经人民法院许可，当事人和其他诉讼代理人可以查阅本案庭审材料，但涉及国家秘密和个人隐私的除外。

此外，需要注意以下事项：

在第 7 项权利中，法律明确赋予了律师更多的权利，律师可以不经过法院的许可就可以查阅本案有关材料，向有关组织和公民调查，收集证据。而其他代理人必须要首先经过法院的许可，其次查阅的范围限于本案的庭审材料，明显小于律师的本案有关材料。

在诉讼之中有实体权利的处分权和纯粹的程序性权利。实体权利的处分权包括提起反诉、上诉、承认、变更、放弃诉讼请求、进行和解。这种权利是需要当事人的明确授权的。而纯粹程序性权利，例如起诉、答辩、申请回避、提供证据、辩论等，这些是需要当事人一般的授权即可。

（二）行政诉讼原告代理人的诉讼义务

根据《行政诉讼法》和《律师法》的相关规定，行政诉讼中，代理人的义务主要有：

1. 律师执业必须遵守宪法和法律，恪守律师职业道德和执业纪律。必须以事实为根据，以法律为准绳。

2. 律师接受委托后，无正当理由的，不得拒绝代理。

3. 律师应当保守在执业活动中知悉的国家秘密和当事人的商业秘密，不得泄露当事人的隐私。律师在执业活动中知悉的委托人和其他人不愿意泄露的情况和信息，应当予

以保密。但是,委托人或者其他人准备或正在实施的危害国家安全、公共安全以及其他严重危害他人人身、财产安全的犯罪事实和信息除外。

4. 律师不得扰乱法庭、仲裁庭秩序,干扰诉讼、仲裁活动的正常进行。

二、行政诉讼中被告代理律师的诉讼权利义务

(一)行政诉讼被告代理律师的诉讼权利

因为在实施具体行政行为的时候,行政相对人是处于不利的弱势地位。因此,在行政诉讼中,为了维护相对人的合法利益,法律对行政主体的诉讼权利进行了一定的限制。代理是代理行使被代理人的权利,其权利的本源来自于被代理人,因此被告诉讼代理人的诉讼权利也必定受到相应的限制。具体表现如下:

1. 剥夺了被告律师搜集调查证据的权利

《行政诉讼法》第35条规定:"在诉讼过程中,被告及其诉讼代理人不得自行向原告、第三人和证人收集证据。"这是因为行政主体在作出具体行政行为时,必须事先调查清楚了事实情况,并且符合法律规定。因此法律要求行政主体在诉讼之时就已经具备了证据,否则就判决撤销行政行为。据此,《行政诉讼法》第40条亦规定,人民法院有权向有关行政机关以及其他组织、公民调取证据。但是,不得为证明行政行为的合法性调取被告作出行政行为时未收集的证据。

当然法律也规定了一些特殊的例外,保护了诉讼的公正性,根据《行政诉讼法》的规定,被告不提供或者无正当理由逾期提供证据,视为没有相应证据。但涉及下列法定情形,被告可以依法延期提供证据或者补充证据:(1)被告在作出行政行为时已经收集了证据,但因不可抗力等正当事由不能提供的,经人民法院准许,可以延期提供。(2)原告或者第三人提出了被告在行政处理程序中没有提出的理由或者证据的,经人民法院准许,被告可以补充证据。

2. 剥夺了被告律师的起诉权

因为在行政诉讼中,原被告的地位是事先恒定的,只有权利受到侵害的行政相对人才能作为原告提起诉讼,而行政主体只能作为被告被动地参加到诉讼中来。因此被告的律师也就不具备了起诉权。

3. 没有反诉权

作为被告的行政主体不可能向人民法院提出与本诉标的及理由有牵连的反诉请求。而且因为反诉也是一个单独的诉,可以合并在本诉中审理,被告已经被剥夺了起诉权,因此也不可能有反诉权。

4. 很大范围上限制调解

行政主体的权利是法律明确规定的,行政主体根本不能自由处分,因此其也不能跟对方当事人提出调解。但是在侵权赔偿案件是一个例外。

(二)行政诉讼被告代理律师的诉讼义务

因为在行政诉讼中,为了保证行政相对人的权益,法律主要是对行政主体的诉讼权利作出了一些限制。而在义务方面则规定,在行政诉讼中,原被告两者的义务基本相同,从

而可以推断出代理人的义务也基本相同。

第三节　行政诉讼律师代理的案件范围

行政诉讼代理的案件范围其实等同于人民法院对行政诉讼案件的受案范围。我国《行政诉讼法》规定了当事人在什么情况下可以进行行政诉讼，还有什么情况下不允许提起行政诉讼。与此同时最高院的司法解释也作出了一些规定。这实际上就是律师代理行政诉讼的案件范围。

一、行政诉讼代理的案件范围

《行政诉讼法》第12条作出了明确性的规定，人民法院可以受理的行政案件主要有以下情形：

（一）因行政处罚纠纷而引起的案件

行政处罚是行政机关对违反法律、行政法规和规章的行为的惩戒和制裁。《行政处罚法》第9条规定："行政处罚的种类：警告、通报批评；罚款、没收违法所得、没收非法财物；暂扣许可证件、降低资质等级、吊销许可证件；限制开展生产经营活动、责令停产停业、责令关闭、限制从业；行政拘留；法律、行政法规规定的其他行政处罚。"行政处罚措施并不仅仅限于此条规定中的这几种情况，生活中还有大量单行法规规定了一些行政处罚。由于行政处罚直接关系被处罚者的人身权和财产权，为保护公民、法人或其他组织的合法权益，我国法律也必然将其作为可诉的案件。

（二）因行政强制措施纠纷引起的案件

行政强制措施是行政机关为了预防、制止或控制某种正在发生或可能发生的违法行为、危险状态，或者为保全证据、确保案件查处工作顺利进行，而依法采取的对相对人的人身、财产加以暂时性强制限制，使其保持一定状态的行政行为。对人身的行政强制措施，如《海关法》所规定的强制扣留，《卫生检疫法》《急性传染病管理条例》等规定的强制隔离、强制治疗等；对财产的行政强制措施，如查封、扣押、冻结等。

（三）因侵犯法律规定的经营自主权的案件

经营自主权，是指各个经营主体可以自主控制其人力物力的一种法定权利。在我国当前的市场经济体制下，各种市场主体，包括个体经营户、农村承包经营户、私营企业、国有集体企业，都具有自主经营权。不过应当注意的是不同主体之间法定的自主经营权的范围是不同的。此时国有企业与私有企业之间的区别体现得最为明显。

（四）因行政许可纠纷而引起的案件

行政许可是具有许可职权的行政机关根据相对人的申请，以颁发书面证照的形式，依法赋予其从事某种活动的权利或资格的行为。许可以禁止为前提，而禁止必须有法律明确规定。这些特征可以成为我们判断一个证书是否许可的标准。行政许可是行政机关的职责，只要相对人具备特定的条件，行政机关就必须颁发执照或者许可证，否则就可能引

起行政诉讼。

（五）因拒绝或者不答复申请，未保护相对人的人身及财产权利而引起的案件

我国许多法律都规定了各个行政主体具有保护公民的不同方面的人身以及财产权利的义务。其中最为普遍的就是公安机关具有保护公民的生命财产安全的义务。此种案件有几个条件：（1）保护公民、法人或其他组织的合法权益必须是有关行政机关的法定职责；（2）公民、法人或其他组织须先向行政机关提出申请，以使行政机关知晓相应的情况；（3）行政机关未予答复或者予以拒绝。

（六）因发放抚恤金纠纷引起的案件

抚恤金是各级民政部门对某些伤残人员或者死亡人员家属，为安抚并且保障他们的生活而发放的一定量的款物。根据实践情况，一般包括两种：伤残抚恤金、遗属抚恤金。涉及抚恤金是否发放、发放的数额、发放的期限等问题都可以提起行政诉讼。

（七）因违法要求履行义务而引起的案件

行政主体必须严格按照法律、行政法规、规章的规定对相对人进行管理，并要求其履行一定的法律义务，而且此程序也必须合法。但是在实践中，较为典型的就是滥集资、滥收费、滥摊派的"三滥"，"三滥"究其实质就是属于违法设定义务，即没有法律依据或违反法律规定要求公民履行交费的义务。

（八）因其他侵犯相对人人身以及财产权的案件

此条属于一种兜底性条款，因为在实践中，行政主体的具体行政行为侵犯相对人的利益的情况纷繁复杂，不可能全部罗列出来。所以此条实际是提供了概括性的标准，上述行为之外的其他具体行政行为而引发的争议，只要与公民、法人或其他组织的人身权、财产权有关，认为侵犯其合法权益，也属于行政诉讼的受案范围。

除上述情形外，我国现行新修订的《行政诉讼法》对行政诉讼的受案范围作了扩充。例如，《行政诉讼法》第12条第1款第4项规定，对行政机关作出的关于确认土地、矿藏、水流、森林、山岭、草原、荒地、滩涂、海域等自然资源的所有权或者使用权的决定不服的，可以提起行政诉讼。第7项规定，认为行政机关侵犯农村土地承包经营权、农村土地经营权的，可以提起行政诉讼等。

《行政诉讼法》之外仍然有些法律、行政法规的规定涉及了行政诉讼案件的范围。例如关于不服确认专利权、商标权的处理的案件，不服集会游行示威处罚决定的案件。

二、被排除在行政诉讼之外的案件

《行政诉讼法》第13条规定，人民法院不受理公民、法人或者其他组织对下列事项提起的诉讼：

1. 国防、外交等国家行为

国家行为，是指国务院、中央军事委员会、国防部、外交部等根据宪法和法律的授权，以国家的名义实施的有关国防和外交事务的行为，以及经宪法和法律授权的国家机关宣布紧急状态、实施戒严和总动员等行为。

2. 行政法规、规章或者行政机关制定、发布的具有普遍约束力的决定、命令

　　根据最高人民法院的司法解释,抽象行政行为的判断标准就是:(1)行政行为具有普遍的约束效力。(2)行政行为所针对的相对人是不特定的。(3)这一行为在特定的期限内,可以反复使用。抽象行政行为的一般表现形式就是行政法规、规章、决定、命令。

　　3. 行政机关对行政机关工作人员的奖惩、任免等决定

　　这就是行政机关对其内部人员或者其隶属的行政工作人员的权利义务进行处分的行为。这是一种内部的管理行为,并不是一种具体行政行为,因此由其引发的纠纷是不能够通过行政诉讼来进行解决的。代替人民法院进行处理此类纠纷的机构是上一级行政机关、监察机关、人事机关,通过申诉等方式进行。

　　4. 法律规定由行政机关最终裁决的具体行政行为

　　法定行政最终裁决,是指由全国人大及其常委会制定的法律中规定的由行政机关作出最终裁决的行政行为。终局裁决剥夺了行政相对人的请求司法审查的权利,因此规定相当严格。例如《行政复议法》第 30 条第 2 款规定:"根据国务院或者省、自治区、直辖市人民政府对行政区划的勘定、调整或者征用土地的决定,省、自治区、直辖市人民政府确认土地、矿藏、水流、森林、山岭、草原、荒地、滩涂、海域等自然资源的所有权或者使用权的行政复议决定为最终裁决。"

　　《最高人民法院关于适用〈中华人民共和国行政诉讼法〉的解释》(以下简称《行诉法解释》)也作出了关于行政终局裁决的规定:

　　(1)公安、国家安全等机关依照刑事诉讼法的明确授权实施的行为;

　　(2)调解行为以及法律规定的仲裁行为;

　　(3)行政指导行为;

　　(4)驳回当事人对行政行为提起申诉的重复处理行为;

　　(5)行政机关作出的不产生外部法律效力的行为;

　　(6)行政机关为作出行政行为而实施的准备、论证、研究、层报、咨询等过程性行为;

　　(7)行政机关根据人民法院的生效裁判、协助执行通知书作出的执行行为,但行政机关扩大执行范围或者采取违法方式实施的除外;

　　(8)上级行政机关基于内部层级监督关系对下级行政机关作出的听取报告、执法检查、督促履责等行为;

　　(9)行政机关针对信访事项作出的登记、受理、交办、转送、复查、复核意见等行为;

　　(10)对公民、法人或者其他组织权利义务不产生实际影响的行为。

第四节　行政诉讼律师代理的工作程序

一、代理人对行政诉讼案件的受案工作

　　代理人在接受行政诉讼案件之前必须对整个案件进行比较全面的了解,这样才能到法院顺利立案,开始诉讼程序,并且保证诉讼顺利地进行。主要应该做以下几项工作:

（一）确定委托方是否是正当的原告

虽然只要是对具体的行政行为有异议，就可以依照行政诉讼法的规定向人民法院提起诉讼。但是原告若想要人民法院受理案件，必须是具体行政行为侵犯其合法权益的公民、法人或者其他组织。这是获得正当当事人资格的条件。原告一般包括两种：(1)行政相对人，即指具体行政行为直接针对的人，是具体行政行为真正的受领人；(2)行政相关人，即指虽然不是直接受领人，但是其权利义务受具体行政行为影响的人。

（二）确定明确的被告

关于被告的确定，《行政诉讼法》第26条规定："公民、法人或者其他组织直接向人民法院提起诉讼的，作出具体行政行为的行政机关是被告。经复议的案件，复议机关决定维持原具体行政行为的，作出原具体行政行为的行政机关和复议机关是共同被告；复议机关改变原具体行政行为的，复议机关是被告。复议机关在法定期限内未作出复议决定，公民、法人或者其他组织起诉原行政行为的，作出原行政行为的行政机关是被告，起诉复议机关不作为的，复议机关是被告。两个以上行政机关作出同一具体行政行为的，共同作出具体行政行为的行政机关是共同被告。由行政机关委托的组织所作的具体行政行为，委托的行政机关是被告。行政机关被撤销或者职权变更的，继续行使其职权的行政机关是被告。"

（三）明确具体的诉讼请求和事实根据

1. 具体的诉讼请求

具体的诉讼请求包括：(1)如果是具体行政行为主要证据不足、适用依据错误、程序违法、越权、滥权的情况，当事人一般应请求撤销该具体行政行为。(2)如果是被告有义务履行行政行为，但是却不履行的情况，当事人一般应请求履行行政行为。(3)如果是行政处罚显失公平的情况，当事人一般应请求变更该行政行为。(4)如果是同时对当事人造成损失，可以提起附带性的赔偿请求。

2. 事实根据

行政诉讼虽然是由被告承担证明责任，但是原告必须证明被告作出了具体的行政行为，并且该行政行为侵犯了其权益。当然在起诉的时候，原告只需要具备一定形式意义上的证据就可以了，并不需要在庭审中那么完备的优势证据。

（四）分析是否属于人民法院受案范围和受诉人民法院管辖

关于人民法院的受案范围，可参看上一节，这里不再重复。

（五）注意诉讼时效

根据《行政诉讼法》的规定，涉及诉讼时效主要包含以下内容：

(1)公民、法人或者其他组织直接向人民法院提起诉讼的，应当自知道或者应当知道作出行政行为之日起6个月内提出。法律另有规定的除外。公民、法人或者其他组织不服复议决定的，可以在收到复议决定书之日起15日内向人民法院提起诉讼。复议机关逾期不作决定的，申请人可以在复议期满之日起15日内向人民法院提起诉讼。法律另有规定的除外。

(2)因不动产提起诉讼的案件自行政行为作出之日起超过20年，其他案件自行政行

为作出之日起超过 5 年提起诉讼的,人民法院不予受理。

(3)公民、法人或者其他组织申请行政机关履行保护其人身权、财产权等合法权益的法定职责,行政机关在接到申请之日起 2 个月内不履行的,公民、法人或者其他组织可以向人民法院提起诉讼。法律、法规对行政机关履行职责的期限另有规定的,从其规定。公民、法人或者其他组织在紧急情况下请求行政机关履行保护其人身权、财产权等合法权益的法定职责,行政机关不履行的,提起诉讼不受前款规定期限的限制。

(4)公民、法人或者其他组织因不可抗力或者其他不属于其自身的原因耽误起诉期限的,被耽误的时间不计算在起诉期限内。公民、法人或者其他组织因前款规定以外的其他特殊情况耽误起诉期限的,在障碍消除后 10 日内,可以申请延长期限,是否准许由人民法院决定。

(六)分析是否是复议前置的案件

复议前置即是指在发生争议之时,当事人必须先向有关机关提起行政复议,如果对复议结果仍不满意的,才可以提起行政诉讼。《税收征收管理法》第 88 条第 1 款规定:"纳税人、扣缴义务人、纳税担保人同税务机关在纳税上发生争议时,必须先依照税务机关的纳税决定缴纳或者解缴税款及滞纳金或者提供相应的担保,然后可以依法申请行政复议;对行政复议决定不服的,可以依法向人民法院起诉。"《行政复议法》第 30 条第 1 款规定:"公民、法人或者其他组织认为行政机关的具体行政行为侵犯其已经依法取得的土地、矿藏、水流、森林、山岭、草原、荒地、滩涂、海域等自然资源的所有权或者使用权的,应当先申请行政复议;对行政复议决定不服的,可以依法向人民法院提起行政诉讼。"当代理人发现案件属于上述几类之时,必须提醒当事人应当先进行行政复议。

(七)注意行政复议前置且终局的情形

《行政复议法》第 30 条第 2 款规定:"根据国务院或者省、自治区、直辖市人民政府对行政区划的勘定、调整或者征用土地的决定,省、自治区、直辖市人民政府确认土地、矿藏、水流、森林、山岭、草原、荒地、滩涂、海域等自然资源的所有权或者使用权的行政复议决定为最终裁决。"代理人必须注意,在这种情况下,其实当事人是根本不能提起行政诉讼的。

二、代理人对行政诉讼案件的起诉工作

(一)确定管辖法院

谈到管辖时,总是要分为级别管辖和地域管辖。

1. 级别管辖

根据《行政诉讼法》的规定,基层人民法院管辖第一审行政案件。中级人民法院管辖下列第一审行政案件:(1)对国务院部门或者县级以上地方人民政府所作的行政行为提起诉讼的案件;(2)海关处理的案件;(3)本辖区内重大、复杂的案件;(4)其他法律规定由中级人民法院管辖的案件。高级人民法院管辖本辖区内重大、复杂的第一审行政案件。最高人民法院管辖全国范围内重大、复杂的第一审行政案件。

2. 地域管辖

地域管辖的一般标准是:最初做出具体行政行为的行政机关所在地的人民法院管辖。

但是也有例外标准:(1)当行政行为经过复议被改变后,当事人仍然不服的,复议机关成为被告,此时原机关和复议机关所在地的人民法院都有管辖权,由原告自由选择。(2)因不动产而提起行政诉讼,由不动产所在地人民法院专属管辖。(3)限制人身自由的案件,可以由被告行政机关所在地或者原告所在地法院管辖。

（二）书写诉讼文书

1. 原告代理人书写起诉状

主要内容包括当事人基本情况、诉讼请求、事实和理由。其中最关键的就是事实和理由,主要陈述行政主体的具体行政行为是怎样违反法律法规的规定,侵害当事人权益,并按照被告的数量提交相同份数的副本。

2. 被告代理人书写答辩状

被告代理人应当在收到起诉状之后 15 日内提交答辩状。如果认为行政行为正当合法,就提出相关依据予以证明。提供的证据必须随同答辩状一起交上,被告不提供或者无正当理由逾期提供的,应当认定为该具体行政行为没有证据、依据。如果认为违法,那么可以建议行政机关予以改正,争取与当事人和解,使其撤诉,但是改正并不必然导致当事人撤诉。

这两种诉讼文书都应该建立在周密的调查研究的基础上,全面陈述案件事实和理由,提出对自己有利的观点。

三、代理人在行政诉讼庭审前的工作

（一）庭审前的阅卷工作

代理人要研究对方文书中提出的事实理由和证据。寻找所提各项是否正确属实并且合法,找出对方的破绽,从而整理在出庭时的发言内容,以及确定辩论的重点。

（二）庭前的调查证据工作

行政诉讼中,举证责任是被加在被告身上的。但是这并不是说明原告不需要承担任何举证责任。原告的举证责任包括:证明起诉符合法定条件,但被告认为原告起诉超过起诉期限的除外;在起诉被告不作为的案件中,证明其提出申请的事实;在一并提起的行政赔偿诉讼中,证明因受被诉行为侵害而造成损失的事实。原告的代理人应当帮助当事人进行调查工作,证明上述事实。

被告对作出的具体行政行为负有举证责任,应当提供作出该具体行政行为的证据和所依据的规范性文件。因此被告代理人要进行更周密的调查工作。但在调查工作中一定要注意:被告及其诉讼代理人在作出具体行政行为后自行搜集的证据不能认定为被诉具体行政行为合法的根据。并且在诉讼过程中,被告也不得自行向原告和证人收集证据。只有当被告是因不可抗力等正当理由未能提供做出行政行为时已收集的证据,或者原告及第三人提出原来没有提出的反驳理由时,人民法院才可以许可被告补充相关证据。

（三）申请证据保全

在证据可能灭失或者以后难以取得的情况下,诉讼参加人可以向人民法院申请保全证据,人民法院也可以主动采取保全措施。

（四）提交代理词

代理词主要是在阅卷和调查取证后，代理人整理的一些有利的证据和观点，并且提出正确适用法律的一些意见。

四、代理人在行政诉讼庭审中的工作

（一）申请回避的权利

申请回避是当事人的一项重要权利，是保证审判公正的一项重要手段。

（二）参与法庭调查

原被告根据各自的观点提出了证据材料，这些证据材料必须经过法庭的调查和当事人之间的质证才能成为法院审判案件适用的证据。一般来讲，法庭调查按照以下顺序：（1）询问当事人。（2）询问证人和宣读证言。（3）询问鉴定人和宣读鉴定笔录。（4）出示物证、书证和视听资料。（5）宣读勘验笔录和勘验结果。通过以上步骤，代理人竭尽全力使有利于己方的证据材料转化成为定案的证据，从而维护委托人的利益。

（三）参与法庭辩论

法庭辩论阶段，代理人要根据法庭调查中出现的新情况，及时修改自己的代理词，全面正确地阐述自己的观点。双方会就事实的认定、法律的适用、程序的合法性进行激烈的辩论，从而使法院做出有利于己方的判决。

1. 事实认定

事实是案件审理中最重要的部分，打官司打的就是证据。因为只有有证据证明的案件事实才能被法院认定，作为定案依据。在特定的案件中，事实是相当复杂的，双方代理人不但要注重证明具体行政行为是否合法，还要注意例如行政机关所作行政行为的依据是否合法，行政机关是否有相关的权力，具体行政行为的程序是否合法，行政处罚是否显失公平等问题。

2. 法律适用

法院在审理行政诉讼案件中，应当以法律、行政法规、地方性法规等作为审理案件必须适用的规范。当上位法与下位法发生冲突的时候，法院应当直接适用上位法。人民法院还应当以部门规章和地方性规章为参照，不可以与上位法冲突。在判决中，法院可以援引相关的司法解释来增强判决的明确性。法院对其他的行政规范文件只是参考。代理人应当就以上几种法律规定提出适用意见，重点放在高位阶的法律上，提出完整的辩论意见。

五、代理人在二审中的工作

如果代理人对一审判决不满意，认为判决对事实认定不清或者适用法律错误的，可以向当事人提出向人民法院上诉的建议。

（1）上诉的期限一定要注意：对判决上诉的，应当是判决书送达之日起 15 日内提起。对裁定上诉的，应当是裁定书送达之日起 10 日内提起。

（2）代写上诉状。行政诉讼代理人在知悉一审判决后，应代理当事人在上诉状中提出

法律意见,说明是一审判决对事实认定不清,或法律适用不正确,请求上级人民法院予以改判。

(3)二审审判。我国《行政诉讼法》第 88 条规定:"人民法院审理上诉案件,应当在收到上诉状之日起三个月内作出终审判决。有特殊情况需要延长的,由高级人民法院批准,高级人民法院审理上诉案件需要延长的,由最高人民法院批准。"据此,代理人一定要注意二审的审限是 3 个月,时间较为紧张,所以一定要尽快协助当事人提出有力证据,推翻一审判决。

第二十四章　法律顾问

第一节　法律顾问概述

一、法律顾问的概念和特征

法律顾问,是指为聘请单位或个人就业务上的问题,解答法律询问,提供法律帮助,具有法律专业知识的人员。狭义上的法律顾问仅指律师。广义上的法律顾问则不仅限于律师,还包括其他只要是具有法律专业知识,能够为聘请单位或个人提供法律服务的人。法律顾问的职责主要是为聘请方就业务上的决策提供法律咨询;草拟、审查法律事务文书;代理参加诉讼、调解和仲裁活动,增强聘请方领导、员工的法律意识,使其生产、经营和管理逐步纳入法治轨道。

律师担任法律顾问和其承担的其他法律业务相比较,具有以下明显特征:

1. 服务对象的稳定性

律师可以接受公民、法人或其他组织的聘请担任法律顾问,并且与聘方的关系比较稳定,一般会建立长期的合作关系。

2. 独立的法律地位

顾问律师并不隶属或依附于聘方,而由律师事务所指派,按照律师事务所与聘方自愿协商达成的聘用合同履行职责,根据我国民事法律关系的基本原则,聘用服务合同关系的主体双方法律地位平等,权利义务对等。这种平等的法律关系决定了顾问律师是以独立的身份到聘方进行活动的,具有独立的法律地位。

3. 律师身份的双重性

律师作为法律顾问,其身份具有双重性。一方面,应聘法律顾问的一方是律师事务所。顾问律师作为律师事务所的一员,是律师事务所为完成聘请合同约定所派出的代表,并且,他要就此项顾问工作的进度和完成情况向律师事务所汇报,并受到律师事务所的监督和指导。另一方面,他又是代表聘请方处理法律事务的人员,要依据法律顾问聘请合同的规定,积极履行自己的职责,为聘方做好法律服务。

4. 服务的综合性

一是聘方主体多元化。聘请律师担任法律顾问的一方可以是国家机关、企事业单位、社会团体、其他经济组织或城乡个体经营户以及公民个人。实践中,律师事务所接受聘请的对象主要是企业,特别是大、中型企业。

二是服务范围广泛。凡是聘方涉及的法律问题,都可能成为法律顾问需要服务的范围,包括:了解聘方的生产、经营、管理等基本情况;对聘方交办的各种法律事务做妥善处理;帮助聘方建立健全各项规章制度;帮助聘方建立法律顾问机构或培养法律人才等。同时,服务形式也具有多样性。可应顾问单位的要求派专人长驻企业,也可集中一段时间为顾问单位提供法律服务。对于服务范围内的事项,法律顾问可以在调查研究的基础上,区别情况采取不同措施分别予以妥善处理,并且,针对不同的服务主体,采取的工作程序也不相同。

二、法律顾问的种类

(一)依据聘请方的不同进行分类

依法律顾问的聘方不同,可以分为下述五类:

(1)政府法律顾问。是指律师事务所接受各级人民政府及其部门的聘请,指派律师依法为政府提供综合性法律服务的一种业务活动,促进政府依法行政。

(2)企业法律顾问。是指律师事务所接受企业的聘请,指派律师按照合同约定,为企业提供综合性的法律服务,维护企业合法权益,防止和处理纠纷,促进机制转换,推动市场经济向良性循环发展。企业包括全民所有制企业、集体所有制企业、私营企业、外商独资企业、中外合资企业、中外合作企业以及外商派驻机构等。

(3)事业单位的法律顾问。是指由国家机关举办或者其他组织利用国有资产举办的,从事教育、科技、文化、卫生等活动的社会服务组织所聘请的法律顾问。律师担任事业单位法律顾问,是为了社会公益目的提供法律服务,当好法律参谋,促进国家各项事业的发展。

(4)社会团体法律顾问。是指公民自愿组成的非营利性社会团体而聘请的法律顾问,依团体的不同性质提供不同法律服务,以使工会、共青团、妇联、科协、法学会等众多社会组织依法开展业务活动,实现公益目的或者社团特定目的。

(5)公民个人或家庭法律顾问。是指律师事务所接受公民个人的聘请,指派律师在合同约定的期限内,向聘请公民提供法律服务的一项综合性业务活动。

(二)依据聘请期限的长短不同进行分类

依聘请期限的长短可以分为常年法律顾问与临时法律顾问。

常年法律顾问与聘方签订一年或一年以上聘应协议,在协议约定期限内处理该单位协议范围内的法律事务。法律顾问关系随协议期满而结束,如果继续聘用,需要重新签订协议。这类法律顾问服务范围广、时间长。

临时法律顾问受聘专门处理某一项法律事务,该法律事项办结,法律顾问关系即终止。一般不受时间限制,也称短期法律顾问。

(三)依据法律顾问工作范围的不同进行分类

依法律顾问的工作范围不同,可以分为专项法律顾问和一般法律顾问。

专项法律顾问,是指仅就应聘协议规定的某项事务提供顾问服务。

一般法律顾问,是指顾问律师工作范围更广,就聘请方管理经营中的各类法律事务均

可以提供相应法律帮助。

三、法律顾问的工作原则

为公民、法人或其他组织提供法律顾问服务是律师业务的一个重要组成部分,是律师事务所和律师今后发展非诉讼业务的主要方向和重要的工作方式。要达到为聘请单位提供优质、高效和让聘请单位满意的法律服务工作的目标,就要求律师必须遵循一些必要的原则。律师担任法律顾问,必须坚持这些工作原则,这是做好法律顾问工作的基本保障。

1. 法治原则

对于法律顾问来说,坚持社会主义法治原则,就是要严格依法履行职务,以客观事实为依据,协助聘方依法经营。这一原则,是对企业法律顾问最基本的要求,是其一切工作的出发点和履行职责的基本特征。一方面,为了维护好聘方的权益,在实际工作中,当遇到实际需要时,则应坚持法不禁止则为合法的原理,合理地运用法律,保障企业商业行为的有效性,以满足聘方的最终需要。另一方面,不能为了维护聘方的某些利益而采取非法手段损害国家、集体或他人的利益,更不能维护聘方的非法利益。对于聘方违反国家法律、政策的行为,应说服其停止并纠正,切不可姑息迁就。严格依法办事与保护聘方的利益是互不抵触的,维护聘方的利益是目的,依法办事是手段。只有严格依法履行职务,才能真正保护聘方的合法利益。

2. 维护聘方合法权益原则

聘方聘请法律顾问的最主要目的就是通过法律顾问的帮助,保证聘方依法行使法律赋予的权利,使其合法权利不受侵犯。因此,法律顾问要本着维护聘方的利益为宗旨,不仅不能做出任何有损于聘方的行为,而且应当对其工作和业务的顺利开展起促进作用。对工作不负责任,敷衍了事,或者与第三人恶意串通,为自己谋利的行为,都是严格予以禁止的。由此给聘方造成损失的,法律顾问应承担行政责任、民事责任甚至刑事责任。维护聘方合法权益应具体做到以下三点:首先,法律顾问要通过自身卓有成效的工作,防止聘方合法权益受到侵害。其次,当聘方合法权益受侵害时,作为法律顾问要依其职责全力予以维护。再次,如果聘方谋取的权益是违法的,企业法律顾问不应支持、维护,而应当是提出法律意见,加以制止。支持、容忍聘方从事违法行为,与法律顾问的职责和职业道德不相容,应受到相应的处罚。

3. 预防为主的原则

法律顾问的工作可以分为两项:一是事前防范;二是事后补救。有效的事前防范,可以为聘方节约大量的管理成本,这也是聘方聘请企业法律顾问的主要目的。因此,作为法律顾问的律师,工作重点应放在前者,从法律的角度避免风险,尽量消除纠纷隐患,预防纠纷的发生。顾问律师应坚持治本为上,查找并弥补聘方经营管理中的漏洞,适时提出法律上的建议和意见,协助建立和健全有关规章制度,协助抓好合同的审查、签订和管理,指出可行路径,开展法制宣传教育,提高单位员工的法律素质。

4. 指导为主的原则

担任法律顾问的律师和聘请方之间是一种服务合同关系,双方的法律地位平等,应互

相尊重信任,真诚合作。律师对聘请方可以提出建议和意见,但没有决定权和指挥权,即使是正确的意见,也不能强行要求聘方采纳。即使对法律顾问工作范围内的法律事务,也必须征得聘方的同意方可参与,不得自行或强行插手。对于在处理具体问题中发生的分歧,双方应通过协商达成一致,予以解决。

但是顾问律师也应发挥主观能动性,积极向聘方传授法律知识和处理一般法律事务的方法,提高其依法办事的能力和管理水平,密切与企业的联系;聘方也应给予重视和充分考虑并尽可能配合和保障。当遇到诉讼、仲裁、重大项目的签约等重要事项,律师应接受委托亲自办理。

5. 保守秘密原则

《律师法》第 38 条规定,律师应当保守在执业活动中知悉的国家秘密、商业秘密,不得泄露当事人的隐私。保守秘密的原则在律师担任法律顾问工作中更显得突出。在处理公民、法人或其他组织的各类事务中,有时会知晓一些国家机密、商业秘密及个人隐私。顾问律师作为知情人,无论是故意或者过失泄密,都会造成国家安全受到威胁,政府行使管理职能遇到阻碍,企业面临巨大失利风险,公民遭受财产或人身伤害。如果律师及其所在的律师事务所违反保密原则,应当承担法律责任,受到法律制裁。

第二节　律师担任政府法律顾问

本节根据司法部《关于律师担任政府法律顾问的若干规定》和政府法律顾问工作的实践情况,对律师担任政府法律顾问作如下介绍。

一、律师担任政府法律顾问的概念和必要性

律师担任政府法律顾问,是指律师接受政府聘请,在政府行使管理职能的过程中,提供法律服务,维护政府合法权益,保障政府依法、科学、民主决策,促进政府工作的法律化、制度化。

政府机关聘请法律顾问的必要性如下:

一是法治的需要。推进依法治国,关键是行政机关的依法行政。依法行政的根本性任务之一是建设廉洁、勤政、务实、高效的政府,这必然要求行政机关要善于运用法律手段解决问题,并在法律规定的权限范围内履行职责。但由于政府职能部门受专业化、知识等限制,尤其在一些涉法问题上,缺乏懂法、学法的法律人才,不可能完全了解国家的现行法律、法规,依法行政难免沦为空谈。这就迫切需要法律顾问的参与,为行政机关提供法律上的帮助,使得各项行政执法工作按法律程序进行,提高政府依法决策、依法行政和依法办事的能力。

二是有利于行政执法人员法律意识和法律思维习惯的养成,提高其执法积极性。法律顾问可以就公务员在其工作中遇到的法律疑难问题提供咨询,提出建议,加强其法律素养。同时有助于建立并完善政府公务员管理制度和工作激励机制,体现和符合法治精神,

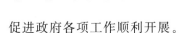

促进政府各项工作顺利开展。

三是随着社会主义市场经济体制的建立和完善,政府在干预经济的方式和程度上已经转化为间接宏观调控,更多地需要运用经济杠杆、经济政策、经济法规来引导、规范、保障和约束,而这些干预必须是有法律约束的干预,是动用法律手段来进行的干预。这就必然要求国家机关听取由专家组成的法律顾问的意见。而律师作为社会公认的一支法律专家队伍,自然而然地应当渗透到国家机关,包括立法部门、行政部门等。

■ 二、业务特殊要求

作为政府的顾问律师,除遵守律师担任法律顾问的一般原则外,其法律服务质量还应达到以下要求:(1)要建立一套规范的程序,如完善备案、委托、授权等各个环节,防止形式主义,提高实际功效。(2)法律顾问只向政府领导提供法律咨询意见,不是政府的工作人员,不具有行政职权。(3)对提请审议的法规(草案)、规章、具体规定,以及行政执法部门的执法活动,行政诉讼和行政复议,司法机关的司法活动等,非经政府委托不得参与。(4)忠于事实和法律,对所提出的意见和建议,起草的法律文书和办理的其他政府法律事务的合法性负责。(5)法律顾问不仅要在具体决策活动或咨询中提出法律意见,更要以客观的立场,阐述法治理念与法律精神,通过具体的顾问活动,对政府日常的行政行为产生积极影响。(6)要通过一定的形式明确政府法律顾问的权利与义务,保障法律顾问在行使职权时,能严格按照法律办事,不以行政首长的意志为转移。

■ 三、工作制度

（一）聘请和管理

政府可根据需要和相关部门或机构的推荐聘请具备较高的思想政治觉悟和政策业务水平的律师担任法律顾问。政府与律师事务所应当在协商一致的基础上签订聘用合同。聘用合同一般应采用书面形式。双方也可以根据具体情况,协商采用其他方式建立法律顾问关系。

法律顾问的聘任期由各政府根据实际工作需要确定。对聘期内的法律顾问,有特殊情况需要可以提前解除聘请。

政府与律师事务所之间的聘用合同,应当包括以下主要内容:(1)双方法定名称、指派律师姓名;(2)法律顾问的具体职责范围、工作方式;(3)双方的权利、义务;(4)双方共同遵守的原则;(5)报酬数额及给付方式;(6)合同生效日期和有效期限;(7)双方需约定或者写明的其他事项。

（二）工作组织

政府聘请法律顾问,一般可以根据需要采取以下两种形式:

一是个人服务形式。即由律师事务所指派一名或者数名律师担任。

二是集体服务形式。即由律师组成的法律顾问团担任。法律顾问团可以设首席法律顾问。法律顾问团的成员应对自己承办的具体法律服务承担个人责任,也可以将重大或疑难的法律问题提交法律顾问团集体讨论后,再向政府领导提供服务,实行集体负责制。

（三）工作方式

政府法律顾问的工作方式主要为会议方式、会晤方式、临时约请方式。

会议方式即每隔一定时间召开一次法律顾问会议，也可根据情况随时召开。根据会议议题可请有关部门、单位负责人列席。主要对政府一定时期的涉法事务进行研究、讨论、提出建议。会议研究法律事务涉及省政府及其职能部门的行政决策的，应当邀请有关负责人参加，介绍情况并听取法律顾问的意见。

会晤方式即法律顾问定期或不定期与政府领导会晤，交流情况，沟通信息，提供法律服务。

临时约请方式即根据政府工作和市政府领导安排，临时约请法律顾问，要求提供有关方面的法律服务。对于重大法律事务，聘方应提前1～2天通知法律顾问，尽可能提前介绍情况并提供相关材料。

其他还有通过调研，参与有关会议，参与商务洽谈、个别咨询，委托代办等形式，提供经常性的和专项的法律咨询服务。

根据工作需要，法律顾问可以邀请自然科学和社会科学的专家，对法律顾问提出的法律意见书进行专业论证。

法律顾问向政府提供法律咨询，应提供规范的书面意见，送政府领导或政府法制办，并予存档。法律顾问也可以提供口头意见，但应予以记录存档。

四、法律顾问的业务范围

律师担任政府法律顾问，受政府委托办理下列法律事务：

（一）提供经常性法律咨询服务

就政府的重大行政决策提供法律方面的意见，或者应政府要求进行法律论证；对政府起草或者拟发布的规范性文件，提出修改和补充建议，从法律方面审查其合法性；向政府及时提供国家有关法律信息，指导政府工作人员依法履行职责，就政府行政管理中的法律问题提出建议。

（二）协助对经济事项的管理

参与上市公司、大中型国有企业的改制、转让法律事务，涉及面广、社会影响大的企业兼并、破产法律事务；参与大型公用事业、基础建设项目或使用财政大额投资建设项目的涉法事务，政府重大招商项目的涉法事务；参加以政府名义洽谈、签约的涉外和国内经济项目的谈判，协助政府审查重大经济合同、经济项目及重要的法律文件。

（三）协助对纠纷的处理

受政府委托，代理政府参与诉讼、调解或仲裁活动，就政府受理的行政复议、行政赔偿、行政许可、行政强制等所涉及的重大法律问题，提供法律咨询。参与处理涉及政府尚未形成诉讼的民事纠纷、经济纠纷、行政纠纷和其他重大纠纷；对所辖区域内发生的有一定影响的涉法事件，进行调查或者协调处理。代理政府参加诉讼，维护政府依法行使职权和维护政府机关的合法权益；协调政府各部门涉及法律事务的工作和政府执法部门之间因职责不清引起的行政执法争议。

（四）代理签署法律文件

对政府负责人签署的政府规章和具有普遍约束力的规范性文件进行附署，由政府委托签署以政府名义签订的合同（协议）以及其他有关法律事务文件。

（五）协助政府进行法制建设和法制宣传

对内协助政府组织法律知识培训活动，提高干部队伍法律素质；对外协助政府进行法制宣传教育。

五、法律顾问的权利与义务

（一）担任政府法律顾问的律师享有的权利

1. 受聘担任政府法律顾问的律师，应有履行职责所需要的知情权、参与权、建议权。

2. 受聘担任政府法律顾问的律师，经政府领导批准可以查阅有关文件资料或参加政府召开的有关会议。

3. 法律顾问处理法律事务需要有关机构或单位配合的，应当书面通知有关机构或单位予以协助。

4. 法律顾问工作经费，列入政府法制办公室专项经费专款专用，法律顾问因办理政府法律事务，所发生差旅费、材料文印、调查取证等支出费用，由政府法制办按标准报销。法律顾问在代理政府诉讼、调解、仲裁或重大项目谈判活动中，其报酬按有关规定办理。

5. 法律顾问工作期间所需交通、办公场所，由政府法制办负责联系并给予保障。

6. 获得履行政府法律顾问职责所必需的其他工作条件和便利。

（二）担任政府法律顾问的律师应当履行的义务

1. 政府法律顾问和法律助理应当诚信、正直，忠实于法律和事实，认真负责，恪尽职守。所出具的法律意见应当合法、准确、客观、全面，所提供的其他法律服务具备应有的质量水准。

2. 受聘担任政府法律顾问的律师，对其工作中接触、了解到的机密和不宜公开的情况，有严守秘密的责任，不得向政府领导和法律顾问以外的人泄露。

3. 受聘担任政府法律顾问的律师，应当根据合同规定和政府委托的权限进行活动，不得超越委托权限，更不得以政府的名义或利用政府法律顾问的身份从事与委托事项无关的任何活动。

4. 受聘担任政府法律顾问的律师，在同一权利义务的法律关系中不得再担任对方的代理人；不得同时接受他人委托办理其他有损于政府利益或者违反政府决定的事务。

5. 法律顾问在办理律师的其他业务时，不得以政府法律顾问的身份对有关部门和各方当事人施加影响。

6. 受聘担任政府法律顾问的律师，要定期向律师事务所汇报工作情况，并建立重大疑难问题讨论制度。

7. 以书面方式提出的参与政府决策、社会经济管理事务中涉及的法律问题的意见和建议，政府及其部门应当采纳，不予采纳的要说明理由。

第三节　律师担任企业单位法律顾问

一、法律顾问的概念和作用

随着现代企业制度的建立,企业成为社会生活的重要细胞。在法律、制度越来越规范的今天,企业要在激烈的市场竞争中发展壮大,不仅依靠企业内部良好的运作,还需要充分发挥法律的规范、保障和促进作用,这就需要引进专业法律人才。立足于企业对法律知识和经验的迫切需求,我国建立了律师担任企业法律顾问制度。

律师担任企业法律顾问,是指律师事务所接受企业的聘请,指派律师按照合同约定的期限、方式和工作范围,运用律师拥有的法律知识和工作技巧,为聘请企业提供综合性的法律服务。顾问律师是企业领导人在法律方面的参谋和助手,从事企业法律事务工作,促进企业依法经营管理和依法维护自身合法权益。

需要说明的是,律师担任企业法律顾问和专职企业法律顾问是不同的。前者从业于律师事务所,只是接受律所指派,按照其与企业签订的委托代理合同提供法律服务,对外既可称为律师,也可称为企业的法律顾问。后者需要通过全国企业法律顾问执业资格考试,是企业内部人员,专门从事企业法律事务工作。

企业聘请律师担任法律顾问有如下的作用:

1. 规避风险,保障企业经营的稳健

企业必须具备风险防范意识,否则利益会受到重大的损害,甚至因此一蹶不振。通过聘请顾问律师参与日常经营中的谈判协商、签订合同,以及在企业通过联营、兼并、分立或投资等方式进一步发展壮大时,提供对策、制订方案、提示风险,可以有效地防止和化解经营中的,特别是重大决策上的法律风险,保证交易风险能够控制在企业可以接受的底线之上,促成企业交易行为的理性化,维护企业的根本利益,使企业能够稳健经营。

2. 促使企业利益最大化

由于我国特殊的法制发展道路与现阶段政治经济体制转轨的现状,使得我国法制体系还不够完善,存在大量法律、法规滞后的现象,以致许多市场机制中的生产关系得不到及时调整,这种状况在新兴行业或先进的企业运营模式中更为明显。如果企业对自己的权利义务没有足够的认识,不仅不能在法律限度内争取更多利益,反而会踏入他方的陷阱造成损失。优秀的顾问律师可以在我国法律空白领域内,为交易双方设定法律关系,创制规则,从而使聘方企业利益得到最大化。虽然随着市场经济的发展,我国相关法律制度日趋完善,但法律、规章、司法解释也越来越多,这就需要法律知识的及时更新,而若非专业人士,是不能担负这个重任的。

3. 改进企业的管理水平

律师阅历丰富,较能通晓社会众多领域内发生的变革及相应的法律关系,从而在分析法律问题时更富于创造性,而且,担任企业法律顾问的律师中也不乏具有多年企业管理经验的人才,既能全面参与企业经营决策,又善于从法律视角分析问题,帮助企业实行依法治厂,健全各项管理的规章制度,加强对经济合同的管理,帮助培训企业法律人才,以及帮助企业解决调整产品结构,抵制不合理摊派,提高产品质量,加强产品推销,筹措资金等方面的法律问题,有助于促使企业合法操作,增强活力,可以很大程度上改进企业的管理水平。

4. 提升企业的形象

企业聘请法律顾问,一方面使企业的经营管理工作规范化、法治化,另一方面可以增强企业的信誉。首先,企业的形象得以大大提升,因为聘请一家大型知名律师事务所作为自己的常年法律顾问,本身就是一种企业形象的宣传,可以表明企业的法律意识和企业的经济实力。而且,优秀的法律顾问也可以通过为企业设计良好的法律框架来提高企业引资的吸引力,增强企业投资者的信心,从而改善投资环境。

5. 提高企业参与国际竞争与合作的能力

入世后,我国企业开始在更大范围、更广领域、更高层次上参与国际经济技术合作与竞争,在符合世贸组织原则的统一市场竞争规则面前,国内企业已被置于与国外企业平等竞争的法律环境中,机遇与挑战并存。国家为给国内企业提供合理保护,提供了反倾销、反补贴、保障措施、非关税措施等在内的多种法律救济手段,这种情况下,要提高企业核心竞争力,学会并善于运用这些法律手段的能力尤为重要。因此,在企业配备法律型人才,更好地掌握和运用世贸组织规则和国内保护规则已成为企业在对外贸易中更好保护和发展自己的重要举措。

■ 二、业务的特殊要求

律师担任企业法律顾问,除了要遵循以事实为依据、以法律为准绳和维护委托人合法权益等律师工作原则外,还要做到如下几项:(1)由顾问律师指导企业内人员从事法律事务。(2)要提倡积极主动到企业去上门服务,不要等待企业有事才找上门。(3)要提倡帮助企业解决根本性的问题,不要等企业发生了案件再去处理。(4)要提倡帮助企业提高自身解决法律问题的能力,不要事事处处都得依赖律师去处理。同时,也要鼓励律师事务所探讨研究改变内部工作结构的新路子,以发挥律师事务所整体的智慧和力量。遇有较复杂、专业较强的法律事务,律师事务所要统一调配力量,协同工作,并强调律师事务所之间的协作和配合。

■ 三、工作制度

(一)聘请与管理

企业聘请律师担任法律顾问,由企业与律师事务所签订聘用合同、协议。企业聘请律师担任法律顾问,由律师事务所指派本所律师担任,并尽可能满足企业对律师的指名要求。

律师事务所与企业之间签订的聘用合同、协议,应包括以下主要内容:(1)双方法定名称、指派律师姓名;(2)法律顾问的具体工作范围、工作方式;(3)双方的权利、义务;(4)双

方共同遵守的原则;(5)法律顾问费数额、支付办法;(6)合同、协议的中止、变更和解除;(7)合同、协议有效期限;(8)双方约定的其他事项。

律师担任企业法律顾问的聘用合同、协议必须加盖双方公章,并由双方法定代表人签名或盖章。

受聘律师因故不能履行企业法律顾问职责时,受聘律师事务所应当与聘请单位协商,另行指派律师接替。律师事务所对律师担任企业法律顾问工作,应定期进行检查和考核,以保证工作的质量。

(二)工作组织

律师担任企业法律顾问须经律师事务所指派,必要时可以指派二名以上律师组成法律顾问团(组),法律顾问团(组)可以设首席法律顾问。未经律师事务所指派,律师个人不得以任何形式或名义担任企业法律顾问。律师助理人员不得独立担任企业法律顾问,但可以协助律师做法律顾问工作。

(三)工作方式

律师必须从实际出发采取切实可行的工作方式和方法,做好企业法律顾问工作。目前,律师在实践中担任企业法律顾问有多种工作方式。为了适应企业和工作实际的需要,律师事务所可以协商确定不同的工作方式。律师担任企业法律顾问也必须讲究工作方式。

(1)调查研究、掌握情况是做好法律顾问工作的向导和基础。积极调研、了解聘方的基本现状、日常的业务往来及其客户的情况、生产经营中的纠纷情况。为自己设计一个适应聘方所需的知识结构,按照知识结构所需,了解相应的生产、经营或技术知识,建立起法律顾问与聘方的紧密型、信任型的关系。

(2)顾问工作持续发挥作用,律师还需平时加强交流和沟通,制定联系制度。采取定期和不定期相结合方式,每月定期到企业值班,同时根据企业工作需要,不定期处理临时性法律事务。企业重要经营会议和重大商务谈判,需要顾问律师参加的,确保按时参加。

(3)法律文书、文件一般通过传真或电子邮件方式按照时间紧急程度处理。对于法律服务工作必须讲究技巧,在具体的法律事务中应做到:突出重点,讲求实效。着重对企业经营方向、业务决策、管理体制等方面给予法律上的指导帮助。重点是:①协调企业内外部关系;②协助企业用法律手段改善经营管理;③为企业提供信息;④帮助聘方提高整体法律素质。

四、工作范围

我国传统的法律顾问工作范围主要包括合同把关、人员培训、债权债务的清理、提供法律咨询、代为谈判等等。随着我国改革开放的深入进行,特别是在我国加入 WTO 之后,这一传统的服务范围已无法满足顾问单位的需要。顾问单位要健康有序地发展,就需要律师提供包括企业资产运营与整合,企业规章制度与企业文化建设中法律框架的设计,企业法律风险防范体系的建立,企业专项法律事务的法律风险分析,相关法律法规的提供与分析,甚至企业投资人之间、投资人与管理层之间的法律框架设计等等更高层次的、更

全面的法律服务。通过律师为企业提供全方位法律顾问服务,增强了企业的竞争能力,有利于企业的长远发展,有利于整个行业法制环境的改善。

律师担任企业法律顾问,受企业委托办理下列法律事务:

(一)提供与企业生产经营有关的法律意见

协助企业领导人正确执行国家法律、法规,参与经营管理层会议,就企业生产、经营、管理方面的重大决策的可行性、风险预测和对策,提出法律意见,从法律上进行论证,提供法律依据,保障企业稳健经营;提供与企业活动有关的法律信息。由于我国的企业法律法规正处于不断修改和完善阶段,新的法律、规章、司法解释出台日益频繁,律师作为专业人士,能够在第一时间提供更新后的法律信息,帮助企业在瞬息万变的市场中抓住机遇。就企业深化改革,扩大开放,发展外向型经济,转换企业经营机制,提高企业经济效益,加强处理生产、经营、管理和对外联系中的有关问题,提出法律意见。

(二)办理企业的非诉讼法律事务

参与起草、审核企业重要的规章制度。为了保证企业生产经营活动正常有序地进行,需要在内部管理过程中把经济的、行政的手段最大限度地上升为法律的手段,建立健全各项规章制度,包括根本性制度、有关生产经营及思想政治工作等专项工作制度和责任制度。

参与企业的对外投融资、合并、分立、破产、投资、租赁、资产转让、招投标、并购、重组、上市以及进行公司改制等涉及企业权益的重要经济活动,处理有关法律事务,进行可行性论证。

建立、健全企业商业资源、利益保护制度和企业专利、商标、商业秘密、工业产权的注册、登记及保护措施。中国加入WTO后,国内外企业同台竞争,涉及专利、商标、商业秘密等方面的知识产权事务不断增多。顾问律师应该帮助企业提高知识产权保护意识,负责处理知识产权事务,提出对不正当竞争行为的防范措施及对策,降低企业经营风险,减少损失。

草拟、修改、审查企业在生产、经营、管理及对外联系活动中的合同、协议以及其他有关法律事务文书。企业在业务活动中应当明确各项权利义务,并且用合同、协议等形式加以固定。顾问律师对这些法律文书应当严格审查,反复论证,并且办理必要手续,以防止履行中发生问题。管理和监督合同的履行情况,建立健全财务风险和危机控制机制。在参加经济项目谈判时,顾问律师还应当全面了解和掌握情况,收集准备有关技术资料、情报、有关法律法规和政策,核实对方的资格、信用和商业信誉,展开资信调查,提供法律分析和保障意见。顾问律师应充分发挥自己熟悉法律,了解项目的优势,适时为谈判工作提供法律服务。

(三)代理企业参加民事、经济、行政诉讼和调解、仲裁、行政复议

在现在的市场环境下,无论企业在业务活动中防范机制是多么完备,也不可能完全避免纠纷。顾问律师在坚持预防为主原则的同时,也应在企业发生纠纷时,寻求最佳途径解决,通过调解、仲裁、诉讼等方式,最大限度地维护企业的利益。尤其在适用法律比较复杂的仲裁和诉讼中,顾问律师可以凭借其丰富的诉讼经验和全面的诉讼知识

为企业提供更优质的法律服务。

（四）协助建立健全的人事制度

协助企业对全体干部职工进行法制宣传教育和法律培训，提高干部、职工执法、守法的自觉性，形成较强的法律意识和法治观念；

对企业内部的法律工作人员的工作进行指导，协助建立法律事务机构，应对法律工作越来越复杂的状况，培养聘方自己的法律人才；

负责企业其他外聘律师的选择、联络及相关工作，为企业提供更充分的法律保障。

（五）办理企业领导人交办的其他法律事务

除了上述事务范围外，还有其他一些单项法律行为和办理法律事实方面的事务。如协调、处理企业与工商、税务、商务等政府监管部门的关系和事务；参加企业的国有资产评估，办理企业破产中的法律事务等。

五、权利和义务

（一）律师担任企业法律顾问的聘用合同、协议，应载明律师享有如下权利

（1）根据工作需要查阅和承办与法律事务有关的企业文件和资料，及财务报表、统计报表等；

（2）了解企业的生产、经营、管理和对外联系活动中的有关情况；办理企业法律事务时，有权依法向有关单位或者个人调查情况、收集证据；

（3）列席企业领导人召集的生产、经营、管理和对外活动中的有关会议；

（4）获得履行企业法律顾问职责所必需的办公、交通及其他工作条件和便利；

（5）对企业违反法律、法规的行为，提出纠正意见和建议；

（6）法律、法规和企业领导人授予的其他权利。

（二）企业法律顾问应当履行下列义务

（1）应当及时承办顾问单位委托办理的有关法律事务，认真履行职责，维护企业合法权益，为企业提供优质法律服务，对所提出的法律意见、起草的法律文书以及办理的其他法律事务的合法性负责。

（2）应当坚持以事实为根据，以法律为准绳的原则，发现顾问单位有违法行为的，应当予以劝阻纠正。

（3）应根据合同、协议规定和企业的委托授权进行工作，不得超越委托代理权限。

（4）不得从事有损于聘请单位合法权益的活动，不得在民事、经济、行政诉讼或仲裁活动中担任对立一方当事人的代理人。

（5）在其受聘的两个或两个以上的企业之间发生争议时，应当进行调解，但律师不得代理任何一方参加诉讼或仲裁。

（6）担任企业法律顾问的律师，对在工作中接触、了解到的有关企业生产、经营管理和对外联系活动中的业务秘密，负有保守秘密的义务。

（7）应当建立律师事务所与聘请单位定期联系、律师与聘请单位法定代表人定期会见等制度。

第四节　律师担任事业单位、社会团体和公民个人法律顾问

一、律师担任事业单位法律顾问

事业单位是社会公共服务政策的具体执行者,通过事业单位的活动,实现政府的公共服务职能目标。

在我国,事业单位是由国家机构或其他组织利用国有资产,为国家和社会提供公共服务的法律实体。其职能一是从事教育、卫生、科技、文化等领域的公共服务活动,二是在特定的情境下,依据法律法规的授权和行政机关的委托,从事一定的社会事务的管理活动。

随着政府职能的重新界定和公共服务需求的增强,我国现有的关于事业单位的法律问题日益显现:一是法律规定滞后和法律相互间的冲突,使得单位现实的运作缺乏法律的有力支持和保障;二是事业单位的运行还需要综合把握公共财政制度,社会保障制度,公务员制度等其他各方面的法规制度;三是当前随着社会主义市场经济体制的建立和完善,传统的事业单位体制格局难以适应市场经济条件下资源优化配置和社会公共服务的需要,事业单位自身的改革也成为重要议题;四是现代社会要求政府机关必须依法行政,同时也要求事业单位依据法律的规定办事。过去政府机关、事业单位行政办事随意性很强,每遇到法律问题几乎都是通过非法律的方式解决。近年来,国家大力推进行政的法治化、办事的法律化,公民对政府机关、事业单位之间的纠纷也开始倾向于谋求法律途径解决。这时候,需要法律顾问对行政人员、单位职工进行与自身相关的法律法规培训,加强法律意识,提高职业素质;需要法律顾问随时为单位工作中面临的问题提供完善意见,以合法、积极地为人民群众服务。

律师担任事业单位的法律顾问,可以结合事业单位活动领域的专业性,发挥其优势,在法律空白内协助聘方健全各项财务管理制度、人事管理制度和组织运行方式,有针对性地建立激励和约束机制,提高人员的工作积极性,有效地促进事业单位履行职能。事业单位改革应当在宏观调整的前提下,解决微观的运行机制问题,建立和完善事业单位良好的治理模式。

事业单位改革是继国有企业和政府机构改革之后又一重大攻坚,需要稳步有序、科学统筹、合理规划。改革不仅需要政策的支持,更需要法律的规范和引导,只有从法律上清晰地界定事业单位的基本问题,才能实现预期的改革目标。在事业单位改革的进程中,也可以提出具有可行性的法律意见。这样可以更好地体现事业单位的公益性,执行好社会公共服务政策,实现国家和社会公共利益,继续卓有成效地为社会提供公共产品和公共服务。

现有事业单位按照职能可以划分为生产经营性事业单位,社会公益性事业单位,行政

管理性事业单位。对于第一类,可以参照律师担任企业法律顾问的相关规定适用,第二、三类,宜参照律师担任政府法律顾问相关规定执行。

二、律师担任社会团体法律顾问

律师担任社会团体法律顾问,是律师事务所接受这些团体的聘请,针对其自身的性质、特点,指派律师依法向其提供法律咨询和法律帮助的一项业务活动。

社会团体是公民自愿组成,其为了实现会员的共同利益,按照章程开展活动的非营利性社会组织。由于法制的不断健全,使得社会团体的活动越来越多地纳入到法律调整的范围中。因此,也有必要聘请律师担任法律顾问,为重大事项决策提供法律咨询,为专项事务出具法律意见。

律师担任社会团体法律顾问的工作原则、程序、工作方式与律师担任政府、企业法律顾问基本相同。

三、律师担任公民个人的法律顾问

现代社会是法治社会,法律调整公民各方面的社会关系,公民个人的合法权益最终是由法律来切实保障的。现实生活带来的关于婚姻、继承、交通、医疗、侵权、人身损害、劳动、合伙、合同等方面的法律风险和纠纷,都需要法律专业人士来有效地识别、规避和化解,在纠纷发生时能够寻求最佳解决途径,最大限度内维护公民的合法权益。因此,随着社会的发展和公民法律意识的增强,律师为有条件、有需求的公民担任私人法律顾问势在必行,不仅中高等工薪阶层可以聘请私人律师,而且包括个体工商户、工人和农民在内的普通百姓也应该能够得到私人律师的服务,以满足家庭和个人的法律顾问需求。

律师担任公民个人法律顾问的工作范围包括:(1)就婚姻、家庭、收养、继承、赠与、交易、合伙、财产分配和分割等私人法律问题提供法律咨询意见,起草、审查、翻译相关的合同和法律文书。(2)代表公民个人进行纠纷谈判,协助草拟谈判提纲;(3)作为代理人参加纠纷的调解、仲裁或诉讼活动;(4)为个人催收债权,签发律师函;(5)办理各类律师见证业务及代办法律公证手续;(6)提供其他个人法律顾问法律服务。

第二十五章　律师非诉讼业务

第一节　律师仲裁业务

与诉讼相比，仲裁作为解决纠纷的重要方式，除具备公正性、强制性之外，还具有自愿性、及时性、经济性等优点，因此被越来越广泛地采用。

根据《律师法》第 28 条和《仲裁法》第 29 条规定，律师可以接受当事人和法定代理人的委托，提起或参加仲裁活动。实践表明，代理仲裁案件是律师主要的，也是颇具优势的一项非诉讼业务。由于仲裁程序的专业技术性日益强化，律师参与仲裁不仅同代理诉讼一样有助于推动程序的顺畅运行、事实的查明和法律的正确适用，更有助于当事人理性、恰当、简约地解决纠纷。

根据我国实际情况，律师主要可以代理三类仲裁：国内仲裁、涉外仲裁和劳动争议仲裁。

一、国内仲裁

国内仲裁，是指当事人、仲裁机构或仲裁地、争议的标的和导致争议产生的法律关系均在一国境内的仲裁。[①] 我国实行或裁或审和一裁终局制度。国内仲裁中，律师可以代理各类合同和非合同的其他财产权益纠纷的仲裁，如知识产权合同纠纷、房地产合同纠纷及海商事合同纠纷等。律师应当熟悉掌握仲裁法律法规和审理案件的仲裁委员会制定的规则。除此之外，律师还要严格遵循下列基本工作步骤与方法：

1. 接受委托

律师代理当事人参加仲裁，应由律师事务所统一接受委托，统一收费。应审查的主要有代理事项及委托人提供的材料，决定是否接受委托。重点审查当事人之间是否有自愿达成的仲裁协议。仲裁协议的存在构成仲裁的基础，否则，一方申请仲裁的，仲裁委员会将不予受理。

2. 代理仲裁前的准备工作

代理申请仲裁，向仲裁委员会递交仲裁协议、仲裁申请书及副本，其中仲裁申请书应当载明必要事项和重要事项；协助当事人选定仲裁员组成仲裁庭，并且在具有法定情形时申请仲裁员回避；根据案件情况和委托人的意愿向仲裁委员会申请财产保全和证据保全；

---

① 谢石松主编：《商事仲裁法学》，高等教育出版社 2003 年版，第 112 页。

委托人是被申请方时,应当代理答辩,提交答辩书和副本。

3. 代理参加仲裁庭审

在尊重当事人意愿的基础上,根据案情,提出建议或代为申请是否开庭审理和公开审理;积极参加庭审调查、举证、质证、辩论、申请及参加仲裁调解;在整个仲裁程序中,协助委托人调查收集书证、物证、证人证言等。

4. 代理仲裁裁决做出后的工作

如发现有《仲裁法》第58条规定情形之一的,应告知当事人并遵循当事人的意愿,自收到裁决之日起六个月内向仲裁委员会所在地中级人民法院代理申请撤销已作出的裁决。

一方当事人对裁决不予履行的,律师可以在授权下代为申请法院执行已生效仲裁裁决。

如裁决有《民事诉讼法》第244条第2款规定的情形,应协助被申请人向法院提出证据证明,经人民法院组成合议庭审查核实,裁定不予执行。

二、涉外仲裁

涉外仲裁是指含有涉外因素的仲裁,即当事人依据仲裁协议,将涉外经济贸易、运输和海事中发生的纠纷提交仲裁机构进行审理并作出裁决的制度。由于我国立法上采取的是非严格意义上的仲裁概念,涉外仲裁双方的当事人可能都是中国人。

随着中国经济的发展和国力的不断增强,以及《仲裁法》、相关司法解释的多次发布,以及国家政策的支持,我国涉外仲裁发展得很快。以中国国际经济贸易仲裁委员会为例,其受案数量已跃居国际仲裁机构的前列,并且能够独立、公正地解决国际经济贸易中的纠纷,已成为世界上著名的国际仲裁机构。

律师代理涉外仲裁案件,必须依据《仲裁法》、《民事诉讼法》、《中国国际经济贸易仲裁委员会仲裁规则》、《中国国际经济贸易仲裁委员会金融争议仲裁规则》、《中国海事仲裁委员会仲裁规则》等法律和规定。基本工作步骤和方法大致与代理国内经济仲裁案件相同,但还需要注意以下几方面的问题:

(1)协助委托人签订仲裁协议。律师要在熟练掌握国际惯例和相关国家法律的基础上,以维护委托人最大权益为原则,选择适用某个国家的实体法解决争议。

(2)审查发生争议的纠纷是否属于涉外仲裁机构主管的案件的范围,即是否含有涉外因素。对于对外经济贸易、运输争议,应当向中国国际经济贸易仲裁委员会申请仲裁,而海事争议案件则应当向中国海事仲裁委员会申请仲裁。

(3)为防止仲裁程序的拖延,律师应提示委托人注意相关事项进展。《贸仲委仲裁规则》和《金融争议仲裁规则》新增的如下规定:一是对仲裁协议及仲裁案件管辖权提出抗辩不影响仲裁程序的进行。在仲裁委员会主任就仲裁员作出是否回避的决定前,被请求回避的仲裁员应当继续履行职责。

二是金融争议中,当事人各自收到仲裁通知之日起7个工作日内应选定仲裁员。提交答辩与反请求的期限减为15个工作日。

（4）裁决的申请执行。若一方当事人不履行仲裁裁决，代理律师可以代理当事人依照中国法律的规定，向中国法院申请执行。如果被执行人或被执行财产不在中国境内，代理律师则可以代理当事人依照 1958 年《承认及执行外国仲裁裁决公约》或者中国缔结和参加的其他国际条约，直接向外国有管辖权的法院申请执行。

但是，在有我国《民事诉讼法》第 281 条规定的情形及《承认及执行外国仲裁裁决公约》规定第 5 条情形时，仲裁裁决不能得到法院的承认和执行。律师可以代理当事人申请撤销裁决或申请不予执行。

三、劳动争议仲裁

劳动争议仲裁作为我国一种特别仲裁制度，指劳动争议仲裁机委员会根据当事人一方或双方申请，对当事人请求解决的劳动合同的履行或其他劳动争议作出居中裁决，裁决具有约束力并可申请人民法院强制执行。在我国的劳动争议处理体制中，劳动仲裁作为诉讼前的法定必经程序，是处理劳动争议的一种主要方式。

律师代理劳动争议仲裁，适用一般的仲裁代理原则和规定，但同时，鉴于劳动争议仲裁的特殊性，律师的代理还应符合以下的要求，以切实维护当事人合法权益。

（1）劳动争议仲裁不适用《仲裁法》，而适用《劳动法》、《企业劳动争议处理条例》、《劳动争议仲裁委员会办案规则》及最高院的司法解释等法律法规。

（2）劳动争议仲裁的提起不以仲裁协议为依据。律师接受委托，申请仲裁，首先应审查委托事项是否属于可以仲裁的劳动争议；其次审查案件是否超过仲裁时效，按法律规定，向劳动争议仲裁委员会提交申请书，应当在当事人知道或应当知道其权利被侵害之日起 1 年内提出。

（3）在仲裁审理阶段，应当依法先行调解。律师应根据庭审查明的事实和委托人的意愿，制订出合理的调解方案，妥善解决双方的劳动争议。

（4）劳动争议实行一裁两审制。因此，当事人对仲裁裁决不服的，可以在接到裁决书之日起 15 日内向人民法院提起诉讼。律师应当对当事人提出客观公正的建议，如裁决确有错误，应当支持当事人向法院起诉。

第二节　　律师金融保险业务

一、律师证券法律业务

（一）概念

律师证券法律业务，是指律师事务所依法接受委托，为有价证券的发行、上市或交易以及相关业务提供的法律服务，或者依照有关法律法规和有关部门的规定应当由律师承办的其他证券法律业务。律师事务所和律师从事证券法律业务，应当根据《中华人民共和国律师法》、《中华人民共和国证券法》、《律师职业道德和执业纪律规范》和证券监管机构

关于律师从事证券法律业务管理的相关规定及其他有关法律、法规和规范性文件的规定，规范其自身执业行为，保证服务质量，明确执业责任。

（二）聘任方面

1. 法律关于聘方聘请律师的强制性规定

（1）股票发行人、可转换债券发行人和证券投资基金发起人，必须聘请具有从事证券法律业务资格的律师事务所及具有从事证券法律业务资格的律师，按照《公司法》、《证券法》、《可转换公司债券管理办法》、《证券投资基金管理公司管理办法》和《国务院关于股份有限公司境内上市外资股的规定》出具法律意见书。

（2）同一项目的证券发行人、证券主承销商不得聘请同一家律师事务所提供法律服务。

（3）证券投资基金和基金管理公司发起人必须聘请律师，对所申请设立的基金是否具备发行与上市的法定条件进行审查，并对下列文件的真实性、准确性、完整性进行审查并出具法律意见书：①发起人协议；②基金契约和托管协议；③招募说明书；④申请设立基金管理公司的其他申报材料；⑤基金管理公司章程。

（4）可转换公司债券发行人聘请的律师出具法律意见书，参照《公开发行股票公司信息披露的内容与格式准则第六号》第一部分《法律意见书和律师工作报告的内容与格式（试行）》的规定办理。

可转换债券主承销商聘请的律师参照《公开发行股票公司信息披露的内容与格式准则第八号》的规定制作验证笔录。

2. 律师及律师事务所接受委托方面

（1）承办证券业务的基本要求。律师事务所接受委托为当事人提供证券法律服务，应当指派本所具有从事证券法律业务专业能力的律师对项目实地考察、调查和了解，并在相关文件中签字，律师助理不得独立承办证券法律业务，但可以协助律师完成相关的辅助工作。

律师从事证券法律业务，应当具备为委托人提供相应服务的专业能力，包括必备的法律专业素质和公司运作、财务会计、金融证券等方面的基础知识。对有关法规、政策把握不准时，应当书面向中国证监会咨询，不得在没有掌握相关法规、政策的情况下出具法律意见书，误导委托人。律师还应保证有足够的时间和精力承办具体业务，以使法律服务质量符合国家法律、法规和有关规范性文件的规定以及专业化要求和律师行业惯例。

（2）接受委托的程序。承办证券法律业务必须由律师事务所统一接受委托。律师个人不得以任何形式或名义私自接受任何证券法律业务的委托。同一证券法律业务可以由两个或两个以上律师事务所受同一委托人的委托同时共同办理，相关责任、各自分工、各方权利义务以及律师费支付等事项应当通过签署书面协议确定。

律师事务所接受委托，首先应当向委托人了解有关受托证券业务的情况并审查委托人提供的相关材料，经律师事务所负责人或授权代表同意后办理委托手续；然后律师事务所应当与委托人签订书面委托协议；委托协议应当由律师事务所和委托人双方的法定代表人或授权代表签署，并加盖律师事务所和委托人的公章。委托协议的内容由律师事务

所和委托人约定,一般包括以下条款:协议双方的名称、住所、联系方式、委托事项的工作范围和工作方式、双方的权利义务、协议期限、律师费用、违约责任、合同的变更和解除、争议的解决办法等。

律师事务所应当尽可能满足委托人的要求指派承办律师,不得指派不具备证券法律服务专业能力的人员办理。

(3)委托的变更和解除。接受证券法律业务委托后,律师事务所或承办律师发生变更时,应及时告知委托人和证券监管机构。如无正当理由,律师事务所不应中途解除委托。

出现以下情况之一,律师事务所可以拒绝或解除委托人对于证券法律业务的委托,但应当及时通知委托人,并整理卷宗、文件,撰写项目总结报告后存档:①委托人要求律师为其提供服务的事项违反法律规定、违背律师职业道德和执业纪律规范;②委托人隐瞒重要事实;③委托人利用律师提供的法律服务从事违法活动;④其他合理理由。

(三)应遵循的原则

律师从事证券法律业务,应当坚持以事实为根据,以法律为准绳,自觉遵守证券监管机构的有关规定,恪守律师职业道德和执业纪律规范,在受委托范围内诚实守信,审慎守密,勤勉尽责,既保护委托人和投资者的合法权益,又维护证券市场的正常秩序。

1. 独立原则

律师从事证券法律业务,应当坚持其独立性,在受托范围内依法履行其职责,不受其他单位或个人的影响和干预。

2. 诚实守信原则

律师从事证券法律业务,应当始终坚持诚实守信原则,遵守以下要求:(1)不得建议或协助委托人从事违法活动或实施虚构事实的行为,但对于委托人要求解决的法律问题,可以协助委托人进行法律分析并提出合法的解决方案;(2)对于委托人要求提供违反法律法规以及律师职业道德和执业纪律规范的服务,应当拒绝并向委托人说明情况;(3)不得协助或诱导委托人弄虚作假,伪造、变造文件资料,更不得为了委托人的利益或自身利益,自己弄虚作假,伪造或变造证明文件;(4)不得向证券监管机构、证券交易所或其他机构提供律师经合理谨慎判断怀疑是伪造或虚假的文件资料;(5)不得协助任何机构和人员实施与证券业务有关的违法行为。

3. 保密原则

除法律法规明确规定,证券监管机构或司法机关依法要求,或委托人同意之外,律师及其辅助人员对于在从事证券法律业务中知悉的商业秘密应当保密,严禁利用内幕信息从事内幕交易,或为自己或他人谋取其他不正当利益。

(四)工作范围

1. 尽职调查

律师应当根据受托证券业务的具体情况,独立客观、全面及时地进行尽职调查,通过收集文件资料、与委托人管理层或业务人员面谈、与相关方核对事实、实地考察等方式,对证券法律业务项目涉及的相关法律事项进行核查验证。

(1)收集法律文件。律师应当按照受托证券法律业务的具体情况,编制尽职调查所需

的法律文件清单,并明确要求委托人或其他当事人严格按照客观真实的原则提供清单所列明的法律文件。律师在收集文件资料时应当遵循以下要求:①要求委托人披露与受托证券法律业务有关的重要事实并提供相关法律文件,包括原件、传真件、复印件、副本和节录本等;②应当收集文件资料的原件,如果收集原件确有困难,可以复制或收集副本、节录本。对复制件、副本和节录本等应当由委托人或文件提供人在文件上签字、加盖公章或以其他方式加以确认,以证明与原件或正本相一致;③对于重要而又缺少相关资料支持的事实,应当取得委托人对该事实的书面确认,律师还应当在法律意见书中作出相应说明;④对于需要进行公证、见证的法律文件,还应当及时通知委托人办理。

(2)审核资料。律师对尽职调查中收集到的资料,应当从资料的来源、颁发的时间、内容和形式、资料之间的内在联系及资料要证明的事实等方面进行审查,做到调查内容真实、准确。

(3)提交文件资料。律师应当按照证券监管机构的要求提交有关文件资料。律师向证券监管机构提交的文件资料应当是这些文件资料的复印件,但证券监管机构另有要求的除外;向证券监管机构提交文件资料原件的,律师应当提请证券监管机构的承办人员出具资料接收书面凭证。

(4)实地勘查。律师应当对受托证券法律业务涉及的场地、设备等价值较大的实物资产进行必要的实地勘查,但这种勘查仅是确认该资产是否实际存在及相关权属关系,而该资产的价值以依法履行相关职责的机构出具的专业意见为依据。

2. 证券法律文件的编制、审核及法律意见的出具

律师应当按照有关法律法规和委托人的要求编制或审核与受托证券法律业务有关的法律文件,并就受托证券法律业务所涉及的重要法律问题或法律事项出具法律意见。证券法律文件和法律意见是投资者进行投资决策的重要依据,是委托人持续信息披露的基础,是有关机构进行行业监管和业务监管的重要依据。

(1)律师编制或审核证券法律文件以及出具法律意见,应当以尽职调查的结果为依据,严禁制作、出具有虚假、严重误导性陈述内容或者重大遗漏的法律文件,严禁明示或者暗示当事人制作或者出具虚假文件,严格遵守国家现行有效的法律法规、证券监管机构公布实施的办法、规定、准则和规则。

(2)律师不应当就证券法律文件和法律意见书中应由委托人、主承销商和其他相关方负责的专业性内容发表意见,也不因此承担相应的法律责任;对现有法律法规没有明确规定的事项或者律师已经勤勉尽责仍不能对其法律性质或其合法性作出准确判断的事项,律师应当出具保留意见,并且应当指出有保留意见的事项对本次发行(配股)、上市等的影响程度,不得利用回避问题的方式误导监管部门、有关当事人和投资者。保留意见应当在法律意见书中作为主要问题特别列明。除发表保留意见的事项外,律师对某一法律事实与法律行为的判断必须有一个确定和准确的结论。

(3)律师应当遵循独立、合法、勤勉尽责的原则,就文件内容的合法性、完整性、规范性进行核查和验证,并尽力核实相关传真件、复印件、副本和节录本等是否与原件一致;如果经过合理努力仍不能核实的,应当明确予以说明。

（4）律师出具法律意见书或准备其他证券法律文件，应当简洁、准确、条理清晰。证券监管机构就有关证券法律文件和法律意见的内容和格式有特别要求的，律师编制、审核相关证券法律文件或出具法律意见应当符合有关要求。法律意见书应当由承办律师签字，并加盖律师事务所公章，证券监管机构就有关法律意见书的签署有特别要求的，律师事务所和律师应当根据相应的特别要求进行签署。

（5）律师从事涉外证券法律业务，如果同时出具中文和外文文本，律师应当明确说明不同文本的效力及同等效力文本之间的表述发生冲突时的解决办法。

3．其他方面

（1）外部联系上：律师从事证券法律业务，应当与保荐人、主承销商、注册会计师、资产评估师等中介机构密切配合，通过专业分工协作和充分的业务沟通，共同保障受托证券法律业务的顺利进行；在与证券监管机构人员的工作联系中，律师不得以与法律法规和律师执业规范相违背的方式对其施加影响。

（2）书面文件的管理：律师从事证券法律业务，应当及时、准确、真实、完整地就工作过程中形成的工作记录、在工作中获取的相关文件、会议纪要、谈话记录等资料制作工作底稿。律师应当对其在从事证券法律业务过程中重要的往来电子邮件和电子版的法律文件进行保存和书面备份。

律师事务所应当建立完善的证券法律业务档案保管制度，以确保证券法律业务档案的安全和完整。证券法律业务档案从项目完成之日起应当至少保存十年，律师事务所发生合并、分立、注销以及承办律师调离等情况时，正在办理的证券法律业务及已经办理完结的证券法律业务档案应当按照律师监管机构的相关规定作出妥善安排。

（3）监督方面：律师应当接受律师监管机构的指导和监督，配合证券监管机构的监督和管理，协助或督促委托人履行法定的信息披露义务，信息披露文件应当符合真实、准确、完整的要求，不得协助或支持委托人披露虚假信息或故意隐瞒、遗漏重要信息或作虚假陈述。

■ 二、律师银行法律业务

（一）概念和意义

律师代办银行非诉讼法律业务，是指律师协助银行规章制度的制定汇编、参与协议合同的审查修订和提供法律咨询等。

律师代办银行非诉法律事务的最大意义在于风险防范上。随着银行的发展，其业务范围不断拓展，不仅经营货币信贷业务，同时还经营与授信业务相关的其他金融服务业务，如信息咨询服务、资产管理、投融资顾问服务等。但同时，与银行业务范围扩大相对应，银行法律纠纷的种类和数量也日益繁多，除了最普遍的借贷纠纷外，还涉及存单纠纷、票据纠纷、信用证纠纷等。银行必须重视法律工作，并把法律工作的中心落在纠纷发生前的各项业务活动和交易事项中，加强对法律风险的识别和控制，从而有效保障银行合法经营，健全银行的内部控制机制，防范和化解经营中的法律风险，维护银行自身合法权益。

（二）银行业纠纷产生的主要原因

由于银行业务范围的拓展，银行法律纠纷产生原因也日益多样化，但主要是以下几类：(1)合同另一方缺乏诚信。(2)银行的风险防范、安全意识较为薄弱，审查不严或者违规操作，没有进行合理的风险预测。银行内部控制制度存在缺陷，存在大量的关联担保。法律文件管理制度也存在漏洞，缺乏合同登记和合同档案制度，不注重法律文件的严格审查。(3)法律事务的风险监管力度不够，业务部门对法律事务的不恰当干预或者疏于配合，导致法律工作人员缺乏应有的独立性和客观性。(4)市场经济转轨过程中的立法的滞后和法律工作人员没有及时更新法律知识的。

律师参与银行非诉法律事务，可以有效地针对以上几方面的问题所在代为进行相关法律活动，在指导和监督的法律工作中，对发现的各类法律风险及时提出建议，采取相应措施消除隐患，起到良好的风险预防作用。

（三）工作原则

律师从事银行法律事务工作应遵循下列原则：(1)坚持法治原则。坚持依法经营管理的原则，严格遵守国家法律法规，在从事法律事务工作中必须坚持以事实为依据、以法律为准绳的原则，保障本行业务经营活动的合法合规性，不得运用专业知识为违法活动或业务中的欺诈行为提供便利。(2)保障银行合法利益原则。律师应为银行经营管理和业务拓展提供准确、及时、高效的法律保障，依法维护中国银行的根本利益。正确处理全局利益与局部利益的关系，依法维护中国银行的整体利益。自觉维护法律的尊严和中国银行的声誉。(3)坚持风险控制的原则。对内认真搞好规章制度建设，对外依法确立与客户的权利义务关系，采取有利方式妥善处理各种经济纠纷。

（四）业务范围

随着银行业务范围的不断扩大，为了全面防范银行风险，律师接受委托代理银行处理法律事务的种类也越来越多。律师处理银行非诉讼法律业务的身份可以是担任银行法律顾问，或就某项非诉业务进行代理，或以见证人的身份对当事人申请事项的真实性和合法性予以证明。

(1)代办设立登记。律师应审查商业银行及其分行、支行的设立是否符合《公司法》、《商业银行法》等法律、法规规定的设立条件，代理办理设立法律事务，主要包括设立审批和工商登记两个环节。

(2)根据银行的实际情况，制定并落实法律工作计划，促进依法经营管理，为业务拓展提供法律服务；在银行决策中，预测风险，提供政策、法律可行性分析，提供法律依据。应全面提供法律咨询服务，对于业务部门咨询的法律问题应认真负责地予以解答，必要时可征询法律专家和权威机构的意见，并对出具的法律意见书的准确性负责。

(3)在与业务部门的协调中，应坚持分工与协作并重。一方面，律师从事法律事务要坚持独立性的原则，排除其他业务部门或个人的不正当干涉，并且要按照国家的法律法规和金融监管制度，检查各项业务的合法性与合规性；另一方面，律师应与业务部门相互配合，对经营管理活动中涉及的法律问题提供专项法律咨询，妥善处理经营管理活动中的法律事务。对于律师与业务部门协商后作出的处理意见，业务部门应采取必要措施执行或

监督执行。

（4）协助业务部门制定和修订规章制度，负责规章制度的清理、汇编和备案。在参与起草、制定和汇编各项规章制度时，应严格审查其合法性、合规性，保证条款内容符合国家的法律法规和监管制度。制度构建时，应注重控制体系的有效性和全面性，如健全授权审批制度、业务操作标准化制度、会计制度及内部审计制度等。

（5）参与重大经营活动、重大投资或贷款项目的谈判签约和企业破产清算活动，出具相应的法律意见书，负责起草相关法律文件和重要协议文本的保存，对外答复涉及法律问题的查询。同时，在银行不便或不可能直接了解交易对方资信情况时，律师应协助进行资信调查，包括对方的法律地位、资产状况，社会信誉等方面。

（6）参与起草和修订标准协议格式文本及具体业务中拟定的重要协议文本，从法律角度对文本内容进行审查，使协议文本的具体条款在适用法律上严谨无误，明确规范银行与客户的权利义务关系，避免疏漏。

（7）开展银行法律调研，承担本行法律培训任务，配合本行有关部门开展专项业务调查。做好普法宣传和培训工作，保证普法宣传和法律业务培训质量。应跟踪研究涉及银行业务的法律法规，着重开展金融法律的研究。密切注意立法、司法和监管机关在法律法规、司法解释和行政监管制度上的立法情况及其趋势，通报有关法律动态，建立全辖法律信息库。及时提出调整银行业务品种和完善操作程序的法律意见。对重要的法律事务及对银行业务可能有影响的法律问题进行总结分析，及时向领导和上级行反映，提出相应的建议。

（8）除上述规定的基本业务外，律师还可以从事下列法律事务：代办公证；发表授权声明；报送各类统计报表；做好文件或资料的立卷归档工作；认真编制有关法律事务的各项开支计划，严格审查开支项目等。

三、律师保险法律业务

（一）概念

律师从事保险非诉法律业务，主要是指律师为保险公司代办设立登记、资信调查、为当事人进行法律见证、参与保险合同和重大经济活动的谈判以及对防风险资金提取的监督等非诉讼业务。

（二）工作范围

1. 律师为保险公司代办登记手续

按照我国保险法的规定，保险公司是指经过保险监督管理机构核准其从事保险业经营，并专营保险业务的股份有限公司和国有独资公司。公司形式是我国保险法确认的唯一的保险业组织形式。代办设立登记主要有三个步骤：（1）申请：设立保险公司，应先向保险监督管理机构提出申请并提交规定的文件资料。（2）正式申请：在第一次申请初步审查合格后，申请人经过筹建而具备保险法所规定的设立条件后，应向保险监督管理机构提交正式申请表和相关文件资料，由审批部门予以实质审查。（3）办理登记：保险公司被批准设立后，可以凭审批部门颁发的经营保险业务许可证，在六个月内向工商行政管理机关办

理登记,领取营业执照。

2. 代理资信调查

签订合同是重要一环,稍有不慎便会踏入陷阱,重要原因之一就是不了解对方的资信状况。因此,签订合同前的资信调查工作至关重要,一方面,及时进行资信调查,有利于了解其目前资金状况和营运业绩,避免风险。另一方面,与资信高的个人或组织订立合同,在纠纷发生后,由于对方对声誉这种无形资产的看重,也能极力配合寻求妥善解决的途径。

法律赋予了律师调查取证的权利,也就是赋予律师充分运用调查手段进行资信调查的权利。所谓资信就是指合同当事人的资金能力和商业信誉,具体包括以下内容:合同对方当事人的资本状况、经营范围、从业人员等工商登记情况及合同担保能力、经办人的真实身份和代理权限、财产担保情况等。做好资信调查,才能为合同当事人提供可靠的资料和可行性论证,有利于合同关系的建立并保证合同的法律效力,减少合同风险。

3. 保险见证

律师保险见证,是指作为法律专业人士的律师根据当事人的邀请或委托,根据亲身所见,以律师事务所的名义,依法对保险合同当事人为设立某种保险权利义务关系而实施特定的保险法律行为的真实性、合法性进行证明的活动。

律师保险见证的意义在于:能够促使保险合同当事人诚实守信,认真对待他所实施的保险法律行为,增强其责任感,从而保证双方建立的法律关系的合法性、稳定性,而且有利于执行。如果事后一旦发生纠纷,那么经过律师见证的法律事实和具有法律意义的文书就可以成为真实可靠的证据。

律师保险见证的主要任务是:(1)负责审查交易双方提交的相关资料的真实性,可以避免合同双方由于信息不对称和法律知识缺乏带来的不利因素。(2)审查合同文本是否合法有效、内容是否真实可信,以及合同标的是否存在权利瑕疵。(3)签订合同时,应审查合同对方的真实身份或代理权限。并且律师应在法律文书上写上法律评语,签名并加盖律师所在的律师事务所公章,以示负责。律师见证的法律文书实质要件和形式要件均应合法定要求。

在见证的法律文书发生纠纷时,律师有义务证明见证的内容,律师事务所或者律师拒绝作证,应承担法律责任。律师如果在明显失实和违法的文书上予以见证,给对方当事人造成经济损失,应根据情况承担一定的法律责任。

4. 参与保险合同和重大经济活动的谈判

律师在整个谈判过程中,都必须认真工作,充分发挥自己的参谋作用,谈判过程一般分为三个阶段:(1)准备阶段。律师必须在谈判前掌握与谈判项目有关的保险法律政策,从法律的角度分析谈判项目的可行性,以保证不越出法律许可的范围。(2)谈判阶段。律师要与委托人配合默契,并根据洽谈纪要的内容草拟意向书,为双方起草合同、章程做好准备。(3)签约阶段。该阶段是保险合同谈判的最后阶段,对于合同的签订,一定要严肃、谨慎、认真。律师要对合同内容的真实性、合法性进行审查,要在合同上签字,并加盖律师事务所公章。

5. 对资金和资产的监督

保险公司成立后应当按照其注册资本总额的百分之二十提取保证金,存入保险监督管理机构指定的银行,除保险公司清算时用于清偿债务外,不得动用。

保险公司提取各项责任准备金。

保险公司应当按照已经提出的保险赔偿或者给付金额提取未决赔款准备金。除依照前二条规定提取准备金外,保险公司应当依照有关法律、行政法规及国家财务会计制度的规定提取公积金。

为保障被保险人的利益,保险公司应按照保险监督管理机构的规定提取保险保障基金。

保险公司应当具有与其业务规模相适应的最低偿付能力。保险公司的实际资产减去实际负债的差额不得低于保险监督管理机构规定的数额;低于规定数额的,应当增加资本金,补足差额。经营财产保险业务的保险公司当年自留保险费,不得超过其实有资本金加公积金总和的四倍。

保险公司的资金不得用于设立证券经营机构,不得用于设立保险业以外的企业。

第三节　律师房地产业务

一、概述

近年来,随着房地产业的飞速发展,房地产业务也成为许多律师事务所的主要非诉讼业务。

在关于房地产的开发、建设、转让、买卖、租赁、抵押、税务、行政复议以及管理等一系列法律行为中,均涉及较大的标的数额和复杂的法律适用,关系到当事人重大的经济利益。因此,要在房地产业务中取得良好的效果,聘请律师提供法律帮助是必不可少的。律师的房地产业务主要包括房地产项目的开发策划及融资、招商、销售安排等;土地使用权的取得、使用与保护;土地使用权的出让、转让、出租及抵押;房地产项目规划、设计、招投标与工程建设;房地产的销售等。本节仅就实务中最为重要和常见的业务方面进行介绍。

二、房地产开发企业法律服务业务

房地产开发企业作为房地产开发和交易的主体,对我国房地产业的影响作用是十分重要的。房地产开发企业是依法设立、具有企业法人资格的经济实体,且应当取得房地产开发资质等级证书。国家对房地产企业的从业资格要求较为严格,尤其建立资质等级制度后,房地产业的市场准入提高了门槛。通过资质的评定审批程序,政府加强了对其监管力度。

律师在房地产开发企业法律服务的业务中,应根据房地产企业设立和资质评定的有关规定,结合房地产开发企业的经营性质和项目的具体运作方式,区分不同种类的房地产

开发企业,提供不同的企业设立方式和投资方式。如已经具备资质等级的开发企业,为了避免风险,可以在新项目的开发中单独设立房地产开发企业或分支机构。①

律师在专门针对房地产开发企业的业务中应当把握如下工作重点:

(一)审查房地产开发企业设立条件

根据《中华人民共和国城市房地产管理法》和《城市房地产开发经营管理条例》规定,审查房地产开发企业是否具备以下设立条件:(1)应该有自己的名称和健全的组织机构,才能正确形成法人意志,对外执行法人事务。(2)有固定的经营场所,即企业的主要办事机构所在地。这既是开展经营活动的中心,也是独立承担法律责任的标志。(3)由于房地产开发企业是资金密集型企业,因此至少需要 100 万元以上的注册资本作为支撑。(4)由于开发企业很强的专业性,要严格要求企业专业技术人员的组成:有 4 名以上持有资格证书的房地产专业、建筑工程专业的专职技术人员,2 名以上持有资格证书的专职会计人员。(5)法律、行政法规规定的其他条件,如《公司法》、《全民所有制工业企业法》等相关规定等。

(二)掌握房地产开发企业的资质规定

审查企业具备的条件符合哪一等级资质的标准。2022 年 3 月 2 日,住房和城乡建设部新修订的《房地产开发企业资质管理规定》规定,根据企业资产、人员素质、开发经营业绩等条件将房地产开发企业分为两个资质等级,实行分级审批。企业的资质等级不同,可以从事的开发项目也不同。各资质等级企业应当在规定的业务范围内从事房地产开发经营业务,不得越级承担任务。

(三)协助设立登记和资质申请

(1)协助拟订开发企业的设立文件,如章程、相关申请书等,取得并审查政府批准文件。(2)在符合设立房地产开发企业条件时,向工商行政管理部门代为申请设立登记,领取营业执照,并自领取营业执照之日起 30 日内,持相关资料到房地产开发主管部门办理备案。(3)于房地产开发主管部门收到备案申请后 30 日内申请并领取《暂定资质证书》。申请《暂定资质证书》的条件不得低于二级资质企业的条件。《暂定资质证书》有效期 1年,可延长 2 年。但自领取《暂定资质证书》之日起 1 年内无开发项目的,《暂定资质证书》有效期不得延长。(4)在《暂定资质证书》有效期满前 1 个月内,协助房地产开发企业依据分级审批制度,根据其拟申请等级,向相应级别的房地产开发主管部门申请核定资质等级。由于房地产开发企业在领取《暂定资质证书》后,最迟也应在 3 年之内申请核定资质等级,结合资质条件的划分标准,则首次申请只能申请第二级的资质。房地产开发主管部门应当根据其开发经营业绩核定相应的资质等级。审查合格后可颁发相应等级的资质证书。(5)企业发生分立、合并的,在向工商行政管理部门办理变更手续后的 30 日内,应当协助其到原资质审批部门申请办理资质证书注销手续,并重新申请资质等级。企业终止业务时,应当在向工商行政管理部门办理注销营业执照后的 15 日内,协助其到原资质审批部门注销资质证书。(6)督促企业参加资质年检,并在条件具备时,申请资质升级。

---

① 陈文主编:《房地产开发经营法律实务》,法律出版社 2005 年版,第 52 页。

三、房地产开发前期阶段的法律业务

（一）立项和可行性研究阶段

在房地产开发项目的策划上,律师应当依据相关法律、法规、规定,结合企业的基本条件,进行效益分析,提供政策、法律可行性分析,协助选择房地产开发项目,初步确定开发方案,参与起草项目建议书和设计任务书并报批。向规划管理部门申请选址意见书,向国土管理部门申请出具预审意见,编制项目可行性研究报告并报批。可行性报告得到批准便是立项的标志。

还应当注意的是,确定房地产开发项目,应当符合土地利用总体规划、年度建设用地计划和城市规划、房地产开发年度计划的要求。律师在此阶段,应掌握以上规划的具体内容,务必使得企业的开发项目从性质、规模到立项选址上均符合要求。

（二）房地产开发的前期准备阶段

律师在此阶段应提醒开发企业如下事项:(1)在签订土地使用权出让合同或划拨土地使用权批准文件后的 15 日内,到建设行政主管部门备案,领取《房地产开发项目手册》,项目转入正式计划。(2)协助交纳各项资费,编制、报送工程档案资料,交纳档案保证金。(3)在获得建设用地批准书后,向规划部门申请建设工程规划许可证,获得后,领取开工审批表,办理开工登记。

四、律师在工程建设阶段的法律服务

律师在建设工程的施工、质量监督上及竣工验收阶段均可以提供全方位的法律服务,以保证工程质量:(1)在开工管理阶段,应当按照计划批准的开工项目,协助已具备条件的建设单位向工程所在地县级以上地方人民政府行政主管部门办理施工许可证手续,并督促建设单位在两个月以内组织施工。(2)律师在房地产开发项目施工管理,尤其在工程监理中要促使工程建设的技术经济活动符合有关法规、政策、技术标准、规范及合同的规定。(3)因项目停建、缓建,施工方逾期竣工、设计变更、工程量增减、工程理赔发生纠纷,律师作为委托代理人全程参与调解并出具法律意见书。(4)项目竣工验收阶段协调与有关方面的关系,就法律责任问题与程序问题提出意见。

五、取得房地产开发项目土地使用权的法律业务

房地产开发土地使用权的取得主要有两种途径,一是创设取得,即通过出让方式获得;二是移转取得,其中主要是转让取得,即受让人从已办理出让手续的土地使用权人手中通过购买、交换等方式取得土地使用权。

土地使用权的出让方式有四种:协议出让、招标出让、拍卖出让和挂牌出让。为了对出让方式进行管束,法律规定,商业、旅游、娱乐和商品住宅等各类经营性用地,必须以招标、拍卖或者挂牌方式出让。因此,律师的主要工作是起草文件、合同,参与谈判、投标和拍卖。(1)协议出让是指在没有第三方参与竞争的情况下,土地管理部门将国有土地使用权在一定年限内出让给土地使用者,协议签订书面合同,确定土地使用权转让条件和双方

的权利义务。协议出让中,律师应当根据开发项目类型、规模等,协助开发企业提出用地申请,参与谈判,监督协议程序的合法进行,回答开发企业的法律问题。在签订国有土地使用权出让合同时,应对合同形式和合同条款仔细审查,确保合同履行顺利,开发企业利益得到实现。(2)招标出让、拍卖出让和挂牌出让的方式都充分引入了竞争机制,透明度较高。因此,律师的工作重点应是结合转让方式的不同特点,引导企业遵循特定程序;在协助起草、审查和相关提交申请和文件时,注意突出己方的竞争优势;同时提醒企业的风险承担底线。

以出让方式取得土地使用权的,在签订书面土地使用权有偿出让合同后,律师应提醒土地使用者申请建设用地规划许可,并缴纳土地使用权出让金,然后再向土地行政管理部门申请建设用地批准书。

在转让取得土地使用权的方式中,律师的实务工作更为复杂。主要注意以下几个方面:(1)对合同的审查:①合同主体资格。主要是双方资信情况、项目状况,保证转让合法,并有利于合同的履行。②对合同履行条件、补救条款的审查。(2)对项目审批手续的审查:防止项目出现违法、违规操作,或存在权利瑕疵。(3)确定用地三通一平或七通一平的条件,确定用地条件完成责任的分担,明确双方利益划分。(4)保管合同,并就履行过程中发生的具体问题做出补充文件或者就合同条款进行协商变更。

六、律师招投标中的法律业务

(一)概念和必要性

房地产开发一般采用招投标的方式建筑房屋。招标投标程序环节复杂,涉及多方面法律问题。所以,有必要吸收律师作为专业法律工作者参与到招标投标活动中来,协助招标文件的制作、招标要求和招标程序的核定,通过法律意见书的形式或其他形式揭示招标投标中的各项法律关系,说明相关行为的法律结果并分析法律风险,协助招标人或投标人排除招标投标活动中的出现的法律障碍。通过自己的专业化工作和优质的法律服务,保证招标项目的合法性和招投标活动的公开、公平、公正性和规范性,保障招标投标工作的正常秩序,切实维护招投标人的合法权益。同时,房地产招投标项目中大多数都是国家投资的大型基本建设项目,律师的介入,由于其具有的社会中介组织身份,还能够在一定程度实现社会对招标活动的监督,保证国家以最少的价格得到最好的服务或商品,进而保障了国家利益。

我国相关法律法规及《关于律师从事基本建设大中型项目招标投标法律业务的通知》中明确规定了律师的招投标执业资格和律师事务所必须采取的防风险措施,律师从事此项业务的注意事项以及律师为招标文件和有关合同文本出具的法律咨询意见书所必须符合的要求。

律师应遵奉良好的职业道德和执业规范,本着对相关当事人和社会负责的态度,提供主动而完备的,贯穿于招投标活动的全过程、全方位的法律服务。律师在招标投标活动中的地位,可以是参与人的法律顾问,也可以是参与人的代理人,更多的是以参与人的专项法律顾问的身份参与招标投标活动。

（二）律师为招标人提供法律服务

根据参与人的不同,律师既可以为招标人提供法律服务,也可以为投标人提供法律服务,还可以为招标代理机构或者有关监督管理部门提供法律服务。但是由于招标投标活动因招标人的招标而引起,律师为招标人提供采购活动服务的机会更多一些。以下主要从为招标人服务的角度来探讨招标投标活动中的律师业务。律师为招标人提供法律服务,其业务主要围绕6个方面展开。

1. 为招标投标活动做好必要的准备工作

为了保证招标投标活动的顺利展开,在招标开始之前,律师可以协助招标人做好以下准备工作:(1)判断拟建设项目是否属于强制招标范围。强制招标是指法律规定某些类型的采购项目,如关系社会公共利益、公众安全的项目或使用国有资金投资或者国家融资的项目,凡是达到一定数额的必须通过招标进行。强制招标的范围着重于工程建设项目,而且是建设项目全过程的招标,包括从勘察、设计、施工、监理到设备材料的采购。(2)对于招标项目按照国家有关规定需要履行项目审批手续的,在招标前应当先履行审批手续,取得批准。(3)确定招标人必须有进行招标项目的相应资金或者资金来源已经落实。(4)对于重点项目由于不适宜公开招标而进行邀请招标的,如项目技术复杂或有特殊要求、涉及专利保护、受自然资源或环境限制、新技术或技术规格事先难以确定等原因,可供选择的具备资格的投标单位数量有限等情况,必须报有关部门批准。(5)在招标人需要选择代理机构时,帮助审核其是否具备从事招标代理业务的条件和相应的资格。(6)对于强制招标项目,确保招标人具有编制招标文件和组织评标的能力。自行办理招标事宜的,协助向有关行政监督部门备案。

2. 协助开展资格审查

由于投标人的能力直接关系到项目的质量,所以招标人必须对投标人进行资格审查,潜在投标人或投标人应向招标人提交能证明上述有关资质和业绩情况的法定证明文件或其他资料。资格审查应平等地适用于所有的潜在投标人,不得限制或排斥某一潜在投标人。一般来说,资格审查可以分为资格预审和资格后审。

(1)资格预审是在投标前对知悉招标人公布的招标项目的拟投标人进行的资格审查。资格预审是招标活动的重要环节,筛选潜在的投标人,缩小投标人范围,减轻招标活动中无谓的人力物力损耗,提高效率,加速招标进度。律师在该环节可提供的法律服务包括:①协助招标人发布资格预审公告,主要载明招标项目的性质和数量,获取资格预审文件的办法、地点和时间,资格预审的日程安排等内容;②通过专门的资格预审程序对拟投标人进行业绩、经验和履行能力审查。

(2)资格后审是在投标后对投标人进行的资格审查,重点审查投标人是否具备承担招标项目的能力。国家或者招标文件对投标人资格条件有规定的,投标人必须具备。对于两个以上法人或者其他组织组成一个联合体以一个投标人的身份投标的,联合体各方应当具备承担招标项目的相应能力。国家有关规定或者招标文件对投标人资格条件有规定的,联合体各方均应当具备规定的资格条件。由同一专业的单位组成联合体的,按照资质等级较低的单位确定联合体的资质等级。

应当注意的是,无论是资格预审还是资格后审,都应主要审查潜在投标人或投标人是否符合下列条件:具有独立订立合同的权利;具有圆满履行合同的能力(包括专业技术资格和能力、资金、设备和其他物质设施状况、管理能力、经验、信誉和相应的工作人员);以往承担类似项目的业绩情况;没有处于责令停业、财产接管、冻结财产状态;在最近几年内(如最近两年内)没有实施与骗取合同有关的犯罪或严重违法行为。

3. 帮助招标人起草、审查相关的法律文件

在招标投标过程中,招标人要制作许多法律文件,对于其中重要的文件,律师应从如下方面帮助起草或审查。

(1)招标公告。应主要载明招标项目的性质与数量,对投标人的资格要求,招标人名称及联系方式,招标项目的地点与时间要求,获取招标文件的办法、地点、时间、费用,投标地点和时间等。如采用邀请招标的,律师还应协助招标人于规定日期前向特定的被邀请人发出投标邀请书。

(2)招标文件。招标文件是招标人向供应商或承包商发出的,向其提供编写投标文件所需要的资料,并向其通报招标投标将依据的规则和程序等项内容的书面文件。律师应协助招标人编制招标文件,起草投标人须知,列明技术要求、投标报价要求和主要合同等实质性要求。应做到表述准确清楚,并且不得存在限制或歧视性条款。就招标文件中表述不准确的内容,律师应协助审查和修改。在必要时,协助对招标文件进行澄清或非实质性修改。此外,编制招标文件过程中,律师还应协助招标人编制标底,并密封保存。

(3)书面合同。作为招标人的律师应起草和审核拟签订的合同文本,以招标文件和投标文件为依据,落实招投标之后所确定的各条款内容,同时从招标人角度,做到对其经济利益的切实维护,尤其应把握合同标的验收标准,结算办法,违约责任等条款,并切实注意合同在实践中的可操作性。

(4)起草、审查其他法律文件。如向中标的投标人发出的中标通知书;向有关行政管理部门提交招标投标情况的书面报告;与招标代理机构签订招标代理合同。

4. 帮助招标人依法招标,确保招标投标程序合法

整个招标投标活动都必须严格按照《招标投标法》规定的程序进行,不得有任何僭越现象。为了确保招标程序合法,律师可以帮助招标人重点把握以下几个环节:

(1)不得规避招标。任何单位和个人不得将依法必须进行招标的项目化整为零或者以其他任何方式逃避招标。

(2)招标公告依法发布。发布招标通告,是招投标活动的首要环节。律师可以代理招标人在国内或国际上有重大影响的报刊或其他媒介上发布招标通告,发布招标通告。

律师在代理发布通告前,应就招标单位的主体资格,货物、工程或项目的合法性,相关政府部门的批准文件等事项开展相应的审查,以确保代理事项及项目在合法有效的前提下顺利进行。依法必须进行招标项目的招标公告,应在国家指定的报刊、信息网络或者其他媒介上发布。

(3)邀请招标时应向不少于三家资信良好,具备承担招标项目的能力的法人或其他组织发出投标邀请书,不能搞假招标。

（4）必须遵守保密义务。招标人不得向他人透露已获取招标文件的潜在投标人的名称、数量以及可能影响公平竞争的有关招标投标的其他情况，招标人设有标底的，标底必须保密。

在确定中标人之前，招标人不得与投标人就投标价格、投标方案等实质性内容进行谈判。

（5）依法签收、拒收投标文件。对于在招标文件要求提交投标文件的截止时间前收到的投标文件，应签收保存，不得开启；对超过截止时间的投标文件，招标人应当拒收。

（6）协助组织开标，确保程序的公开、公平、公正。①协助邀请评标委员会成员、投标人代表和有关单位代表参加开标；②开标前，验明标函是否密封完好，并将验证程序公示；③启封后严格审查投标书是否符合招标文件的要求，剔除无效标，确立有效标。

5. 协助定标，确保评标程序合法

定标，是招投标活动的最后一个环节，也是最关键的一个环节，需要律师严加把握。

律师在定标阶段可提供的法律服务主要有：（1）必须确保评标委员会成员组成合法。专家资格，人数符合法律要求，且不得与投标人有利害关系。评标委员会成员的名单在中标结果确定前应当保密。（2）评标应当在严格保密的情况下进行，应排除任何单位和个人的非法干预。（3）确保评标委员会严格遵循事先确定的评标办法，择优选定中标人，设有标底的应当参考标底，避免因变更评标办法而引起的招标纠纷。（4）选定中标人后，正式发出《中标通知书》；协助招标人和中标人按《中标通知书》指定的时间、地点和招标结果签订相关合同，以便各自的权利义务得到明确。对未中标的投标人，律师应协助招标人退回落标的投标人提交的投标保证金。

6. 监督招标投标活动的其他参与人，维护招标人的合法权益

（1）监督招标代理机构。监督招标代理机构在委托范围内行事，并严格按照《招标投标法》的规定开展招标投标活动，避免招标人遭受处罚或其他损失。

（2）监督投标人。监督投标人是否有违规行为，主要是看投标人是否有串标行为，是否有向评标委员会成员行贿，是否弄虚作假骗取中标，确保其他投标人的公平竞争和招标人的合法权益；

（3）监督有关行政管理部门。监督有关行政管理部门的行政活动，为避免招标人的合法权益被侵犯。当有关行政管理部门确定中标无效或对招标人实施行政处罚时，要审查其决定的作出是否合法，是否有依据，包括事实是否有依据、程序是否合法、适用法律是否得当等。

对有关行政管理部门要对招标人实施具体行政行为，律师可以帮助招标人进行陈述和申辩。对具体行政行为不服的，可以代为申请行政复议或提起行政诉讼。

（三）律师为投标人提供法律服务的主要内容

律师为投标人提供的法律服务同样贯穿于招投标活动全过程。

1. 协助审核招标人主体资格

审查重点应包括：（1）招标人的资格证明，如是项目法人，应审验其企业法人营业执照年检情况；（2）工程项目的政府批准文件及其有效期。通过上述审核，确保招标活动的合法有

效性,以便投标人在此基础上作出正确的商业决策。

2. 协助编制投标文件

投标文件的编制质量,直接关系到投标人中标的几率。要严格依招标文件要求的格式、体例等编写,并注重体现本方优势。于投标截止日期前将投标文件密封提交,必要时,对已提交的投标文件进行修改、补充或更正,特殊情况下撤回投标。

3. 开标过程中的法律服务

监督开标过程的合法有效性,验明各标函是否密封完好,协助投标人唱标并进行必要解释。

4. 评标及定标过程中的法律服务

协助审查评标委员会组成人员的合法有效性,并就与其他投标人有利害关系的评标委员会成员提出异议。

5. 就投标活动及合同文本出具全面性和结论性的法律咨询意见

如附有投标保函,成本超支保函等有关项目的担保,律师应审查担保书的内容及出具的条件,并发表意见,确认其内容和出具程序的合法性和规范性。

七、房地产转让中的法律业务

(一)律师参与房地产转让的必要性

房地产转让中包含的法律问题的复杂性决定了律师代理的必要性。首先,根据我国房地产转让管理规定,房地产转让的方式多样,除了房地产权利人买卖、赠与之外,还包括以房地产作价入股、与他人成立企业法人,房地产权属发生变更的;一方提供土地使用权,另一方或者多方提供资金,合资、合作开发经营房地产,而使房地产权属发生变更的;因企业被收购、兼并或合并,房地产权属随之转移的;以房地产抵债的等情形。其次,在房地产交易中,由于市场分割、房地产个别性强、差异性大,较难有统一的质量衡量标准。再次,有诸多的中介服务,即需要各种交易媒体、融资媒体和咨询、估价等媒体的参与,交易手续复杂。再次,我国房地产市场中交易主体复杂,是多种所有制主体、多元消费者主体的交织体。最后,立法上的不完善使得房地产转让中某些法律关系尚难掌握。

基于以上这些因素,决定了律师代理房地产转让在法律知识上有着得天独厚的优势,能够较大程度地保障交易安全,促进交易透明,减少纠纷发生。

(二)审查房地产转让是否具备法定条件

房地产是一种特殊商品,哪些房地产商品可以或不可以进入市场流通,法律均予以了明确确定,有助于维护房地产市场秩序,保障当事人合法权益,避免国家收益流失,减少交易纠纷,保障房地产业健康发展。

1. 房地产转让中土地使用权的转让条件

土地使用权转让在房地产交易中占据特殊地位。房地产转让时,房屋所有权和该房屋占用范围内的土地使用权同时转让。所谓土地使用权转让是指土地使用者将有偿取得的土地使用权通过有偿的出售、交换和无偿赠与等方式单独或随同地上建筑物、其他附着物转移给他人的行为。

（1）以出让方式取得土地使用权的房地产转让，土地使用权出让合同载明的权利、义务随之转移。律师应审查出让方是否按照出让合同约定已经支付全部土地使用权出让金，并取得土地使用权证书；如已进行投资开发，属于房屋建设工程的，完成开发投资总额的25％以上，属于成片开发土地的，形成工业用地或者其他建设用地条件。转让房地产时房屋已经建成的，还应当持有房屋所有权证书。

（2）以划拨方式取得土地使用权的房地产转让，应当按照国务院规定，报有批准权的人民政府审批。准予转让的，一种情况是应由受让方办理土地使用权出让手续，并依照国家有关规定缴纳土地使用权出让金；另一种情况是可以不办理土地使用权出让手续，但应按照国务院的规定将转让房地产所获收益中的土地收益上缴国家或者作其他处理。后一种情况下，转让的房地产再转让，需要办理出让手续、补交土地使用权出让金的，应当扣除已经缴纳的土地收益。

2. 提示房地产转让的禁止性规定

提示房地产转让的如下禁止性规定：（1）以出让方式取得土地使用权，尚不符合转让房地产法定条件的。（2）司法机关和行政机关依法裁定、决定查封或者以其他形式限制房地产权利的。如人民法院对不动产进行财产保全、扣押、查封等，或通知有关产权登记部门不予办理该项财产的转移手续；国家行政机关对城市改造规划实施范围内房地产予以限制转让等。（3）依法收回土地使用权的。（4）共有房地产，未经其他共有人书面同意的。（5）权属有争议的房地产。（6）未依法登记领取权属证书的房地产。（7）法律、行政法规规定禁止转让的其他情形。

（三）协助办理房地产转让

房地产转让，应当按照下列程序办理：

（1）审查房地产转让当事人签订的书面转让合同，是否有约定合同生效条件和风险责任转移的时间。房地产权利的转移，应以房地产交易管理机构变更登记为准。防止房地产转让人在转让合同签订后就同一房地产与第三人签订转让合同。

审查房地产转让合同的内容：双方当事人的姓名或者名称、住所；房地产权属证书名称和编号；房地产坐落位置、面积、四至界限；土地宗地号、土地使用权取得的方式及年限；房地产的用途或使用性质；成交价格及支付方式；房地产交付使用的时间；违约责任；双方约定的其他事项。

（2）协助房地产转让当事人在房地产转让合同签订后90日内持房地产权属证书、当事人的合法证明、转让合同等有关文件向房地产所在地的房地产管理部门提出过户申请，办理过户手续的同时，向房地产交易管理机构并如实申报成交价格；国家实行房地产成交价格申报制度。

（3）督促房地产转让当事人按照规定缴纳有关税费；房地产转让应当以申报的房地产成交价格作为缴纳税费的依据。

（4）协助转让双方办理房屋权属登记手续，协助受让方领取房地产权属证书。

第四节　律师法律咨询与代书业务

根据我国《律师法》第 28 条第 7 项的规定,律师的业务范围还包括解答有关法律的询问、代写诉讼文书和有关法律事务的其他文书。因此咨询和代书业务是法律准予律师从事的一项重要业务,也是律师提供法律服务中范围最具广泛性的一种方式。此类法律服务的提供,有利于提高公民的法律意识,及时化解各种社会矛盾和纠纷,促进社会安定团结和经济发展。

一、法律咨询

律师的法律咨询业务,是指律师对国家机关、企事业单位、社会团体和其他经济组织或者公民个人就有关法律问题提出的咨询,以口头或者书面的形式进行解答,作出说明解释,提出建议和解决方案的一项非诉讼业务活动。

（一）法律咨询的内容

法律咨询的内容按法律问题涉及的社会领域不同可以分为两类:一类是社会大众就日常生活和工作中的一般性法律问题提出询问,希望了解有关实体法或诉讼法的相关规定。这类法律问题涉及面广泛,但大都与特定的社会生活,家庭生活纠纷有关,运用法律基本知识一般就可以处理,律师一般予以口头答复。另一类是指对律师法律知识的专业性和完整性要求较高的经济类咨询。这类咨询涉及的法律问题来源于国家机关、企事业单位、公民等的生产、经营、管理等事务。提问者一般与律师事务所建立了委托关系,律师对这类咨询以书面答复为主。

（二）解答咨询的方式

律师解答法律咨询的方式一般有两种:一是口头解答,即就提出的法律问题通过面谈、电话等方式予以答复。一般情况下是即问即答,如遇复杂疑难问题时,可以经律师事务所集体讨论后,于另外的时间给予答复。二是书面解答,即对咨询者以书信、传真、电子邮件、手机短信或报刊专栏回复等方式予以解答。书面解答要求律师分析相关材料,运用法律,提出有针对性、全面、具体可行的法律意见,文字表述应条理清晰,明白易懂。

（三）提供法律咨询服务应遵循的原则

1. 以事实为根据,以法律为准绳

律师作出答复,应当建立在对客观事实全面、深入了解和分析,以及对法律法规准确把握和适用基础上。如果提问者有所隐瞒或表述不完整,律师应当提醒其不能歪曲、捏造事实,并要有针对性的提问,寻找重要事实和信息。

2. 最大限度维护当事人合法权益

法律咨询具有预测功能,律师可以在现有信息基础上,较为准确地预测、控制、支配法律事项的发生和发展,提供准确可靠的法律信息和法律意见。这些答复往往会成为客户作出决策或展开行动的重要依据,因此要确保答复意见的可行性和准确性,以期为咨询者

赢取最大合法利益。即使纠纷发生,律师也可以针对当事人提出的咨询问题,依据法律作出分析和解答,切实打消当事人的担心疑虑,指导其采取或者避免采取一定行为,最大限度维护其合法权益。

3. 避免矛盾激化,解纷息讼

律师提供法律咨询是防范法律纠纷的疫苗,有利于纠纷的尽早和妥善解决。律师基于其丰富的社会阅历和专业的法律视角,可以提出最有利于纠纷解决的方式,防止矛盾的扩大和激化,尽量减少当事人的讼累,促进社会的和谐安定。

二、代书

代书是指律师代写法律事务文书,即律师依据委托人的授权,按照委托人的意愿,以委托人的名义写的诉讼文书或其他法律文书。

(一)代书的特点

(1)代书必须有委托人的专门授权,或者在先前已经给予的委托范围内。代书的目的就是为了维护当事人的合法权益,没有当事人的授权,或者超越了授权,即对当事人合法权益的不尊重,应当承担相应的法律责任。

(2)基于律师和当事人之间的委托关系,代书必须以委托人的名义书写,体现委托人的真实意志和愿望,并且由委托人承担律师代书的法律后果。

(3)代书须具有法律意义。律师代写的文书都是涉及法律事务的,因此,要将当事人的意愿转换为法律语言和法律形式予以表达,体现律师的专业素养,在法律允许范围内为当事人争取到更大的权益。

(二)代写的法律文书范围

《律师法》规定,律师可以代写诉讼文书和有关法律事务的其他文书。因此,法律文书代写分为两类:一是诉讼文书的代写。诉讼文书是指在民事、行政、刑事诉讼程序中为完成一定诉讼行为而撰写的法律文书。主要包括:起诉状、答辩状、反诉状、上诉状、申诉状及各种申请书,如回避申请书、管辖异议申请书和证据保全申请书等。二是有关法律事务的其他文书,主要是指律师担任法律顾问、接受法律咨询时撰写的诉讼类法律文书以外的其他法律文书。此类文书种类繁多,大致可以区分为商务类和一般民事类。前者主要包括各种经济合同和协议、公司章程及商务活动中需要出具的各种声明和申请。后者包括公民间一般的合同、遗嘱、收养协议及各类声明和申请等。

(三)代书基本要求

律师代写文书还应该符合以下基本要求:

(1)以事实为根据。律师除认真听取当事人的叙述外,还应做必要的调查核实,对证据材料也要进行认真的分析研究,力求对事实的记载全面、周详,并且做到客观真实,禁止随意性和盲目性。

(2)以法律为准绳。律师要依法代书,对当事人明显不符合客观规律的陈述或无理要求应拒绝代书,并对其进行法制宣传教育。同时,律师应准确地适用法律条文,保证法律文书的严肃性。

（3）观点明确、条理清晰、行文简练。在文字表述上，要做到直接、准确表达当事人的意愿，突出重点，切忌自相矛盾、重复啰嗦。

（4）格式正规，符合法律文书的要求。各类法律文书，尤其是诉讼类文书和正式的合同，都有固定、明确的格式，最高院及国家各部委专门制订的法律文书格式可以作为撰写的标准，律师不得随意创造或变动结构。